Leben und Werk des Tübinger Rechtsprofessors
Wilhelm Gottlieb Tafinger 1760–1813

Rechtshistorische Reihe

Band 269

Peter Lang
Frankfurt am Main · Berlin · Bern · Bruxelles · New York · Oxford · Wien

Stefan Jens Jordan

Leben und Werk des Tübinger Rechtsprofessors Wilhelm Gottlieb Tafinger 1760–1813

Peter Lang
Europäischer Verlag der Wissenschaften

Bibliografische Information Der Deutschen Bibliothek
Die Deutsche Bibliothek verzeichnet diese Publikation in der Deutschen Nationalbibliografie; detaillierte bibliografische Daten sind im Internet über <http://dnb.ddb.de> abrufbar.

Zugl.: Tübingen, Univ., Diss., 2002

Diese Arbeit wurde von Herrn Prof. Dr. Jan Schröder
zur Aufnahme in die Reihe empfohlen.

D21
ISSN 0344-209X
ISBN 3-631-50839-5

www.peterlang.de

Danksagung

Dem Graduiertenkolleg ARS UND SCIENTIA IM MITTELALTER UND DER FRÜHEN NEUZEIT an der Eberhard-Karls-Universität Tübingen danke ich für die finanzielle Unterstützung dieser Arbeit durch Gewährung eines Stipendiums. Den Mitgliedern dieses Kollegs danke ich für vielfache gedankliche Anregung durch interdisziplinäre Gespräche und Veranstaltungen.

Herrn Prof. Dr. Jan Schröder, der die Anregung zur vorliegenden Arbeit gab, danke ich für seine sehr hilfreichen und konstruktiven Korrekturen, Gespräche und die rasche Erstellung des Erstgutachtens. Herrn Prof. Dr. Kaiser danke ich für die zügige Erstellung eines Zweitgutachtens.

Des weiteren gilt mein Dank meinen Eltern Gerda und Werner Jordan, die mich stets moralisch und wirtschaftlich gefördert haben, sowie meinem Bruder Tobias Jordan für sein mühevolles Korrekturlesen und nicht zuletzt allen anderen, die mir Motivation gespendet haben.

Vorbemerkung

Die vorliegende Arbeit beschränkt sich nicht, wie der Titel anzukündigen scheint, mit einem Abriss der Biographie und des Werkes Tafingers, sondern versucht zum Verständnis dessen auch die historischen und rechtstheoretischen Hintergründe etwas zu beleuchten. Notgedrungenerweise kann dies nicht erschöpfend, sondern nur überblickartig erfolgen, wofür um Entschuldigung gebeten wird, was für einen Überblick aber durchaus auszureichen scheint.

Da Tafinger sich in seinen Büchern nicht auf ein betimmtes Thema festlegte, gliedert sich die Arbeit nach den von ihm behandelten Themen und der heutigen Einteilung des Rechts folgend in einen zivilrechtlichen, öffentlich-rechtlichen und einen strafrechtlichen Teil. Es wird der Versuch unternommen, Tafingers mögliche Bedeutung für die Entwicklung der Rechtswissenschaft zu ermitteln, die innerhalb der unterschiedlichen Rechtsgebiete unterschiedlich bewertet werden muss.

Den Anstoß zu dieser Arbeit lieferte Prof. Dr. Schröder und das Forschungsprogramm des Graduiertenkollegs Das Graduiertenkolleg "Ars und Scientia im Mittelalter und in der frühen Neuzeit" unter der Leitung von Prof. Dr. Wieland. Dieses richtet sein Augenmerk auf das mittelalterliche und frühneuzeitliche Verständnis von Wissenschaft, auf die Genese und Entwicklung der Universitäten (und hier vor allem der Artistenfakultäten), auf Bildungsprozesse und Literaturformen, sofern diese mit dem Aufbruch des 11./12. Jahrhunderts, mit der Scholastik in ihren unterschiedlichen Gestalten, mit dem Humanismus und mit der Ausstrahlung dieser Richtungen auf niedrigere Bildungsniveaus in einem erkennbaren Zusammenhang stehen; es wird also der Zeitraum vom ausgehenden 11. bis etwa zum 18. Jahrhundert ins Auge gefasst. Dabei sind biographische und institutionelle Fragestellungen ebenso von Interesse wie Fragen literarischer oder theoretisch reflektierender Natur. Eine inhaltliche Begrenzung ergibt sich durch die Konzentration auf den Wissenschafts- und Bildungsprozess, so dass also Themen der politischen, sozialen oder kirchlichen Geschichte als solche ebenso wie rein immanente Probleme der volkssprachigen Literaturtradition in den Hintergrund treten sollten. Der methodische Schwerpunkt des Graduiertenkollegs liegt auf der interdisziplinären Kooperation, die z. B. Ideengeschichte mit Institutionen, Literaturformen mit Ideen und Biographien mit Schulen und geistigen Strömungen zu verbinden sucht.

Stuttgart, April 2002

Inhalt

Abkürzungen

ADB	Allgemeine Deutsche Biographie
AöR	Archiv des Öffentlichen Rechts
ARSP	Archiv für Rechts- und Sozialphilosophie
Bü.	Büschel
DS	Doppelseite
FS	Festschrift
HRG	Handwörterbuch zur deutschen Rechtsgeschichte, hrsg. von Adalbert Erler und Ekkehard Kaufmann, 1971 ff.
HStAS	Hauptstaatsarchiv Stuttgart
JZ	Juristenzeitung
JuS	Juristische Schulung
NDB	Neue Deutsche Biographie
NJW	Neue Juristische Wochenschrift
TR Tü.	Kümmerle, Gottfried Friedrich, Anzeige derjenigen Grabschriften und Denkmäler, welche in und neben der Stifts- oder St. Georgen- Kirche wie auch in der Schloß- und Hospital- oder St. Jakobs- Kirche zu Tübingen befindlich sind, so wie auch, Auszüge aus der hiesigen Todten- Registern von 1603- 1827, Tübingen 1827
UAT	Universitätsarchiv Tübingen
VBlBW	Verwaltungsblätter Baden-Württemberg

1. Abschnitt: Biographisches

Biographie und Familie

Wilhelm Gottlieb Tafinger[1] wurde am 29. Dezember 1760 als Sohn des Friedrich Wilhelm Tafinger geboren.[2]

Sein Vater Friedrich Wilhelm (1726-1777) wurde als erster von drei Söhnen von Regina Barbara Tafinger, geb. Hochstetter, und Wilhelm Gottlieb[3] geboren, studierte in Tübingen, wurde Doktor und Professor der Rechte ebenda und unterrichtete abgesehen von Tübingen in Wetzlar, Jena, Wien und Regensburg.[4] Später erlangte er noch die Doktorwürde im Fach der Philosophie[5] und das Amt eines herzoglich Württembergischen Rats.[6] Er verstarb 1777 in Tübingen[7] und wurde nach seinem Tod als Zierde der Universität bezeichnet.[8]

Die beiden Onkel Tafingers, Johann Andreas, 1728- 1804, und Ludwig Friedrich, geb. 1731, lebten in Ludwigsburg.[9] Ersterer war Magister der Philosophie, herzoglich Württembergischer Rat und Prälat des Klosters Hirsau, Mitglied der Akademie der Wissenschaft und der gelehrten Gesellschaften zu Berlin, Roveredo, de Risorti in Capo d'Istria, Göttingen, Jena, Helmstedt und Baden. Darüber hinaus war Johann Andreas Rektor und ordentlicher Professor für Reli-

---

[1] Fortan ausschließlich „Tafinger" genannt. Sein Name wird mit „Gottfried" falsch angegeben in: Faber, Die württembergischen Familienstiftungen, XXV, § 456 und mit „Friedrich Wilhelm" falsch in ADB, 37. Bd., S. 351.

[2] Hinsichtlich des Datums uneinheitlich: Klüpfel, Geschichte und Beschreibung der Universität Tübingen, In 2 Abteilungen, 1849, Neudruck 1977, Band II, S. 249 ff; Gradmann, Johann Jacob, Das gelehrte Schwaben oder Lexicon der jetzt lebenden Schwäbischen Schriftsteller, Ravensburg 1802; Justi, Karl Wilhelm und Mursinna, Friedrich Samuel, (Hrsg.), Annalen der Deutschen Universitäten, Marburg 1778; Mursinna, Akademisches Taschenbuch zum Nutzen und Vergnügen für Studierende auf das Jahr 1791; ADB, Band 37, Leipzig 1894, S. 350 f.

[3] Sein Name ist mit „Gottfried" falsch angegeben in: Faber, Die Württembergischen Familienstiftungen, XXV, § 374.

[4] Moser, Johann Jacob, Würtembergisches Gelehrtenlexikon, Stuttgart, 1772, S. 164; Boek, August Friedrich, Geschichte der herzöglich Würtenbergischen Eberhard Carls Universität zu Tübingen, Tübingen, 1774, S. 238 ff., wo sich auch ein ausführliches Schriften- und Vorlesungsverzeichnis befindet; Pütter, Litteratur des Teutschen Staatsrechts, Bd. 2, § 408, S. 122.

[5] Boek, s.o. gibt das Jahr 1763 an, Moser 1773.

[6] Moser, Gelehrtenlexicon, S. 164.

[7] TR Tü., Kümmerle, Gottfr. Friedrich (Hrsg.), Tübingen 1827, S. 51.

[8] ADB, a.a.O.; Die Akten hinsichtlich der Berufung in das Amt eines Professors und einiger damit zusammenhängender Verfügungen und Schriftstücke über F. W. Tafinger finden sich im Archiv der Universität Tübingen, UAT 44/ 152 II, Nr 513- 576.

[9] Nürnbergisch-Tafingerische Stifftung und Nahmensgedächtniss, 1742.

gion, griechische und hebräische Sprache am Gymnasium zu Stuttgart.[10] Über Ludwig Friedrich gibt es keine näheren Angaben in den Quellen.

Der Großvater Tafingers, der bereits genannte Wilhelm Gottlieb, 1691 - 1757, war evangelischer Geistlicher und stammt aus Vaihingen an der Enz. Sein Name wird immer wieder im Zusammenhang mit einem Gesangbuch genannt, das er zusammengestellt und welches in Württemberg große Verbreitung gefunden hat. Mit seiner Frau Regina Barbara soll dieser Wilhelm Gottlieb 17 Kinder gezeugt haben, von denen nur drei überlebten, wie in der von ihm selbst verfassten Leichenrede berichtet wird.[11] Kraft seines geistlichen Amtes wurde er mit der Gründung und Verwaltung der „Nürnbergisch Tafingerischen Stiftung" betraut. Diese wurde aus dem Nachlass eines aus Ravensburg stammenden Nürnberger Kaufmanns namens Johann Wilhelm Tafinger gebildet, dessen Familie aus Österreich stammt und in Ravensburg einen Bürgermeister stellte. Bei dem Stifter kann es sich nur um den Großvater Wilhelm Gottliebs handeln, der Johann Wilhelm hieß, mit einer Anna Margareta verheiratet war und später Vogt zu Gügelin wurde. Denn dieser stammt wiederum von einem Johann Baptista Tafinger ab, der aus Glaubensgründen von Österreich ins Württembergische übersiedelte. Die Familienstiftung hatte den Zweck, allen studierenden Tafinger ein sechsjähriges Stipendium zu gewähren.[12] Dieses Stipendium kam auch dem Wilhelm Gottlieb aus dem 18 Jh. zugute.

Tafinger erhielt seine schulische Bildung ausschließlich durch Privatunterricht und schrieb sich bereits im Alter von 14 Jahren für das Fach der Philosophie an der Universität Tübingen ein. Erst später begann er mit dem Studium der Rechte unter Hofacker, Majer, Kapff, Hoffmann und Gmelin, wobei Hofacker nicht nur maßgeblicher Lehrer, sondern auch ein Freund Tafingers geworden sein soll. Über die Lehrer Tafingers merkt Klüpfel in seinem bereits zitierten Buch über die Geschichte der Universität Tübingen Folgendes an.[13]

[10] Gradmann, Gelehrte Schwaben, S. 680.
[11] Johann Christian Storr, Leichenpredigt, Stuttgart 1757.
[12] Nürnbergisch-Tafingerische Stifftung und Nahmensgedächtniss, 1742.
[13] Karl Klüpfel, Geschichte und Beschreibung der Universität, Tübingen 1849, S. 247 ff.

- Hofacker, Karl Christoph[14]

Laut Klüpfel soll Hofacker, der in Tübingen von 1773 bis 1793 lehrte und in Tübingen und Göttingen studiert hatte, *„angeborene Genialität, klare Verständlichkeit, Reichtum der Phantasie, einer wohlklingenden Stimme und einem einnehmenden Äußeren“* zu einem ausgezeichneten Lehrer gemacht haben, wie es nur wenige gegeben habe.[15] Er habe einen unwiderstehlichen Erfolg gehabt und seine Zuhörer persönlich und fachlich für sich eingenommen. Die besonders Begabten habe er durch Privatstunden weiter gefördert, unter ihnen z.B. Pfizer, der später Tafingers Entwurf zu einem württembergischen Strafgesetzbuch beurteilen sollte. Sein wissenschaftliches Verdienst soll darin liegen, dass er auf das wissenschaftliche Studium und die gründlichere Exegese besonderen Wert legte.[16]

[14] Karl Christoph Hofacker (26.02.1749 – 20.04.1793) studierte in Tübingen unter Hoffmann, Canz und Kapff, in Göttingen u.a. unter Böhmer, Selchow und Pütter, wo er 1771 promovierte. Er war Mitarbeiter der „Göttingische Gelehrten Zeitung“ und wurde maßgeblich von Pütter gefördert. 1773 wechselte er nach Tübingen auf den Lehrstuhl des verstorbenen Canz, 1776 heiratete er Luisa Breyer. Hofacker wird als strenger Systematiker beschrieben, dessen Bestreben es war, stets für Deutlichkeit, Klarheit und Ordnung zu sorgen. Er sei sehr beredt gewesen, seine Gutachten zeichneten sich durch besonders hohe Qualität aus. Gestorben ist Hofacker an dem damals in Tübingen herrschenden Fleckthyphus. In der Stiftskirche zu Tübingen setzten ihm Freunde nach seinem Tod einen Obelisk aus weißem Marmor. Werke u.a.: Commentatio de originibus et fatis successionis ex jure primogeniturae in familiis illustribus Germaniae, Göttingen 1771; Nähere Entwicklung und Vertheydigung seiner systematischen Methode im Vortrage des Römischen Rechts, Tübingen 1773; De efficacia statutorum in res extra territorium sitas, Tübingen 1778; Principia Iuris Civilis Romano-Germanici, Tübingen; Elementa juris Civilis Romanorum, Göttingen 1783; De Origine judiciorum curiae imperialis Italici et Germanici, et utriusque inter se nexu, Tübingen 1783; Dissertatio Inauguralis Juridica Sistens Historiam Et Rationem Juris Incestum Prohibentis, Tübingen 1787; Vertheidigung der rechtlichen Ausführung des dem Grafen Friedrich Carl von Pückler und Limpurg auf die Limpurgische Allodial- und Lehens-Verlassenschaft seiner verstorbenen Gräfin Tochter zuständigen Erbrechts, Tübingen 1789. Vgl. Jakob Friedrich Abel, Über Hofackers Leben und Charakter, Tübingen 1793; Eisenhart, „Hofacker“ in: ADB, Bd. 12, S. 551- 553.

[15] Klüpfel, Geschichte und Beschreibung der Universität, S. 247.

[16] Klüpfel, a.a.O., S. 248.

- Majer, Johann Christ.[17]

Von Majer, der von 1778 bis zu seinem Tod 1821 in Tübingen lehrte, sagt Klüpfel, dass dieser in erster Linie wegen seiner Schriften berühmt geworden sei. Seine Vorträge seien eher mittelmäßig gewesen, da er schlecht vorbereitet gewesen sein soll und Abneigung gegen die Masse der Studierenden gehabt habe.[18]

- Kapff, Sixt Jakob[19]

Kapff, 1735- 1821, sei ein hervorragender Jurist in der Praxis gewesen, in der er großes Ansehen genossen habe, obwohl er Fälle mehr nach dem gesunden Menschenverstand als nach dem corpus iuris entschieden haben soll.[20] Ein größeres Werk habe er nicht geschaffen, sondern eine Vielzahl kleinerer Abhandlungen und Dissertationen verfasst.[21]

[17] Majer (25.12.1741 – 03.03.1821) wurde in Ludwigsburg geboren und im Kloster Denkendorf und Maulbronn ausgebildet, bevor er 1765 in Auerbach eine Vikarsstelle antrat.1767 begann Majer sein Studium an der Universität Jena, wo er 1771 Privatdozent für Rechtswissenschaft und Philosophie wurde, 1772 nach Weimar wechselte, 1774 wieder nach Jena zurückkehrte. 1776 wurde er von der dänischen Regierung auf einen Lehrstuhl nach Kiel gerufen, von wo er angeblich wegen des rauen Klimas1778 nach Tübingen wechselte. Hier heiratete er 1780 Caroline Ziegler, die 1810 starb. In Tübingen unterrichtete M. Staats- und Lehenrecht. Seine wichtigsten Schriften sind: Historia juris Germanici antiquissimi circa homicidum, Jena 1770; Deutsches geistliches Staatsrecht, 2 Bde., Lemgo 1773; Beyträge zur Geschichte der Menschheit aus den Annalen des Teutschen, in: Deutscher Merkur 1773; Deutsches weltliches Staatsrecht, 3 Bde., Leipzig 1775/76; Allgemeine Einleitung in das Privat-Fürstenrecht überhaupt, Tübingen 1783; Allgemeine Theorie der Staatskonstitution, Hamburg 1799; Teutsche Erbfolge, sowohl überhaupt, als insbes. in Lehen- und Stammgütern, 5 Aufl., Tübingen 1803. Vgl. Johann Gottl. Münch, Rede bei der Beerdigung des Herrn Joh. Chr. v. Majer, Tübingen 1821; Stintzing-Landsberg, Abt. 3, Hb. 2, S. 400.

[18] So Klüpfel, a.a.O., S. 248 f., was Münch in seiner genannten Trauerrede überhaupt nicht bestätigt.

[19] Kapff studierte in Tübingen Philosophie und Rechtsgelehrsamkeit, wurde 1761 außerordentlicher Professor und 1767 ordentlicher Professor. 1768 heiratete Kapff Elisabeth, geb. Dann, mit der er 1769 einen Sohn namens Sixt Jakob Friedrich hatte, der allerdings im Alter von 20 Jahren starb. 1806 wurde Kapff zum Direktor des königl. Obertribunals ernannt. Bei der Verlegung des Obertribunals von Tübingen nach Stuttgart 1817 wurde er in den Ruhestand versetzt, vgl. „Kapff" in: ADB, Bd. 15, S. 99; NDB, Bd. 11, S. 130 - 132.

[20] Klüpfel, a.a.O., S. 250.

[21] Theodor Schott, ADB, „Kapff", S. 99

- Hoffmann, Johann Daniel[22]

Dieser unterrichtete Staatsrecht in Tübingen von 1767 bis 1790. Er zeichnete sich durch einen vortrefflichen Charakter aus und sei allgemein verehrt worden, so dass man es als einen Verlust für die Universität empfand, als er zum Geheimrat berufen nach Stuttgart versetzt wurde.[23]

- Gmelin, Christian Gottlieb[24]

Bei diesem lernte Tafinger Zivilprozessrecht und Strafrecht. Gmelin unterrichtete von 1778 bis 1818 in Tübingen. Sein erfolgreichstes Buch war die „*Die Ordnung der Gläubiger bey dem über ihres Schuldners Vermögen entstandenen Gantprocesse nach den gemeinen und Würtenbergischen*[25] *Rechten*, 2. Aufl., Frankfurt, Leipzig, Stettin 1776, das in fünf Auflagen erschienen ist.[26]

Am 02.06. 1777 verlor Tafinger seinen Vater. 1780 unternahm er eine „gelehrte Reise" nach Norddeutschland, die damit endete, dass er in Göttingen unter Pütter und Spittler insbesondere Geschichte studierte. Ab 1781 hielt Tafinger sich ein Jahr in Wetzlar auf, wo er bei einem Vetter, dem Kammergerichtsassessor Freiherr von Harpprecht gewohnt und eine Privatanleitung im Reichsprozess genossen haben soll.[27] Vielleicht hat Tafinger über diesen seine spätere Frau kennen gelernt, da diese der Familie Harpprecht entstammte. 1782 kehrte er nach Tübingen zurück, um als Privatdozent im gleichen Jahr die von ihm selbst geschriebene Dissertation „*De origine judiciorum curiae imperialis Italici et*

---

[22] Sohn des Gottfried Daniel Hoffmann und der Tabitha, geb. Harpprecht, geb. 07.05.1740 – 10.06.1814. Er studierte und promovierte 1765 in Tübingen. 1790 wurde Hoffmann zum Geheimen Rath nach Stuttgart versetzt, was an der Universität als schwerer Verlust beklagt worden sein soll, da Hoffmann aufgrund seines trefflichen Charakters ein beliebter Lehrer des Staatsrechts und der Reichsgeschichte gewesen sei, vgl. Eisenhart, „Hoffmann, Gottfried Daniel", ADB, Bd. 12, S. 593; Wilhelm Hoffmann, „Hoffmann", NDB, Bd. 9, S. 392, Ziff. 1).

[23] Klüpfel, a.a.O., S. 250.

[24] Christian Gottlieb Gmelin (1749 – 1818), Sohn des Philipp Friedrich Gmelin, war insbesondere als Kriminalist bekannt. Sein Sohn Christian Heinrich (1780 – 1824) war Professor der Rechte in Bern und Tübingen, sein Sohn Friedrich (1784 – 1847) war ebenfalls Jurist, Mitglied des geheimen Rats und später der 2. Abgeordnetenkammer Württembergs, vgl. W. Theodor Elwert, NDB, 6. Bd., S. 476 – 478.

[25] Interessant ist am Rande, dass das Wort „württembergisch" bei den Titeln der Bücher Gmelins in vier verschiedenen Schreibweisen vorkommt: 1783 „würtenbergisch"; 1793 „wirtembergisch"; 1810 „würtembergisch", 1813 „württembergisch".

[26] Weitere Bücher Gmelins: Die Lehre vom materiellen Concurs der Gläubiger in ihrem Zusammenhange aus den ächten Grundsäzen vorgetragen, Erlangen 1775; Über Pfleg- und Vormundschaften, nach römischen, deutschen und würtembergischen Rechten, Gmünd 1810.

[27] Gradmann, Gelehrte Schwaben. S. 681.

Germanici, et utriusque inter se nexu" zu verteidigen. 1786 wurde Tafinger außerordentlicher Professor in Tübingen.

1788 heiratete Tafinger seine Frau Wilhelmine Henrike, die Tochter des Rechtsprofessors Joh. Daniel Hoffmann, der in Tübingen lehrte. Das Glück sollte jedoch nicht lange währen, da seine Gattin bereits 5 Jahre nach der Hochzeit im Jahre 1793 verstarb. Die näheren Umstände dieses Todes sind unbekannt, allerdings soll sie „auf einem Besuche zu Stuttgart" verstorben sein.[28] Im Gegensatz zu anderen Professoren, von denen manche bis zu vier mal erneut heirateten, blieb Tafinger fortan allein. Die kurze Ehe der Tafingers blieb kinderlos. Der frühe Verlust seiner Frau und die Tatsache, dass Tafingers Mutter diesen noch überlebte lädt zu der Spekulation ein, dass Tafinger bis zu seinem Tod mit seiner verwitweten Mutter in seinem Elternhaus wohnte. Nachgewiesen werden kann dies aber nicht, sondern lässt sich nur mittelbar daraus schließen, dass sein Vater Friedrich Wilhelm in der Neckarhalde, zwischen der Burg Weinberg und dem Haus der Hofrätin Weiß, ein Haus nebst Garten erworben hatte[29] und ein anderes Haus in Güter- und Kaufbüchern im Besitz eines Tafingers nicht nachgewiesen ist. Von Tafinger ist aber überliefert, dass er ein eigenes Haus bewohnte.[30] Da Tafinger der einzige Sohn seines Vaters war, ist davon auszugehen, dass er diesen beerbte, so dass er mit großer Wahrscheinlichkeit in diesem Haus lebte, zumal die Schwester sich in die Familie Hofacker eingeheiratet hatte.

[28] TR Tü., Kümmerle, Gottfr. Friedrich (Hrsg.), Tübingen 1827, S. 59.

[29] Beschreibung der Gebäude und Güter der Angehörigen der Universität; Archiv der Stadt Tübingen, A 20, S 620, S. 18; Verzeichnis über der löbl. Universitäts Verwandten besitzende steuerbare Güter, ebenda, A20, S619, S. 11; Güterbuch, ebenda, A 20, Bd. S 616, Fol. 19, 98.

[30] Mursinna, Akademisches Taschenbuch, S. 62 ff., 1791.

Genealogie

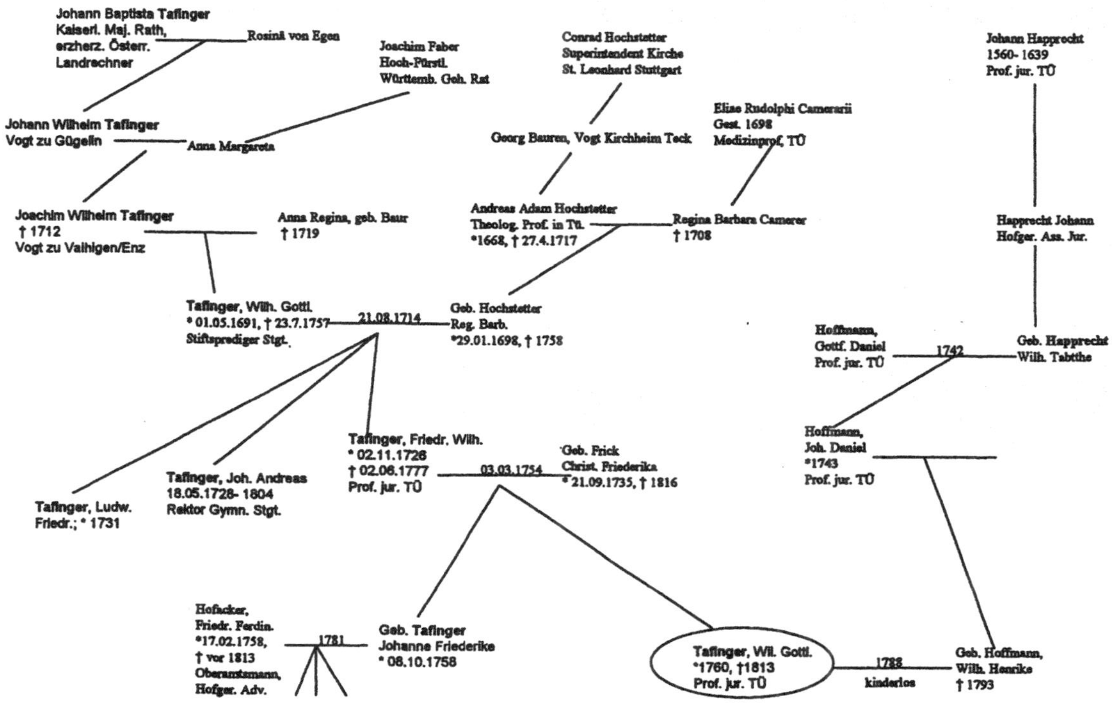

Quellen: Die Württembergischen Familien = Stiftungen nebst genealogischen Nachrichten über die zu denselben berechtigten Familien, Stuttgart 1853, Band XXV; Bibliographie zur Geschichte der Universität Tübingen, Hrsg. Universitätsbibliothek, Tübingen 1980; Allgemeine Deutsche Biographie, 37. Band, Hrsg.: Königl. Akademie der Wissenschaften, Leipzig 1894; Leichenpredigten des Wilhelm Gottl. v. 1757 und des Wilh. Gottl. v. 1613, Württembergische Landesbibliothek; Hans Baum, Ein berühmter Sohn von Vaihingen, Der Enz Bote, 8.12.1937; Georgii, Georgenau, Biographisch-Genealogische Blätter aus u. über Schwaben, Stuttgart 1879; derselbe „Zweihundert hochbegabte Württemberger", Stuttgart 1892; sowie div. Dokumente aus dem Universitätsarchiv der Universität Tübingen.

Tafinger wechselte 1788 kurzfristig auf die Stelle eines ordentlichen Professors für bürgerliches Recht und Reichsgeschichte nach Erlangen, wo er allerdings nur bis 1790 blieb, um danach wieder nach Tübingen zurückzukehren. Hier besetzte er dann ebenfalls eine Stelle eines ordentlichen Professors.[31] Hierbei wurde Tafinger auf seinen Antrag hin durch den akademischen Senat von der Abhaltung einer Inauguraldisputation befreit und hatte nur eine kleinere Antrittsrede zu halten, die aber nicht mehr nachgewiesen werden kann. Die Befreiung erfolgte, weil Tafinger bereits als außerordentlicher Professor in Tübingen sowie als ordentlicher Professor in Erlangen disputiert hatte.[32]

Briefwechsel mit Kant

Die Hinweise auf eine zwischen Tafinger und Kant geführte Korrespondenz[33] waren bei näherer Betrachtung nicht sehr fruchtbar. Nachgewiesen werden kann lediglich die Tatsache, dass ein Briefwechsel im Jahre 1792 stattgefunden hat.[34] Es gab zunächst einen Brief Tafingers an Kant vom 01.06.1792, dessen Inhalt nicht überliefert ist. Am 27.07.1792 schrieb Tafinger dann zum zweiten Mal an Kant und bedauert, dass er auf dessen Belehrung hinsichtlich des ihm überlassenen Aufsatzes Verzicht tun müsse und bittet um Rücksendung desselben an die Cottaische Buchhandlung. Kant antwortete Tafinger schließlich mit einem Schreiben vom August, wobei der Teil dieses Briefes, in dem Kant auf Tafingers Aufsatz eingeht, gerade verloren gegangen ist. Mangels inhaltlicher Überlieferung muss daher unklar bleiben, um was für einen Aufsatz es sich handelte und ob Kant in seiner Antwort inhaltliche Ausführungen machte oder diesen unkommentiert nach Mahnung Tafingers zurück sandte.

Die nächste nach diesem Briefwechsel folgende Veröffentlichung war wohl Tafingers Naturrechtslehrbuch von 1794. Ob er hiervon Kant Auszüge zur Begutachtung überließ, könnte nur Spekulation sein.

Vorlesungen

Hinsichtlich der von Tafinger abgehaltenen Vorlesungen steht fest, dass er ein breites Spektrum der Sachgebiete abdeckte. Er hielt Lesungen über En-

---

[31] Tübingische gelehrte Anzeigen vom 8.7.1790, 54. Stück; Gradmann, Gelehrte Schwaben, S. 681; ADB, a.a.O, unter Angabe des falschen Vornamens und falschen Todesjahres; Klüpfel, Band II, S. 249; Justi, Annalen, S. 588; Mursinna, Academisches Taschenbuch, S. 62 ff.

[32] UAT 26/6 Nr. 31.

[33] http://www.uni-marburg.de/kant/webseitn/ka_korr.htm.

[34] Kants Briefwechsel, Band II, 1789-1794, Berlin, Hrsg.: königl. Preuß. Akad. d Wissenschaften, Briefe Nr.: 483a, 489, 493. Der Hinweis unter der oben genannten Internetadresse auf einen Brief Nr. 525 ist falsch.

zyklopädie, Geschichte, Methodologie, Naturrecht, kanonisches Recht und später deutsches Privatrecht.[35]

Die Anzahl seiner Hörer muss sich zunehmend gesteigert haben, denn während er 1795 noch um die 300,- Gulden Einnahmen pro Semester hatte, lagen diese beispielsweise im Jahre 1807 bei insgesamt 679,-.[36] Anhand dieser Einnahmen lässt sich auch ersehen, dass Tafinger in etwa ebenso viele Hörer gehabt haben muss wie seine Kollegen, da deren Einnahmen etwa auf gleicher Höhe liegen und neben erhobenen Gebühren für Beurkundungen vorwiegend aus Semester- und Einschreibegebühren der Studenten bestanden.[37]

Die Zahl der Studierenden, die Tafinger ausbildete, war angesichts der heutigen Studentenzahlen und auch angesichts der damaligen Hörerzahlen etwa an der theologischen Fakultät Tübingens nicht sehr hoch. Nur beispielhaft sei bemerkt, dass in den Jahren 1811 im SS nur 69, im WS 45, 1812 im SS 33, im WS 44, 1813 im SS 32, im WS 48 Studenten für die Rechtswissenschaft eingeschrieben gewesen sein sollen. Von 1811 bis 1813 studierten also zwischen 30 und 70 Personen, während die theologische Fakultät in der gleichen Zeit drei bis viermal so viele Studenten verzeichnen konnte. Die juristische Fakultät lag aber jedenfalls in diesen Jahren noch auf Platz zwei, da die medizinische und die philosophische Fakultät noch weniger Studenten hatten.[38]

Welche Vorlesungen Tafinger im Einzelnen wann hielt, kann den „Tübingische gelehrte Anzeigen" jeweils in deren Beilagen entnommen werden. 1807 unterrichtete Tafinger zum Beispiel (vermutlich täglich) von 8 – 9 Uhr „Rechtsgelehrsamkeit", was Enzyklopädie, Rechtsgeschichte und Methodologie beinhaltete und von 10 – 11 Uhr Kirchenrecht nach G. L. Böhmer.[39] In der zwei-

[35] Ordo praelectionum cum publicarum tum privatarum in perantiqua studiorum Universitate Tubingensi habendarum, Tübingen, SS 1751 – WS 1823/24, (Vorlesungsverzeichnisse der Universität Tübingen); Vorlesungsverzeichnisse finden sich auch als Beilagen zu den „Tübingische Gelehrte Anzeigen" der entsprechenden Jahre.

[36] Dass hierfür nicht etwa eine geldentwertende Inflation ursächlich ist, lässt sich aus der Tatsache folgern, dass sich die Gehälter der Hochschullehrer von Tafingers Einstellung bis zur Berufung seines Nachfolgers nur unwesentlich erhöhten.

[37] UAT 129/1, Nr. 501 ff.

[38] Klüpfel, Band II, a.a.O, Anhang: tabellarische Übersicht über die Zahl der Studierenden. In der Philosophie waren es in diesen Jahren zw. 2 und 9 Studenten, Medizin 38 – 67, Theologie hingegen 132- 151 Studenten.

[39] Beylage zu Nr. 18 der Tübingische gelehrte Anzeigen f. das Jahr 1807: Vorlesungsverzeichnis ab 6. April; daneben wurden folgende Fächer unterrichtet: Encyclopädie der Staatsgelahrtheit, Institutionen des römischen Rechts, Pandekten, Lehnrecht, Die Theorie des Civilprocesses, den Concursproceß, Lehre von den gerichtl. Klagen, mit praktischen Ausarbeitungen, Collegium Practicum, Repetitorium zu Pandekten und Institutionen.

ten Jahreshälfte las Tafinger hingegen das Naturrecht von 10 – 11 Uhr, daneben über Enzyklopädie und kanonisches Recht.[40]

Einkommen

Das Einkommen der Rechtsprofessoren lag um 1812 bei gerade mal etwa 300,- Gulden pro Jahr, wobei diese Zahl aber insofern täuscht, als die Vergütung nur zum geringsten Teil aus Bargeld bestand. Neben diesem Gehalt gab es nämlich noch Naturalien im doppelten Werte. Über ihre Leistung musste die universitäre Kameralverwaltung der königlichen Verwaltung in Stuttgart regelmäßig berichten. Aus diesen Berichten lässt sich ersehen, dass beispielsweise im Jahre 1812 die Professoren Tafinger und Kapf jeweils folgende Geldzahlung und Naturalien erhielten:[41]

- Jahresbesoldung 245,- Florentiner Gulden
- Holz Geld 50,- Gulden
- Haus Zins 100,- Gulden
- Zeitungsgeld 17,- Gulden
- Dinkel im Wert von 300,- Gulden
- Habern[42] i.W.v. 45,- Gulden
- Erbsen und Linsen i.W.v. 12,- Gulden
- Wein / Brannten Wein i.W.v. 303,20 Gulden

Zu Spekulationen lädt dabei die Tatsache ein, dass den Professoren mehr als der Barbetrag eines Jahresgehaltes an Wein ausgeliefert wurde. Die Gehälter der anderen Professoren lagen zwischen 1.581,- Gulden für den Universitätskanzler Schnurrer bis hin zu bloßen 317,- Gulden für Prof. med. Gmelin, der keine Naturalien erhielt. Aus den Rechnungen der Kameralverwaltung ergibt sich, dass die Professoren an der juristischen Fakultät insgesamt Geld und Waren im Wert zwischen 1.100,- und 1.500,- Gulden pro Jahr erhielten. Daneben war es den Professoren aber auch möglich, lukrative Nebeneinkünfte zu haben, so hat Prof. Kapf beispielsweise als Direktor des königlichen Obertribunals nebenher weitere 500,- Gulden an Einnahmen gehabt.

Bedenkt man, dass seinerzeit ein Mittagstisch nur 1-2 Gulden pro Woche gekostet haben soll,[43] dann war nicht nur der Semesterumsatz von 1807, sondern auch

[40] Beylage zu Nr. 71 der Tübingische gelehrte Anzeigen f. das Jahr 1807, Vorlesungsverzeichnis ab 19. Okt., daneben wurde unterrichtet: Litterargeschichte der Rechtsgelehrtheit, Grundsätze der juristischen Hermeneutik, Encyclopädie der Staatsgelehrtheit, Litteratur der Staatsgelehrtheit, Heineccische Institutionen, Hofackerische Pandekten, Pandekten, peinliches Recht nach Meisters Principien, Wechselrecht, Gerichtsverfassung und Ausarbeitungen aus der Gerichtspraxis, Würtenbergisches Landrecht u. neueste Königliche Gesetze, Repetitorium zu Pandekten und Institutionen.

[41] UAT 145/111.

[42] Österreichisch / schwäbisch für Hafer.

[43] Mursinna, Akademisches Taschenbuch, S. 276.

das Einkommen der Professoren ganz akzeptabel, was allerdings nichts daran ändert, dass einige Professoren sich nicht mit Bittschriften an den König um ein höheres Gehalt zurückhielten.

Zu bemerken ist noch, dass im ersten Viertel des 19. Jh. die Besoldung von der Aufteilung in Geld und Naturalien auf eine ausschließliche Geldzahlung umgestellt wurde. Gmelin beispielsweise erhielt als Nachfolger Tafingers ausschließlich Bargeld, und zwar 1.200,- Florentiner Gulden.[44]

Regierungsauftrag zur Fertigung eines Entwurfs eines Strafgesetzbuches

Kurz vor seinem Tod wurde Tafinger von der württembergischen Regierung beauftragt, einen Gesetzesentwurf für ein württembergisches Strafgesetzbuch zu fertigen. Die genaueren Umstände seiner Beauftragung oder Hinweise auf seine Vergütung lassen sich nicht feststellen, jedoch befindet sich bei den Akten des Justizministeriums Stuttgart, ausgelagert in das Hauptstaatsarchiv, ein fast 400 Seiten umfassender handschriftlicher Entwurf aus dem Jahr 1813, Tafingers Todesjahr.[45] Auch wenn dieser Entwurf kein Inhaltsverzeichnis enthält, ist er doch vollendet worden. Tafinger hatte sogar noch Zeit, ihn um zwei umfängliche Ergänzungen zu bereicherte. In dieser ersten Phase der Bemühungen um eine Gesetzgebung in Württemberg wurden neben Tafinger noch der Assessor Weber[46] und der Geheime Oberregierungsrat Wächter[47] sowie eine Gesetzgebungskommission an der Universität Tübingen beauftragt, Entwürfe zu fertigen. Hierbei war Württemberg weder das einzige noch das erste Land, in dem man eine Gesetzgebung in die Wege leitete. In Bayern wurde bekanntermaßen 1810 bereits ein Entwurf von Anselm v. Feuerbach veröffentlicht und das bayrische Strafgesetzbuch bereits 1813 in Kraft gesetzt. In Württemberg sollte es dagegen noch bis 1839 dauern, bis ein Strafgesetzbuch verabschiedet wurde.[48]

Tafingers Tod

Tafinger verstarb am 11. Juni 1813 gegen 13 Uhr[49] in Tübingen, nachdem er aufgrund seines Gesundheitszustandes seit einigen Semestern keine Vorlesungen mehr gehalten hatte. Bereits 1811 habe er unter Brustkrämpfen gelitten, die

---

[44] UAT 44/152 Nr. 796.
[45] Hauptstaatsarchiv Stuttgart, E 301, Bü. 163.
[46] Hauptstaatsarchiv Stuttgart, E 301, Bü. 162.
[47] Hauptstaatsarchiv Stuttgart, E 301, Bü. 160.
[48] Nach den genannten Entwürfen kam es noch zu weiteren Entwürfen, die vom bayrischen Strafgesetzbuch beeinflusst waren. So z.B. der Entwurf des Obertribunalrats Steck vom 01.02.1830, Hauptstaatsarchiv Stuttgart, E 301, Bü. 165, 166 und der Entwurf des Justizministeriums des Königreichs Württemberg von 1832 und 1835, Hauptstaatsarchiv Stuttgart, E 301, Bü. 167, 169, 170, 178, 183.
[49] Vgl. die Leichenpredigt Tafingers, auffindbar in der Württemb. Landesbib, Sig.: Fam.Pr.oct.K. 17701; UAT 44/152, Bl. 785; (mit „1815" falsch angegeben in ADB, 37. Bd., S. 350 f.); TR Tü., Kümmerle, Gottfr. Friedrich (Hrsg.), Tübingen 1827, S. 59.

zuletzt in ein Brustödem übergegangen sein sollen. Tafinger ist den Folgen des Ödems schließlich erlegen, er hinterließ seine noch lebende Mutter sowie Schwiegermutter und seine verwitwete Schwester.

Kurz vor seinem Tod wurde Tafinger noch die Ehre zuteil, zum Mitglied des württembergischen königlichen Ober-Appellations Tribunals ernannt zu werden. Des weiteren wurde er ebenfalls in seinen letzten Lebensjahren zum Ritter des königlichen Zivilordens ernannt.

Die Leichenpredigt wurde von Prof. Köstlin[50] gehalten, der neben dem wissenschaftlichen Verdienst insbesondere die Freigiebigkeit Tafingers lobte. Tafinger sei von Jugend an ein edler Spender gewesen, der stets den Bedürftigen gegeben habe. Seine Grabstätte ist heute unbekannt,[51] nahe liegt es jedoch, dass er auf dem damaligen Zentralfriedhof in Tübingen bestattet wurde, da Überführungen unüblich waren und für eine solche auch kein ersichtlicher Anlass bestand. Obwohl Tafingers Großvater in der St. Leonhardskirche in Stuttgart begraben wurde, ist ein Familiengrab in Stuttgart nämlich nicht nachweisbar. Dass Tafingers Grab heute nicht mehr aufgefunden werden kann, spricht für eine Bestattung auf dem Zentralfriedhof in Tübingen, denn dieser wurde zugunsten des heutigen Botanischen Gartens etwa 15 Jahre nach Tafingers Tod umgepflügt.[52] Ein vollständiges Verzeichnis der damals auf dem Zentralfriedhof bestatteten Personen gibt es nicht.

---

[50] Vermutlich Immanuel F. Köstlin, was aus dem Abdruck der Leichenrede aber nicht ersichtlich ist.

[51] Im Totenregister der Stadt Tübingen findet sich nur der Todeszeitpunkt, nicht jedoch eine Information zum Begräbnis. Im Totenbuch des Kirchenregisters der evang. Gesamtkirche Tübingen für das Jahr 1813-14 findet sich auf S. 11 der Eintrag der genauen Bestattungszeit: *„13. Juni, abends 9 Uhr"*. Ein Eintrag zur Begräbnisstätte findet sich dort ebenfalls nicht. Auch in den gesichteten Akten des Universitätsarchivs und des Stadtarchivs Tübingen finden sich keine Informationen. Die in der württembergischen Landesbibliothek einsehbare Totenrede Tafingers gibt ebenfalls keinen Hinweis auf seine Begräbnisstätte. In der Totenrede des im Jahre 1757 verstorbenen Großvaters Tafingers findet sich der Hinweis, dass dieser in der St. Leonhardskirche Stuttgart bestattet wurde. Ein Familiengrab hat sich dort jedoch nie befunden, da es weder im Landeskirchlichen Archiv, noch in einem der Epitaphienverzeichnisse der St. Leonhardskirche entsprechende Hinweise gibt. Unter den Sterbeeinträgen im Gesamtkirchenregister Stuttgart des Jahres 1813 findet sich ebenfalls kein Eintrag. In Epitaphienverzeichnis der Stiftskirche Tübingen findet sich ebenfalls kein Hinweis auf einen Tafinger. Der damalige Zentralfriedhof Tübingens musste etwa 1828 dem Botanischen Garten weichen, wobei die dort vorgenommenen Bestattungen heute nicht mehr vollständig nachgewiesen werden können. Es existiert lediglich ein unvollständiges Verzeichnis besonders schöner Gräber.

[52] Vor den Toren der Stadt wurde 1823 ein neuer Friedhof angelegt, worauf folgende Schrift hindeutet: Immanuel F. Köstlin, Reden bey der Einweihung des neuen Todtengartens vor dem Tübinger Thor und der damit verbundenen Begräbnisfeier des Gottlieb Heinrich Christian, in: FS Gottlieb H. Christian, Stuttgart 1823.

Nach Tafingers Tod nahm der Stiftverwalter Ulrich Friedr. Vogt in seiner Funktion als Mitglied des universitären Justitiariats am 9. Juli die Rolle des Nachlassverwalters ein, weil sich die Hinterbliebenen eine Annahme der Erbschaft noch vorbehielten.[53] Am 7. Mai 1814 trat die Mutter Tafingers, am 10.Mai die Schwester desselben (verwitwete Hofacker) die Erbschaft an. Ab dem 27. Mai übernahm auf Geheiß des Universitätsrektors Uhland der Universitätsjustitiar Dr. Faber die Nachlassverwaltung,[54] die in erster Linie darin bestand, Verbindlichkeiten zu befriedigen sowie laufende Stipendien zu gewähren. Auffallend ist hierbei, dass die Gläubiger Forderungsnachlässe bewilligen mussten, was darauf hindeutet, dass der Nachlass überschuldet gewesen sein könnte, wofür auch die zögerliche Erbschaftsannahme durch die Erben spricht.

Eine Nachlassüberschuldung würde auch erklären, weshalb Tafingers Grab in den unvollständigen Verzeichnissen der Gräber auf dem Zentralfriedhof keine Erwähnung fand, da nur besonders kunstvolle und damit teure Steingräber erfasst wurden.

Tafingers Lehrstuhl wurde nach einigem Hin und Her zwischen dem akademischen Senat und der königlichen Oberstudiendirektion von dem in Bern lehrenden Rechtsprofessor Gmelin übernommen.[55] Bereits einen Tag nach Tafingers Tod wandte sich die Universität mit dem Vorschlag einer Neubesetzung an die zuständige Stelle beim württembergischen König, wobei sich zunächst kein gelehrter Jurist insbesondere für das Fach des deutschen Privatrechts finden ließ. Vorzugsweise sollte die Stelle mit einem Württemberger neu besetzt werde, der sich mit dem Landesrecht auskannte. Da sich ein lehrender Jurist nicht finden ließ, verfiel man auf die Idee, den Philosophieprofessor Damsch, der auch im Recht promoviert hatte, zu versetzen, wobei dieser aber keinesfalls in die Besoldung Tafingers einrücken sollte, welche man vielmehr Prof. Malblanc zugute kommen lassen wollte. In die freiwerdende Besoldung Malblancs sollte sodann Prof. Schrader einrücken und in dessen Besoldung der neu zu verpflichtende Damsch.[56]

Schließlich kam aber doch alles anders, als man die Professoren Schwab und Gmelin in Betracht zog. Ersterer war aufgrund seiner Tätigkeit in der Praxis allerdings für die schlechter bezahlte Stelle an der Universität nicht zu gewinnen, so dass sich die königliche Oberstudiendirekton am 9. Juli 1813 schließlich auf den an der Universität Bern lehrenden Gmelin festlegte, nicht zuletzt vermutlich wegen des Einflusses, den dessen Vater, der ebenfalls bereits Professor an der

[53] Universitätsarchiv Tübingen, UAT 44 / 147 a, UAT 243 / 127.
[54] UAT 243 / 127.
[55] UAT 145/111
[56] UAT 44/152 Nr. 786.

Universität Tübingen war, wenigstens mittelbar durch gutachterliche Stellungnahme über seinen Sohn ausübte.[57]

Tafinger wurde einige Jahre nach seinem Tode von Klüpfel 1849 als jemand beschrieben, der sich um das Studium des Reichsprozesses verdient gemacht habe, sein Buch über selbigen sei weit verbreitet und durch einen Reichtum an literarischen Notizen ausgezeichnet gewesen.[58] Zunächst beschreibt Klüpfel Johann Christian Maier: „*...Dagegen nahm er sich Einzelner, die Berathung bey ihm suchten, freundlich an. Seine wissenschaftliche Richtung war eine vorherrschend rationalistische, er ging weniger darauf aus, durch Gelehrsamkeit zu glänzen, als durch geistreiche und verständige Reflexion sich über das Positive zu stellen, und so war er mit seiner ganzen Tendenz mehr der Zukunft, als der Vergangenheit zugewendet. Dasselbe gilt auch, wenn auch in verschiedener Weise von (...) Tafinger, der die gesamte Rechtswissenschaft durch Anwendung der Philosophie umzugestalten strebte, aber mit diesem Streben, vielleicht aus Mangel an hinreichender Energie des Geistes, zu keinem rechten Ziele kam. Übrigens hat er um die Ausbildung des deutschen Privatrechts nicht zu verkennende Verdienste. Bei vielseitiger Bildung verwendete er auch auf die Form seiner Vorträge große Sorgfalt, und war ein Freund der Geselligkeit und heiterer Lebemann.*“[59]

In der Allgemeinen Deutschen Biographie von 1894 wird ausgeführt, dass Tafinger ohne durchschlagenden Erfolg bemüht gewesen sei, die Rechtswissenschaft auf Grundlage der Kant'schen Philosophie umzugestalten. Verdienste gebührten ihm hingegen aufgrund der Ausbildung des deutschen Privatrechts.[60] Diese Beschreibung verifiziert aber nicht etwa, was Klüpfel schon schrieb, sondern stellt einen bloßen Abschrieb von ersterem dar, was dadurch bewiesen wird, dass die ADB die Namensverwechslung Klüpfels übernimmt. Hier wurden die Namen von Vater und Sohn verwechselt, obwohl beide Male der Sohn gemeint war, was sich aus der Angabe[61] der biographischen Daten ergibt. Ob Klüpfels abqualifizierende Bemerkung zutrifft, wird noch zu zeigen sein.

Die Familie Tafinger scheint heute ausgestorben zu sein. So findet sich in der gesamten Bundesrepublik kein einziger Telefonbucheintrag mehr mit dem Fami-

[57] UAT 44/152 Nr. 786, ff.
[58] Klüpfel, a.a.O., S. 206, benennt hier zwar Friedrich Wilhelm, er meint aber Wilhelm Gottlieb, da er in der Fußnote die Lebensdaten des W.G. Tafinger angibt.
[59] Klüpfel, ebenda.
[60] ADB, 37. Bd., S. 351.
[61] Siehe Klüpfel, S. 249, in der Fußnote.

liennamen „Tafinger“, was ein starkes Indiz dafür ist, dass die Familie in Deutschland keine Nachkommen mehr hat.[62]

[62] Lt. Auskunft der Deutschen Telekom unter http://www.teleauskunft.de am 24.08.2000; auch in Österreich, wo die Familie herstammt, lässt sich kein Telefonkunde mit diesem Familiennamen mehr finden.

2. Abschnitt: Tafingers deutsches Privatrecht, insbes. zur analogischen Methode und der Analogie

Tafinger nennt seine Methode zur Findung eines gemeinen Rechts „analogische“ Methode. Diese Bezeichnung kommt nicht von Ungefähr, sondern resultiert daraus, dass der Begriff der Analogie oft dann herangezogen wurde, wenn das dem zu einer Entscheidung Berufenen vorliegende Rechtsmaterial keine ausreichende Quelle darstellte. Da der Begriff der Analogie aber noch nicht hinreichend bestimmt und definiert zu sein schien, besteht die zu untersuchende Vermutung, dass sie zur extensiven Auslegung ebenso wie zur Rechtslückenfüllung herangezogen wurde, und eben auch zur Findung eines allgemeinen Privatrechtes. Der Begriff der Analogie schien zu einem Synonym für die Rechtsfindung schlechthin geworden zu sein. Im Zuge der Untersuchung der analogischen Methode soll deswegen, wenn auch gleichsam im Vorbeigehen, anschließend ein Blick auf die Analogie im engeren Sinne und daran anschließend ein Blick in die zeitgenössische Literatur geworfen werden, um den Stand und die Entwicklung der Wissenschaft zu den von Tafinger behandelten Themen festzustellen. Hierbei wird die Quellendarstellung bewusst rein chronologisch ohne weitere Gruppierung vorgenommen, da eine Trennung nach den verschiedenen Methoden an den fließenden Übergängen der einen zur anderen scheitern müsste. Auch eine Unterscheidung nach Analogie i.e.S. und den sonstigen Rechtfindungsmethoden wird bewusst nicht versucht, da dies eine künstliche Aufspaltung des Stoffes bedeutete, denn der Begriff der Analogie war ein Oberbegriff für die verschiedensten Rechtsfindungsmethoden. Das Eingehen auf die Analogie als solche scheint unverzichtbar, anderenfalls der Hintergrund für die Entwicklung der analogischen Methode Tafingers nicht zu verdeutlichen wäre. Es sei aber darauf hingewiesen, dass diese Schrift nicht dazu dienen soll, rechtstheoretische Erkenntnisse auf dem Gebiet der Analogie im engeren Sinne zu liefern. Diesbezüglich sei auf die bereits vorhandene und kaum zu bewältigende und nur in Ansätzen unten angegebene Literatur verwiesen. Hier soll lediglich eine Skizze versucht werden, die die Frage zum Gegenstand hat, welchen Begriff man während der Wirkungszeit Tafingers von der Analogie hatte. Bei der nun folgenden einführenden Darstellung des Analogiebegriffes und seiner Entwicklung möge der Jurist hier zur Vermeidung von Ermüdung rasch weiterblättern und der Historiker, bzw. Philosoph Verständnis dafür haben, dass der Verf. selbiges nicht ist.

A. Einführung in die Thematik

Zur Thematik der Suche nach dem deutschen Privatrecht ist Folgendes vorab ins Gedächtnis zu rufen. Während des Mittelalters wurde das römische Recht zunächst an den italienischen Universitäten wiederentdeckt und unterrichtet und gelangte derart über die dort studierenden deutschen Juristen mit etwas Verzögerung auch auf das Gebiet nördlich der Alpen. Nach den ersten Universitätsgründungen im alten Reich deutschen Sprachraumes im 14. Jahrhundert[63] wurde das römische Recht auch an hiesigen Universitäten unterrichtet und nahm so über die Ausbildung der Juristen und später durch die Spruchpraxis und Konsilien Einfluss auf die Rechtsprechung. Bereits 1418 traten gelehrte Doktoren als Urteilsfinder im königlichen Kammergericht auf und nach dem Landfriedensentwurf Albrechts II. von 1438 sollten die Obergerichte mit „Rittern und Gelehrten" besetzt werden.[64] Die Ursachen für die Rezeption sind, wie man heute weiß, vielschichtig, wogegen in der Zeit der Rezeption selbst zwei Erklärungsmodelle vorherrschten. Zum einen glaubte man, das Heilige Römische Reich sei in institutioneller Kontinuität die Fortsetzung des römischen Reichs, zum anderen herrschte die durch Conring widerlegte Lotharische Legende, nach der das römische Recht kraft kaiserlicher Anordnung Lothars III. von Supplinburg im Jahre 1137 zu seiner Geltung berufen worden sein soll.

Was die Ursachen auch sein mögen, die Anwendung des römischen Rechts setzte sich durch, was auch verständlich ist, wenn man sich vergegenwärtigt, dass im Reich kein einheitliches territorienübergreifendes Privatrecht galt. Das römische Recht hingegen wies ein in sich geschlossenes System auf und wurde wohl auch den sich zunehmend ändernden Lebensverhältnissen in Produktion und Handel besser gerecht. So kam es über die Jahrhunderte zu einer begründeten Vermutung (fundata intentio) für die Anwendung des römischen Rechts, solange nicht entgegenstehendes deutsches Recht als existent bewiesen wird. Obwohl deutsches Recht dem gemeinen Recht in der Anwendung vorging, dieses das gemeine Recht in seiner Geltung sogar derogieren konnte, kam es zu einer gewissen Verdrängung des deutschen Rechts, wenn der Kläger den Beweis der Existenz von deutschem Recht nicht erbrachte. Faktisch wurde das deutsche Recht in der Rechtsprechung hierdurch mehr zurückgedrängt als es de jure hätte sein müssen.[65] Auch der am Anfang des 13. Jh. verfasste und sich weit verbreitende Sachsenspiegel sowie der weniger erfolgreiche Schwabenspiegel konnten diese Entwicklung nicht aufhalten, da sie bloße Privataufzeichnungen von germanischen Gewohnheitsrechten und nicht selbst Rechtsquelle waren und somit nur den Beweis erleichterten, wo sie Verbreitung fanden. Wer sich vor Gericht auf ein germanisches Gewohnheitsrecht berief, hatte dieses weiterhin darzulegen

---

63 Prag (1348), Wien (1365), Heidelberg (1386), Köln (1388 – 1798, 1919 neugegr.), Erfurt (1392 – 1816, neugegr. 1997). Die meisten Universitäten wurden allerdings erst im 15. und 16. Jahrhundert gegründet, so auch Tübingen im Jahre 1477 durch Graf Eberhard im Barte.

64 Planitz, Rechtsgeschichte, § 67.

65 Vgl. hierzu: Jan Schröder, Recht als Wissenschaft, München 2001, S. 21 und S. 115 f.; Franz Wieacker, Privatrechtsgeschichte der Neuzeit, Göttingen 1967, S. 138 ff.

und dann dessen Geltung durch Präjudizien oder anderweitig zu beweisen, anderenfalls kam dieses nicht zur Anwendung. An den frühen Universitäten spielte das römische Recht eine beherrschende Rolle, was nicht zuletzt daran lag, dass von der Richterschaft zunehmend nur noch eine gute Kenntnis des römischen Rechts verlangt wurde.

Eine Änderung sollte erst mit der Schrift Hermann Conrings „De origine iuris germanici" von 1643 eingeleitet werden. Dieser zeigte auf, dass das römische Recht nur aus Gewohnheit und nicht kraft ausdrücklicher kaiserlicher Anordnung galt und das ältere deutsche Recht nicht vollständig verdrängt habe.[66] Conring, der zwar nicht als Vater des deutschen Privatrechts, wohl aber als Begründer moderner Historiographie oder als „Vater der deutschen Rechtsgeschichte" bezeichnet wird,[67] widerlegte die Lotharische Legende durch kritische Quellenforschung, indem er feststellte, dass die herkömmliche Begründung sich nicht erweisen ließ. Conring gehörte zu den ersten Gelehrten, die diese Meinung an der Universität öffentlich verbreiteten und wissenschaftlich begründeten. Für die deutschen Rechtspatrioten ging mit Conring nach deren eigenen Worten „die Sonne auf" oder „brach der Tag an",[68] für andere endete mit dem Aufkeimen des nationalen Rechtsgedankens das erste Zeitalter einer europäischen Rechtsgeschichte.[69] Die nun verbreitete Erklärung für die Geltung des Römischen Rechts gründet sich in erster Linie auf rein faktische Umstände, wie beispielsweise die Gelehrtenwanderung von Norditalien nach nördlich der Alpen in die Universitäten oder die Anwendung durch Verwaltung, Regierung und Justiz. Für den gemeinhin empfundenen Reformbedarf des Rechtswesens war mangels derogierender Wirkung des römischen Rechts somit der Weg für ein gemeines deutsches Recht eröffnet, so dass bereits Conring konkrete Vorschläge zur Schaffung eines universalen Gesetzbuches machte.[70] Conring steht damit am Beginn eines aufkeimenden Bewusstseins für das deutsche Recht.

Als erster Gelehrter, der neben dem römischen Recht ein gemeines deutsches Privatrecht anerkannte, wird Johann Schilter (1632 - 1705) genannt, nach dessen

---

[66] Hermann Conring, De Origine Juris Germanici, Helmstedt 1643, in übersetzter Form neu herausgegeben von: Michael Stolleis, Der Ursprung des deutschen Rechts, Frankfurt / M 1994, S. 131 ff.

[67] Beispielsweise von Michael Stolleis; Hermann Conring, De Origine Juris Germanici, Helmstedt 1643, in übersetzter Form neu herausgegeben von: Michael Stolleis, Der Ursprung des deutschen Rechts, Frankfurt / M 1994, Herman Conring und die Begründung der deutschen Rechtsgeschichte, S. 253 ff.

[68] So Runde, 1791, Grundsätze des allgem. dt. Privatrechts, S. 72, § 98; Danz, Handb. des heutigen deutschen Privatrechts, 1800, S. 293, § 98: *„Nach dieser Morgendämmerung in dem Felde des deutschen Rechts trat Conring auf, und schaffte den Tag."*

[69] So Coing, Europäische Rechtsgeschichte, Bd. I, S. 82.

[70] Conring, De Origine iuris Germanici, Helmstadt 1643, ab S. 247, Übersetzung ins Deutsche und hrsg. von Michael Stolleis, Frankfurt 1994.

Ansicht es in Deutschland bereits zwei vollständige gemeine Rechte gab.[71] Fortgeführt wurde Schilters Weg von dessen Schüler Christian Thomasius (1655 - 1728), der bereits Unterricht über das deutsche Privatrecht gehalten hatte und die vollständige Trennung des deutschen vom römischen Recht forderte.[72] Nach Thomasius gab es eine Reihe Gelehrter, die mit der Findung deutschrechtlicher Grundsätze beschäftigt waren, wozu auch Pütter, Tafinger und Runde zu zählen sind.

Zusammenfassend gesagt bestand Zivilrecht als geschriebenes Recht nur in Form des römischen Rechts oder in Form von einzelnen lückenhaften Territorialgesetzgebungen, also den Stadt- und Landrechten. Ein jus germanicum universale gab es nicht.[73] Die germanistische Wissenschaft war deswegen eifrig damit beschäftigt, über das deutsche Privatrecht zu lehren und zu schreiben, das römische Recht in seiner gerichtlichen Anwendung zurückzudrängen, vielleicht sogar eine deutschrechtliche Kodifizierung zu befördern, was eventuell auch eine durch den Frühhumanismus bewirkte Folge ist, soweit man vermehrt Tacitus Germania las und sich auf das deutsche Recht zurück besann.[74] Dabei blieb allerdings streitig, ob es ein tatsächliches deutsches Privatrecht gebe, das nur gefunden werden brauche, oder ob ein solches nur theoretisch bestehen könnte, das erst noch in die Form des Rechts gegossen werden musste. In diesem Kontext ist Tafingers Streben nach einem allgemeinen deutschen Privatrecht zu sehen. Tafinger wirkte um die Jahrhundertwende in einer Phase der Rechtswissenschaft, die sich die Kodifikation zum Hauptthema machte, und zwar durch alle Rechtsgebiete hindurch. Tafinger blieb Zeit seines Lebens am Puls der Zeit und setzte sich in einer ersten Periode überwiegend mit dem Privatrecht, gegen Ende seines Lebens jedoch sehr intensiv mit dem Strafrecht auseinander. Er leistete hierbei wichtige Vorarbeiten für die bevorstehenden Gesetzgebungen, die ihr Ende erst um 1900 fanden, als schließlich das gemeine deutsche Privatrecht in Synthese mit dem römischen Recht in Form des Bürgerlichen Gesetzbuches kodifiziert wurde. Im Folgenden soll untersucht werden, welche Methode der Rechtsfindung Tafinger in Bezug auf das deutsche Privatrecht verwandt hat. Ins Auge fällt bei Betrachtung von Tafingers Büchern die von ihm als „analogisch"

[71] Luig, Theorie der Gestaltung eines nationalen Privatrechtssystems, in: Wissenschaft und Kodifikation des Privatrechts, Hrsg.: Helmut Coing, Walter Wilhelm, Frankfurt, S. 219; Stintzing-Landsberg, Abt. 3, Hb. 1, S. 55 ff.

[72] Luig, Theorie der Gestaltung, a.a.O., S. 220; Marx, Die jur. Methode der Rechtsfindung aus der Natur der Sache, Göttingen 1967, S. 56, m.w.N.

[73] Tafinger, Die Rechtswissenschaft nach den Verhältnissen und Bedürfnissen der neuesten Zeit, 1808, S. 139.

[74] Dies ist allerdings nur ein peripherer Effekt des Humanismus, der in erster Linie nur einen anderen Umgang mit den römisch-rechtlichen Quellen bewirkte, die scholastische Methode verdrängte, zu einer Neudefinition des Kanons autoritativer Texte führte und die Forderung nach verbesserten Interpretationsmethoden laut werden ließ, vgl. Klaus Luig zum „mos gallicus" in: HRG, III. Bd., Sp. 695.

bezeichnete Methode, mit deren Hilfe er ein System des deutschen Privatrechts zu entwickeln versuchte. Diese Methode soll nun näher untersucht werden.

B. Analogiebegriff in Tafingers Werken

Von den 13 Büchern, die Tafinger veröffentlicht hat, finden sich Aussagen zur Analogie und zur analogischen Methode in den späteren Werken nur an vereinzelten Stellen, weswegen in erster Linie auf seine frühen Bücher zurückzugreifen ist, die er explizit der Analogie des deutschen Privatrechts gewidmet hat. Es handelt sich hierbei um seine aufsatzartige Veröffentlichung „De methodo juris privati germanici“ von 1786 und das Buch „Ueber die Bestimmung des Begriffs der Analogie des Teutschen Privatrechts und der Grundsätze, dasselbe zu bearbeiten“ von 1787. Beide Werke entstammen der Tübinger Zeit, kurz bevor er nach Erlangen ging. Insbesondere das ausführlichere deutsche Werk stellt heute die Hauptquelle für Tafingers Theorie dar, da er sich in seinen späteren Werken diesem Thema nicht mehr ausdrücklich gewidmet, sondern dieses allenfalls noch am Rande unter Hinweis auf sein einschlägiges Buch erwähnt hat.

I. Die Analogie des „Teutschen Privatrechts“

Das eigentliche Thema in Tafingers hier erörterter Abhandlung ist nicht in erster Linie die Analogie, wie aus dem Titel zunächst geschlossen werden könnte, sondern das deutsche Privatrecht. Tafinger entwickelt eine Methode, mit deren Hilfe er selbiges feststellen will und nennt diese Methode „Analogie“. Es soll nun untersucht werden, was hinter dieser Methode steckt, was ihr Ziel und ihre Vorgehensweise ist, nachdem ein Blick auf Tafingers Kritik an den Methoden anderer Gelehrter geworfen wird. Bevor Tafinger seine eigene Methode entwickelt, verwirft er die bestehenden, um seinen Versuch zu rechtfertigen. Die bestehenden Theorien lehnt er aus folgenden Gründen ab.

1. Tafinger über die „Analogie“ anderer

Tafinger geht bei seinen Ausführungen zum gemeinen Privatrecht schwerpunktartig auf zwei Autoren ein,[75] die er für die wichtigsten hält und die im Rahmen dieses Diskurses laut Tafinger eine Vorreiterstellung einnehmen. Erst diese Werke von Pütter und Selchow würden nämlich erste Ansätze zu einem gemeinen Privatrecht liefern. Beide gingen in ihren Werken davon aus, dass Rechtsgrundsätze nicht vor dem Hintergrund des älteren Rechts, sondern vielmehr innerhalb des aktuellen Rechts zu suchen seien. Der Begriff, den Pütter sich vom Deutschen Privatrecht dabei bildete, sei der folgende gewesen.

[75] Pütter, Elementa iuris publici germanici privati hodierni, Göttingen 1748 und 1776 und Selchov, Elementa juris Germanici hodierni novo systemare tradendi, Göttingen 1754.

„Teutsches Privatrecht enthält die Kenntnis der in Teutschland eingeführten Rechte und Verbindlichkeiten der Bürger untereinander. Diese Rechte gründen sich entweder auf fremde oder einheimische Gesetze. Es gibt zwar kein solches einheimisches Teutsches Privatrecht, welches allgemein verbindende Kraft in Teutschland hätte, überall auf gleiche Weise anwendbar wäre. Nichts desto weniger kann eine allgemeine Theorie der einzelnen teutschen Rechtsmaterien aufgestellt werden, welche auf der Vergleichung der Statuten, nöthigenfalls auch der älteren Teutschen Rechtsquellen und den daraus herzuleitenden analogischen Rechtsprinzipien beruhe. Diese Analogie ergibt sich aus der, im Ganzen genommen, anzutreffenden Übereinstimmung der Statuten. Sie ist hinreichend zur scientivischen Bearbeitung und Aufstellung eines juris germanici universalis, bey welchem nicht die Frage von der allgemeinen gesetzlich verbindenden Kraft seiner Sätze, sondern bloß von der allgemeinen ineren Wahrheit derselben ist."[76]

Laut Pütter seien im Lehrvortrag aufgrund der Allgemeingültigkeit deswegen auch nicht einzelne Statuten zum Beweis anzuführen, noch auf spezielle Abweichungen Rücksicht zu nehmen,[77] sondern stets die Gesamtheit der Statuten maßgeblich.

In seiner *Dissertatio de methodo Juris privati Germanici*[78] stellt Tafinger ebenfalls dar, dass Pütter allein aus dem Geiste und der allgemeinen Beschaffenheit eines jeden Rechtsinstituts - ohne Rücksicht auf einzelne partikulare Rechte - allgemeine Grundsätze zu entwickeln vorschlägt. Pütters Lehren hätten allerdings nur die erste Idee, aber gerade nicht die Methode enthalten, nach der die allgemeinen Grundsätze gefunden werden könnten. Pütters Werk fortgeführt habe hingegen Rudolff,[79] nach dem eine historische Untersuchung durch Zusammenstellung und Vergleichung aller Monumente in chronologischer Ordnung nötig sei, um daraus die „successiven Fortschritte desselben in Teutschland mit Einem zu übersehen". Aus der Übereinstimmung der meisten Monumente sei alsdann die neue Theorie zu bilden, und zwar ohne Rücksicht auf Einzelfälle.[80]

Diese Ansicht Tafingers stimmt insoweit, als Pütter tatsächlich, wie oben bereits aufgezeigt, unabhängig vom geschriebenen Recht juristische Fälle nach allgemeinem Privatrecht lösen will. Sie stimmt nicht, soweit Tafinger Pütter vorwirft, dass dieser in den ersten Ideen stecken geblieben sei. Pütter hat allerdings

[76] Tafinger, Bestimmung des Begriffs der Analogie, Band 1, 1787, § 20, S. 63 ff.
[77] Tafinger, Bestimmung des Begriffs der Analogie, Band 1, 1787, § 20, S.66.
[78] Besprechung in: Gelehrte Anzeigen, 1787, 26. Stück, S. 201.
[79] Angeblich schrieb dieser polemisch und wurde von Selchow, „Juristische Bibliothek", II. Band, S. 626 angegriffen, von Rudolff wiederum verteidigt sich in „Anzeige seiner Vorlesung über das Teutsche Recht und den Reichsprozeß", Büzow, 1776, S.8.
[80] Tafinger, Analogie, Band 1, 1787, § 27, S. 92.

durchaus praktische Rechtsfindung betrieben, wie noch zu zeigen sein wird, wobei er aber nicht nach dem gemeinen Privatrecht schlechthin suchte, sondern einzelne Fälle aus der „Natur der Sache" löste.

Selchows Begriff des Privatrechts unterscheidet sich laut Tafinger im Wesentlichen vom Pütterschen dadurch, dass Selchow kein theoretisches allgemeines deutsches Privatrecht annehme, sondern vielmehr ein wirkliches, wenn auch nicht im grammatikalischen Sinn.[81]

Deutsches Privatrecht sei ihm:

> *"der Inbegriff aller in Teutschland gemachten Gesetze, wodurch die Rechte und Verbindlichkeiten der Bürger unter einander festgesetzt werden."*[82]

Auch in seiner bereits benannten Dissertation sagt Tafinger über Selchow, dass dieser im Gegensatz zu Pütter alles auf Übereinstimmungen der einzelnen Statuten reduzieren wollte, um ein Jus Germanicum universale in thesi[83] aufzustellen. Diese Methode sei aber bei der unendlichen Vielfältigkeit der Gesetze eine Unmöglichkeit. Denn wenn in hundert Gesetzen ebenderselbe Satz aufgestellt wäre, folgt daraus noch lange nicht, dass er auch in einem anderen gelten müsse. Selchows Prinzip sei falsch, weil man eine allgemeine Übereinstimmung in allen Gesetzen nicht finden werde, so dass keine Prinzipien entwickelt werden könnten. Mache man es gleichwohl, so würden diese doch ihres Fundamentes beraubt, wenn nur ein entgegenstehender Rechtssatz existiert. Halte man trotzdem an den gefundenen Grundsätzen fest, dann könne dies nicht aufgrund einer vollständigen Übereinstimmung geschehen. Tafinger hält Selchow somit entgegen, dass dessen Prinzip streng genommen nicht funktioniere, weil es nur dann

---

[81] Tafinger, Analogie, Band 1, 1787, § 21, S. 68.

[82] Tafinger, Analogie, Band 1, 1787, § 21, S. 68 f.

[83] Was die Bezeichnungen „in thesi" und „in hypothesi" konkret bedeuten, wird bei genauerer Betrachtung im Zusammenhang mit einem gemeinen deutschen Privatrecht unklar. Da dieses nach allen Ansätzen nicht existent, sondern erst zu entwickeln war, bedeuten die Begriffe nicht „tatsächlich" und „hypothetisch", sie stammen vielmehr aus der Naturrechtsterminologie. Dort steht der Begriff „hypothetisches Recht" für das Recht, das nur existiert, wenn bestimmte Bedingungen wie beispielsweise Eigentum oder der Kontakt zu anderen Individuen gegeben sind. Das thetische Recht hingegen ist das absolute, angeborene oder allein aus der Vernunft gegebene Naturrecht. In der Debatte um das deutsche Privatrecht scheint sich ein Bedeutungswandel zu vollziehen. Strittig war hier, ob es ein deutsches Privatrecht bereits gebe und bloß gefunden werden müsse oder ob ein solches nicht real, sondern nur in der Gedankenwelt existiert. Angelehnt an die naturrechtliche Terminologie beschreibt hier *jus in thesi* ein jus universale, das real existierendes positives Recht ist oder aus diesem abgeleitet wird (so Selchow, Runde, Mylius, Danz) während das *jus in hypothesi* ein rein abstraktes, intelligibles Recht ist, das aus dem Geist, dem Zweck oder der Natur der Normen entwickelt wird (so bei Pütter, Tafinger, Eichhorn, Hufeland). Für Danz ist das Gegenstück des *jus in thesi* das *analogische Recht* derjenigen, die ein jus germanicum in hypothesi annehmen wollen, die er auch „Analogisten" nennt, vgl. Wilh. Aug. Friedr. Danz, Deutsches Privatrecht, 1800, S. 344.

etwas bringen würde, wenn man es gerade nicht konsequent befolge. Deswegen sei es falsch.[84]

Nach Putter und Selchow erwähnt Tafinger ein Werk Christ. Jonathan Fischers.[85] Fischer wird von Tafinger als jemand dargestellt, der germanisches Recht im *„Inbegriff von Gesetzen, Verordnungen und Gewohnheiten, welche die Befugnisse und Verbindlichkeiten einer Person Teutschen Ursprungs sowohl einzeln betrachtet, als in Rücksicht auf gesellschaftliche Verbindung bestimmen"* wollte. Dieses Recht bestehe aus Herkommen, Gewohnheitsrecht und Analogie.[86]

Tafinger bemerkt, dass Fischer die Frage aufwirft, was es denn für Verbindlichkeiten und Befugnisse seien, die den Deutschen mit und ohne Rücksicht auf gesellschaftliche Verbindung betreffen und ob es denn tatsächlich sein könne, dass Sachsenspiegel, Schwabenspiegel und anderes mittelalterliches Recht heute noch als verbindlich angesehen wird. Diese Fragen hätten sich bei Fischer aufgedrängt, seien aber unbeantwortet geblieben.[87]

Der Grund für die Geltung sollte nach Fischer die Bestätigung der Rechte durch ihren Gebrauch sein. Tafinger präzisiert dahingehend, dass Gewohnheitsrecht unbestritten den gleichen Rang wie geschriebenes Recht habe, wenn es denn noch als Gewohnheitsrecht besteht, was derjenige, der sich darauf beruft, im Prozess zu beweisen habe. Die beiden Spiegel seien nichts anderes als die Darstellung von Gewohnheitsrechten, sie führten aber nicht selbst zu deren Geltung, sondern nötigen den Rechtssuchenden, die noch bestehende Gewohnheit des dargestellten Rechts zu beweisen. Insofern seien die Spiegel nicht selbst Rechtsquelle, sondern die Gewohnheit, die von den Spiegeln nur dargestellt wurde.[88]

Tafinger gibt weiter zu bedenken, dass die Spiegel nur lokal begrenzt hätten gelten können, wenn sie denn Recht gewesen wären. Insofern sei man aus historischen Gründen schon nicht berechtigt, sie zu ius commune zu erklären.[89] Außerdem seien die Spiegel Privatsammlungen gewesen, bei denen es nicht einmal den Beweis dafür gebe, dass sie auf kaiserliche Veranlassung geschaffen wurden oder später kaiserlich (durch Friedrich II.) bestätigt wurden.[90] Auch die von Tafinger postulierte These, der Schwabenspiegel sei nur eine um römisches Recht angereicherte Abschrift des Sachsenspiegels, lässt seiner Ansicht nach fast als Scherz erscheinen, wenn man behauptet, der Schwabenspiegel sei eine

84 Tafinger, Analogie, Band 1, 1787, S. 203.
85 Fischer, Literatur des germanischen Rechts, Leipzig 1782, §§ 3, 173.
86 Tafinger, Analogie, Band 1, 1787, § 29, S.97 ff.
87 Tafinger, Analogie, Band 1, 1787, § 30, S. 99 ff.
88 Tafinger, Analogie, Band 1, 1787, § 31, S. 101 ff.
89 Tafinger, Analogie, Band 1, 1787, § 32, S. 107 ff
90 Tafinger, Analogie, Band 1, 1787, § 33, S. 109 ff.

eigene Rechtsquelle.[91] Aus dem Genanntem ergebe sich, dass es falsch sei, die alten Rechtsbräuche als Grundlage für ein allgemeines deutsches Recht heranzuziehen. Die anderen Gelehrten, die das aktuell geltende Recht als Grundlage für ein allgemeines deutsches Recht ansehen,[92] seien aber auch auf dem Holzweg, weil diese Rechte wiederum nur lokal begrenzt gelten würden.[93] Die einzelnen Rechte seien dabei so verschieden, dass es geradezu unmöglich sei, Gemeinsamkeiten zu ermitteln.[94] Ferner würden die Statuten in großen Teilen nicht übereinstimmen, allenfalls Ähnlichkeiten aufweisen.[95] Aus einer bloß hypothetischen Gemeinsamkeit könne man aber keine Grundsätze folgern, die wiederum allgemeingültig sein sollen.[96]

Tafinger kommt zu dem Schluss, dass bei Vergleichung desjenigen, was Joh. Cramer, Christ. Gottfr. Hoffmann, Joh. Jac. Moser, Joh. Heumann, Georg Steph. Wiesand, Joh. Banniza, Franz Spengel, Johann Mellmann und Franz Steiert über das deutsche Privatrecht gesagt hätten, eine allgemeine Meinung bestanden habe, nach der die Bildung eines allgemeinen deutschen Privatrechts notwendig durch Vergleichung des alten, mittleren und neuesten Rechts zu geschehen habe. Aus dieser Vergleichung müsse ein ius universale gebildet werden, dessen Beweis aber schwierig sei, da er *a particulari ad universale* gehen müsse. *„Ob aber dieses jus Germanicum ein jus universale in thesi seye oder blosse Abstraktion analogischer Grundsätze zum Behufe der Interpretation einzelner Gesetze enthalte? Diese Fragen sind in den angeführten Abhandlungen zum Theil gar nicht, zum Theil unvollständig untersucht worden.“* [97]

Die Mangelhaftigkeit der obigen Ansätze mache es erforderlich, eine ganz neue Theorie zu finden, deren innere Grundsätze auf Richtigkeit und Wahrheit beruhen. Eine Theorie, die über partielle Abweichungen in einzelnen Statuten nicht stolpere und auch bei Regelungslücken zu Schlussfolgerungen kommen könne.[98] Tafinger fasst in § 39 nochmals zusammen:

---

[91] Tafinger, Analogie, Band 1, 1787, S. 116 f.

[92] so z.B. Mylius oder Rudolff, von Tafinger erwähnt auf S. 129, wobei ersterer nur die Statuten betrachtet, letzterer die Monumente des Privatrechts (was wohl alle Rechtsquellen sein sollen).

[93] Tafinger, Analogie, Band 1, 1787, § 35, S. 120 ff.

[94] In der Fußnote § 39, S. 131 ff. legt Tafinger dies am Beispiel des Erbrechts anschaulich dar. Hier zieht er den Schluss, dass die einzige Gemeinsamkeit die sei, dass der Mann in der Regel ggü. der Frau eine gewisse Bevorzugung erfährt.

[95] Tafinger, Analogie, Band 1, 1787, § 36, S. 124.

[96] Tafinger, Analogie, Band 1, 1787, § 37, S. 126.

[97] Tafinger, Analogie, Band 1, 1787, § 23, S. 77 ff.

[98] Eine solche Privatrechtstheorie sei das, was Pütter „Analogisches Teutsches Privatrecht“ nenne., Tafinger, Analogie, Band 1, 1787, S. 129.

1. Selbst bei erwiesenen Übereinstimmungen in der Mehrzahl stehe nicht fest, dass diese Vorstellungsart die richtige und allgemein wahre sei, zeigt sich doch überall lokale Verschiedenheit.

2. Geht man von hypothetischen Gemeinsamkeiten aus und gründet die Vordersätze schon auf Vermutungen, so werden die daraus gezogenen weiteren Schlussfolgerungen immer zweifelhaftere Vermutungen.[99]

2. Tafingers eigene Ansätze zur Methode des dt. Privatrechts

In seinem Buch „Ueber die Bestimmung des Begriffs der Analogie des Teutschen Privatrechts“ sieht Tafinger das Ziel und den Zweck der „Analogie des Teutschen Privatrechts“ in der Auffindung objektiv richtiger Grundsätze, indem man die allgemeine Beschaffenheit einer jeden Rechtslehre findet.[100] Es geht ihm hierbei um die Aufstellung allgemeiner Wahrheiten des deutschen Privatrechts, aus welchen dann, wenn sie als richtig erwiesen sind, weitere analogische Schlüsse zur allgemeineren Anwendung und Erweiterung dieser ersten Sätze hergeleitet werden können.[101] Mit anderen Worten will Tafinger mit einer zu entwickelnden Methode als Nahziel zunächst das deutsche allgemeine Privatrecht definieren. Das Fernziel, das Tafinger jedoch hierbei verfolgt, ist die Trennung von römischem und deutschem Recht, um ersteres zugunsten des deutschen Rechts zu verdrängen, wo das deutsche Recht eigene Regelungen enthält.

Lässt sich auf dem Weg zum Nahziel eine allgemeine Theorie des deutschen Privatrechts ermitteln, so lässt sich, so hofft Tafinger, auch ein noch allgemeinerer Grundsatz feststellen, auf dem diese Theorie fußt.[102]

Die rein wissenschaftliche Feststellung dieser Grundsätze soll *„zum Hülfsmittel der Interpretation dunkler Gesetze"* dienen oder *„da, wo keine Interpretation angewandt werden kann, und doch Entscheidungen aus den allgemeinen Teutschen Rechtsgrundsätzen nothwendig sind, an der Stelle des positiven Rechts gebraucht, oder in so ferne es einzelne Verordnungen allgemeiner Reichsgesetze im objektiven allgemeinen Zusammenhang vorgetragen enthielte, als wirklich positives Recht angewandt"* werden.[103]

Letztlich will Tafinger also keinesfalls bloß theoretischen Nutzen aus etwaigen Erkenntnissen ziehen, sondern ein gemeines deutsches Privatrecht finden, das zumindest subsidiär tatsächlich angewandt wird und somit auch das in der Rechtspraxis subsidiär geltende römische Recht verdrängt.

---

[99] Tafinger, Analogie, Band 1, 1787, § 39, S. 130 ff.
[100] Tafinger, Analogie, Band 1, 1787,, S. 144.
[101] Tafinger, Analogie, Band 1, 1787, S. 145.
[102] Tafinger, Analogie, Band 1, 1787, S. 164 f.
[103] Tafinger, Analogie, Band 1, 1787, S. 167.

Tafingers Bestrebungen fügen sich damit in eine seit Mitte des 17. Jh. unter den Germanisten[104] und Usus-modernus-Juristen einsetzende Entwicklung ein, die nicht mehr einsehen wollten, weshalb das lückenhafte und uneinheitliche im Reich geltende positive Recht durch römisches Recht, das zunehmend als fremdes Recht betrachtet wurde, ergänzt werden sollte.[105]

Tafingers gewählte Bezeichnung „Analogie des teutschen Privatrechts“ ist dabei ein von ihm nach eigenen Angaben willkürlich gewählter Name, weswegen man, worauf Tafinger ausdrücklich hinweist, keinesfalls die Bestimmungen der hergebrachten Analogie auf die Analogie des deutschen Privatrechts anwenden dürfe.[106] Vielmehr sei eine ganz andere Methodik notwendig, die Tafinger folgendermaßen beschreibt.

Bei dieser Methodik müssten allgemeine Grundsätze einer jeden deutschen Rechtsmaterie aufgestellt werden, wobei diese Grundsätze aber nicht aus den positiven einzelnen Statuten selbst zu schließen seien, sondern aus der jeweiligen Natur des einzelnen Instituts.

Die Natur eines jeden Rechtsinstituts soll dabei gefunden werden, indem man *„die ursprüngliche Beschaffenheit desselben in seiner einfachen Gestalt, seine Fortschritte im Ganzen nach Absonderung aller der partikulären Bestimmungen“* kennen lernt, *„welche dasselbe in den verschiedenen Teutschen Rechtsmonumenten erhalten hat, die sodann aus dem Zusammenhang solcher Partikulargesetze, aus der eigenthümlichen Absicht eines Familiengesetzes, oder aus den besondern Veranlassungen einer partikularen Rechtsgewohnheit zu erklären sind.“*[107]

Was will Tafinger hiermit sagen? Er meint, dass man die Partikularrechte zeitlich und inhaltlich so weit auf ihre Wurzeln zurückführen soll, bis sie ihren Charakter als geschriebenes Recht bereits wieder verlieren. Man soll sich quasi

---

[104] Adalbert Erler, in: HRG, Band III, Sp. 1582- 1584, “Germanisten”: Eine seit dem 19. Jh. üblich gewordene Bezeichnung für Wissenschaftler, welche Historiker, Philologen oder Juristen – im Gegensatz zu den „Romanisten“ – das germanisch- deutsche Kulturelement zum besonderen Gegenstand ihrer Forschung machten. Der Name Germanisten für deutschrechtlich forschende Juristen ist offenbar durch H. Conrings Buch „De origine juris Germanici“ (1643) ausgelöst worden.

[105] Diese Bewegung beginnt mit Conrings Widerlegung der Lotharischen Legende, De Origine Juris Germanici, 1643. Schilter ist derjenige, der hierauf aufbauend mit diverse Schriften zwei gemeine Rechte in Deutschland postuliert. Weitere Wegbereiter des deutschen Privatrechts waren u.a. Samuel Stryk, Joh. Nicol. Hertius, Christ. Thomasius, Georg Beyer, Joh. Steph. Pütter, Joh. Christ. v. Selchow, Justus Friedr. Runde, Wilh. Gottl. Tafinger, Wilh. Aug. Friedr. Danz; vgl. Schröder, Recht als Wissenschaft, S. 115 f.; Landsberg, Geschichte der deutschen Rechtswissenschaft, 3. Abth., 1. Halbbd., 1898, S. 54 ff.; Thieme „Deutsches Privatrecht“, in: HRG, Bd.1, 1971, Sp- 702 – 709; Coing, Europäisches Privatrecht, Bd. I, S. 93; Kroeschell, Deutsche Rechtsgeschichte, Bd. III, S. 10.

[106] Tafinger, Analogie, Band 1, 1787, S. 146.

[107] Tafinger, Analogie, Band 1, 1787, 147 f.

den gesellschaftlichen Zustand vor Augen führen, als es das betreffende Recht als geschriebenes Gesetz noch nicht gab, gleichwohl aber bereits das Bedürfnis zu einem bestimmten Rechtsverhalten bestand, so dass die Menschen sich sozusagen freiwillig einem bestimmten Rechtsbrauch unterwarfen.

Hierdurch könnte man die Rechtsinstitute von den einzelnen zufälligen Ursachen befreien, die dazu geführt hätten, dass die damals geltenden Partikularrechte untereinander Differenzen und Widersprüche bekommen haben. Befreit von allen Nebenursachen könnte man dann feststellen, ob „*bey gewissen zu entdeckenden gemeinschaftlichen Verschiedenheiten mehrerer Statuten von einander in Bestimmung dieses Instituts diese Abweichungen blos aus individuellen, zufälligen, Ursachen herrühren, oder ob sie Resultate gewisser der ursprünglichen Notion beygestellten, nunmehro zum Grund gelegten Hauptideen seyen, wodurch verschiedene Abstammungen eines und ebendesselben Instituts mit ihren eingenthümlichen, aus ihrer nunmehro so oder anders gemeinschaftlich bestimmten Notion herzuleitenden Grundsätzen entstanden seyn können.*“[108]

Die hierbei zu betrachtenden sog. „Hauptideen“ wiederum finde man dadurch, indem man bei den so auf ihren Ursprung zurückgeführten Instituten die Unterschiede derselben heraus arbeitet. Nachdem man dies gemacht hat, könne man die verbleibenden Gemeinsamkeiten, die allen Instituten gleichsam inne wohnen, als allgemeinen Grundsatz begreifen, was dann zugleich die von Tafinger sogenannte Hauptidee sei.

Diese Hauptidee erfasst, könne man diejenigen Institute absondern, die durch zu viele Abweichungen zu sehr von dem allgemeinen Begriff abweichen. Diese könne man dann zu einem eigenen für sich bestehenden Institut erheben. In diesem Falle „*können wenigstens die nöthigen Hülfsbegriffe aus der ursprünglich verwandten Rechtslehre zur Erläuterung des neu entstandenen eingenthümlichen Instituts entlehnt werden.*“[109]

Diese soeben dargestellte Methode hält Tafinger für die genaueste und wissenschaftlichste, jedenfalls dann, „*wenn sie denn möglich ist*“. Nimmt man diesen von Tafinger übernommenen letzten Halbsatz ernst, wird deutlich, dass Tafinger seine entwickelte Methode wohl kein einziges mal durchexerziert hat und es somit auch offen bleiben muss, ob sie funktioniert.

Bei dieser Absonderung des Allgemeinen vom Speziellen durch historische Betrachtung sieht Tafinger nämlich eine fast unüberwindbare Hürde darin, dass durch die Rezeption des römischen Rechts bei der Rückschau dieses von den „ur“deutschen Rechtsgrundsätzen zu trennen ist. Tafinger bildet hierbei drei Fallgruppen. Teilweise habe aa) das römische Recht das deutsche vollkommen derogiert, teilweise werde bb) hier römisches und dort deutsches Recht für die

[108] Tafinger, Analogie, Band 1, 1787, S. 148 f.
[109] Tafinger, Analogie, Band 1, 1787, S. 150.

gleiche Sachlage angewandt und cc) habe mancherorts auch eine Vermischung des deutschen mit dem römischen Recht stattgefunden.[110]

Bei der ersten Fallgruppe kommt es nach Tafinger nicht darauf an, wie häufig oder wie selten ein gewisses deutschrechtliches Institut noch angewandt werde, weswegen es für die Untersuchung ausreiche, wenn es nur denkbar scheint, dass noch Fälle auftreten, die nach dem ehemaligen deutschen Rechtsinstitut zu entscheiden sind. *„So lange demnach wirkliche Dokumente den Beweis enthalten, daß ein auch selten vorkommendes Rechtsinstitut noch irgendwo in Gebrauch sey, oder daß noch Fälle vorkommen können, wo die Grundsätze dieses ehemals häufigeren Instituts die Entscheidungsquelle seyn können, so lange gehört die Erörterung desselben in den Umfang einer heutigen Teutschen Rechtstheorie...“*[111]

Die für das 18 Jh. gewöhnliche Situation der zweiten Fallgruppe, bei der in einem Territorium für einen Sachverhalt römisches und in einem anderen deutsches Recht gegolten haben kann,[112] war gerade Folge des Umstandes, dass ein allgemeines deutsches Privatrecht nicht existierte und das römische Recht stets subsidiär herangezogen wurde und steht der Aufstellung einer deutschen Privatrechtstheorie nicht entgegen, sondern ist geradezu Grund dafür.

Die von Tafinger zuletzt genannte Fallgruppe der Vermischung von römischem und deutschem Recht, kann Tafinger sich in zwei Varianten vorstellen. Erstens könnte eine vollkommen neue Rechtslehre durch die Vermischung entstanden sein und zweitens könnte das deutsche Recht bloß eine Erweiterung oder Modifizierung erfahren haben.[113] Bei der totalen Vermischung stehe es dem Wissenschaftler nicht frei, nur dem deutschen Teil des neuen Instituts nachzugehen, weil er hierdurch das bestehende Mischinstitut verwerfen würde. Deswegen bleibe ihm nur, die Gründe für die Vermischung zu erforschen und hieraus seine Schlüsse zu ziehen.[114] Bei der Modifizierung deutscher Institute durch das römische Recht sieht Tafinger hingegen die Schwierigkeit, dass es ihm kaum möglich scheint, zwischen der Modifizierung aufgrund der Rezeption und derjenigen, die aufgrund einer natürlichen Entwicklung des deutschen Rechts stattgefunden haben kann, zu unterscheiden.[115]

Bei dieser letzten Fallvariante scheinen Tafingers Bedenken allerdings nicht ganz schlüssig, denn wenn er alle existenten Institute auf seine Ursprünge zurückführen will, dann spielt es an sich keine Rolle, was die Ursache für die Modifizierung eines deutschrechtlichen Grundsatzes ist, also ob sie nun einer

110 Tafinger, Analogie, Band 1, 1787, S. 152 f.
111 Tafinger, Analogie, Band 1, 1787, S. 154.
112 Hier wird immer wieder die Rechtslage bezüglich des Güterstandes erwähnt.
113 Tafinger, Analogie, Band 1, 1787, S. 160.
114 Tafinger, Analogie, Band 1, 1787, S. 160.
115 Tafinger, Analogie, Band 1, 1787, S. 161 f.

allgemeinen Entwicklung oder der Rezeption zuzuschreiben ist. Vermutlich meint Tafinger vielmehr, dass eine Rückverfolgung schwierig werde, wenn man nicht weiß, wie ein Institut sich verändert hat. Was er allerdings genau meint, bleibt mangels weiterer Erläuterungen verborgen.

Tafinger scheint ersichtlich gewesen zu sein, dass seine Methode Heerscharen von Juristen beschäftigen müsste, denn jedes einzelne Rechtsinstitut müsste enumerativ erfasst und untersucht werden.[116] Dies ist vielleicht auch der Grund, weshalb Tafinger eine exemplarische Vorführung seiner Methode Zeit seines Lebens nicht geleistet hat. Der in dem 1. Band auf Seite 170 angekündigte 2. Band, in welchem die Methode vorgeführt werden sollte, ist von Tafinger nie publiziert und wohl auch nie geschrieben worden. Jedenfalls gibt es keine Anhaltspunkte dafür.

Auch in anderen Schriften geht Tafinger auf die analogische Methode ein, wenn dies auch stets unter Verweis auf das bereits dargestellte Buch geschieht. Zuerst hat er sich diesem Thema bereits in seiner Dissertation *De methodo Juris privati Germanici* von 1786 gewidmet. In den sonstigen Schriften Tafingers, abgesehen von der oben dargestellten, finden sich mit einer Ausnahme kaum nennenswerte Ausführungen zur analogischen Methode.

In der Schrift über die *„Rechtswissenschaft nach den Bedürfnissen und Verhältnissen der neuesten Zeit“* von 1808, die eine der letzten veröffentlichten Bücher vor seinem Tod im Jahre 1813 werden sollte, schreibt Tafinger zum deutschen Privatrecht und der analogischen Methode unter dem Eindruck der veränderten politischen Verhältnisse und der erfolgten Diskussion über Kants Metaphysische Anfangsgründe der Rechtslehre. Hierbei bezieht der als Kantianer bezeichnete[117] Tafinger in diesem späteren Buch eine vermeintliche Gegenposition zu Kants Rechtslehre und präzisiert die Beschreibung seiner Methode. Tafinger führt dort zunächst aus:

„Da es schlechterdings unmöglich ist, daß eine Wissenschaft als solche existieren könne, solange man nicht über die Art der Erkenntnis in derselben im Reinen ist, so läugnen wir in Anwendung dieses Grundsazes geradezu, daß es bisher eine Theorie des teutschen Privatrechts als Wissenschaft gegeben habe, denn nur wenige Rechtsgelehrte haben sich bisher die Mühe genommen, diese präjudicielle Frage auch nur zu untersuchen.“[118]

Deutsche Institute definiert Tafinger weiterhin als diejenigen, welche ihrem Ursprunge nach in Deutschland entstanden sind, unabhängig davon, ob sie später durch die Rezeption des römischen Rechts mit diesem vermischt oder durch dieses ergänzt wurden. Am Rande stellt sich allerdings die Frage, wo genau

[116] Tafinger, Analogie, Band 1, 1787, S. 153.
[117] In der Tat enthält seine Enzyklopädie von 1800 sehr viele Kantzitate.
[118] Tafinger, Rechtswissenschaft nach neuester Zeit, S. 137 ff.

Tafinger die Ursprünge deutschen Rechts eigentlich suchen und wie weit er hierbei zurückgehen will. Hierzu führt Tafinger nichts aus und bleibt insofern unklar, wenn er stets von „deutschen“ Instituten spricht, den Begriff „deutsch“ aber nie positiv definiert oder sagt, wo für ihn der Ursprung des Rechts liegt.

Ein *jus germanicum universale in thesi* gibt es laut Tafinger nicht, insbesondere sei die Existenz gemeinen deutschen Gewohnheitsrechtes nicht zu erweisen gewesen. Gleichwohl sei die Existenz eines gemeinen Privatrechts evident, wenn man sich nur die unbezweifelten Rechtssätze vor Augen führe, von denen Tafinger beispielhaft die Klagbarkeit von Verträgen oder das Erfordernis priesterlicher Einsegnung der Ehe für ihre kirchliche Wirksamkeit nennt.[119] Deswegen könne es nur ein *jus germanicum universale in hypothesi* geben, das man als Theorie des deutschen Privatrechts anwenden könne.

Der Substanz nach bestehe dieses hypothetische gemeine Recht allerdings nicht aus *„reinen Vernunftideen oder reinen Verstandesbegriffen und deren Construction* ***a priori*, *sondern*** *lediglich von der Frage: was kann und mus aus Gründen als heutiges Recht in dieser oder jener vorliegenden Rechtslehre angenommen werden? Diese Frage ist rein historisch, die Erkenntnisart, wodurch wir zur Auflösung gelangen können, ist die einer* ***Induction a posteriori*** *aus gegeben Daten.“*[120] Hier tut sich der oben angesprochene scheinbare Widerspruch zwischen Kant und Tafinger auf.

Die Induktion des gemeinen Rechts soll sich nach Tafingers Vorschlag formal in sechs Schritten vollziehen.

„Wir würden zu diesem Ende:

1. zuförderst jedes Institut in dem Lande, wo es gelten soll, nach seinem historischen Ursprung so weit zurück untersuchen, als hierzu unsere Quellenkunde reicht.

2. Wir würden die Untersuchung durch Urkunden, Rechtsbücher des Mittelalters und durch andere neuere statutarische Rechte durchführen, von ihrem Ursprung an bis zu der neuesten Gestalt dieser Institute herab.

3. Was nun dem Institute durch alle individuelle Formen seiner neuesten heutigen Existenz überall als Merkmal zukommt, das würden wir als Merkmal in den Gattungsbegriff desselben aufnehmen. Aber nun würden wir nichtsdestoweniger nicht sogleich analytisch verfahren, und essentialia, naturalia und accidentialia auf gewöhnliche naturrechtliche Manier unterscheiden (...)“

---

[119] Ersteres Beispiel hatte Pütter bereits 1779 in seinen „Beyträge zum teutschen Staats = und Fürstenrechte“ von 1779 als Beweis für die Existenz eines gemeinen deutschen Rechts angeführt. Tafinger scheint dies von dort übernommen zu haben.

[120] Tafinger dürfte hier auf Kants Anfangsgründe der Rechtslehre von 1797 anspielen, wo Kant bekanntermaßen vertritt, dass alles Recht a priori existent ist und gilt und keiner Empirie bedarf; Tafinger, Rechtswissenschaft nach neuester Zeit, S. 141.

weil man sich vor unlogischem Empirismus bewahren müsse und nicht Statuten gegeneinander ausspielen dürfe, denn

„Jedes Statut ist so gut eine Autorität, als das andere; (...) Nun müsste es doch mit den Gesetzen der Logik ganz sonderbar aussehen, wenn sie nicht auch hier einen näheren Leitfaden an die Hand geben sollten.

Dieser ist

4. Die einzelnen individuellen statutarischen Formen zusammenzustellen, unter sich zu vergleichen, und nach ihren Verwandtschaften und Abweichungen unter sich zu classificiren. So wird

5. Der Gattungsbegriff in seiner gänzlichen Allgemeinheit gesezt werden, dagegen aber sind die Arten näher zu unterscheiden, in welche sich das Institut nach seinen verschiedenen Branchen zerlegt, wovon erst alsdann die nähere Theorie analytisch entwickelt und durch die treffendsten Beyspiele aus den einzelnen Particularrechten erläutert werden kann.

(...) Von dieser Induction ist nun aber

6. schlechterdings die Wahrnehmung der Beymischung des römischen Rechts nicht ausgeschlossen, und wenn gleich das Institut kein rein teutsches mehr ist, so ist es doch kein rein römisches Institut, denn es ist in seiner primitiven Entstehung teutschen Ursprungs, statt daß die römischteutschen Rechtslehren römischen Ursprungs und nur dem teutschen Gebrauch accomodirt sind!“[121]

Bei dieser Bearbeitungsweise will Tafinger auch bereits durch Gesetzgebungen überholte Rechtsordnungen berücksichtigt wissen. Denn nur so könnte ein zukünftiger Gesetzgeber ermessen, was von statutarischem Recht als unzweckmäßig hinwegzunehmen und was als richtig für die Zukunft zu setzen sei.

Dieser Idee nach hängt das gemeine deutsche Recht somit nach wie vor an der Existenz des positiven Rechts, da dieses jenes bedingt und aus ihm zu entwickeln ist. Zwar will Tafinger nicht auf das Gesetz als solches zurückgreifen, jedoch ist dieses die Quelle zur Ermittlung der sog. Hauptidee des Rechts. Das Recht und damit auch das gemeine Recht ist somit nicht a priori, d.h. vor dem Gesetz / Gewohnheitsrecht existent, sondern a posteriori aus diesem empirisch zu entwickeln.

3. Exkurs zum Dualismus im Recht

Hiermit stellt sich Tafinger in einen vermeintlichen Gegensatz zu Kants 1797 erschienener Rechtslehre, nach der das Recht als Bestandteil der Sittenlehre a priori aus dem Grundsatz der Vernunft abzuleiten sei. *„Allein mit den Sittenge-*

[121] Tafinger, Rechtswissenschaft nach neuester Zeit, S. 141.

setzen ist es anders bewandt. Nur sofern sie als a priori gegründet und notwendig eingesehen werden können, gelten sie als Gesetze, ja die Begriffe und Urteile über uns selbst und unser Tun und Lassen bedeuten gar nichts Sittliches, wenn die das, was sich bloß von der Erfahrung lernen lässt, enthalten, und, wenn man sich etwa verleiten lässt, etwas aus der letzteren Quelle zum moralischen Grundsatze zu machen, so gerät man in Gefahr der gröbsten und verderblichsten Irrtümer."[122] Kant nennt eine Induktion aus dem Vorhandenen eine moralische Anthropologie, die nichts anderes als die Voraussetzungen der Glückseligkeit beschreiben könne. Diese Glückseligkeit habe mit der Lehre der Sittlichkeit aber nichts zu tun, da die Vernunft als Grundlage der Sittlichkeit das Handeln gebiete, wenngleich auch noch kein Beispiel dafür angetroffen werden könne[123] und steigert sich bis zu der Aussage: „*Eine bloß empirische Rechtslehre ist (...) ein Kopf, der schön sein mag, nur schade! daß er kein Gehirn hat."*[124]

Bei dieser Unterschiedlichkeit zwischen Kants a priorischem System und Tafingers a posteriorisch- empirischen ist beachtlich, dass Kant nicht über das positive Recht schreibt und Tafinger nicht über das Naturrecht, ein Widerspruch insofern nicht besteht, was auf die dualistische Betrachtung des Rechts zurückgeht. Seit Mitte des 17. Jh. entwickelte sich ein dualistischer Rechtsbegriff, nämlich einerseits das positive Recht des Gesetzgebers, dessen Geltungsgrund der Wille des Gesetzgebers ist und andererseits das Naturrecht, hinter dem als Schöpfer der Natur zwar Gott stehen sollte, als dessen Geltungsgrund aber mehr die Natur des Menschen und die Vernunft angesehen wurde.[125] Dieser Dualismus[126] wird deutlich, wenn Kant sich in der Metaphysik der Sitten fragt, was Recht sei und schreibt: „*Was rechtens sei (...), d.i. was die Gesetze an einem gewissen Ort und zu einer gewissen Zeit sagen oder gesagt haben, (...); aber ob das, was sie wollten, auch recht sei (...) bleibt ihm* [dem Rechtsgelehrten, Anm. d. Verf.] *wohl verborgen.*" Der Maßstab des Urteils darüber, was recht ist, sei allein die Vernunft.[127]

---

[122] I. Kant, Metaphysik der Sitten, Erster Teil,, S. 11.
[123] I. Kant, Metaphysik der Sitten, Erster Teil, S. 12 f.
[124] I. Kant, Metaphysik der Sitten, Erster Teil, § B, S. 38.
[125] Schröder, Recht als Wissenschaft, S. 97 ff.: Zwar hat Jean Bodin bereits 1576 die Gesetzgebung als Aufgabe des Staates gesehen, allerdings führen wohl erst die Definitionen von Thomas Hobbes (in De Cive von 1642 und Leviathan von 1651) des positiven Rechts als den „Befehl desjenigen, der im Staat die höchste Gewalt hat, im Hinblick auf die künftigen Handlungen der Bürger" zur Entstehung des Dualismus durch Positivierung des Rechts, Nachweise bei Schröder, S. 97, Fn. 4, 5.
[126] Ein anderer Dualismus bestand innerhalb des positiven Rechts in der Trennung von römischem und deutschen Recht. Zur Geschichte dieser Trennung vgl. Klaus Luig, Theorie der Gestaltung eines nationalen Privatrechtssystems, a.a.O., S. 217 ff.
[127] I. Kant, Metaphysik der Sitten, Erster Teil, § B, S. 37 f.

Tafinger bezeichnet den Namen seiner Methode mit „analogisch“ zwar als willkürlich, jedoch wird der Begriff der Analogie so zufällig nicht gewesen sein, wie Tafinger glauben machen will. Wie noch aufzuzeigen sein wird, wurde der Begriff der Analogie nämlich für mannigfaltige Methoden verwendet, weswegen es auch interessant erscheint, was Tafinger unter der „herkömmlichen Analogie“ versteht, da diese vor zweihundert Jahren in der juristischen Argumentation noch nicht einen so fest umrissenen Rahmen hatte, wie wir ihn heute kennen. Als Parallele zu der Suche nach dem deutschen Privatrecht soll deswegen auch der Begriff der herkömmlichen Analogie in Tafingers Werken untersucht und in einem späteren Schritt ins Verhältnis zum Stand der Wissenschaft gesetzt werden.

II. „Analogie des Rechts, wie sie eigentlich genommen wird"

Den Schriften Tafingers lässt sich ein dreifacher Gebrauch des Begriffs der Analogie im herkömmlichen Sinne entnehmen.

1. Analogie als Ähnlichkeit

Zunächst wird der Begriff der Analogie bei Tafinger im Sinne seines Sprachgebrauchs als Gleichheitsbezeichnung benutzt. Was analog zu behandeln ist, ist gleich zu behandeln. In dem Buch über die Einkindschaft[128] führt Tafinger die Ähnlichkeit dieser mit der römischen Adoption aus und beweist diese beispielhaft an dem gleichermaßen bestehenden Heiratsverbot der Kinder und dem Erfordernis einer obrigkeitlichen Bestätigung der Kindesannahme. Insgesamt seien beide Institute so ähnlich, die Einkindschaft eigentlich Adoption und deswegen in Analogie zu dieser zu behandeln.[129] An anderer Stelle beschreibt er den Besitz an körperlichen Sachen als den wahren Besitz, während der an unkörperlichen der *analogische* Besitz sei.[130]

Durch dieses eine Beispiel, das sich mehrfach mit weiteren Zitaten belegen ließe, worauf hier aber verzichtet wird, kommt zum Ausdruck, dass Tafinger den Begriff der Analogie zuerst als Synonym für die Ähnlichkeit von Rechtsinstituten benutzt hat.

2. Analogie als Auslegung

Neben der Verwendung des Begriffs der Analogie im Sinne des allgemeinen Sprachgebrauchs, verwendet Tafinger diesen Begriff auch als Synonym für die extensive Auslegung. Dies geschieht beispielsweise in seinen Lehrsätzen des Naturrechts von 1794, in denen er ausführt, dass jede Gesetzgebung entweder zu allgemein oder zu speziell sei, weswegen auf Gewohnheitsrecht zurückgegriffen[131] oder interpretiert werden müsse. Tafinger unterscheidet hier die authentische Interpretation durch den Gesetzgeber und die doktrinelle durch die Wissenschaft und erklärt, dass man grammatikalisch nach dem Wortlaut und logisch nach dem Sinn und Zweck des Gesetzes interpretieren könne. Hierbei sei dann die restriktive Auslegung der *extensiven* = *analogischen* gegenüber zu stellen.[132]

Abgesehen von der Frage, wo und wann der Gesetzgeber eigentlich berufen sein sollte, seine eigenen Normen zu interpretieren, bezeichnet Tafinger offenbar die extensive Auslegung als Analogie.

---

128 Näheres dazu unten im Überblick über Tafingers Werk.
129 Tafinger, Einkindschaft, S. 72 ff.
130 Tafinger, Lehrsätze des Naturrechts, ab § 465, S. 167.
131 Tafinger, Lehrsätze des Naturrechts, § 258, S. 99.
132 Tafinger, Lehrsätze des Naturrechts, § 260 ff., S. 99 ff.

3. Analogie als Methode der Lückenfüllung

Unter der traditionellen Analogie versteht Tafinger *„die bloße Auffindung von Aehnlichkeiten gesetzlich bestimmter Fälle mit ungenannten, vermittelst Ausdehnung des allgemeinen bey einer positiven gesetzlichen Entscheidung befolgten Grundes auf ähnliche in dem Gesetz nicht ausgedrückte Fälle."*[133]

Indem Tafinger hier auf verschiedene geregelte Fälle innerhalb einer Norm abstellt, beschreibt er nach heutigen Begriffen die Gesetzesanalogie. Der Zweck dieser Analogie liegt laut Tafinger in der Ableitung weiterer Folgerungen aus unbezweifelten Vorschriften eines Gesetzes.[134]

Tafinger möchte diesen Analogiebegriff „wie er herkömmlich genommen wird" jedoch nicht akzeptieren und verlangt, ihn entweder zu verwerfen oder aber einen anderen Analogiebegriff zu entwickeln.[135] Seine Kritik begründet er, indem er sich gleichermaßen, aber nicht sauber differenziert, gegen die bisherigen Versuche der Findung eines ius universale, wie auch gegen die Analogie wendet. Im Ergebnis laufen seine Ausführungen darauf hinaus, dass die Methode der herkömmlichen Analogie nichts tauge und somit erst recht nicht zur Findung eines Deutschen Privatrechts herangezogen werden könne. Nicht ganz klar wird allerdings, ob Tafinger sich nur gegen die Rechtsanalogie oder auch gegen die Gesetzesanalogie wendet. Der Inhalt seiner Kritik berührt eher nur die Rechtsanalogie. Und hier entsteht auch die Verknüpfung zwischen der Analogie und Tafingers analogischer Methode, denn letztere ist die Konsequenz aus der Ablehnung der Rechtsanalogie. Seine Hauptansatzpunkte wenden sich in erster Linie gegen die bisher angewandte Methode und sind die folgenden:

1. Das existierende positive Recht scheint Tafinger völlig zufällig und deswegen ungeeignet, um hieraus Grundsätze zu folgern, mittels derer die nicht geregelten Fälle gelöst werden können. Er schließt dies aus der Tatsache, dass in jedem Territorium andere Gesetze bestehen, teilweise rein deutschen Ursprungs, teilweise römischen Ursprungs und teilweise vermischt.

2. Des weiteren bestünden zahlreiche widersprechende Rechtsnormen,[136] wobei Tafinger wieder die verschiedenen statutarischen Rechte meint. Beispielhaft nennt er an anderer Stelle immer wieder die unterschiedliche Regelung des ehelichen Güterstandes. Nach welchem Recht solle aber eine Rechtslücke gefüllt werden, wenn genau die gleiche Anzahl von widersprechenden Normen bestehen würde? Auch würde nicht schon die Mehrzahl von Regelungen einer bestimmten Art für ihre Wahrheit sprechen.[137]

---

133 Tafinger, Analogie, § 41, S. 144.
134 Tafinger, Analogie, § 41, S. 144.
135 Tafinger, Analogie, § 40, S. 142.
136 Tafinger, Analogie, §§ 1,2.
137 Tafinger, Analogie, § 26, S. 87 ff.

3. Darüber hinaus sei die Findung eines Obersatzes nicht logisch-objektiv möglich,[138] sondern beruhe auf einer hypothetischen Erwägung. Dies sei methodisch unbefriedigend.

4. Und schließlich könne aus den Obersätzen, die sich nicht objektiv ermitteln lassen, auch nicht objektiv auf den Einzelfall zurück geschlossen werden.[139]

Die hier vereinfacht wiedergegebenen Kritikpunkte Tafingers drückt dieser leider nicht mit einer Deutlichkeit aus, die sichere Schlussfolgerungen auf seine dahinterstehenden Gedanken zulässt, diese ergeben sich nur aus dem Zusammenhang. Im Ergebnis lehnt Tafinger die Gesetzesanalogie im herkömmlichen Sinne zunächst aus den vorgeführten Gründen ab, also weil es seiner Ansicht nach keinen zulässigen Schluss von einer Norm oder einem Normenbündel auf ein Prinzip geben könne. Dies aus den Gründen, dass erstens jeder Schluss spekulativ bleiben muss und zweitens, weil in den unterschiedlichen Territorien ganz unterschiedliche Normen gelten. Nach heutigem Verständnis könnte man fast sagen, dass Tafinger erkennt, dass eine vollständige Induktion im Recht nicht möglich war, dass die mögliche aber unvollständige Induktion jedoch nur zu einer logisch nicht beweisbaren, sondern allenfalls wahrscheinlichen Annahme führen würde. Wenn die Annahme eines Prinzips schon auf einem unsicheren Schluss fußt, dann können die aus dem allgemeinen Prinzip abgeleiteten Einzelfälle wiederum nicht objektive Richtigkeit besitzen, also kein objektiv richtiges Ergebnis liefern. Tafinger könnte erkannt haben, dass die Deduktion, also der Schluss vom Obersatz auf den Einzelfall, mit einem durch unvollständige Induktion gewonnen Obersatz vollzogen, unsicher ist.

Wenn Tafinger dies, wenn auch nicht in der vorgeführt plakativen Art, tatsächlich so erkannt hat, dann sind seine Ausführungen zur Rechtsanalogie beachtlich, da vor ihm soweit ersichtlich kein anderer Jurist derartige Kritik an der Rechtslückenfüllung mittels Analogie geübt hat.

Ein zweiter Grund für Tafingers Ablehnung der Gesetzesanalogie könnte ein allgemeinerer und weniger beweisbarer sein, der belegt, dass Tafinger noch ein überzeugter Naturrechtler war.

Der Begriff des Naturrecht taucht bereits bei Aristoteles in einem Sinne auf, nach dem von Natur aus rechtens sei, was überall und unabhängig menschlicher Zustimmung gelte.[140] Im 16. und frühen 17. Jahrhundert ist das Naturrecht ein unabänderliches, wenn auch lückenhaftes Recht, das durch das positive Recht modifiziert, in seinen Grundsätzen aber nicht verletzt werden kann.[141] Erst Mitte

138 Tafinger, Analogie, S. 140.
139 Tafinger, Analogie, § 39, S. 130 ff.
140 Grefe, „Naturrecht", HRG III, Sp. 933 ff.
141 Schröder, Recht als Wissenschaft, S. 18, 102.

des 17. Jahrhunderts wandelt sich das Naturrecht zu einem vernunftmäßig erschlossenen Universalrecht, das nicht mehr nur angeborene, sondern auch erworbene, durch Vernunft aus der menschlichen Natur erschlossene Rechte erfasst.[142] Dem Naturrecht wurde immer mehr Rechtsmaterie eingegliedert, so dass immer weniger ersichtlich war, wie sich alles aus der „Natur" des Menschen erschließen sollte, was zur Begründung desselben durch die Vernunft führte und von Kant Anfang des 19. Jahrhunderts auf den Punkt gebracht wurde.[143] Schon Mitte des 17. Jh. gab es deswegen auch die Bezeichnungen „Vernunftrecht" oder „Universalrecht",[144] die sich aber nicht durchsetzen konnten. Das Naturrecht wurde umfassend und erhob Anspruch auf Vollständigkeit. Hugo Grotius,[145] Thomas Hobbes,[146] Samuel Pufendorf,[147] und Christian Wolff[148] veränderten das Verständnis des Naturrechts und bauten es mit ihren Hauptwerken zu einem geschlossenen System aus, so dass das Naturrecht eine vollständige Rechtsquelle wurde. Diesen Charakter verlor das Naturrecht erst ab etwa 1810, als es zunehmend nur noch als eine Philosophie des positiven Rechts oder Gesetzgebungswissenschaft gesehen wurde.[149] Andererseits, dies nur am Rande bemerkt, gibt es auch in der modernen angewandten Rechtswissenschaft Phänomene, die zumindest an das Naturrecht erinnern.[150]

Während das frühe Naturrecht noch als Quelle des positiven Rechts gesehen wurde, so dass ein Widerspruch zwischen beidem eigentlich nicht möglich war (denn was mit dem Naturrecht in Widerspruch stand, war kein Recht), stehen aufgrund des im 17. Jh. einsetzenden Dualismus, s.o., das positive und das natürliche Recht nebeneinander, wobei als erwiesen gelten kann, dass es einen

---

142 Dabei wurde aus den obersten Prinzipien, wie beispielsweise der Freiheit und Gleichheit durch Deduktion eine Fülle von Normen gefolgert, die das Volkerrecht, Privatrecht und öffentliche Recht betreffen, vgl. Coing, Europäisches Privatrecht, Bd. I, S. 72 ff.

143 Genaueres bei: Schröder, Recht als Wissenschaft, S. 100 ff.

144 Schröder, Recht als Wissenschaft, S. 102, verweist auf Buchtitel bei: Samuel Pufendorf, Justus Henning Böhmer, Joachim Georg Darjes und Adam Friedrich Glafey.

145 De jure belli ac pacis libri tres, 1625.

146 De Cive, 1642; Leviathan, 1651.

147 De jure naturae et gentium libri octo, 1672.

148 Institutiones juris naturae et gentium, 1750.

149 Schröder, Recht als Wissenschaft, S. 202 f.

150 Im Kant'schen Sinne als Recht der Vernunft, das einem Moralkonsens gegenübersteht, ist überpositives Recht auch heute nicht völlig verschwunden. Man vergegenwärtige sich nur die Nürnberger Prozesse oder die Mauerschützenprozesse nach der deutschen Wiedervereinigung, bei denen die Strafbarkeit der Beschuldigten dem positiven Recht nicht entnommen werden konnte und mit Vernunftrecht, somit Naturrecht im weiteren Sinne, über die von Gustav Radbruch entwickelte bekannte Formel begründet wurde. Mit Recht führt Wieacker in seiner „Privatrechtsgeschichte" auf S. 250 aus: *„Dagegen wurde die Naturrechtstradition (...) immer in die Bresche gerufen, wenn eine konkrete geschichtliche Rechtsordnung ihre Überzeugungskraft für das öffentliche Rechtsgewissen und ihre geistige Stichhaltigkeit für die besten ihrer Zeit verloren hatte, wie in den Glaubenskämpfen der frühen Neuzeit oder in den Krisen der jüngsten deutschen Vergangenheit."*

Vorrang des Naturrechts nicht gab, vielmehr das positive Recht in der Anwendung vorging, wie Schröder zeigt.[151] Dies beschreibt aber nur das Verhältnis existenten positiven Rechts zum Naturrecht. Hat das positive Recht nun eine Lücke, hätte die Frage sein können, ob die Analogie des positiven Rechts dem an sich subsidiären Naturrecht vorging oder umgekehrt. Die Frage ist also, wie subsidiär das subsidiäre Naturrecht sein sollte.[152]

Bei Beantwortung dieser Frage ist beachtlich, dass die aufkeimende Bedeutung der rechtslückenfüllende Analogie mit der sinkenden Bedeutung des Naturrechts einher geht und Begleiterscheinung, wenn nicht sogar Folge einer langsamen Abstandnahme von der Vorstellung der subsidiären aber universellen Geltung des Naturrechts ist. Bis gegen Ende des 18. Jh. hatte man Rechtslücken auch dadurch zu schließen gesucht, indem auf Grundsätze des Naturrechts zurückgegriffen wurde, während später hierfür die Analogie gebraucht wurde.[153] Mit der Argumentation aus der ratio legis, der Natur der Sache oder einem hinter dem Gesetz stehenden Prinzip betrieb man das, was heute noch unter der Rechtsanalogie verstanden wird. Allerdings wurde unter dem Begriff der Analogie nicht bloß die Lückenfüllung, sondern teilweise auch der „e contrario" Schluss verstanden. Dieser dient freilich im Ergebnis auch der Vollständigkeit des positiven Rechts, wenn er ausdrückt, dass eine Gesetzeslücke nur eine scheinbare ist, insofern, als sie eine bewusste Nichtregelung darstellt. Der E-contrario-Schluss geht daher auf die gleiche Motivation zurück.

Vor diesem Hintergrund könnte sich Tafingers Ablehnung der rechtslückenfüllenden Analogie deswegen auch daraus erklären, dass er von der universalen, wenn auch subsidiären Geltung des Naturrechts noch keinen Abschied nehmen wollte, und es deswegen ablehnte, lückenhaftes positives Recht aus sich selbst heraus zu ergänzen. Die Lücke des Positiven war für Tafinger ein Anwendungsfall des Naturrechts, denn die Analogie setzt eine positivistische Grundeinstellung des Rechtsanwenders voraus, die Tafinger vielleicht nicht hatte. Tafinger scheint dem Naturrecht nämlich noch recht verbunden, denn 1794

[151] Schröder, Recht als Wissenschaft, S. 111; ders. Naturrecht bricht positives Recht, in FS Mikat, Berlin 1984, S. 422 ff.

[152] Für die Praxis hat Klaus Luig, Richterkönigtum und Kadijurisprudenz, Ebelsbach 1980, am Beispiel des Richters Augustin Leyser (1683 – 1752) gezeigt, dass jedenfalls für diesen ein Rückgriff auf das subsidiäre Naturrecht praktisch nicht in Betracht kam, sondern vielmehr bei Regelungslücken mit der ratio legis oder der ratio naturalis argumentiert wurde. Dies bestätigt die Vermutung, dass die aufgeworfene Frage eine der Theorie und nicht der Praxis ist.

[153] Wann genau die zeitliche Grenze zu ziehen ist, kann nicht gesagt werden da beispielsweise Majer 1775 in „Teutsches weltliches Staatsrecht", Bd. I, S. 12 ff, die Gesetzeslückenfüllung bereits ohne Erwähnung des Naturrechts vollzieht, andererseits Savigny sich immerhin noch 1840 in seinem „System des heutigen römischen Rechts" in § 46 genötigt sieht, diese Art der Lückenfüllung gegen die Anwendung des Naturrechts zu verteidigen.

und auch noch 1800 schreibt Tafinger Lehrbücher, in denen er die Existenz des Naturrechts zu beweisen versucht.[154] Für Tafinger ist das Naturrecht sogar die Materie, die an der Universität zu allererst gelehrt werden soll.[155] Im Grunde genommen muss man Tafinger deshalb als echten Naturrechtler einstufen und könnte darin, dass auch für ihn das Naturrecht zwar subsidiär, aber nicht so subsidiär ist, dass es nicht wenigstens bei Regelungslücken des positiven Rechts gelten sollte, einen Grund der Ablehnung der Analogie sehen.

Es wird noch darzustellen sein, ob für Tafinger insofern eine Konkurrenz zwischen der subsidiären Anwendung des Naturrechts und der Analogie des positiven Rechts entstand. Tafinger, der sein deutsches Privatrecht gerade nicht a priori folgern, sondern das positive Recht a posteriori und empirisch aus sich selbst heraus ermitteln will und andererseits die Analogie als Kombination von Induktion und Deduktion aus dem positiven Recht als untauglich bzw. unsicher entlarvt, sitzt somit zwischen den Stühlen. Einen Mittelweg kann er nicht anbieten, sondern will hier so und dort anders verfahren.

[154] Encyclopädie, 2. Ausgabe, Tübingen 1800; Lehrsätze des Naturrechts, Tübingen 1794.
[155] Versuch einer juristischen Methodologie, § 13 ff, S. 5 ff, 1796.

C. Quellen zur Analogie, der extensiven Auslegung und der analogischen Methode in der Literatur des ausgehenden 18. und beginnenden 19 Jh.

Um die Bedeutung und den Gehalt der dargestellten Aussagen Tafingers zur *analogischen Methode* beurteilen zu können, ist es erforderlich, andere zeitgenössische Schriftsteller auf die gleiche Thematik hin zu untersuchen. Hierbei soll so vorgegangen werden, dass zunächst ausgewählte Schriften der Zeitgenossen Tafingers untersucht werden, und zwar in Bezug auf abstrakte Ausführungen zum System des deutschen Privatrechts und der Analogie, da die Vermutung besteht, dass die analogische Methode mit der herkömmlichen Analogie etwas gemeinsam hat. Ausführungen zur Analogie sollen dabei ohne Differenzierung hinsichtlich der Rechtsmaterien gesucht werden, weil es einen wesentlichen Unterschied bei der Methodik der Analogie innerhalb der verschiedenen Rechtsgebiete nicht zu geben scheint. Auch soll hier bewusst nicht zwischen den Methoden zur Findung eines gemeinen Rechts und der herkömmlichen Analogie unterschieden werden, da dies schon eine Abgrenzung darstellte, die erst einem weiteren Abschnitt vorbehalten bleiben soll und aufgrund der etwas nebulösen Ausdruckweise mancher Autoren auch nicht ohne weiteres vollzogen werden kann.

In einem zweiten Teil noch ein Blick auf ausgewählte Schriften geworfen werden, die nach 1813 entstanden sind, um zu untersuchen, ob Tafingers analogische Methode von der Literatur der historischen Rechtschule aufgenommen oder verworfen wurde und ob sie überhaupt Beachtung fand. Zunächst folgt nun ohne Anspruch auf Vollständigkeit ein chronologischer Literaturüberblick, der inhaltlich einerseits wiedergeben soll, was zur Methode des gemeinen deutschen Privatrechts, also insbesondere auch den Parallelmethoden zur analogischen Methode Tafingers, geschrieben wurde und andererseits beleuchten soll, welchen Begriff man sich von der Analogie als Rechtsquelle überhaupt gemacht hat.

I. Vorgänger und Zeitgenossen Tafingers zur Analogie und Findung eines gemeinen Deutschen Privatrechts

Estor, Johann Georg,[156] 1757

Estor postuliert in seinem 1757 veröffentlichen Werk „Grundsätze des deutschen Rechts"[157] die Existenz eines gemeinen deutschen Rechts und versucht dies anhand verschiedener Statute und Lehrbuchzitate zu beweisen.

Die Quellen eines gemeinen Rechts sollen seiner Ansicht nach nicht nur das deutsche Reichsrecht, also die Reichsabschiede sein, die seiner Darstellung nach in vielfältigen Formen Erbrecht, Testamente, Vormundschaftsrecht und Kontrakte behandeln und somit Privatrecht enthalten, sondern in gleichem Maße deutsches Gewohnheitsrecht. Ebenso wichtig seien aber auch die deutschen Statuten, wobei insbesondere die ältesten wegen ihrer Unberührtheit durch das römische Recht große Bedeutung hätten. Interessanterweise will Estor zur Findung des deutschen Privatrechts auch auf französisches, englisches, schwedisches, und andere auswärtige Rechte zurückgreifen, da diese seiner Ansicht nach ebenfalls deutsche Gewohnheiten enthalten.[158] Eine Darlegung oder gar den Beweis hierfür liefert er jedoch nicht und fraglich wird durch die Beachtung dieser Quellen, was für Estor eigentlich „deutsch" heißt.

Auch wenn fremde Rechte vieles von den deutschen Gewohnheiten verdrängt hätten, sei die Existenz des deutschen Privatrechts evident, geradezu Mitleid verdienten diejenigen, welche das deutsche Privatrecht leugneten.[159] In seinen allgemeinen Ausführungen macht er gleichwohl keine Bemerkungen darüber, wie das deutsche gemeine Recht zu finden sei, sondern geht relativ schnell auf den Besonderen Teil über, den er wie üblich an die römisch-rechtliche Systematik angelehnt in Personen-, Sachenrecht und das Recht der Kontrakte einteilt. Die hier zu einzelnen Instituten getroffenen Feststellungen will Estor wohl als gemeinrechtlich begriffen wissen, nur überzeugen kann dies nicht, wenn man sieht, dass er gerade für den Charakter der Allgemeinheit keine hinreichenden Beweise liefert. Wo er beispielsweise ausführt, dass nach deutschem Privatrecht ein Testament vor drei Zeugen erstellt werden kann, begründet er dies mit lediglich zwei Statuten und zwei anderen Lehrbüchern.[160]

[156] Johann Georg Estor, 1699 – 1773, lehrte in Gießen, Jena und Marburg und beschäftigte sich beeinflusst von Thomasius vermehrt mit dem deutschen Recht. Als sein bedeutendstes Werk gilt: Anfangsgründe des gemeinen und Reichs-Prozesses, 1744. Vgl. Stintzing-Landsberg, III / 1, S. 240 f.

[157] Estor, Johann Georg, Grundsäze des Teutschen Rechts, I. Hauptstück, Marburg 1757.

[158] Estor, Grundsäze, I. Hauptstück, § 30. S. 12 ff.

[159] Estor, Grundsäze, III. Hauptstück, § 1, S. 1.

[160] Estor, Grundsäze, II. Hauptstück, § 2910, S. 21.

An anderer Stelle stellt Estor dar, dass nach deutschem Privatrecht Weibspersonen nicht testieren könnten, dies unter bloßem Hinweis darauf, dass dies in verschiedenen Land- und Stadtrechten so verordnet sei und auch in anderen Büchern so stehe. Dass es sich hierbei um gemeines Recht handele, scheint für ihn festzustehen, ohne an eine territoriale Begrenztheit der Geltung zu denken. Diese fehlende Argumentation darf allerdings nicht als bloßes Unvermögen verstanden werden, sondern fußt auf der Überzeugung, dass das gemeine Recht ein ius non scriptum sei und es insofern auf die positiven Kodifikationen gar nicht entscheidend ankomme.

Die Erkenntnis über die hier beschriebene Schrift lässt sich anscheinend auch auf andere Werke Estors übertragen. Gerber,[161] der bereits 1846 Estors im Original verschollenes zweibändiges Werk über die deutsche Rechtsgelehrtheit[162] untersuchte, kommt ebenfalls zu dem Ergebnis: „*Ueber die Frage, die eigentlich hier von Interesse ist, welches die eigentliche Natur des deutschen Privatrechts sei, lässt sich der Verfasser gar nicht ein, sondern begnügt sich in einem Abschnitte <von der wirklichkeit des Teutschen rechtes> mit der Bemerkung: <an der wirklickeit des Teutschen rechtes ist nun umso weniger zu zweifeln, je gewisser es ist, daß die Teutschen ihre besondere stats=verfassung gehabt haben, welche ohne Gesäze nicht bestehen kann, ungeachtet die strengen civilisten solche ohne allen Grund läugnen>*“. Dies bestätigt, dass sich an Systematik und Methode aus Estors Werken aus der Mitte des 18. Jahrhunderts noch nichts Substanzielles entnehmen lässt, woraus Estor aber kein Vorwurf zu machen ist. Estors Schriften gelten gleichwohl als repräsentativ für alle gleichartigen Schriften und liegen qualitativ eher am oberen Rande der Messlatte.

---

[161] Carl Friedrich Wilhelm von Gerber, Das wissenschaftliche Princip des gemeinen deutschen Privatrechts, Jena 1846, S. 34 ff.

[162] Gerber zieht als Quelle heran: J. A. Hofmann, Estors teutsche Rechtsgelahrtheit, Marburg 1757 /58 und derselbe: Der Teutschen Rechtsgelahrtheit Dritter Theil, Frankfurt 1767.

Moser, Johann Jacob,[163] 1766

Etwa 20 Jahre nach Estor wird Moser immerhin zur Rechtsquelle der Analogie etwas methodischer. Er schreibt in seinem Staatsrechtslehrbuch[164] zur Analogie der teutschen Staatsverfassung:

„Analogie ist und heißt, wann ich aus einem Recht, Fall, Saz, u.s.w. einen Schluß auf ein anderes Recht, oder einen anderen Fall, Saz, u.s.w. mache; ingleichem wenn ich aus einem allgemeinen Saz Schlüsse und Folgerungen auf besondere Fälle ziehe."

„In Teutschland seynd viele, oft wichtige, Fälle, so in die Staatsverfassung einschlagen, weder durch die Reichsgesetze und Verträge, noch durch Reichsherkommen, entschieden.

In dergleichen Fällen läuft am Ende alles auf die Analogie hinaus, daß man von einem Recht des Kaysers, der Stände, der Evangelischen, u.s.w. auf ein anderes schliesset."[165]

Er erklärt dann nicht näher die Voraussetzungen oder Methode der Analogie, sondern warnt:

„Nur ist hiebey dieses überhaupt zu beobachten, daß unsere teutsche Staatsverfassung viel eigenes und besonderes, ja auch unregelmäßiges, hat, und daß manchmal der Kayser oder die Stände im grösseren etwas thun können, da sie doch in anderen weit geringeren Sachen dergleichen Macht und Befugnis nicht haben.

Dahero ist behutsam zu verfahren, und es greiffet oft der Schluß von dem größeren auf das kleinere, von dem kleineren auf das größere, von einem Recht auf ein anderes gleiches, u.s.w. nicht Plaz."[166]

---

[163] Johann Jacob Moser wurde 1701 in Stuttgart geboren, studierte in Tübingen und zählt heute neben Pütter zu einem der bedeutendsten Staatsrechtler seiner Zeit. Moser wechselte zwischen Wien und Stuttgart, nachdem es ihm als Protestant im katholischen Wien nicht gelungen war, eine angemessene Stelle zu finden und er wegen seiner Kontakte nach Wien wiederum nicht in den württembergischen Staatsdienst aufgenommen wurde. Aufgrund seiner politischen Haltung wurde Moser für insgesamt 5 Jahre (1759 – 1764) auf der Festung Hohentwiel inhaftiert. Sein literarisches Werk zeichnet sich besonders durch den großen Umfang aus. Seine Hauptwerke, Teutsches Staatsrecht, 1737 – 1754, 50 Bände, Neues Teutsches Staatsrecht, 1766 – 1775, 20 Bände, erhalten ihren Umfang durch gewaltige Stoffsammlungen, so dass diese heute wertvolle Quellen darstellen. Moser starb 1785 in Stuttgart. Vgl. insgesamt: Gerd Kleinheyer, Jan Schröder (Hrsg.), Deutsche Juristen aus 5 Jahrhunderten, S. 204, mit umfassenden weiterführenden Literaturangaben.

[164] Johann Jacob Moser, Teutsches Staatsrecht, Stuttgart 1766.

[165] Moser, Teutsches Staatsrecht, Bd. 1, S. 518, § 1 f.

[166] Moser, Teutsches Staatsrecht, Bd. 1, S. 519, § 3.

Nettelbladt, Daniel,[167] 1773

Einige Ausführungen zur Anwendung allgemeinen Rechts und der Analogie macht auch Daniel Nettelbladt in einem Buch über das Staatsrecht aus dem Jahre 1773.[168] Er beantwortet dort die Frage, wann allgemeines Staatsrecht als Untergruppe des hypothetischen Naturrecht nicht bloß als Hilfsmittel, sondern als Rechtsquelle zur Anwendung kommen dürfe. Voraussetzung sei hierfür, dass die Gesetze *„gänzlich schweigen. Alsdenn aber schweigen sie erst gänzlich, wenn diese Gesetze weder ausdrücklich etwas bestimmen, noch auch in denselben Grunde enthalten sind, aus welchen die Entscheidung gefolgert werden kann, mithin auch nach der Analogie des teutschen Staatsrechtes die Entscheidung nicht geschehen kann. (...) ...da dieselbe den Gebrauch des allgemeinen Staatsrechtes ausschliesset."*[169]

Was das allgemeine Staatsrecht ist, führt Nettelbladt hier nicht weiter aus, entscheidend scheint aber die Aussage, dass die Analogie echte Rechtsquelle sei und sie als solche der Deduktion aus allgemeinem Recht (=Naturrecht) vorgeht. Die Legitimation zur Bildung von Analogien zieht Nettelbladt aus dem Grundsatz *„taciti et expressi eadem est efficacia"*,[170] aus dem sich ergebe, dass der unausgesprochene Wille des Gesetzgebers Grundlage der Analogie sei.

Majer, Johann Christian,[171] 1775

In seinem Buch über das „Teutsche weltliche Staatsrecht" von 1775 beschreibt Majer die Analogie wie folgt:[172] Außer den in den Gesetzen und Herkommen wirklich genannten Fällen gebe es noch die nicht genannten, die ihren Umständen nach den genannten ähnlich sind. Aufgrund der Ähnlichkeit treffe der Grund des Gesetzes auf diese ebenso zu. Der vernünftige Wille verlange deswegen danach, die ähnlichen Fälle auch ähnlich zu behandeln, so dass die Anwendung des Gesetzes mittels Analogie eine „moralische Notwendigkeit" sei.

---

[167] Daniel Nettelbladt, 1719 – 1791, lehrte in Halle und war beeinflusst von Wolff, nach dessen Vorbild er alle Bereiche des Rechts behandelte, wichtige Schriften: Systema elementare universae jurisprudentiae positivae communis, Halle 1749, Unvorgreiffliche Gedanken von dem heutigen Zustand der bürgerlichen und natürlichen Rechtsgelahrtheit in Deutschland, Halle 1749; Initia historiae literariae iuridicae universalis, Halle 1764; Systema elementare universae jurisprudentiae positivae Germanorum communis gerneralis, Halle 1781; vgl. Stintzing- Landsberg, Bd. III / 1, S. 288 – 299; Jan Schröder, Recht als Wissenschaft, u.a. S. 122 ff., 174 ff., 184 ff.; Dietmar Willoweit in: HRG III, S. 951 f.

[168] Nettelbladt, Daniel; Erörterungen einiger einzelner Lehren des teutschen Staatsrechtes, Halle 1773

[169] Nettelbladt, ebenda, S. 29 ff.

[170] Nettelbladt, ebenda, S. 30, Fn. b): Die Wirksamkeit des Unausgesprochenen und des ausdrücklich Gesagten ist dieselbe.

[171] Zu seiner Person s.o. im 1. Abschnitt.

[172] Majer, Teutsches weltliches Staatsrecht, Bd. I, S. 12 f.

„Um dieser Aehnlichkeit willen kann der vernünftige Wille des Oberherrn oder der gesammten Bürgerschaft, dieser obgleich nicht wirklich genannten Fällen und Verhältnissen doch keine andere Bestimmung geben, als diejenige ist, welche er den würklich genannten bereits gegeben hat: und um dieser hier eintretenden moralischen Nothwendigkeit willen ist man dahero auch befugt, die ungenannten mit den genannten für gleich gesetzlich bestimmt zu halten. Diese hieraus hervorquellende neue Gattung von Gesetzgebung, die aber so bewandten Umständen nach, in nichts anders als in eine Ausdehnung der vorhandenen Gesetze nach ihrem ganzen Umfange auf alle darinn wirklich enthaltene Verhältnisse und Fälle besteht, - wird Rechtsanalogie genannt.

I. Blos bei positiven Gesetzen, deren Worte weniger ausdrücken, als doch würklich in dem ganzen Umfange derselben enthalten ist, und enthalten seyn soll, - ist die Rechtsanalogie möglich."

II. Ihrer eigentlichen Natur nach besteht sie in der Ausdehnung eines Gesetzes oder Herkommens, und kann also blos den Umfang der darinn enthaltenen Fälle und Verhältnisse erweitern, aber nicht die ihnen darinn gegebenen Bestimmungen verändern.

III. Grund für die Analogie ist für Majer ebenfalls der „präsumtive Wille des Gesetzgebers", Voraussetzung aber eine Ähnlichkeit, so dass der eigentliche Grund des Gesetzes auch auf den ähnlichen Fall passe. Auf diese Fälle sei die Rechtsanalogie auch eingeschränkt.

Hiermit stellt Majer bereits drei Voraussetzungen für die Rechtsanalogie auf, nämlich 1., dass die ratio legis weiter geht als der Wortlaut, 2. die ratio legis die Analogie dem Umfange nach beschränkt und 3., dass Ähnlichkeit des geregelten mit dem ungeregelten Fall vorliegen muss.

Die Analogie ist hierbei für Majer allerdings nicht bloße Auslegung, sondern Rechtsquelle wie Gesetz und Herkommen.[173]

[173] Ebenda, S. 14.

Pütter, Johann Stephan[174], 1767 / 1779

Pütters Schriften sind, wie es von dem berühmtesten Staatsrechtler seiner Zeit erwartet werden darf, wesentlich ergiebiger als die bisher genannten. Bei ihm kann festgestellt werden, dass er die Analogie im herkömmlichen Sinne anwendet und ein gemeines deutsches Privatrecht festzustellen versucht. Letzteres hat bei ihm mit dem Begriff der Analogie nichts zu tun, was noch zu zeigen sein wird. Darüber hinaus gibt es bei Pütter die Rechtsquelle, die er „Natur der Sache" nennt. Diese drei Begriffe geben zugleich die Gliederung für die folgenden Ausführungen.

aa) Rechtsanalogie

Zunächst zu der Analogie, die Tafinger als die gewöhnliche beschreibt. Pütter stellt sie folgendermaßen dar:

„*Wo manchmal Herkommen und Gesetze eine Frage unentschieden lassen, da bleibt noch die letzte Zuflucht zur Analogie des Staatsrechts übrig, d.i. zu solchen Schlüssen, die man aus Vergleichung mit andern durch Gesetze und Herkommen entschiedenen ähnlichen Fällen folgert, um zu zeigen, daß ein Widerspruch erfolgen würde, wenn man den in Frage stehenden Fall anders entscheiden wollte; welches wenigstens eine sehr rechtliche Vermuthung hervorbringt, daß, wenn ein Gesetz davon gemacht werden sollte, solches eben den Weg einschlagen würde.*"[175]

Pütters Beschreibung enthält bereits andeutungsweise die Voraussetzungen der Analogie, die den heutigen weitgehend entsprechen. Pütter sagt, dass für die Analogie 1. die ungewollte Regelungslücke, 2. die Ähnlichkeit des geregelten Falles mit dem ungeregelten und 3. die Subsidiarität Voraussetzungen seien. Diese habe ihren Grund darin, dass Widersprüche mit Entscheidungen nach den geregelten Fällen vermieden werden sollen, wobei die Legitimation zur Analogie laut Pütter im hypothetischen Gesetzgeberwillen zu sehen ist.

Es stellt sich die Frage, welchen Charakter die Analogie für Pütter hat. Als Rechtsquellen nennt er ausdrücklich jedenfalls nur die Gesetze, Gewohnheiten,

---

[174] Geb. 25.06.1725 in Iserlohn, gest. 12.08.1807 in Göttingen; Pütter studierte in Marburg, Halle, Jena; promovierte in Göttingen, begann hier zum WS 47 / 48 zu lehren; wurde 1753 Ordinarius in Göttingen, 1758 Hofrat, 1770 geheimer Justizrat. P. gilt als bedeutendster Staatsrechtler seiner Zeit. Seine wichtigsten Schriften sind: Elementa juris germanici privati hodierni, 1748; Neuer Versuch einer juristischen Encyclopädie und Methodologie, 1767; Litteratur des Teutschen Staatsrechts, 1776 – 1783; Beyträge zum Teutschen Staats- und Fürsten-Rechte, 1777- 1779; Historische Entwicklung der heutigen Staatsverfassung des Teutschen Reichs, 1786 – 1798. Zu Pütter mit weiterführender Literatur vgl.: Gerd Kleinheyer, Jan Schröder (Hrsg.), Deutsche Juristen aus 5 Jahrhunderten, Heidelberg 1989, S. 219 ff.; Stintzing- Landsberg, III / 1, S. 331 ff.

[175] Pütter, Kurzer Begriff des Teutschen Staatsrechts, § 58, S. 43.

Herkommen, Naturrecht und das Völkerrecht.[176] An anderer Stelle stellt er allerdings klar, dass die Analogie dann herangezogen werden könne, wenn die genannten Quellen nichts hergeben, so dass ihr der Charakter als subsidiäre Rechtsquelle zukommt.[177]

Da aber auch das Naturrecht für ihn ebenso wie die Analogie echte Rechtsquelle ist, entsteht die Frage, in welchem Rangverhältnis beide zueinander stehen, denn beide sollen subsidiär zur Anwendung kommen. Diese Frage beantwortet er wie folgt:

„*Und in Fällen, wo es sowohl an Gesezen als Gewohnheits= Rechten fehlet, auch keine Analogie eintritt, müssen selbst positive Rechte oft durch allgemeine Grundsätze des Rechts der Natur ergänzet werden. Allein so lange irgend etwas aus Gesetzen oder Gewohnheits=Rechten erörtert werden kann, so müssen solche immer das Hauptwerk ausmachen, und durch keine angenommene Begriffe und Lehrsätze verdrungen werden*“[178].

Damit ist das Rangverhältnis bei Pütter geklärt. Die subsidiäre Rechtsquelle der Analogie geht dem Rückgriff auf die Grundsätze des Naturrechts vor.

An anderer Stelle nennt P. als Staatsrechtsquellen aber auch nur noch die Reichsgrundgesetze, Herkommen, Analogie, Lehensverbindlichkeit und die Huldigung (=Treueschwur des Bürgers ggü. der Obrigkeit).[179] Das Naturrecht taucht nicht mehr auf. Es scheint so, als wenn das Naturrecht zwar prinzipiell Rechtsquelle sein könne, praktisch aber nur allgemeine Grundsätze postuliere,[180] während die Analogie hingegen besonderes Recht schaffen können soll, bzw. einen speziellen Fall zu lösen vermag. Dass die Analogie für Pütter hierbei entgegen älterer Ansicht eine echte Rechtsquelle und nicht nur ein Hilfsmittel darstellt, ist an anderer Stelle nachgewiesen worden.[181] Das Verhältnis der Analogie zu den Gewohnheiten[182] und Herkommen, insbesondere die Frage des Vorranges, ist eine Frage, die sich m.E. weder mit dieser noch mit anderen Schriften Pütters beantworten lässt.

---

[176] Pütter, Kurzer Begriff, § 2, S.2.
[177] Pütter, Neuer Versuch einer juristischen Encyclopädie, § 120, S. 68.
[178] Pütter, Neuer Versuch, ebenda.
[179] Pütter, Kurzer Begriff, S. 37 ff.
[180] Beispielsweise: Verträge sind zu halten, willkürliche oder nicht unverschuldete Schadenszu-fügungen zu ersetzen, Kinder, solange sie der Erziehung durch die Eltern bedürfen, zu ernähren, vgl. Pütter, Beyträge II, S. 10.
[181] Vgl. Marx, Heinrich, Die jur. Methode der Rechtsfindung aus der Natur der Sache bei den Göttinger Germanisten Pütter und Runde, Diss. jur., Göttingen, 1967, S. 99.
[182] Relativ ausführlich geht Pütter auf das Verhältnis von Gewohnheitsrecht zum geschriebenen Recht ein in: Beyträge II, Kap. XXI, S.1 ff.

Soweit zur Analogie i.e.S. bei Pütter. Im Zusammenhang mit der analogischen Methode Tafingers ist nun zu fragen, ob und nach welcher Methode Pütter ein gemeines deutsches Privatrecht sucht.

bb) Deutsches Privatrecht aus Analogie

Dass es zweierlei Arten von gemeinem Recht gebe (das deutsche und das römische) und wie das gemeine deutsche Recht festzustellen sei, führt Pütter in dem zweiten Band seines Buchs „*Beyträge zum teutschen Staats = und Fürstenrechte*“ von 1779 aus.[183] Die These von der Parallelexistenz zweier gemeiner Rechte wurde soweit ersichtlich zuvor nur von Johann Schilter (1632- 1705) vertreten. Schilter gilt als erster, der in seinen vielen Publikationen einen Schwerpunkt auf deutschrechtliche Ausführungen legte und schließlich zu der berühmten Ansicht gelangte, dass es zwei gemeine Rechte gebe. Allerdings wird Schilter vorgeworfen, dass er von zwei wesentlichen historischen Irrtümern ausgegangen ist:

1. ging er davon aus, dass der Schwabenspiegel älter sei als der Sachsenspiegel.

2. behauptete er, der Schwabenspiegel sei vom Kaiser auf dem Reichstag zu Nürnberg 1208 als gemeines deutsches Recht anerkannt worden.

Gerade aus diesen Irrtümern resultierte dann allerdings auch seine Ansicht, es gebe ein gemeines deutsches Recht, welches durch die späteren Territorialrechte nur fortgeführt worden sei, was man Schilter immer wieder in der Literatur vorwarf.[184] Jedenfalls ging Schilter aber im Ergebnis bereits wie Pütter von der Geltung zweier gemeiner Rechte aus.

Das große Verdienst Schilters ist es, dass mit seiner wissenschaftlichen Behandlung des deutschen Rechts, mit seiner Methode, das deutsche Recht aus sich selbst heraus zu erklären und seiner Ansicht, das deutsche Recht sei ein vollständiges in sich geschlossenes System, die deutschrechtliche Privatrechtswissenschaft insofern in Gang gebracht wurde, als die deutschrechtlichen Quellen zunehmend Beachtung fanden und sich gegenüber dem römischen Recht emanzipierten. Eine Entwicklung, die schließlich in der Kodifizierung des BGB mündet.[185] Nun zurück zu Pütter und seiner Methode der Findung eines gemeinen Privatrechts.

In dem angesprochenen Werk zum Privatfürstenrecht behauptet Pütter die Existenz eines gemeinen deutschen Rechts, weil er bereits fast 30 Jahre vorher die Methode zur Findung des gemeinen Rechts gefunden zu haben glaubte, die er in

[183] Beyträge zum teutschen Staats = und Fürstenrechte, Th. 2, Göttingen 1779, S. 68 ff.
[184] Stintzing - Landsberg, Bd. III/1, S.55 ff., 1898.
[185] Stintzing - Landsberg, a.a.O.; Marx, Methode der Rechtsfindung, S. 53 ff.; Zur Vorgeschichte des deutschen Privatrechts im 18. u. 19. Jh. vgl. Luig, Theorie der Gestaltung eines nationalen Privatrechtssystems, a.a.O., S. 217 ff.

seiner Vorlesungsanleitung „*Elementa Juris Germanici privati hodierni*" von 1748 ausschließlich im Vorwort entwickelte. Die dort vorgestellte Methode bezeichnet Pütter selbst als „Analogie".[186] Nach ihr ist zur wissenschaftlichen Erarbeitung des deutschen Privatrechts:

- zuerst das Römischrechtliche vom Privatrecht zu entfernen,
- dann das Staatsrechtliche abzusondern, anschließend
- das lediglich geschichtlich Interessante hinwegzunehmen.
- Stelle man dann die verbleibenden deutschen statutarischen Rechte zusammen, ergebe sich eine Übereinstimmung, die nicht zufällig sei, sondern sich darauf gründe, dass diese einer gemeinsamen Rechtsidee entsprungen sind. Aus diesen Rechtsideen sei dann das deutsche Privatrecht zu bilden.[187]

Das gefundene Recht sei allerdings nur in der Theorie universell, in der Praxis hingegen nicht, da hier nur die statutarischen Rechte gelten würden. Das Ergebnis sei also nur doktrinärer Natur, es falle umso besser aus, je mehr Induktionsmaterial man habe. Weitere inhaltliche Ausführungen enthalten die *Elementa Juris* laut Stintzing- Landsberg aber nicht. Pütter verzichtete vielleicht deshalb auf Nachweise und sorgfältige Ausarbeitung, weil er es für eine Vorlesung schnell zusammengeschrieben haben soll und sich in seinen späteren Schaffensjahren fast ausschließlich dem öffentlichen Recht zugewandt hat.

Pütter fördert mit diesem vielbeachtetem Vorwort den Beginn einer verstärkten allgemeinen Suche nach der richtigen Methode zur Findung des deutschen Privatrechts. Hierbei ist ihm allerdings mit vielen Germanisten gemein, dass es bisher nur um die Methode geht. Einen Versuch, nur ein einziges Rechtsinstitut durch die vorgeschlagene Methode zu finden, hat Pütter in diesem Buch jedenfalls nicht unternommen. Die von Pütter darin entwickelte Methode der überwiegenden Betrachtung der aktuell geltenden Quellen nennt er „Analogie". Sie diene der Feststellung theoretischer Grundlagen zur Findung eines gemeinen Rechts in der Theorie, das kein formal geltendes Recht sei, also der Findung eines jus universale in hypothesi.

In dem später geschriebenen Buch über das Fürstenrecht nennt Pütter die dort dargestellte Methode nicht mehr Analogie, präzisiert sie aber inhaltlich folgendermaßen:

Zunächst weist Pütter darauf hin, dass Schlussfolgerungen allein aufgrund gewisser Übereinstimmungen der statutarischen Rechte im Wege der Induktion äußerst problematisch seien, da die Übereinstimmungen bloß zufälliger Natur

---

[186] Pütter, Elementa Juris privati Germanici, 1748, Prolegomena §§ 65, 66 IV, 71.

[187] So die gleichlautenden Darstellungen bei Stintzing - Landsberg, III, 1. Bd., S. 335; Gerber, Das wissenschaftliche Prinzip, S. 40 ff.; Rudolf Gmür, Rechtswirkungsdenken in der Privatrechtsgeschichte, Bern 1981, S. 205 f.

sein könnten. Deswegen warnt er, dass hierbei nicht behutsam genug zu Werke gegangen werden könne.

Für die Findung eines gemeinen Rechts sei es erforderlich, die Gleichförmigkeit der betreffenden Bestimmungen auf ihre erste Quellen zurückzuverfolgen. Die „Allgemeinheit“ könne hierbei dann aus zwei Gründen entstehen, nämlich entweder aus der Gleichheit der geregelten Materie oder aber aus der Gleichheit der Gattung des betroffenen Adressatenkreises. Deutsch sei ein so untersuchtes Recht jedenfalls dann, wenn es bis in die Zeit vor der Rezeption des römischen Rechts zurückverfolgt werden könne.[188]

Bei einer solchen Untersuchung werde man Abweichungen der Rechte feststellen, die auf die unterschiedlichsten gesellschaftlichen Gegebenheiten zurückzuführen seien. Durch die Rechtsinstitute aber, die seit ehedem in ganz Deutschland galten, beispielsweise dem Grundsatz, dass Verträge zu halten oder Erbfolgeverträge verbindlich sind, sei bewiesen, dass es ein gemeines deutsches Recht gebe.[189]

Dieses so festgestellte gemeine deutsche Recht sei durch die Einführung und Anwendung fremder Rechte auch nicht gänzlich verdrängt worden, auch wenn das fremde Recht so manches Institut bedrängt habe oder dies zumindest vom Status des gemeinen Rechts habe herabsinken lassen. Das deutsche Recht lebe nämlich mindestens weiter, indem es das reine römische Recht beeinflusst und abgewandelt habe, wodurch sich der Usus modernus[190] gebildet habe.

Die damals herrschende Begründung für den Usus modernus war laut Pütter die, dass die Abänderung des römischen Rechts durch neueres deutsches Gewohnheitsrecht erfolgte; neueres Gewohnheitsrecht insofern, als sich der Rechtsbrauch erst nach Einführung des römischen Rechts gebildet hat. Aufgrund der allgemeinen Regel *„lex posterior derogat legi priori“* hatte das abändernde Recht sodann Anwendungsvorrang, bedurfte jedoch des Beweises durch den

---

[188] Hier irrt Marx, Methode der Rechtsfindung, S. 60, wenn er Pütter zitiert und dahingehend versteht, dass dieser die bisherige Methode der (auch) historischen Betrachtung des deutschen Rechts geradezu „negierte“, indem er ausschließlich noch die geltenden Rechte in Betracht ziehen wollte. Das dort wiedergegebene Zitat stützt diese Behauptung nicht.

[189] Pütter, Beyträge, a.a.O., S. 77 f.; Dieses Argument findet sich später bei Tafinger wieder, s.o..

[190] Seit Mitte des 16. Jh. Entwickelte sich umfangreiches Schrifttum zum römischen Recht mit einem Wissenschaftsstil, der sich praxisbezogen und zeitgemäß mit dem römischen Recht beschäftigt. Sein Bestreben war der Versuch, das röm. Recht an die in Deutschland bestehenden Verhältnisse anzupassen, indem eigenständiges Deutsches Recht mit verarbeitet wurde. Der Usus modernus wird charakterisiert durch:

- Zuwendung zu den partikularen Rechten mit dem Bestreben, eine Synthese zu finden
- Lösung vom Text des corpus iuris
- Bildung forensisch fallbezogener Literatur.

so Ulrich Eisenhardt, Deutsche Rechtsgeschichte, 3. Auflage, München 1999, Rn. 243 ff.

sich auf dieses Recht Berufenden, da man es als Ausnahme von der Regel des römischen Rechts ansah. Dies führte laut Pütter dazu, dass in der Praxis doch vorrangig das römische Recht angewendet wurde, da der Beweis der Geltung des neueren Gewohnheitsrechts oft nicht geführt werden konnte.[191]

Pütter denkt nun seinen Gedanken zum gemeinen deutschen Recht fort und gelangt zu dem Ergebnis, dass die aufgezeigte Rechtsdogmatik samt ihrer forensischen Praxis falsch sein müsse. Er begründet dies folgendermaßen:

Zunächst sieht er es als erwiesen an, dass die alte Annahme der „Vorväter", das Heilige Römische Reich dt. Nation sei die Fortführung des Römischen Reichs, ein historischer Irrtum war. Zwischen beidem bestünde weder Identität noch Kontinuität. Folglich handelte es sich bei der Einführung des röm. Rechts um die Anwendung eines fremden Rechts. Dieses fremde Recht sei nie durch kaiserliche Verordnung oder sonst gesetzgebende Gewalt legitimiert, sondern vielmehr schleichend allein durch die Rechtspraxis eingeführt worden.[192] Selbst wenn das römische Recht aber irgendwann wiederum selbst kraft Gewohnheit als geltendes Recht anzuerkennen sei, was Pütter nicht bezweifelt, so enthält selbiges doch keinen Satz, dass es das vor seiner Einführung bestehende deutsche Recht substituieren will. Vielmehr trat es seinerseits -kraft Gewohnheit geltend- kumulativ neben die alten deutschen ungeschriebenen Gewohnheitsrechte. Wenn man nun aber im Usus modernus deutsches gemeines Gewohnheitsrecht feststellen könne, wofür es gerade erforderlich sei, dass dieses Recht bereits vor der Rezeption des röm. Rechts galt, dann könne man schwerlich von neuerem Gewohnheitsrecht sprechen, welches das römische Recht abgewandelt habe. Vielmehr habe das röm. Recht die gemeinen dt. Gewohnheiten nicht überall verdrängt,[193] weshalb es als fremdes Recht höchstens völlig gleichberechtigt neben deutschem gemeinen Recht bestünde.

Aufgrund dieser völligen Gleichberechtigung könne es nicht angehen, dass dt. Recht als Ausnahme betrachtet nur dann zur Anwendung gelange, wenn die Prozesspartei dessen Existenz beweise. Vielmehr müssten die Gerichte dieses von Amts wegen berücksichtigen.

Auch der Gesetzgeber habe nie den Schritt getan, dass das dt. Gewohnheitsrecht aufgehoben oder abgeschafft werden sollte.[194] Wenn die Reichsgerichte angehalten wurden, nach „gemeinem Recht zu urteilen" dann erfasste dies ohne Zweifel auch das deutsche gemeine Recht, da die Reichsabschiede dem fremden gemeinen Recht ausdrücklich an die Seite gestellt gewesen seien. Aus diesem

[191] Pütter, Beyträge, a.a.O., S. 80 f.
[192] Das gilt bereits als gesicherte Erkenntnis seit Hermann Conrings Widerlegung der Lotharischen Legende mit seiner Schrift von 1643 „De Origine Juris Germanici".
[193] Pütter nennt beispielhaft die Nachfolge ausschließlich im Mannstamm, den Güterstand der Gütergemeinschaft, die Existenz von Erbverträgen, vgl. Beyträge, a.a.O., S. 86.
[194] Pütter, Beyträge, a.a.O. S. 92.

Grunde stehe das dt. gemeine Gewohnheitsrecht völlig gleichberechtigt neben dem römischen gemeinen Recht, weshalb es in Deutschland zweierlei gemeine Rechte gebe.

Mit wenigen Worten zusammengefasst könnte man zu dem Schluss gelangen, dass Pütter das gemeine dt. Recht nach den Ausführungen in diesem späteren Werk nur noch durch historische Betrachtung der aktuellen Rechtsquellen feststellen will. Dabei scheint es nicht so sehr darauf anzukommen, ob das Institut im ganzen Reich anerkannt war, sondern vielmehr darauf, dass es wenigstens größtenteils oder von bestimmten Adressaten anerkannt wurde. Der Begriff der „Analogie", wie er sich in den Elementa juris findet, taucht hier nicht mehr auf. Das auf diese Weise festegestellte gemeine Recht ist nicht mehr nur ein theoretisches, welches zu keiner Anwendung gelangen kann, sondern anwendbares gemeines Recht, das vor Gericht keines Beweises mehr bedarf, sondern dem römischen Recht ebenbürtig ist.

cc) Deutsches Privatrecht aus der Natur der Sache

In den Elementa Juris aus 1748 war die Rechtsquelle des deutschen gemeinen Privatrechts noch allein die Analogie. Dies änderte sich aber in den folgenden Schriften Pütters. Insbesondere anhand der von Pütter gelösten praktischen Rechtsfälle lässt sich beobachten, dass er erst noch die Analogie neben der neuen Natur-der-Sache-Argumentation anwandte, bevor er dann nur noch aus der N.d.S. Recht schöpfte. Mittels Pütters „*Auserlesener Rechtsfälle*" ab 1750 hat dies Marx in seiner bereits zitierten Dissertation meiner Meinung nach zutreffend festgestellt. Ob Pütter allerdings aus der Natur der Sache ein gemeines Recht zu deduzieren wagte, muss bezweifelt werden, da diese Argumentation dort ausschließlich zur Lösung konkreter Rechtsfälle benutzt wird und deswegen auch als eine Entscheidung nach Billigkeit betrachtet werden kann. Dies wird umso naheliegender, je mehr man sich mit den Argumenten Pütters aus der Natur der Sache auseinandersetzt, bei denen der Schluss nahe liegt, Pütter verwende das Argument der N.d.S. immer dann, wenn er eine bestimmte Lösung eines Rechtsfalles für am angemessensten oder für so billig hält, dass es einer weiteren Erklärung gerade nicht bedarf.

Nur beispielhaft sei erwähnt, dass es aus der N.d.S. folgen sollte, wenn derjenige, der einen Vorteil erhält, auch einen aufgrund des Vorteils entstandenen Nachteil auszugleichen habe. Dies ist eine reine Billigkeitsentscheidung, die Pütter an vielen Rechtsfällen darstellt, beispielsweise der Frage, wer ein altes Bachbett zuschütten müsse, das nach Umlegung des Flusses überflüssig geworden war. Fraglich war, ob dies der gestattende Eigentümer oder der um die Umlegung bittende Dritte tun müsse. Es ist klar, wie Pütter aus der N.d.S. entschied.[195] Aus dem gleichen Argument begründet Pütter auch die Pflicht der Deichanlieger zu Deichdiensten. Mit einem gemeinen deutschen Privatrecht hat dies entgegen der Ansicht Marx' wohl eher nichts zu tun, außer vielleicht dann, wenn man das Billigkeitsargument selbst als gemeinen deutschrechtlichen Grundsatz betrachten will, was aber gewagt erscheint, da der Grundsatz der Billigkeit eben nicht rein deutsch ist. Insofern kommt Pütters Argumentation – so sie mit dem Argument aus der Natur der Sache operiert – im Ergebnis wohl keine große erkenntnistheoretische Bedeutung für das deutsche Privatrecht zu.

Fischer, Christoph Jonathan

In seinem aus dem Jahre 1782 stammenden Buch über die *Literatur des Germanischen Rechts*[196] sagt Fischer zum Grund für die Rechtsanalogie im herkömmlichen Sinne, dass eine moralische Notwendigkeit bestünde, die nicht geregelten, aber den geregelten ähnlichen Fälle diesen gleich zu behandeln, weil auch der Gesetzgeber die nicht geregelten Fälle kaum anders hätte regeln wollen.

„Diese hieraus hervorquellende neue Gattung von Gesetzgebung, die aber eigentlich in nichts anders als in einer Ausdehnung der vorhandenen Gesetze und Gewohnheiten nach ihrem ganzen Umfange auf alle darinn wirklich enthaltene Verhältnisse und Fälle besteht, wird Rechtsanalogie genannt.

Bloß bei positiven Gesetzen, deren Worte weniger ausdrücken, als doch wirklich in dem ganzen Umfange derselben enthalten ist, und enthalten seyn soll, ist die Rechtsanalogie möglich.

Ihrer eigentlichen Natur nach besteht sie in der Ausdehnung eines Gesetzes oder Herkommens, und kann also bloß den Umfang der darinn enthaltenen Fälle und Verhältnisse erweitern, aber nicht die ihnen darinn gegebene Bestimmung verändern.

Sie beruht sozusagen auf dem präsumtiven Willen des Gesetzgebers in Ansehung aller der nicht ausdrücklich benannten Verhältnisse und Fälle: aber dieser präsumtive Wille mit der darauf beruhenden Rechtsanalogie ist schlechterdings auf diejenigen Fälle und Verhältnisse eingeschränkt, die mit den ausdrücklich genannten die hier erforderliche Ähnlichkeit wirklich haben, das ist, die ebendieselbe genaue Übereinstimmung mit den Bestimmungen des Gesetzes und der Gewohnheit haben, und bei denen also der eigentliche wahre Grund des Gesetzes und der Gewohnheit in ebendemselben Maße statt hat.“[197]

---

[195] Fall aus: Pütter, Auserlesene Rechtsfälle, 1. Bd., 2. Th., S. 547 ff., dargestellt auch bei Marx, S. 23 f.

[196] Chrph. Jonath. Fischer, Litteratur des germanischen Rechts, Leipzig 1782.

[197] Ebenda, S. 142 ff.

Fischer stellt bei der hier wiedergegebenen Beschreibung der Analogie ganz wesentlich auf die ratio der Norm ab, deren Wortlaut zu eng ist. Da er vom Wortlaut eines (bestimmten) Gesetzes spricht und dieses auf einen nicht geregelten Fall anwenden will, beschreibt Fischer entgegen seiner Terminologie vielmehr die Gesetzesanalogie. Interessant ist sein Ansatz, die Analogie als eine besondere Gattung der Gesetzgebung zu sehen, was Folgeprobleme im Zusammenhang mit der Gewaltenteilung aufwirft.

Cotta, Johann Georg 1786

Bei Cotta lässt sich einerseits die gewöhnliche Beschreibung der Analogie finden und andererseits eine etwas sonderbare. Für Cotta, der sich als Staatsrechtler ebenfalls nur zur herkömmlichen Analogie äußert, stellt diese eine echte Rechtsquelle dar, die allerdings nur subsidiär zur Hilfe genommen werden soll, wenn die übrigen Quellen, also Observanzen (Herkommen und Gewohnheit) und Normen nichts hergeben.[198]

Die Analogie unterscheide sich von den anderen Quellen dadurch, dass sie aus einer *„wegen der Gleichheit des Grundes vermutbaren Einwilligung* (des Gesetzgebers) *entspringt.“* Hierbei seien nicht nur Gesetze, sondern auch Verträge, Gewohnheiten oder Herkommen analogiefähig.

Analogie sei ein Hilfsmittel, wenn aufgenommenes fremdes Recht (römisches, päpstliches, langobardisches) und das allgemeine Staatsrecht nicht weiterhelfen. Voraussetzung und Grund sei die Gleichheit der Verhältnisse, woraus folge, dass beispielsweise die Anwendung von Reichsrecht auf Landesverhältnisse, nicht aber der entgegengesetzte Fall möglich sei.

In einem anderen Licht erscheint die Analogie in der fast gleichnamigen Dissertation, die Cotta im gleichen Jahre in Karlsruhe drucken ließ.[199] Hier beschreibt Cotta sie als eine Art Mittel zur Geltung einer Mehrheitsentscheidung gegen die Minderheit.

„*Diese* (die Analogie, Anm. d. Verf.) *ist eine Anwendung der durch ausdrückliche oder stillschweigende Reichsnorm gemachten Bestimmungen eines Staatsverhältnisses auf ein noch unbestimmtes aber dem bestimmten gleiches, Staatsverhältnis. (...) Diese Quelle unterscheidet sich von dem der anderen beiden* (Gesetz und Herkommen, Anm. d. Verf.) *dadurch, dass sie aus einer wegen der Gleichheit des Grundes vermutbaren Einwilligung entspringt."* Für diese Variante der Analogie führt er folgendes Beispiel an:

---

[198] Cotta, Johann Georg, Einleitung in das allgemeine Statsrecht der teutschen Lande, Tübingen 1786; § 3, S. 52 ff.

[199] J.G. Cotta, Einleitung in das allgemeine Staatsrecht, 1786 Karlsruhe, nicht zu verwechseln mit der vorgenannten Schrift aus Tübingen.

„Analogie eines Gesetzes allein besteht daher in Rücksicht aller Stände, welche in Fällen, was Mehrheit der Stimmen gilt, bei dessen Abfassung nicht gegenwärtig waren oder darin nicht gewilligt haben;...“ [200]

Daher gebe es keine Analogie, wenn nicht die Stimmenmehrheit zur Geltung eines Gesetzes ausreicht. Rechtsquellen allgemein seien die Reichsgesetze (Reichsverfassung, Gesetze und Verträge), Reichsobservanz (durch historischen Beweis der Gewohnheit), Reichsanalogie, die da ist die *„durch vernünftige Folgerung von der durch Gesetze oder Gewohnheiten, Verträge oder Herkommen geschehenen Bestimmung eines Verhältnisses auf das noch unbestimmte.“*[201]

Cotta unterscheidet dann je nach Rechtskreis und Quelle noch die Reichs- und Landesanalogie oder die, bei der beides vermengt ist.

Im Ergebnis ist diese Vorstellung vom Begriff der Analogie wohl so zu verstehen, dass Cotta einerseits die herkömmliche ausdehnende Rechtsanwendung auf einen nicht geregelten Fall und andererseits die Begründung der Geltung einer Mehrheitsentscheidung gegen die ablehnende oder abwesende Minderheit mit der Analogie begründet. Aus seinen Ausführungen ergibt sich nämlich, dass die Analogie dafür herangezogen werden müsse, wenn die Mehrheit der Stände etwas beschließt, was auch gegen die Minderheit gelten soll. Vermutlich kommt er zu diesen Gedanken, weil er Staatsrecht und Privatrecht, bzw. Vertragsrecht noch nicht scharf auseinander hält. Im Vertragsecht ist es prinzipiell so, dass Vereinbarungen nur für und gegen denjenigen wirken, der mit der Geltung positiv einverstanden ist. Insoweit, als das Völkerrecht auch Vertragsrecht ist, gilt dies z.B. auch dort. Allerdings würde man nicht auf die Idee kommen, eine Vereinbarung zwischen 10 Staaten auf einen elften analog zu übertragen. Die Rechtswirklichkeit im Reich war damals allerdings anders, wenn man die Reichsabschiede betrachtet. Diese gelten kraft des Mehrheitsprinzips per se auch gegen Abwesende oder nichteinwilligende Stände. Insofern liefern Cottas letztere Ausführungen eine Begründung für etwas, das keiner Begründung bedarf.

Runde, Justus Friedrich,[202] 1791

Beachtlich sind besonders die Ausführungen Rundes, in dessen 1791 erschienenem Buch *„Grundsätze des gemeinen deutschen Privatrechts“*,[203] da dieser sich

[200] Cotta, ebenda, S. 36 ff., §§ 3, 4, 6.

[201] Cotta, ebenda, §§ 9, 14, S. 41.

[202] Justus Friedrich Runde, 1741 – 1807, lehrte in Kassel und Göttingen. Sein wichtigstes Werk sind die: Grundsätze des gemeinen deutschen Privatrechts, 1791, in welchem er beeinflusst von Pütter die Argumentation aus der Natur der Sache beschreibt. Dieses Buch wurde von seinem Sohn Christian Ludwig, 1773 – 1849, fortgeführt und erschien in vielen Auflagen. Lit.: Stintzing- Landsberg, III / 1, S. 451 ff.; Heinrich Marx, Die juristische Methode der Rechtsfindung aus der Natur der Sache bei den Göttinger Germanisten J. S. Pütter und Justus Friedrich Runde, Göttingen 1967.

nicht nur mit der herkömmlichen Analogie, sondern auch mit der Methode der Rechtsfindung auseinandersetzt, auf die sogleich eingegangen werden soll. Seine Methode der Rechtsfindung ist insofern interessant, als sie eine weitere Verengung der bisher vorherrschenden Methoden darstellt, da Runde mit dem Institut der „Natur der Sache" die bisher in der Literatur herrschende Abstraktheit verlässt und eine gemeine Rechtsquelle schafft, mit deren Hilfe er wie Pütter konkrete Rechtsfragen löst. Würde man Runde aber die Erfindung dieses Begriffes zuschreiben, täte man seinem Göttinger Kollegen Pütter Unrecht, der aus der Natur der Sache bereits in seinen „Auserlesenen Rechtsfällen", die ab 1760 erschienen, argumentiert, wie bereits aufgezeigt wurde.[204] Die Anlehnung Rundes an Pütter verwundert nicht, da Runde ein Kollege Pütters in Göttingen war. Insbesondere arbeiteten beide im Spruchkolleg der juristischen Fakultät zusammen, so dass es nicht verwundert, dass sich der jüngere Runde an Pütter anlehnt. Zu untersuchen lohnt jedoch die Frage, ob Runde über die Pütter'schen Gedanken hinauswächst oder gar unter dem gleichen Begriff eine andere Methode entwickelte. Sein o.g. Lehrbuch jedenfalls fand große Beachtung und erschien in acht Auflagen, was darauf hindeutet, dass sich in selbigem interessante Aspekte werden finden lassen können.

Die „*aus der Natur der deutschen Rechtsinstitute abgezogenen Grundsätze*" seien Bestandteil des deutschen Privatrechts,[205] nämlich „*Rechtsgrundsätze, welche sich ohne Gesetz und Gewohnheit durch Schlüsse der gesunden Vernunft schon aus der Natur des in Frage stehenden Geschäfts, oder eines deutschen Rechtsinstituts herleiten lassen.*"[206] Diese Rechtsgrundsätze seien nicht nur echte Rechtsquelle, sondern Hauptquelle des gemeinen deutschen Rechts überhaupt, wenn die hergebrachten Quellen, wie geschriebenes Recht oder Gewohnheitsrecht nichts bestimmen.[207] Der praktische Nutzen dieser Grundsätze selbst wiederum liege in ihrer Anwendbarkeit, wenn die positiven Rechtsquellen des deutschen und römischen Rechts nichts bestimmen.[208] Somit gibt es für Runde einen ganz praktischen Zweck des „gemeinen Rechts".

---

[203] Runde, Justus Friedrich, Grundsätze des gemeinen deutschen Privatrechts, Göttingen 1791, fortgeführt von dessen Sohn Christian Ludwig Runde, Zitierung nach der 6. Auflage von 1821, wenn nicht anders gekennzeichnet, die mit der Erstausgabe größtenteils übereinstimmt aber um zahlreiche Literaturangaben erweitert worden ist und in welcher die „Natur der Sache" besondere Betonung erfährt. Zu diesem Buch: Karl Kroeschell, Zielsetzung und Arbeitsweise der Wissenschaft vom gemeinen deutschen Privatrecht, a.a.O., S. 265 ff.

[204] Die Natur der Sache ist allen Rechtgebieten zugänglich, zum Strafrecht im Rahmen des angewandten Naturrechts argumentiert ebenfalls mit der N.d.S. beispielsweise Fichte, vgl. Fichte, Grundlage des Naturrechts, Bd. II, Jena 1797, S. 100 ff.

[205] Runde, Grundsätze, § 6, S. 5.

[206] Runde, Grundsätze, § 10, S. 8.

[207] Runde, Grundsätze, § 40, S. 43.

[208] Runde, Grundsätze, § 84, S. 77 f.

Gemeines Recht ist für Runde hierbei das Recht, welchem keine besonderen Regeln entgegenstehen. Ein solches Recht könnte es nicht schlechthin geben, vielmehr sei gemeines Recht nur denkbar, wenn man entweder nach dem Gegenstand[209] oder der geographischen[210] Anwendbarkeit eine Grenze ziehe.[211] Das Vorhandensein eines so verstandenen gemeinen deutschen Privatrechts steht für Runde außer Zweifel, denn nicht nur alle Gewohnheiten, sondern auch der Gerichtsgebrauch unter dem Namen der **„natürlichen Billigkeit"** und des richterlichen Ermessens beweise dessen Existenz. Was aus der Natur der Sache gefolgert werden kann, sei ebenso allgemeingültig wie die Regeln der Vernunft, weswegen ein Beweis des Richtigkeitsanspruches für Runde sogar entbehrlich scheint. Die Gebote aus der Natur der Sache seien für jedermann unzweifelhaft verbindlich.[212]

Bei der Absonderung des deutschen Rechts will Runde folgender Regel folgen: 1. sollen Rechte nicht aufgrund ihrer Ähnlichkeit zu römischem Recht gleich als solches behandelt werden. 2. müsse man die *„völlig unschickliche Ordnung der justinianeischen Ordnung ganz verlassen"*. 3. solle man deutsches Recht für deutsche Rechtsanwender auch in deutscher Sprache abfassen, da wir keine Römer seien und Ulpian Recht gehabt haben wird, als er römisches Recht für Römer in römischer Sprache abfassen ließ. 4. solle man die Rechtsanwendung der Gerichte hinreichend berücksichtigen und nicht zu viel über, als vielmehr nach den Gesetzen Recht sprechen.[213]

Hilfsmittel zur Bearbeitung des deutschen allgemeinen Rechts seien:

- Studium dt. Altertümer
- Kenntnis der Urkunden
- Kenntnis der Sprachen (Altdeutsch, Hochdeutsch, Niederdeutsch, Mundarten)
- Geschichte dt. Rechts (wobei diese bei Eike van Repgow beginnt, da vorher nur Richtersprüche existieren)
- Kenntnis des Rechts benachbarter Völker.

Hier bleibt Runde aber bei seinen theoretischen Ausführungen stehen und sagt dem Leser nicht, wie denn nun aus der Natur der Sache die deutschen Rechtsgrundsätze zu finden seien. Gleichzeitig wirft er anderen Autoren genau diesen Mangel vor. Tafinger habe in seinem einschlägigen Buch (§§ 49- 51) nur die Theorie eines dt. gemeinen Privatrechts aufgestellt, welche zwar wissenschaftlichen, aber keinen praktischen Nutzen hätte.[214] Dieser und auch Selchow hätten

[209] Dieses bilde dann ggü. dem speziellen Recht das jus generale.
[210] Dieses bilde das jus universale im Gegensatz zum jus particulare.
[211] Runde, Grundsätze, S.6.
[212] Runde, Grundsätze, § 80, S. 72 f.
[213] Runde, Grundsätze, § 88, S. 80 f.
[214] Runde, Grundsätze, § 81, S. 75.

sich weder über einen Zweck ihrer Arbeit erklärt, noch den dazu führenden rechten Weg eingeschlagen.[215]

Runde hingegen könnte man den Vorwurf machen, dass er die Natur der Sache zur Rechtsfindung voraussetzt und anwendet, ohne eine theoretisch dogmatische Grundlage hierfür geliefert zu haben. Zwei Beispiele sollen dies verdeutlichen, bevor an späterer Stelle eine vom jüngeren Runde entwickelte Lösung mit einer von Feuerbach zum gleichen Thema verglichen werden soll.

Runde stellt dar, dass die Erhebung von Zinsen für das Verleihen von Geld in den früheren Zeiten verboten war, was Folge von *„übel verstandenen Stellen der Bibel“* gewesen sei. Zinsgeschäfte wurden als verbotene Wucherei angesehen. Dass dies aber nicht richtig sei, begründet Runde damit, dass Zinsen in der Natur der Sache lägen, weil der Geldgeber sie als Prämie für den möglichen Verlust des Geldes und als Erstattung für den entbehrten Gebrauch bekommen müsse. Sie verstünden sich somit von selbst und folgten aus dem sich aus der Natur der Sache gründenden gemeinen deutschen Privatrecht.[216]

In einem anderen Beispiel entscheidet Runde die seiner Zeit streitige Frage, ob das Jagdrecht an Fischottern dem Jäger oder dem Fischereiberechtigten zustehe, aus der Natur der Sache. Da der Fischotter sich mehr im Wasser als auf dem Lande aufhalte und seine Nahrung im Wasser, also auf Kosten des Fischereinberechtigten aufnehme, sei dieser rechtlich wie ein Fisch zu behandeln und unterliege somit dem Fischereirecht. Dies folge aus der Natur des Otters und dem Grundsatz: „wer die Last trägt, soll auch den Nutzen haben“.[217]

Rundes Lösung von konkreten Rechtsfällen hat Heinrich Marx in seiner Dissertation[218] über Runde und Pütter weitergehend untersucht. Er kommt dort zu dem Ergebnis, dass Runde den Begriff der Natur der Sache für eine Argumentation gebraucht, bei der das Ergebnis aus der Betrachtung des Zwecks, der physischen Natur oder der überkommenen Gewohnheiten in Bezug auf den fraglichen Gegenstand folgen, wobei die Lösung sodann unter anderem aus der

- Billigkeit: „wer den Nutzen hat, soll die Last tragen“, der
- Förderung des erstrebten Zwecks: z.B. öffentl. Sicherheit und Ordnung und der
- Bewahrung überkommener Lebensverhältnisse: z.B. Handelsbräuche

[215] Runde, Grundsätze, § 87, S. 79.

[216] Runde, Grundsätze, § 202, S. 194; Dass dies Folge der Natur der Sache sei, sagt er in § 206, S. 202.

[217] Zitiert nach Marx, Die jur. Methode der Rechtsfindung aus der Natur der Sache bei den Göttinger Germanisten Pütter und Runde, Diss. jur, Göttingen 1967, S. 15.

[218] Marx, Die jur. Methode der Rechtsfindung aus der Natur der Sache bei den Göttinger Germanisten Pütter und Runde, Diss. jur, Göttingen 1967.

folgt. Ob man dies eine wissenschaftliche Methode nennen darf, scheint äußerst zweifelhaft, auch wenn in gewisser Weise ein Prinzip dahinter stehen mag.

Marx hält es immerhin für ein großes Verdienst Rundes, dass dieser die Analogie Pütters ablehnt.[219] Nach Runde komme es auf eine Übereinstimmung von Land- und Stadtrechten nicht an, weil diese erstens schwer zu erweisen sei und zweitens die Übereinstimmung einer begrenzten Zahl durch nur eine Abweichung sogleich widerlegt werden würde.[220] Diese Ablehnung der Analogiemethode, wie Pütter sie betreiben wollte, betont Runde immer wieder.[221] Ob es sich dabei allerdings um eine „Weiterentwicklung" des gemeinen deutschen Privatrechts handelt, muss bezweifelt werden. Rundes Feststellung der Unsicherheit der unvollständigen Induktion stellte damals keine Neuheit dar, sondern war Gemeingut.[222] Ferner betonte nicht nur Tafinger die Problematik der Induktion vor Runde, sondern insbesondere auch Pütter verwarf sie bereits als zu unsicher.[223]

Rundes Feststellungen dahingehend, dass eine Schaffung eines geschlossenen Rechtssystems nach der analogischen Methode äußerst schwierig und langwierig werden würde, stellt zwar eine Ablehnung der vertretenen Methode, aber noch keine Weiterentwicklung dar. Die Argumentation aus der N.d.S. hingegen war zwar relativ neu, jedoch nicht Rundes Verdienst, sondern wurde bereits vor ihm von seinem Kollegen Pütter praktiziert.

So bleibt mehr als fraglich, was Rundes Verdienst überhaupt gewesen sein soll und was sein Lehrbuch so erfolgreich machte. Auch Marx stellt in seiner Dissertation über das Verfahren der Rechtsgewinnung bei Runde und Pütter fest, dass ersterer aufgrund seiner zeitlichen und räumlichen Nähe[224] und seinen vielen Zi-

---

[219] Marx, a.a.O. S. 72.

[220] Runde, Grundsätze, § 81, S. 75.

[221] Runde, Grundsätze, Vorrede zur 1. Ausg., S. IX; ebenda, § 81.

[222] Schröder, Recht als Wissenschaft, S. 175 f.

[223] Pütter, Beyträge, Bd. 2, S. 71 f.: *„Wenn da auch ein und andre solche einzelnen Rechte in gewissen Dingen übereinstimmen; so kann das vielleicht bloß zufälligerweise geschehen, ohne dass man deswegen gleich berechtiget ist, daraus zu folgern, dass eben das Teutschland gemeinen Rechtens sey. Daher man allerdings mit so genannten Inductionsschlüssen von mehreren einzelnen statutarischen oder anderen besonderen Rechten auf ein allgemeines Teutsches Recht nicht behutsam genug zu Werke gehen kann."*

[224] Zit. nach Marx: *„Beide waren Professoren an der Universität Göttingen, wo Pütter von 1747 bis gegen Ende des Jahrhunderts und Runde von 1785 bis zu seinem Tode im Jahre 1807 gelehrt hat. Beide arbeiteten auch auf den gleichen Sachgebieten (...). Unverkennbar ist Pütter- der ältere von beiden und der zur damaligen Zeit wohl überhaupt berühmteste Rechtslehrer der Göttinger Universität- für das wissenschaftliche Arbeiten Rundes eine starke Autorität gewesen. (...) Gerade die gemeinsame Arbeit im „Göttingischen Spruch-Collegio" (...) mag Runde mit Pütters Arbeitsweise vertraut gemacht und ihn auf die Möglichkeit einer Rechtsfindung aus der Natur der Sache hingewiesen haben, wie Pütter sie bereits vor ihm anwendete."* Das spricht für sich.

taten aus Pütters Lehren sich von diesem kaum unterscheide, wenn doch, dann allenfalls in seiner Ablehnung von dessen Analogie.[225] Ein Verdienst muss man Runde jedoch zusprechen. Er hat die oft rein theoretischen Ausführungen anderer Lehrbücher wieder auf die Praxis der Rechtsprechung zurückgeführt, indem er nicht nur mit klaren Worten deutlich machte, dass rein theoretische Ausführungen keinen Wert haben, solange sie sich nicht in die Praxis umsetzen lassen,[226] sondern auch eine Falllösungsmethode vorführte, die es ihm ermöglichte, aus gemeinem deutschen Recht schöpfend (sofern man die drei oben dargestellten Motive als gemeinrechtliche Grundsätze anerkennt), konkrete Rechtsfragen zu lösen.

Glück, Christian Friedrich,[227] 1790

Im oft zitierten Pandektenkommentar[228] von C. F. Glück finden sich Ausführungen zur Analogie, bei denen nicht ganz klar ist, ob sie eher der analogischen Methode oder der herkömmlichen Analogie nahe stehen. Jedenfalls zählt Glück interessanterweise das argumentum e contrario zur Analogie.[229] Zur Analogie schreibt er:

„Alle logische Gesetzesauslegung beruhet also auf dem Grundsatze der Übereinstimmung mit der Absicht und dem Willen des Gesetzgebers, vermöge welchen

a) bei vorhandener Gleichheit des gesetzl. Grundes vermutet werden muß, der Gesetzgeber habe in dem nicht ausdrücklich angezeigten Falle eben dasselbe verordnen wollen, was er in dem angezeigten verordnet hat; dahingegen er

b) bey Verschiedenheit der Gründe in dem entgegen gesetzten Falle auch das Gegentheil von dem, was er verordnet hat, wolle statt finden lassen.

Wer demnach ein Gesetz logisch erklärt, argumentirt ex ratione legis und dehnt entweder nach Maßgabe des gesetzlichen Grundes das Gesetz auf ähnliche Fälle aus, oder schließt vom Gegenteil auf die Unanwendbarkeit desselben. Das Resultat in dem einen, wie in dem anderen Falle heißt Analogie des Rechts (analogia juris).[230]

Zu weit sei die Ansicht, die den Schluss von einer allgemeinen Disposition auf einen darunter liegenden Fall als Analogie versteht, das sei in der Tat ein Schluss aus dem Gesetz selbst und keine Analogie.[231] Zu eng setze man hingegen den Begriff der Analogie, wenn man ihn bloß auf die Ähnlichkeit von Fällen

---

[225] Marx, a.a.O. S. 71 f.
[226] Vgl. S. IX ff. der Vorrede, 1. Ausg., Grundsätze des gemeinen deutschen Privatrechts
[227] Christian Friedrich Glück, †1831, bedeutendstes Werk: Ausführliche Erläuterung zu den Pandekten, 34 Bände, 1790- 1831, vgl. Stintzing- Landsberg, III /1, S. 444 ff.
[228] Ch. Friedrich Glück, Ausführliche Erläuterung zu den Pandecten nach Hellfeld, ein Commentar; 1. Th., Erlangen 1790.
[229] Ebenso: Gottlieb Hufeland, Ueber den eigenthümlichen Geist des Römischen Rechts, Bd. I, S. 184; Karl Friedrich Häberlin, Handbuch des Teutschen Staatsrechts, Bd. I, § 48.
[230] So geschrieben auf S. 262; Hier zitierte Glück u.a. Tafingers Analogie des Rechts.
[231] Glück, a.a.O., S. 254.

einschränkt, „*und solche in ein extensive Auslegung der Gesetze, oder wie sich andre ausdrücken, in einen Uebertrag der Entscheidung eines bestimmten Falles auf einen anderen wegen Gleichheit der bestimmenden Umstände setzet, weil man auch dann zu der Analogie Zuflucht nehmen muss, wenn von entgegengesezten Fällen der Entscheidungsgrund in einer unentschiedenen Rechtsfrage hergeleitet wird, damit kein Widerspruch und keine Ungereimtheit entstehet. Denn wer wird glauben, dass der Gesezgeber eine seiner Absicht und Willensmeinung zuwider laufende Entscheidung wolle statt finden lassen?*“[232]

„*Mit Uebergehung der Begriffe anderer Rechtsgelehrten stelle ich mir unter der Analogie des Rechts überhaupt genommen nichts anderes vor, als eine in den Worten des Gesetzes nicht ausdrücklich enthaltene, sondern aus der Absicht und den Bestimmungsgründen des Gesetzgebers gefolgerte Entscheidung eines unentschiedenen Rechtsfalls; und theile sie I) nach der verschiedenen Art und Weise, wie die Entscheidung ex ratione legis gefolgert wird, ein in diejenige, welche durch ein Argument von ähnlichen Fällen, und diejenige, welche durch einen Schluß von entgegengesetzten Fällen gefunden wird. Die Analogie der ersten Art ist die gewöhnlichste, und wird daher die Analogie des Rechts im strengsten Verstande genannt.*

Sie differirt II) nach dem Unterschiede der positiven Gesetze, aus deren Geiste sie gleichsam gezogen wird; und in dieser Rücksicht lässt sich eine Analogie des römischen, des canonischen Rechts, des teutschen Staats- Privat- Peinlichen- und des Lehnrechts gedenken.“

An Glücks Definition der Voraussetzungen der Analogie fällt auf, dass das Gesetz, aus welchem man analogisch argumentieren will, überhaupt die Analogie zulassen muss, d.h. es darf sich nicht um Sonderrecht handeln, beispielsweise Recht für bestimmte Personen.[233] Dies ist jedoch keine Besonderheit, sondern entspricht der im 18. Jh. ganz herrschenden Lehre, die die ausdehnende Auslegung von „Ausnahmerecht“ ablehnte und die ausdehnende Auslegung mit der Einzelanalogie noch gleichsetzte.[234]

---

[232] Glück, a.a.O., S. 254 ff.
[233] Glück, a.a.O., S. 264.
[234] Vgl. Schröder, Recht als Wissenschaft, S. 156 ff.

Grolman, Karl Ludwig von[235]

In einem Zeitschriftenaufsatz über die doktrinelle Gesetzesauslegung äußert sich Grolman 1798 über die Analogie dahingehend, dass er drei verschiedene Arten der Analogie, bzw. von Rechtsquellen aufgrund der Analogie unterscheidet.[236]

„Wenn ein bestimmter Fall unter ein bestimmtes Gesetz subsumirt und dieses auf ihn angewendet wird, so haben wir eine Entscheidung aus dem Gesetz. Sie kann in den dürren Worten des Gesetzes liegen, aber auch aus dem, durch wahre Interpretation uns bekannt gewordenen Geiste des Gesetzes gefolgert werden. In dem letzteren Falle nenne ich sie: Entscheidung aus der Analogie des Gesetzes, weil sie aus der Ähnlichkeit der Gründe durch Folgerungen zustande gebracht wird. Jene Entscheidung (aus den dürren Worten) kann man auch unmittelbare, diese (die analogische) mittelbare (quae per argumentationem fit) nennen.“ [237]

„Allein nicht alle Fälle lassen sich unter ein bestimmtes Gesetz, weder unter die Worte desselben, noch analogisch subsumiren. Indessen auch hier sind wir noch nicht aller positiven Entscheidungsnormen beraubt, noch hat der Richter eine unversiegbare Quelle, und diese ist – der Geist der positiven Gesetzgebung. Die Grundsätze, auf welche das System der Gesetzesverfassung eines Staates gebaut ist, müssen auch hier dem Richter heilig seyen und seine Entscheidung leiten, damit nicht Inconsequenz den Grund zum Umsturz des ganzen Gebäudes legen. Eine solche Entscheidung würde man nun nicht aus der Analogie eines bestimmten Gesetzes, sondern vielmehr aus der Analogie der Gesetzgebung fließende – würde Rechtsanalogie genannt werden müssen.“ [238]

Grolman gliedert also folgendermaßen:

a) aus dem Gesetz

a-1) Auslegung eines „dürren“ Wortlautes → unmittelbare Entscheidung aus dem Gesetz

---

[235] Karl Ludwig von Grolman, 1775 – 1829, stammte aus, studierte und lehrte in Gießen. Er war ein naher Freund Feuerbachs, mit dem er sich über strafrechtstheoretische Fragen stritt, was Grolman auch zu seiner Bekanntheit verholfen haben soll. G. wirkte ab 1803 in der hessischen Kommission zur Reform des Strafrechts mit, wurde 1804 Oberappellationsgerichtsrat, war ab 1808 Mitglied einer Kommission zur Einführung des Code Napoleon und später Rektor und Kanzler der Universität Gießen. Seine Hauptwerke sind: Grundsätze der Criminalrechts- Wissenschaft, 1798; Theorie des gerichtlichen Verfahrens in bürgerlichen Rechtsstreitigkeiten, 1800; Ausführliches Handbuch über den Code Napoleon, 1810 – 1812. Vgl.: Kleinheyer / Schröder (Hrsg.), Deutsche Juristen aus 5 Jahrhunderten, S. 111 ff, mit umfassenden weiterführenden Literaturangaben.

[236] Karl Grolman, Ueber doctrinelle Gesetzesauslegung, in: Bibliothek für die peinliche Rechtswissenschaft, 1. Teil, 1798.

[237] Grolman, a.a.O., S. 66 f.

[238] Grolman, a.a.O., S. 67 f.

a-2) Interpretation eines Gesetzes nach der ratio legis, → Entscheidung aus der Analogie, analogische, mittelbare Entscheidung

b) losgelöst von der konkreten Norm aus der Analogie, dem Geiste der Gesetzgebung, allgemeinen Grundsätzen

und unterscheidet diese drei Gruppen durch ihre Entfernung vom Gesetzeswortlaut.

Hufeland, Gottlieb, 1792 / 1796 / 1808 / 1815[239]

In Bezug auf die herkömmliche Analogie findet sich bei Hufeland bereits 1808 eine Differenzierung zwischen der extensiven Auslegung und der Ausdehnung mittels Analogie. „*Auslegung im engeren Sinne ist Entwickelung des wahren Sinns eines dunklen oder zweydeutigen Gesetzes. Die Auslegung hat zuweilen dieselbe Quelle, als das Gesetz selbst und heißt dann gesetzlich oder eine andere; wo man sie dann wissenschaftlich nennt. (...) Die wissenschaftliche Auslegung ist entweder aus den bloßen Worten entwickelt, und so philologisch, oder aus dem Zweck oder Rechtsgrunde des Gesetzes und dann logisch. Die philologiche entsteht entweder durch Berichtigung der Wort, damit gewiss werde, was eigentlich ausgelegt werden solle, oder durch Entwickelung ihres Sinns. Jene heißt kritisch, diese grammatisch. (...) Keine Auslegung kann über den Wortverstand hinausgehen, den nemlich die gesetzliche Vorschrift in ihrer jetzigen Stelle Verbindung haben kann.*“[240] Und zur Analogie schreibt er: „*Die vielen in unsern Gesetzbüchern fehlenden Vorschriften sind zu bestimmen 1.) durch Folgerungen aus gewissen allgemeinen Grundsätzen, 2.) durch Erhebung einzelner bestimmter Fälle zu einer allgemeinen Regel, und durch neue Folgerungen aus dieser, d.i. durch Rechtsanalogie a); indessen ist diese Ausdehnung nur bey demselben Zweck der Rechtsgrunde des Gesetzes erlaubt b).*[241] Hufeland dürfte hiermit einer der Ersten, wenn nicht der Erste sein, der diese Unterscheidung klar beschreibt. Zur Analogie schreibt er in seinem späteren Lehrbuch zum römischen Recht weiter:[242]

[239] Gottlieb Hufeland, 1760 – 1817, lehrte in Jena, Würzburg, Landshut und Halle und war ein früher Anhänger Kants. Als seine wichtigsten Schriften gelten: Versuch über den Grundsatz des Naturrechts, Leipzig 1785; Lehrbuch des Naturrechts, Leipzig 1790; Beyträge zur Berichtigung und Erweiterung der positiven Rechtswissenschaft, Jena 1792, Einleitung in die Wissenschaft des deutschen Privatrechts, 1796, Institutionen des gesamten positiven Rechts, Jena 1798; Abriß der Wissenschaftskunde und Methodologie der Rechtsgelehrsamkeit, Jena 1797; Über den eigenthümlichen Geist des Römischen Rechts, Gießen 1815, 1817; Vgl. Stintzing- Landberg, III / 1, S. 512 ff.

[240] Hufeland, Lehrbuch des gemeinen Civilrechts, Bd. I, Giesen 1808, S. 22 f.

[241] Hufeland, ebenda, S. 26; vgl. auch Schröder, Recht als Wissenschaft, S. 253, Fn. 367.

[242] Hufeland, Über den eigenthümlichen Geist des römischen Rechts, Bd. I, 1815, S. 184 ff.

„Für das Verfahren der Ausdehnung gibt es nur den Weg der Analogie. Ohne hier tiefer in die allerdings vorhandene Verschiedenheit einzugehen, ob man vom ähnlichen oder vom entgegengesetzten schließe, besteht das Verfahren der Analogie im ganzen immer darin, dass man von einem einzelnen oder doch untergeordneten Fall zu einer allgemeinen Regel aufsteige und aus dieser dann die eben jetzt erforderlichen untergeordneten Sätze ableite. Die Analogie ist also nie zur Auslegung oder zur reinen Entwickelung des Sinns vorhandener Gesetze zu rechnen; sie geht ihrem ganzen Wesen nach über das Gesetz hinaus und verfährt durch weiter daraus gezogene Schlüsse.“ [243]

Die Befugnis zur Ausdehnung folge nur aus Zweck und Rechtsgrund des Gesetzes, so dass erste Voraussetzung immer die sei, dass selbige festgestellt werden können. Ist das Gesetz so unklar, dass dies nicht möglich ist, verbiete sich auch die Ausdehnung, denn Grund für die Ausdehnung sei der, dass in einem nicht erfassten Fall der gleiche Rechtsgrund greife.[244] Daneben dürfe die Ausdehnung ebenso wenig zur Anwendung kommen, wenn außer Zweifel steht, dass diese den Zweck des Gesetzes bei dem vorliegenden Falle gar nicht erreichen kann oder wenn der zugrundeliegende Fall von dem geregelten ganz verschieden ist.[245] Bei der Betrachtung des Zweckes eines Gesetzes sollen hierbei die Beweggründe des Gesetzgebers außer Betracht bleiben.[246]

In seinem mehr als 20 Jahre früher erschienenen Buch „Beyträge zur Berichtigung und Erweiterung der positiven Rechtswissenschaft“[247] hat Hufeland sich bereits eingehend mit einem allgemeinen deutschen Privatrecht auseinander gesetzt. Hufeland zeigt dort auf, dass in der bestehenden Literatur zahlreiche terminologische Ungenauigkeiten bezüglich des Begriffs des „allgemeinen Rechts“ bestünden, wobei er besonders auf die unterschiedlichen Definitionen bei Runde und Selchow eingeht.[248] Nach Hufeland kann man den Begriff der Allgemeinheit einerseits historisch, andererseits juristisch verstehen.[249] Für ihn

---

[243] Hufeland, Geist des römischen Rechts, Bd. I, S. 184 f.
[244] Hufeland, Geist des römischen Rechts, Bd. I, S. 193 f.
[245] Hufeland, Geist des römischen Rechts, Bd. I, S. 195.
[246] Hufeland, Geist des römischen Rechts, Bd. I, S. 196.
[247] Hufeland, Beyträge zur Berichtigung und Erweiterung der positiven Rechtswissenschaft, 1. St., 1792, S. 52 ff.
[248] Hufeland, Beyträge, a.a.O., so auf S. 58; auf Seite 64 stellt er dar, dass die Begriffe „ius commune“ und „jus universale“ exakt das gleiche beschreiben, auch soll unter den Beschreibungen „gemeines deutsches Recht“ und „allgemeines deutsches Recht“ das gleiche zu verstehen sein.
[249] Hufeland, Beyträge, a.a.O., S. 59: *„Schon oben also ist gesagt, dass der Ausdruck allgemein, von Rechten gebraucht, einen doppelten Sinn haben könnte: einen historischen und einen juristischen. In jenem würde dann allgemeines Recht dasjenige heißen, was in allen Provinzen Deutschlands gilt. Man kann es dabey noch ganz unbestimmt lassen, ob es deshalb in allen diesen Provinzen gilt, weil es ein für Deutschland eingeführtes Recht ist, oder deshalb, weil es in jeder einzelnen Provinz gesetzlich bestimmt ist, ohne daß der ge-*

scheint gemeines Recht im juristischen Sinne nur dann vorzuliegen, wenn das Recht kraft seiner Natur oder Bestimmung schon Allgemeingültigkeit hat und nicht bloß aufgrund historischer Zufälligkeiten allgemein gilt.[250] Das Recht jedoch, das bloß aufgrund von Gemeinsamkeiten der Statuten als gemein bezeichnet werden kann, sei ein gemeines Recht nur im historischen Sinne.

Wenn der Charakter des Rechts als juristisch gemeines feststehe, dann verliere das Recht auch nicht seine Allgemeinheit, wenn in einer Provinz ein anderes Recht gilt, sondern die Allgemeinheit werde dann nur suspendiert.[251] Er differenziert sodann zwischen gemeinem und allgemeinem deutschen Recht, was freilich inkonsequent ist, wenn er vorher sagt, zwischen allgemeinem Recht im juristischen Sinne und gemeinem Rechte bestehe kein Unterschied, s.o. Ein Unterschied besteht seiner Ansicht nach aber gerade doch, nämlich darin, dass allgemeines Recht nur subsidiär nach dem örtlichen Recht gelte. Insofern greife das allgemeine Recht nur bedingt,[252] während das gemeine Recht unbedingt anzuwenden ist.[253] Hufeland definiert den Begriff des „gemeinen Rechts" sodann wie folgt:

„Gemeines Recht ist ein Inbegriff derjenigen rechtlichen Vorschriften und Bestimmungen über Handlungen, derjenigen Entscheidungsnormen, welche immer anzuwenden sind, wenn die Partikularrechte keine Normen zur Bestimmung oder Entscheidung oder auch keine gesetzliche Veranlassung zu einer ander-weitigen Bestimmung an die Hand geben, ohne daß erst ein besonderer Gegenstand, der die Anwendbarkeit desselben begründet, dabey vorauszusetzen ist."[254]

Deswegen verwirft Hufeland letztlich die Methode, die ein allgemeines dt. Privatrecht allein aus den Gemeinsamkeiten der geltenden Provinzialrechte schöpfen will. Seiner Meinung nach gibt es zu wenig übereinstimmende Institute, so dass man nur ein Recht finden könnte, das so wenig Inhalt haben müsste, dass es kaum ein allgemeines genannt zu werden verdiente. Mit anderen Wor-

setzliche Grund, auf dem es in dieser einzelnen Provinz beruht, mit dem Grund für andre oder gar alle Provinzen eins wäre oder zusammenhinge. Oder vielmehr man muß eigentlich die historische Bedeutung, in sofern sie der juristischen entgegengesetzt wird, ganz allein auf den letzten Fall einschränken: und diesemnach besteht dann dies allgemeine Recht aus gar nichts weiter als aus der Uebereinstimmung aller einzelnen Partikularrechte, und es läge demselben (...) bloß die Beobachtung zum Grunde, dass der abzuhandelnde Rechtssatz in jeder einzelnen Provinz Deutschlands aus den Gründen, welche das Recht gerade dieser Provinz begründen, gälte."

250 Hufeland, Beyträge, a.a.O, S. 67 f., 70: "Das gemeine Recht muß nicht bloß zufälligerweise, sondern durch sich selbst gemeines Recht seyn."

251 Hufeland, Beyträge, a.a.O., S. 69.

252 Hufeland, Beyträge, a.a.O., S. 70 f.

253 Hufeland, Beyträge, a.a.O. S. 72.

254 Hufeland, Beyträge, a.a.O., S. 85.

ten: das Ergebnis einer vollständigen Induktion müsste zu spärlich ausfallen, als dass ihr Ergebnis brauchbar wäre.[255]

Die rein geschichtliche Betrachtung führe ebenso wenig weiter, da es nicht darum gehe, was irgendwann gegolten habe, sondern was das geltende Recht ausmacht. Darüber hinaus würden hierbei auch nicht rechtswissenschaftlich theoretische Erkenntnisse zu folgern sein, sondern allenfalls historische.

Auch der Verweis Selchows auf das Reichsrecht kann laut Hufeland außer Betracht bleiben, da diesbezüglich ohnehin klar sei, dass es sich hierbei um allgemeines Recht handele, ferner dieses aber teilweise seine Ursprünge in fremden Rechten habe und aufgrund seines geringen Umfanges gar nicht hinreiche, um ein gemeines Recht zu bilden. Die Existenz von Reichsgewohnheitsrecht bestreitet Hufeland darüber hinaus.[256] Insofern lässt Hufeland an den Ansätzen Selchows kein gutes Haar, verwirft diese vielmehr gänzlich.

Anders hingegen Hufelands Würdigung der bereits dargestellten Ansätze Rundes.[257] Zwar greift Hufeland hier auch Rundes Begrifflichkeiten an und wirft diesem vor, er würde gegen allen juristischen Sprachgebrauch schreiben,[258] doch stimmt er ihm zu, wenn Runde ein gemeines Recht u.a. aus der Natur der Sache folgern will.[259] Diese Rechtsquelle könne ausschließlich gemeines Recht zutage fördern und sei die wichtigste Rechtsquelle für das gemeine Recht.

Hufelands Zustimmung zum älteren Runde nimmt dann jedoch eine bedeutende Wende, die aus seiner Definition des gemeinen Rechts folgt. Er betrachtet nämlich sodann die tatsächliche Rechtsanwendung in Bezug auf das Römische Recht und die deutschen Privatrechtsgrundsätze und kommt zu dem Ergebnis, dass es gar kein deutsches gemeines Recht im juristischen Sinne gebe, während Runde ja davon ausging, dass die Natur der Sache real existierendes Recht sei. Das römische Recht sei unzweifelhaft gemeines Recht, weil es seine Gültigkeit als Hilfsrecht auf alle deutschen Provinzen erstrecke, sofern nicht entgegengesetztes vorrangiges Provinzialrecht besteht. Anders verhalte es sich jedoch mit dem deutschen Recht, das selbst nur dann subsidiär zur Anwendung gelange, wenn die Rechtsgrundsätze, auf die sich die Regeln beziehen, in der jeweiligen Provinz als gültig angenommen werden. Die Anwendung des deutschen Rechts hänge somit von einem äußeren Umstand ab, der nicht in ihm selbst wurzelt. Die Anwendung deutschen Rechts sei also bedingt, so dass es sich überhaupt ***nicht*** um ***gemeines*** Recht handele,[260] sondern, entsprechend seiner oben dargestellten Unterscheidung, allenfalls um ***allgemeines***. Aus diesem Grunde müsse man dem

[255] Hufeland, Beyträge, a.a.O., S. 61.
[256] Hufeland, Beyträge, a.a.O., S. 76, 81.
[257] Hufeland, Beyträge, a.a.O., ab S. 63.
[258] Hufeland, Beyträge, a.a.O., S. 77.
[259] Hufeland, Beyträge, a.a.O., S. 84.
[260] Hufeland, Beyträge, a.a.O., S. 89.

Aufbau und der Behauptung eines gemein geltenden deutschen Privatrechts vollkommen entsagen.[261]

Zuletzt äußert sich Hufeland in diesem Buch zur „positiven Rechtswissenschaft" auch noch zu Tafingers analogischer Methode.[262] Diesem hält er zugute, dass Tafinger auch bestrebt gewesen sei, ein gemeines deutsches Recht von praktischem Nutzen zu finden, jedoch stimmt er nicht darin mit Tafinger überein, dass man die Geschichte der einzelnen Rechtsinstitute betrachten müsste. Würde man aus der Geschichte schöpfen, so fände man *„sehr viele jetzt ganz veraltete und gar keiner Anwendung mehr fähige Rechtsinstitute"*, die man als Gegenstände des deutschen Privatrechts bearbeiten müsste. Die Rechtsinstitute hätten sich meistenteils nämlich seit ihrer Entstehung so stark verändert, dass man kaum einen Zug wiedererkennen könnte. Wenn man aber ein praktisches und heute geltendes gemeines Privatrecht finden wolle, dann wären solche veralteten Rechtsinstitute nicht mehr abzuhandeln, sondern ein anderer Prüfstein zu entwickeln. Tafingers Begrifflichkeit „analogisches Recht" lehnt Hufeland rigoros ab, auch wenn er erkennt, dass es auf den Namen nicht entscheidend ankommt.

Seine Kritik schließt Hufeland zusammenfassend damit, dass es ein gemeines deutsches Recht nicht gebe, die Betrachtung der Partikularrechte nichts tauge und die Untersuchung der Geschichte nicht zur Entwicklung eines heute gültigen gemeinen Rechts hinführen könne.[263]

Er schlägt am Ende vor, dass man nur von *„heutigem deutschen Privatrecht"* sprechen sollte, denn auch das römische Recht nenne man nicht „allgemeines römisches Recht". Auch wenn das römische Recht Bestandteil des deutschen Rechts im weiteren Sinne sei, ebenso wie das sächsische, würde diese Bezeichnung, im engen Sinne verstanden, ausdrücken, was man meint.

In seiner 4 Jahre später erscheinenden „Einleitung in das deutsche Privatrecht"[264] spricht Hufeland in der Einführung ganz dem obigen entsprechend auch nur noch vom *„deutschen Privatrecht"*. In diesem Buch wendet er sich von seinem Stil des bloßen Falsifizierens der Theorien anderer ab und schlägt eigene Ansätze vor.[265] Unter Verweis auf Tafinger sieht er dort den praktischen

[261] Hufeland, Beyträge, a.a.O., S. 90; Indem Hufeland dies sagt, wird er vom jüngeren Runde missverstanden, wenn dieser in seinem Buch von 1821 auf S. 72 Hufeland dahingehend zitiert, dieser würde behaupten, gemeines Recht könne nur den Partikularrechten entspringen. Hufeland sagt dies wohl nur über das von ihm sogenannte allgemeine deutsche Recht.

[262] Hufeland, Beyträge, a.a.O., ab S. 90 ff.

[263] Hufeland, Beyträge, a.a.O., S. 96.

[264] Hufeland, Einleitung in die Wissenschaft des dt. Privatrecht, Jena 1796.

[265] Diese Buch hat Gerber anscheinend nicht gelesen, denn er behauptet in seinem „wissenschaftlichen Prinzip", S. 64, dass Hufeland nirgends eigene Ansätze brächte, sondern sich darauf beschränkte, die Theorien anderer zu widerlegen, womit er Hufeland zu Unrecht herabqualifiziert, was aber im allgemeinen Stile Gerbers zu liegen scheint.

Nutzen des deutschen Privatrechts, und hiermit meint er wohl ausschließlich das von ihm als historisches allgemeines Recht bezeichnete, in seiner Eignung zur Erklärung der Partikulargesetze und in der Anwendung (!) desselben bei Geschäften, die dem subsidiären fremden Recht unbekannt sind.[266] Der Zweck eines deutschen Privatrechts sei derjenige, Grundsätze aufzustellen, welche das gemeine römische Recht nicht kennt, welche aber doch „*in mehreren Theilen von Deutschland gelten, damit 1) die Partikulargesetze, welche jene Institute festsetzen, verstanden, und 2) falls sie für manche Rechtsfragen keine Bestimmungen enthalten, diese Lücken durch Folgerungen aus dem Begriffe und der allgemeinen Theorie ausgefüllt werden können.*"[267]

Methodisch will Hufeland zuerst feststellen, welche Gegenstände durch mehrere Partikulargesetze oder Gewohnheiten bewiesen seien und dass ein derartiges Institut an mehreren Orten Deutschlands gelte.

„*Sind nun die abzuhandelnden Gegenstände bestimmt; so muß wieder, um die zu dem angegebenen Zweck allein brauchbare Theorie aufzufinden, 1) der Begriff des abzuhandelnden Instituts allein, so wie er in den Partikulargesetzen enthalten ist, in der Theorie zum Grunde gelegt, und 2) aus demselben und den sonst gültigen allgemeinen Rechtsgrundsätzen müssen dann die Bestimmungen für unsern Zweck entwickelt werden. (...)*[268]

3. In Rücksicht der praktischen Anwendbarkeit, oder der Brauchbarkeit dieser so entwickelten Lehren (...) muß man nicht vergessen, dass diese ganze Wissenschaft nie unmittelbare oder absolute, sondern immer nur hypothetische und mittelbare rechtliche Gültigkeit und Anwendbarkeit hat. – Der praktische Jurist soll a) partikulare Gesetze und Gewohnheiten, deren Gültigkeit außer Zweifel ist, anwenden; wenn diese ihn verlassen und b) das Institut, das er rechtlich zu beurtheilen hat, dem gemeinen Recht bekannt ist, dieses, d.h. die Reichsgesetze, oder die fremden Rechte anwenden; c) wo diese aber das Institut gar nicht kennen, soll er dem Geist der für seine Gerichte verbindlichen Gesetze so viel als möglich gemäß sprechen.

Um diesen aufzufinden, sind seine vorzüglichsten Hülfsmittel:

1) die Natur des Rechtsgeschäfts nach dem Begriff und den Bestimmungen, die die für seine Gerichte gültigen Gesetze angeben; und dabey kann ihm dann die Theorie des deutschen Privatrechts, wenn sie gerade unter Voraussetzung desselben Begriffs bearbeitet ist, die wichtigsten Dienste leisten;

2) die genauern Bestimmungen aus denjenigen Particulargesetzen, welche mit den seinigen in Rücksicht auf den Begriff und die allgemeinen Bestimmungen übereinstimmen:

3) ältere Gesetze und Gewohnheiten desselben Orts, oder andrer Gegenden, die sich auf dasselbe Institut beziehn; und überdem andre schon bekannte Hülfsmittel.

---

266 Hufeland, Wissenschaft des dt. Privatrecht, a.a.O., § 18, S. 19 ff.
267 Hufeland, Wissenschaft des dt. Privatrecht, a.a.O., § 19, S. 20.
268 Hufeland, Wissenschaft des dt. Privatrecht, a.a.O., S. 21 ff.

4. Um die Wissenschaft des deutschen Privatrechts gänzlich brauchbar und zu der ihr eigenen Anwendung geschickt zu machen, müsste eigentlich durch eine möglichst vollständige Induction gezeigt werden, nach welchen Landesgesetzen, oder auch Gewohnheiten die festgesetzten Grundsätze gelten und welche von denselben das Institut gar nicht kennten, oder doch über dasselbe Institut abweichende Grundsätze hätten."

Produkt soll somit zwar ein nur hypothetisches Recht sein, das aber doch zur konkreten Anwendung gelangt, wenn und soweit die Statuten lückenhaft sind. Gleichwohl könnte dies nur dort geschehen, wo die Statuten dieses Institut überhaupt enthalten, denn aus diesen soll es entwickelt werden. Anscheinend will Hufeland so zu einem allgemeinen Recht kommen, das nur dort gilt, wo die Statuten prinzipiell bereits derartige Regelungen enthalten, was freilich nicht viel Sinn machte, wenn er nicht ohnehin den Hauptnutzen eines solchen allgemeinen historischen Rechts bloß in der Erläuterung und Ergänzung der Statuten sehen würde.

Häberlin, Karl Friedrich, 1797

Auch der Staatsrechtler Häberlin äußerte sich in seinem Buch über das Staatsrecht[269] zur Analogie. Wenn Fälle nicht nach Reichsgesetzen und auch nicht aus Herkommen gelöst werden können, müsse man sie nach der Analogie lösen. *„Hier bleibt also nichts anders übrig, als ähnliche oder entgegengesetzte Fälle, die durch Grundgesetze oder Herkommen ihre Erledigung erhalten haben, aufzusuchen, und daraus die Entscheidung herzunehmen; mit einem Wort seine Zuflucht zur Analogie zu nehmen." (...)*

„Ist in einem Gesetz, oder Herkommen in einem Fall etwas gewisses bestimmt, so ist zu vermuthen, daß in einem ähnlichen Fall eben das gelten müsse, weil sonst ein Widerspruch herauskommen würde. Ein völlig gleicher Fall braucht es nicht zu seyn, denn alsdenn wäre nicht so wohl von Analogie, als vielmehr nur von Anwendung des Gesetzes oder des Herkommens auf den Fall die Rede. Aehnlichkeit der Fälle ist also (...) hinreichend, aber es ist dabey große Vorsicht noethig. Denn so muß 1) keine Verschiedenheit der Personen, auf die einerlei Rechte sich nicht anwenden lassen, vorwalten. Ferner 2) darf der Grund und die Ursache des Gesetzes, welches man analogisch anwenden will, dem vorliegenden Fall nicht entgegen seyn. (...)

Eben so kann von entgegengesetzten Fällen eine Entscheidung hergenommen werden. Will das Gesetz in einem Fall dieses, oder jenes, so würde es widersprechend seyn, wenn man nicht annehmen wollte, daß es im entgegengesetzten aber nicht ausdrücklich bestimmten Fall grade das Gegentheil wolle." (...)

[269] Häberlin, Handbuch des Teutschen Staatsrechts nach dem System des geheimen und Justizrath Pütter, Bd. I, 1797, § 48, S. 210 ff.

„Immer bewirkt indessen die Analogie nur Wahrscheinlichkeit, oder Vermuthung, mithin darf man ja nicht anders, als wenn man vom Gesetz oder dem Herkommen gaenzlich verlassen ist, zu derselben seine Zuflucht nehmen. Man muß nie vergessen, daß unsere Staatsverfassung viel eignes und besonderes, ja auch unregelmäßiges hat, und daß also manches dem Gesetz und Herkommen nach wirklich anders ist, als es nach analogischen Schlüssen seyn würde."

An anderer Stelle[270] will er den Schluss aus dem Gesetz selbst gar nicht Analogie nennen:

„Uebrigens fraegt sich noch, ob es auch Analogie sey, wenn aus allgemeinen Regeln und Grundsätzen richtige Schlüsse auf einzelne Fälle gemacht werden? Moser behauptet dieses und setzt auch darin den Begriff der Analogie, allein Geisler hat ganz recht, wenn er a.a.O. § 2 sagt, daß bey dergleichen Fällen nicht sowohl Analogie eintrete, als daß vielmehr dieselben ihre Auflösung aus den Gesetzen oder Herkommen selbst erhielten."

Der Schluss aus allgemeinen Grundsätzen sei somit etwas anderes als die Analogie, da hierbei aus dem Recht selbst gefolgert wird, während die Analogie eine eigenständige Rechtsquelle darstelle, die nicht aus dem Recht gefolgert werde.

Rössig, Karl Gottlob,[271] 1797

Rössig äußert sich in seiner hier betrachteten Schrift zum gemeinen deutschen Privatrecht, wobei er in auffälliger Nähe zu Tafinger steht. In seinen „*Erste Grundsätze des dt. Privatrechts zu Vorlesungen und als Einleitung zur Erlernung des reinen deutschen Privatrechts*"[272] schließt sich Rössig unter ausdrücklicher Zitierung der beiden Werke Tafingers dessen analogischer Methode an. Seine Definition des dt. Privatrechts lautet dementsprechend:[273]

„Das deutsche Privatrecht, als ein System von Rechtssätzen, ist der Inbegriff aller ursprünglich reinen deutschen Rechtssätze, welche die Rechte und Verbindlichkeiten der ***Privatpersonen*** *und der* ***Privatsachen****, in* ***Privatverhältnissen*** *in Deutschland ohne Beymischung fremder Rechte bestimmen."*

Seit es eine Verfassung gibt, gebe es auch Gewohnheitsrecht und Herkommen. Trotz des Hinzukommens von Gesetzen, Reichsschlüssen und der Vermischung mit römischem Recht sei dieses nie außer Gebrauch gekommen. Rechtssammlungen würden dies bestätigen, wie beispielsweise die Spiegel. Deswegen gebe es ein allgemeines dt. Privatrecht, und zwar nicht nur im historischen, sondern

---

270 Häberlin, Handbuch des Teutschen Staatsrechts, S. 212.
271 Karl Gottlob Rössig, 1752 – 1806, vgl. Stintzing- Landsberg, III / 1, S. 393.
272 Rössig, Karl Gottlob; Erste Grundsätze des dt. Privatrechts zu Vorlesungen und als Einleitung zur Erlernung des reinen deutschen Privatrechts, Leipzig 1797; S. 1, § 1 ff.
273 Rössig, Grundsätze, a.a.O., 1. Kap., S. 1 f.

auch im juristischen Sinne.[274] Allerdings dürfe man nicht bereits aus der Übereinstimmung einiger Statuten sogleich auf einen praktischen allgemeinen Rechtssatz schließen,[275] da es auf die Übereinstimmung der Statuten hierbei nicht entscheidend ankomme.

Des Weiteren seien mehrere allgemeingültige Rechtssätze nicht mit dem ganzen System von Rechtssätzen oder Gesetzen zu verwechseln. Erstere zeigen sich in

1. Gewohnheiten und Herkommen,
2. allgemeinen Reichsgesetzen,
3. zu geschriebenem Recht geronnenen Gewohnheiten und
4. allen Sätzen, die unmittelbar aus Natur und Wesen vieler noch wirklich üblichen deutschen Gegenstände folgen.

In diesen Fällen gebe es einen rechtsbegründeten Klagegrund, der nicht aus der absoluten Übereinstimmung der Partikularrechte fließe, sondern per se gelte, so dass ein gegenteiliges Recht stets erwiesen werden müsse:

„Dadurch, dass das Partikularrecht eines einzelnen Landes in einem solchen Punkte anderes verordnet, hört jenes Recht nicht auf, ein für Deutschland allgemein gültiger Rechtssatz zu seyn, denn deshalb muß dieser positive partikulare Rechtssatz erst erwiesen werden.

Der Grund der Gültigkeit des deutschen, so wohl allgemeinen als besonderen Privatrechts, liegt theils in der gesetzgebenden Gewalt, theils in der Autonomie, in Verträgen, in dem rechtlichen Ansehen und Verbindlichkeit der Gewohnheit und des Herkommens.

Analogie kann nur dem Gesetzgeber, zuweilen dem Richter und Systematiker nützen.“

Rössig folgt also auch der Ansicht, dass das gemeine Recht aus den Statuten zu folgern ist, wobei dieses von bloß allgemeingültigen Rechtssätzen unterschieden bleiben soll. Allgemeine Gewohnheiten oder die Natur der Sache treten somit nicht einmal als Nebenquelle für das gemeine Recht neben die Statuten. Rössig unterscheidet somit ähnlich wie Hufeland zwischen allgemeinen Rechtssätzen und dem gemeinen deutschen Privatrecht, wobei allerdings zu beachten ist, dass Rössig „gemeines Recht“ nach der Hufeland'schen Definition „allgemeines Recht“ nennt. Verborgen bleibt bei Rössig, wo die Grenze zwischen dem allgemeinen Recht und bloß allgemeinen Rechtsgrundsätzen verlaufen soll.

---

274 Rössig, Grundsätze, a.a.O., 2. Kap., S. 5 ff.
275 Rössig, Grundsätze, a.a.O., 4. Kap., S. 10 ff.

Thibaut, Anton Friedrich,[276] 1799

In seinem Buch über die „Theorie der logischen Auslegung des römischen Rechts", das in der ersten Ausgabe 1799 erschien,[277] widmet sich Thibaut der juristischen Hermeneutik. Ganz nach dem herrschenden Modell weist er darauf hin, dass die *grammatikalische* Auslegung Klarheit, Dunkelheit oder Zweideutigkeit, also einen eindeutigen Wortsinn, keinen Wortsinn oder einen mehrdeutigen Wortsinn hervorbringen könne, wobei in letzten beiden Fällen dann die *logische* Auslegung weiterhelfen könne, nach der der Grund des Gesetzes und der Wille des Gesetzgebers erforscht wird.[278] Grammatikalische und logische Auslegung seien dabei strikt voneinander zu trennen. Als eine Unterart der logischen Auslegung beschreibt Thibaut die „ausdehnende Erklärung", die auf Gleichheit oder Ähnlichkeit der Gründe beruhe.[279] Nachdem er diese eingehend entwickelt und sich mit den Voraussetzungen derselben auseinandergesetzt hat, geht er auf die Analogie ein.[280]

Zunächst beschreibt er, dass der Begriff der Analogie zwar von fast allen Juristen gebraucht werde, die wenigsten hingegen klarstellten, was sie darunter verstehen. Im Allgemeinen sei unter der Analogie der Schluss von einem entschiedenen Fall auf einen ähnlichen nicht entschiedenen zu verstehen. Allerdings würden auch der Schluss vom Gegenteil eines entschiedenen Falles auf einen unähnlichen Fall und die einschränkende Auslegung eines Gesetzes teilweise unter dem Begriff der Analogie vereint. Manche würden sogar, und da zitiert Thibaut Glücks Pandektenkommentar, unter der Analogie jedwedes Resultat der logischen Auslegung verstehen. Das lehnt Thibaut ab und versteht unter Berufung auf den Wortsinn und historische Quellen nur den Ähnlichkeitsschluss aus der ratio legis unter der Analogie. "*Ein stärkerer Beweis kann nicht geführt werden, dass bloß der Schluss von ähnlichen Fällen, d.h. die ausdeh-*

---

276 Anton Friedrich Thibaut, 1772 – 1840, stammt aus Hameln, studierte in Göttingen, Königsberg und Kiel, promovierte und habilitierte in Kiel und wurde dort Professor für römisches Recht. Später lehrte er in Jena und Heidelberg, wo er bis zu seinem Tod blieb. Bekannt ist Thibaut für seine Schrift: Über die Notwendigkeit eines allgemeinen bürgerlichen Rechts für Deutschland, Heidelberg 1814, mit der er sich für eine umfassende allgemeine Kodifikation ausspricht und Savigny zu dessen berühmter Erwiderung: Vom Beruf unserer Zeit für Gesetzgebung und Rechtswissenschaft, Heidelberg 1814 herausfordert, mit der Savigny die Grundlagen für die historische Rechtsschule legt. Weitere bedeutende Schriften Thibauts sind: Juristische Enzyclopädie und Methodologie, 1797; Versuch über einzelne Theile der Theorie des Rechts, 1798, 1801; Theorie der logischen Auslegung des römischen Rechts, 1799, 1802; System des Pandekten- Rechts, 1803, 1834. Vgl. Stintzing-Landsberg, Abt. 3, Hb. 2, S. 69 ff., Kleinheyer / Schröder, Deutsche Juristen aus 5 Jahrhunderten, S. 297 ff., mit umfangreichen weiterführenden Literaturangaben.

277 Dem Verfasser lag nur die Ausgabe von 1806 vor.

278 Thibaut, Theorie der logischen Auslegung des römischen Rechts, 1806 (1799), S. 16.

279 Thibaut, Theorie der logischen Auslegung, a.a.O., S. 68.

280 Thibaut, Theorie der logischen Auslegung, a.a.O., S. 114.

nende Interpretation, welche wegen Gleichheit der Gründe geschieht, den Namen Analogie verdient."[281]

Der Schluss aus einem entgegengesetzten Fall (argumentum e contrario) ist für Thibaut zwar eine eigene Art der ausdehnenden Erklärung aber keine Analogie.[282]

Die Restriktion ist für ihn ebenso keine Analogie, weil bei dieser der zu entscheidende Fall im Gesetz mit enthalten ist, was bei der Analogie gerade nicht der Fall ist.[283]

Im Ergebnis lässt sich ein klare Abgrenzung zwischen der Analogie und der ausdehnenden Auslegung auch bei Thibaut aber noch nicht finden. Beides fasst er unter dem Begriff der „Ausdehnung" zusammen, wobei für beide gleichermaßen die Ähnlichkeit der Fälle und die Ähnlichkeit / Gleichheit der (Entscheidungs)Gründe das wesentliche Merkmal sind. Auch wenn er begrifflich unterscheidet, so sagt er abschließend, dass die Analogie und die logische Auslegung, die von der Gleichheit der Gründe her schließen, vollständig koinzidierten.[284]

Danz, Wilhelm August Friedrich,[285] 1800

Danz widmet sich in seinem Handbuch über das Privatrecht[286] in erster Linie dem gemeinen Recht, wobei er sich dem Titel nach zu urteilen Runde anschließt[287], was bei näherer Betrachtung des Inhaltes aber nicht vollständig der Fall ist. Nachdem Danz sehr ausgiebig allgemeine Ausführungen zu vielerlei Rechtsquellen macht, geht er schließlich auf die Frage eines gemeinen dt. Privatrechts ein.

„*Bei dieser Beschaffenheit des deutschen Privatrechts* [seine Vermischtheit mit dem römischen, seine durch lokale Verhältnisse geprägte Entstehung, Anm. d. Verf.] *und dem Verhältnis desselben zu den fremden Rechten, würde es gewiß von dem größten Nuzen seyn, wenn man ein Prinzip aufstellen könnte, wodurch*

---

[281] Thibaut, Theorie der logischen Auslegung, a.a.O., S. 118.
[282] Thibaut, Theorie der logischen Auslegung, ebenda.
[283] Thibaut, Theorie der logischen Auslegung, a.a.O., S. 120.
[284] Thibaut, Theorie der logischen Auslegung, a.a.O., S. 123.
[285] Bekannt ist Danz für sein 10 bändiges Werk: Handbuch des heutigen deutschen Privatrechts nach dem Systeme des Herrn Hofraths Runde, Stuttgart 1800 - 1823, das allerdings mehr eine Zusammenstellung des einschlägigen Stoffes und seltener Spuren „eigenen Denkens" enthalten soll, vgl. Carl Friedrich Wilhelm von Gerber, Das wissenschaftliche Prinzip des deutschen Privatrechts, Jena 1846, S. 78 f.; Stintzing- Landsberg, III / 1, S. 453 f.
[286] Wilhelm August Friedrich Danz, Handbuch des heutigen deutschen Privatrechts. Nach dem Systeme des Herrn Hofraths Runde. 1. Bd., 2.Aufl., Stuttgart 1800.
[287] auch im Vorwort schreibt er: „*Es kann daher mein Werk auch als Kommentar der Rundeischen Grundsäze des gemeinen deutschen Privatrechts betrachtet werden; ...*"

diese Verwirrung, wo nicht gehoben, doch wenigstens gemindert würde. Allein die Auffindung eines solchen Princips ist bis jezo noch frommer Wunsch geblieben, und muß es auch so lange noch bleiben, als man nicht einig ist, was dann eigentlich zum Wesentlichen des deutschen Privatrechts gehöre? Ob nämlich blos dasjenige deutsches Recht sey, was ohne Zumischung fremder Rechte geblieben, oder ob auch dasjenige, was durch römische Rechtsgrundsäze modificirt worden ist, diesen Namen verdiene?"[288]

Er fährt fort, dass neben den Reichsgesetzen und Gewohnheiten auch die Landesrechte und Gewohnheiten sowie die Stadtrechte zu betrachten seien, wobei sich dann aufgrund von deren Verschiedenheit die Frage stelle, ob es ein gemeines deutsches Privatrecht überhaupt geben könne. Dies werde, und da weist er auf Hufeland hin, bestritten oder ausdrücklich bejaht, so Pütter. Andere wiederum würden nicht nur ein theoretisches, sondern ein tatsächliches Privatrecht annehmen, wofür er Mylius anführt.

„Gemeines Recht ist überhaupt dasjenige, das die Regel ausmacht, und daher bei allen vorkommenden Fällen so oft zum Grunde der Entscheidung dient, als der Anwendbarkeit derselben keine besonderen Rechte entgegenstehen. Es können daher in dasselbe nur solche Rechtssäze aufgenommen werden, die die Allgemeinheit unmitelbar mit sich führen, keineswegs aber solche, die aus keiner Quelle, die ihnen den Karakter der Allgemeinheit mitteilen konnte, flossen, sondern vielmehr für jede einzelne Provinz ihres eigenthümlichen Grundes bedürfen."[289]

Das bloße Aufzeigen von Übereinstimmungen einzelner Gesetze sei keine eigentliche Rechtslehre, die einen Teil des gemeinen Rechts ausmachen könne. Ob ein Recht gemeines ist, müsse bereits aus seiner Bestimmung folgen, dies folge nicht aus bloß zufällig zusammentreffenden Umständen und dürfe auch nicht davon abhängen, ob es als ein solches in einem Land anerkannt wird. Es muss von selbst und automatisch kraft seines Rechtscharakters, seines Wesens als gemein gelten.

Auf Seite 300 formuliert Danz endlich die zentralen Fragen des schon dem Titel entspringenden Themas:

- Was ist deutsches Privatrecht im wissenschaftlichen und politischen Sinne?
- Ist es bloß eine Sammlung der Statuten oder sind es gemeine Grundsätze?
- Sind diese Sätze bloß Hilfsmittel oder Recht?
- Und wann sind sie als Recht anzuwenden?
- Wie verhält sich dieses Recht zum römischen Recht?

288 Danz, Handbuch des heutigen deutschen Privatrechts, 1800, S. 279 ff.
289 Danz, Handbuch des heutigen deutschen Privatrechts, 1800, S. 285.

Seiner Ansicht nach müssten diese Fragen unbeantwortet bleiben, solange man nichts anderes machte, als besondere Rechtssätze zu sammeln, statt die Gedanken auf die Bestimmung allgemeiner Grundsätze zu konzentrieren. Erst in neueren Zeiten sei durch Pütter und Selchow die systematische Bearbeitung dieses Stoffes in Angriff genommen worden.

Bevor Danz seine eigene Ansicht der Dinge entwickelt, stellt er zunächst den Stand der Wissenschaft zum gemeinen dt. Privatrecht dar, wobei auffällt, dass er alle Vertreter in zwei Lager teilt, auch wenn dies mitunter nicht so recht passen will.

Pütter und Selchow seien sich hinsichtlich der Quellen noch einig gewesen, dass die heute gültigen Rechte eigentliche Quelle sein müssten, als da wären Reichsgesetze, Reichsgewohnheiten und die Statuten. Der wesentliche Unterschied beider sei aber der, dass Pütter ein jus germanicum universale in hypothesi, während Selchow ein jus in thesi zu entwickeln versucht habe. Nach Pütter gebe es kein tatsächliches gemeines Recht, vielmehr könne man nur eine allgemeine Theorie aufstellen, welche aus den den Statuten zugrundeliegenden Rechtsprinzipien durch analogische Schlüsse zu folgern sei.

Nachdem Danz auf Mylius, Rudloff, Runde, Tafinger und Hufeland eingegangen ist, stellt er ausführlich Rundes Meinung dar, nach der eine der relevanten Quellen die Natur der Sache sei. Dem stellt er dann aber mit gleicher Ausführlichkeit Tafingers Meinung gegenüber, der er sich schließlich anschließt. Insofern ist der Titel seines Buches zumindest verkürzt.

Ab S. 320 ff. entwickelt Danz eine eigene Meinung in ausdrücklicher Anlehnung an Tafinger. Seiner Ansicht nach kann man auf die Übereinstimmung der Statuten nicht setzen, da diese willkürlich und ein solches Vorgehen unhistorisch sei. Deswegen sei es schon ein Fortschritt gewesen, dass Runde sich von dieser Methode löste. Dessen Quelle der N.d.S. könne ein ius universale in thesi aber ebenso wenig aufstellen und sei deswegen nur subsidiär neben anderen Quellen zu gebrauchen.[290] Die erstmals von Pütter entwickelte Methode, die nicht auf jedes einzelne Statut Rücksicht nehme und nur eine allgemeine Theorie aufzustellen suche, sei hingegen die richtige. Eine solche allgemeine Theorie diene der Lückenfüllung, als Hilfsmittel der Interpretation und endlich als Norm, wenn es an Lokalgesetzen mangelt.

Gegen Hufeland wendet Danz insbesondere ein, dass man allein aus den heutigen Partikularrechten generell kein gemeines Recht entwickeln könne, sondern nur eine Philosophie der einzelnen dt. Institute, wie sie in selbigen vorkomme, ein Unterfangen, an das sich kein Sterblicher je heranwagen dürfte und stellt schließlich seinen Begriff vom deutschen Privatrecht vor:

[290] Danz, Handbuch des heutigen deutschen Privatrechts, 1800, S, 133.

„Es ist der Inbegriff der allgemeinen Begriffe und Grundsäze aller noch heut zu Tage üblichen deutschen Rechtsinstitute, welche aus der historischen Untersuchung des ersten Ursprunges und der weitern Entwikelung dieser verschiedenen Institute, im Ganzen genommen, abgeleitet sind.“[291]

Danz stellt dann den Nutzen der zwei Systeme des hypothetischen und thetischen Rechts gegenüber und fragt, auf wessen Seite Runde eigentlich stehe. Hierbei fällt auf, dass er die Begriffe „analogisch“ und „hypothetisch“ synonym verwendet und alle Meinungen in diese beiden Kategorien einordnet. Runde wirft er vor, dass dieser sich nicht entscheiden könne, wozu er stehe, da er ein jus in hypothesi, wie Tafinger und Pütter es annahmen, ausdrücklich verwirft, ein jus in thesi aber nicht zu leisten gedenke und somit wohl auch den „Analogisten“ zuzurechnen sei.[292]

Hinsichtlich des Nutzens stellt Danz heraus, dass sich beide Systeme bis auf ihren Nutzen kaum unterschieden. Das jus universale germanicum in hypothesi solle zur

- Lückenfüllung unvollständiger und unsystematischer Statuten dienen sowie als
- Hilfsmittel zur Erläuterung und Interpretation und zur Einleitung in die Statuten.
- Des Weiteren solle das analogische Recht *„als Norm dienen, wenn durch Vertrag ein deutsches Rechtsinstitut aufgenommen ist, das weder durch diesen, noch durch die Lokalgeseze die erforderlichen Bestimmungen erhalten hat.“*

Das jus germanicum universale in thesi diene hingegen der

- Beurteilung aller ursprünglich deutschen Geschäfte,
- zur Bestimmung der Grenzen der Anwendung des ausländischen Rechts und
- als Einleitung in die Partikularrechte.

*„Von irgend einer Bestimmung hingegen, die dem deutschen Rechte allein den Karakter eines wirklich gemeinen im juristischen Sinne zu geben vermöchte, ist hier beim Verfasser (*er meint Runde, Anm. d. Verf.) *überall die Rede nicht.*

Sodann wendet sich Danz noch dem Verhältnis von gem. dt. PR und römischem Recht zu.[293] So dürfe der Grundsatz, dass das römische Recht nur zur Hilfe gelte, sofern nicht deutsches Recht existiert, nicht umgekehrt werden, denn nicht alles was römisch rechtens sei, gelte auch in Deutschland. Die Erklärung des Vorranges des deutschen Rechtes aus der Tatsache, dass es sich hierbei um neueres derogierendes Recht handele, sei falsch, da die deutschrechtlichen Grundsätze älter als die Rezeption seien. Das genaue Verhältnis beider Rechte

[291] Danz, Handbuch des heutigen deutschen Privatrechts, 1800, S. 331.
[292] Danz, Handbuch des heutigen deutschen Privatrechts, 1800, S. 344.
[293] Danz, Handbuch des heutigen deutschen Privatrechts, 1800, S. 346 ff.

sei vielmehr aus den sich aus der „Natur der Sache“ ergebenden Regeln zu bestimmen, die Danz folgendermaßen beschreibt:

> Keine Anwendung leide das römische Recht, das kein Gesetz ist oder nicht rezipiert wurde oder das auf uns Deutschen gänzlich unbekannte Sitten Bezug nimmt.
>
> Anwendung leide aber ohne weiteres dasjenige römische Recht, was Gesetz sei und schon natürlich rechtens oder aber unzweifelhaft rezipiert ist.

Ungeachtet dessen gebe es aber auch Bräuche, die gleichwohl Anwendung fänden, wie beispielsweise die Erforderlichkeit von sieben Zeugen für das Testament. Weshalb dieser Brauch Geltung beanspruchen soll, begründet Danz jedoch nicht, obwohl er damit die von ihm behaupteten Regeln aus der Natur der Sache relativiert. Prinzipiell keine Anwendung finde das römische Recht hinsichtlich der Institute, die diesem ganz unbekannt seien, wie beispielsweise die Gütergemeinschaft oder die Einkindschaft. In diesen Fällen habe auch eine eingebildete Analogie nicht statt. Auch diese Aussage relativiert Danz aber sogleich wieder, denn die Fälle, „*worauf die eigenthümliche Natur dieser Geschäfte keinen besonderen Einfluss hat*“ könnten sehr wohl nach römischen Grundsätzen beurteilt werden. Unverständlicherweise lässt Danz sich schließlich zu der Behauptung hinreißen, dass dann, wenn keine der dargestellten Einschränkungen gelten, das römische Recht subsidiär zu deutschem besonderen positiven Recht gelte. Im Anschluss hieran bringt er aber flugs wieder zahllose Ausnahmen, die die von ihm aufgestellten vermeintlichen Grundsätze wieder als platzende Seifenblasen erscheinen lassen.

Dann wendet sich Danz auch der herkömmlichen Analogie zu und nimmt eine interessante Position gegen diese, bzw. die ausdehnende Auslegung der Gesetze mit dem Hinweis auf die Gewaltenteilung ein:

> „*Uebrigens versteht es sich von selbst, daß unter dem Prätext einer Gleichheit der Gründe und Gegenstände keine unschickliche Ausdehnung der Geseze vorzunehmen ist. Man ist in diesem Mißbrauche so weit gegangen, daß sogar Strafgeseze und jura singularia nicht davon frei geblieben, und doch ist jede eigenmächtige Erweiterung der Art ein unerlaubter Eingriff in die Rechte des Gesezgebers, deren sich kein Privatmann anzumaßen hat.*“[294]

[294] Danz, Handbuch des heutigen deutschen Privatrechts, 1800, S. 350.

Feuerbach, Paul Johann Anselm,[295] 1803

Feuerbach schließt sich in seinen aus verschiedenen Einzelabhandlungen bestehenden Civilistischen Versuchen[296] weitgehend seinem Lehrer Hufeland an, der Runde folgend nur die Natur der Sache als Quelle für gemeinrechtliche Schlussfolgerungen gelten lassen will.

Insbesondere könnten die Territorialrechte nicht selbst Quelle eines gemeinen deutschen Privatrechts sein, da eine Abstraktion aus selbigen willkürlich bleiben müsste, sobald die Quellen sich widersprächen. Ein hieraus gebildeter angeblicher Rechtssatz könnte auch in keinem Teil von Deutschland angewendet werden und gelte nur dort, wo man seiner nicht bedarf. Wenn das Territorialrecht diesen Rechtssatz nämlich enthielte, dann ginge dieser jenem vor und enthält es ihn nicht, dann kann der allgemeine Rechtssatz keine Geltung beanspruchen, nur weil er in dem Recht eines anderen Landes verankert ist.

Seiner Ansicht nach müsse man den Begriff eines deutschen Instituts aus den partikularrechtlichen Quellen aufnehmen, dann aber die Rechtsgrundsätze desselben aus dem Begriffe selbst entwickeln. Wenn das Institut unter einem schon im röm. gemeinen Recht vorkommenden Genus steht, könne man aus den Grundsätzen des röm. Rechts den Begriff entwickeln.[297] Diese etwas unklaren Ausführungen sucht Feuerbach an einer konkreten Rechtsfrage zu verifizieren, bei der es darum geht, ob a) der Interimswirt zur Zahlung eines Entgeltes zur Erlangung des Verwaltungsrechtes verpflichtet sei (Laudemium) und ob b) der Anerbe die von einem Interimsverwalter eingegangenen Verbindlichkeiten, die mit dem Colonat im Zusammenhang stehen, zu übernehmen verpflichtet sei.[298] Die Ausführungen Feuerbachs sollen hier, wie angekündigt, kurz dargestellt werden, da auch Runde sich zu diesem Thema geäußert hat und sich deshalb ein Vergleich der von beiden aus der Natur der Sache entwickelten Ergebnisse anhand eines praktischen Beispiels anbietet.

---

[295] Paul Johann Anselm von Feuerbach, 14.11.1775 – 29.05.1833, studierte 1797- 1799 in Jena, nachdem er zuvor bereits ein Philosophiestudium mit Promotion abgeschlossen hatte. Er lehrte in Jena und Kiel, bevor er nach Landshut zur Ausarbeitung eines Entwurfs eines Strafgesetzbuches berufen wurde. 1806 wechselte F. nach München, wo 1813 das im Wesentlichen von ihm entworfene Strafgesetzbuch in kraft trat. Nach politischen Meinungsverschiedenheiten wurde F. 1814 an das Appellationsgericht nach Bamberg, später nach Ansbach gerufen. F. wurde vor allem wegen seiner strafrechtlichen Schriften, seiner Strafzwecklehre, seiner Theorie vom „psychologischen Zwang" und dem Entwurf des bayrischen Strafgesetzbuches berühmt. Letzteres wurde Vorbild für Kodifikationen in mehreren Ländern. Zu seinen Schriften und weiterführender Literatur vgl. Stintzing-Landberg, Bd. 3, Hb. 2, S. 112 ff., Kleinheyer/Schröder, Deutsche Juristen aus 5 Jahrhunderten, S. 82 ff.

[296] Feuerbach, Paul Johann Anselm, Civilistische Versuche, 1. Th., Gießen 1803, S. 193 ff.

[297] Feuerbach, a.a.O., S. 198.

[298] Feuerbach, a.a.O., S. 200 f.

Zur Klarstellung sei zunächst vorausgeschickt, dass der von beiden Autoren behandelten Interimswirtschaft folgender Sachverhalt zu Grunde liegt. Ein verstorbener Bauer musste Besitzer eines Bauerngutes sein, auf welches ihm wenigstens ein vererbliches Nutzungsrecht oder ein dem Eigentum wesensgleiches Minus zustand, Colonat genannt.[299] Dieses dem Eigentume ähnliche Recht war durch Gesetz oder Gewohnheit aber dahingehend beschränkt, dass es dem Gutsherrn verwehrt war, das Bauerngut durch gewillkürte oder gesetzliche Succession zu teilen. Das Bauerngut war also unzertrennbar und unterlag weder der Teilveräußerung, noch der Erbteilung.[300] Das Gut selbst konnte also nur an einen Nachkommen vererbt werden, woraus dem hiervon Betroffenen das sogenannte Anerbenrecht erwuchs, welches entweder dem ältesten oder dem jüngsten Sohn anfiel. Das Anerbenrecht verwirklichte sich in der Regel erst bei Tod beider Eltern, oder aber bereits zu Lebzeiten der Mutter, wenn diese zur Erlangung einer Leibrente das Verwaltungsrecht aufgab, beispielsweise aufgrund Wiederverheiratung mit einem Dritten.[301]

Wenn nun das Anerbenrecht dem jüngsten Sohn zustand und ihn während seiner Minderjährigkeit anfiel, dann wurde es erforderlich, eine vormundschaftliche Verwaltung oder einen sog. Interimswirt zu bestellen. Ob und welche Unterschiede zwischen beiden Instituten bestehen, sei hier dahingestellt. Die Interimswirtschaft war ein Institut, das vorwiegend in Norddeutschland zur Anwendung kam und als eine Art Stellvertretung des Minderjährigen gesehen wurde.[302] Dabei war die Interimswirtschaft nicht zwingend, sondern, nachdem jemand gefunden war, der sich als Wirt bereit erklärte, durch Vertrag zu begründen. Die Wirksamkeit der Interimswirtbestellung hing von vielerlei Voraussetzungen ab, die in der Person des Bestellers und des Bestellten lagen, darüber hinaus war unter anderem eine gutsherrliche Zustimmung erforderlich und Ähnliches. Auf diese Details soll hier nicht näher eingegangen werden.

Auch hinsichtlich der möglichen Beendigungstatbestände gab es vielerlei Variationen. Einer war die Volljährigkeit des Anerben.[303] Wurde die Interimswirtschaft beendet, war der Interimswirt zu vergüten, was wohl i.d.R. durch die Bestellung einer Leibrente geschah. In diesem Zusammenhang nun stellte sich die Rechtsfrage, ob der Interimswirt bei Beendigung einen Kostenerstattungsanspruch hinsichtlich der von ihm getätigten Verwendungen gegen den Anerben inne hatte und ob der Anerbe zur Übernahme der vom Interimswirt begründeten Verbindlichkeiten verpflichtet sei. Ersteres war insbesondere in Bezug auf das

[299] Der bloße Pächter oder Nießbraucher war also kein Colonatsherr.

[300] Von dieser Beschränkung nicht erfasst wurde allerdings das bewegliche Hab und Gut, das sog. Allodium, über welches der Bauer frei verfügen konnte.

[301] Diese letzte Fallkonstellation stellte wohl den Normalfall dar, denn Feuerbach verwendet die Begriffe „Interimswirth“ und „Stiefvater“ synonym.

[302] Runde, Interimswirtschaft, 2. Aufl., § 1, S. 2.

[303] Runde, Interimswirtschaft, 1. Aufl., § 9, S. 24.

sog. Laudemium streitig, eine Verbindlichkeit, die der Colonatsherr dem Eigentümer zu entrichten hatte. Wenn der Interimswirt diesen Betrag anstelle des Colonatsherrn entrichtet hatte, stellte sich die Frage, ob er selbst in persona hierzu aufgrund der Übernahme der Interimsrechte verpflichtet war oder eine Schuld des Anerben (aufgrund von dessen Übernahme des Colonats) tilgte, was einen Aufwendungsersatzanspruch begründete.

1. Zu den aufgeworfenen Fragen führt F e u e r b a c h aus der Natur der Sache schließend Folgendes aus:

a) keine Pflicht des Interimswirt zum Laudemium

„Blicken wir nun auf die Natur der Interimswirtschaft... Ich setze als (..) erwiesen voraus, dass das Wesen der Interimswirtschaft in einem auf die Zeit der Minderjährigkeit des Anerben beschränkten Nießbrauchs der Colonatsrechte bestehe. Der Stiefvater (= der Interimswirt, Anm. d. Verf.) *ist Usufructuar, jedoch so, daß nicht das Gut selbst, sondern das Recht des Anerben auf das Gut als Gegenstand des Nießbrauchs gedacht wird. In so ferne nun, abgesehen von den Eigenthümlichkeiten dieses Instituts, der allgemeine Begrif von Nießbrauch zur Anwendung kommt, in so ferne haben wir in der Interimswirtschaft ein römisches Institut. Abstrahieren wir bey der Interimswirtschaft von dem römischen Recht, so finden wir in der Natur derselben weder einen Grund, die Verbindlichkeit des Interimswirths zu einem Laudemium*[304] *zu behaupten, noch zu läugnen. Allein das gemeine Recht, (...), unter welchem die Interimswirthschaft blos als eine eigentliche modificirte Species gehört, beantwortet diese Frage und beantwortet sie verneinend: Denn ein Usufructuar ist zwar zur Tragung der auf dem Gute haftenden Lasten, nicht aber zur Bezahlung einer Geldsumme als Bedingung der wirklichen Erwerbung, gleichsam zu einem Kaufpretium für den Nießbrauch verbunden.“*[305]

Da sich diese Regel aus der Natur der Interimswirtschaft ergebe, gründe sie sich auf das gemeine deutsche Recht und gelte überall, wo nicht ausdrückliche Gesetze oder Gewohnheiten das Gegenteil verordneten. Feuerbach begründet seine Auffassung und Lösung aus der N.d.S. einerseits mit dem Argument der *Billigkeit*. Die Rechte, die der Interimswirt erhält, würden bereits dadurch hinreichend aufgewogen, dass er im Gegenzuge auch zur Tragung der Lasten verpflichtet sei, so dass es unbillig wäre, wenn darüber hinaus noch etwas von seiner Person zu bezahlen wäre, da dem keine Gegenleistung gegenüber stünde.[306] Aus entgegenstehenden *Landesordnungen* könne man keine allgemeine Regel schließen, sondern müsse diese als Ausnahme von der allgemeinen Regel begreifen.[307] Er begründet seine Meinung auch noch damit, dass der Interimswirt etwas ganz anderes als der Colonatsherr sei, da ersterer nur ein Recht am Colonatsrecht habe,

---

304 Auch Weinkaufsgeld, Handlohn oder Auffahrtsgeld genannt.
305 Feuerbach, Civilistische Versuche, S. 201 ff.
306 Feuerbach, Civilistische Versuche, S. 208 f.
307 Feuerbach, Civilistische Versuche, S. 202.

letzterer ein Recht am Bauerngut selbst. Deswegen könne unmöglich auf ersteren ausgedehnt werden, was für letzteren gilt, da anderenfalls *wesentlich Ungleiches* gleich behandelt würde. Auch eine *Analogie* der deutschen Colonatsgüter zu den römischrechtlichen *Emphyteusen* spräche gegen die Pflicht des Interimswirts zum Auffahrtsgeld, da dort auch nur der neue emphyteutische Colonus selbst zur Zahlung eines Lehens verpflichtet sei.[308]

b) Erstattungsanspruch

Aus dem gefundenen Ergebnis folgt dann Feuerbachs Beantwortung der zweiten Frage von selbst. Kann der Interimswirt Erstattung eines tatsächlich bezahlten Laudemiums vom Anerben verlangen? Die Erstattung könnte der Interimswirt dann nicht verlangen, wenn anzunehmen wäre, dass er eine Zahlung für seine Person auf eine eigene Schuld entrichtet habe. Dann nämlich hätte er weder zugunsten des Guts, noch zugunsten des Anerben eine Schuld getilgt, so dass der Anerbe nicht zur Erstattung verpflichtet wäre. Da nach gemeinem Rechte der Interimswirt zu einem Laudemium aber prinzipiell nicht verpflichtet sei, zahlt er nicht auf eine eigene Schuld und nicht zu seinen Gunsten, wenn er es doch tut. Folglich müsse er seine Leistung erstattet bekommen und könne beim Anerben Regress nehmen.

2. R u n d e hingegen kommt zum gegenteiligen Ergebnis, obwohl er auch aus der Natur des Instituts argumentiert, denn die Natur des Instituts sei eine sichere und reichhaltige Quelle gemeiner Grundsätze.[309] Rechtsgrundsätze seien hierbei durch richtige Vernunftschlüsse aus dem Wesen des Instituts herzuleiten.[310] Das Wesen wiederum ergebe sich aus dem Zweck des Instituts, der hier die Erhaltung und Förderung des Gutes für die Zeit der Minderjährigkeit des Anerben sei. Zu diesem Zwecke würden dem Interimswirt alle Rechte und Pflichten des Colonatsherrn übertragen, denn wer die Rechte inne hat, müsse auch die Lasten tragen.

a) Muss der Interimsverwalter ein Laudemium zahlen, dann deshalb, weil er in die Stellung des Colonatsherrn vertraglich hineingewachsen und somit selbst verpflichtet sei. Eine Zahlung leiste der Interimswirt folglich für sich.

b) Was dem Colonate nutzt, müsse der Anerbe übernehmen, auch wenn es eine Hypothek ist; sinnlose Ausgaben hingegen seien mehr Schaden als Nutzen und deswegen nicht zu übernehmen. Dies folge aus der Natur der Interimswirtschaft, da diese der Erhaltung und Vermehrung des Gutes diene. Da das Laudemium nicht für den Anerben bezahlt werde, nutzte es dem Gute nicht, so dass es keine Erstattung gebe.

---

308 Feuerbach, Civilistische Versuche, S. 206.
309 Runde, Justus Friedrich, Interimswirthschaft, 1. Aufl., 1796, S. 43.
310 Ebenda, S. 45.

Die Beantwortung der Frage a) ergebe sich aus der Natur der Sache. Bei Auflösung der Interimswirtschaft verbleibt dem Interimswirt die sog. Leibzucht, das Verhältnis werde also nicht gänzlich aufgelöst. Dieses Recht erkaufe sich der Wirt mit dem von ihm zu bezahlenden Weinkaufgeld, das er also für sich entrichtet und das somit nicht dem Colonus nutze.[311]

Anhand dieser beider Beispiele zeigt sich, dass aus der Natur der Sache schöpfend das Ergebnis zufällig ausfallen kann und dass die Natur d. S. als solche gar kein Argument ist, sondern unter ihrem Namen vielmehr mit anderen Argumenten operiert wird, die das dem Rechtsempfinden entspringende Ergebnis stützen. Was die Natur der Sache ist, bleibt somit allein dem Geschmack des Einzelnen überlassen. Ein Argument stellt sie jedenfalls nicht dar und als eine Methodik kann man sie ebenfalls kaum bezeichnen.

Weitere Autoren

Theodor S c h m a l z geht in seinem Lehrbuch von 1796 über das deutsche Land- und Lehensrecht ohne nähere Darlegung vom Bestehen eines gemeinen deutschen Rechts aus und stellt Kollisionsregeln für die verschiedenen Rechtskreise dar.[312] *„Wo Landgesetze schweigen, und die ihnen noch vorgehenden Localgesetze, da wird die Entscheidung aus den gemeinen in Teutschland geltenden Rechten, in den Gerichten hergenommen. Diese gemeinen Rechte sind nun das römische, canonische und allgemeine teutsche.“*[313] Dass Schmalz hiermit auch gemeines deutsches Privatrecht und nicht nur das gemeine Staatsrecht meint, wird deutlich, wenn er den Nutzen desselben beschreibt: *„Aber die Kenntnis des allgemeinen teutschen Privatrechts gewährt schon den vorzüglichen Nutzen, dass sie durch die Entwicklung der Natur unserer Rechtsverhältnisse und Geschäfte die Bestimmungen der Landes= und Ortsgesetze über sie erläutert.“*

Ludwig Jacob U l r i c h geht in seiner Schrift von 1804[314] insbesondere auf die Methoden Rundes und Hufelands ein. Er stellt zunächst den in der Literatur herrschenden Meinungsstand dar, wobei er nicht zeitlich differenziert, sondern alle Meinungen nebeneinander stellt. Zuerst unterscheidet er nach Methode (Geschichte, Natur der Sache, Gemeinsamkeiten der Partikularrechte, Deduzieren oberster Prinzipien), dann nach Verwertbarkeit, bzw. Ergebnis des gefundenen Rechts (nur Hilfsmittel, hypothetisches oder tatsächliches Recht).

---

[311] Runde, Justus Friedrich, Interimswirthschaft, 2. Auflage, 1832, S. 192 f., § 82 f.
[312] Schmalz, Theod., Handbuch des teutschen Land= und Lehnrechts, Königsberg 1796.
[313] Schmalz, a.a.O., § 43 f., S. 16 f.
[314] Ulrich, Ludwig Jacob, Versuch einer Kritik der von Hufeland und Feuerbach behaupteten Deduction des heutigen teutschen Privatrechts, Marburg, 1804.

Hufeland sei bei seinem System inkonsequent gewesen, wenn er als Gegenstand der Betrachtung nur die übereinstimmenden Statuten sieht. Wenn man aber ein „teutsches" Recht finden wolle, müsse man auch notwendig alles Recht betrachten. Ulrich meint deshalb der Hufeland'schen Methode Unvollständigkeit ihrer Grundlage vorwerfen zu können.[315]

Auf Rundes und Feuerbachs Folgerungen aus der N.d.S. und deren Lösungen des o.g. Falles eingehend, stellt er dar, dass eine Auflösung derart divergierender Entscheidungen so gefunden werden könne, dass einerseits das Recht aus der N.d.S. gefolgert, dies sodann aber anhand der tatsächlichen Rechte daraufhin überprüft werde, ob es tatsächlich zur Anwendung gelangen kann. Das Recht nach der N.d.S., als Recht wie es sein soll, sei auseinander zu halten vom gemeinen deutschen Recht, wie es Anwendung findet, da beides durchaus auseinanderfallen könne.[316] Die Schlussfolgerung allein aus der N.d.S. lehnt er auch deshalb ab, da man die Argumentation hierbei nur auf bereits bekannte Prinzipien aus dem Vernunftrecht reduziere, was überflüssig sei. Am Ende stellt er seine Meinung unter Verzicht auf Argumente dar, *„da er sich hierfür noch zu schwach findet"*, und hofft, dass sich hierdurch andere zu weiteren Nachforschungen aufgefordert sehen. Die Antwort auf die Frage, welches Recht Anwendung haben kann und soll, ergebe sich ganz nach Runde aus der Natur der Sache. Die Lösung der Frage hingegen, welches Recht Anwendung hat, ergebe sich nach Tafinger und Hufeland aus der Übereinstimmung der partikularen Rechte.[317]

II. Nachfolger Tafingers

Johann Ludwig K l ü b e r beschreibt in einem Buch über das öffentliche Recht von 1817 die herkömmliche Analogie, wobei er zu dieser den „e contrario" Schluss zählt.[318] Die Analogie ist für ihn gewöhnliche Rechtsquelle und kann auch der Auslegung dienen. Sie ist anwendbar, wo die Gesetze, Herkommen oder Verträge keine hinreichende Bestimmung geben. Gleichwohl sei das allgemeine natürliche Staatsrecht auch subsidiäre Rechtsquelle, über deren Ermittlung Klüber aber nichts sagt.[319]

Für Christian Ernst W e i ß e[320] ist die Quelle des deutschen gemeinen Privatrechts neben den wenigen Reichsgesetzen in erster Linie die „Autonomie der

[315] Ulrich, a.a.O., S. 33.
[316] Ulrich, a.a.O., S. 40, 47.
[317] Ulrich, a.a.O., S. 50 f.
[318] Johann Ludwig Klüber, Öffentliches Recht des Teutschen Bundes und der Bundesstaaten, 4. Aufl., 1840, § 62, S. 70 ff. (1. Aufl. 1817).
[319] Klüber, a.a.O., § 67, S. 74.
[320] Christian Ernst Weiße, Einleitung in das gemeine dt. Privatrecht, Leipzig 1817.

deutschen Nation".[321] Hierunter versteht er diejenigen Regeln, welche sich das Volk in freier Selbstbestimmung unabhängig vom Gesetzgeber gibt. Früher seien dies Weisthümer und Schöppengerichte gewesen, heute hingegen „gleichförmige Handlungen" der Bürger, also Gewohnheitsrecht.[322] Diese so entstandenen Rechtsgewohnheiten würden dann gemeines Recht, wenn weder die Rechtsidee noch das Rechtsinstitut, auf das sich die Gewohnheit bezieht, durch partikulare Vorschriften aufgehoben werden. Dieses Recht sei zwar subsidiär entsprechend der Regel „Willkür bricht Stadtrecht, Stadtrecht bricht Landrecht, Landrecht bricht gemeines Recht", habe aber durchaus praktischen Nutzen in Bezug auf die deutschen Rechtsgeschäfte und Institute. Nähere Ausführungen lässt Weiße leider in Erwartung einer Neuauflage des einschlägigen Buches von Runde vermissen, auf das er in seinem Vorwort ausdrücklich verweist und mitteilt, dass er aus diesem seit 23 Jahren Vorlesungen gehalten habe und das nunmehr vergriffen sei. Vor diesem Hintergrund erscheint es beachtlich, dass Weiße auf Rundes Quelle aus der Natur der Sache gar nicht eingeht, sondern dessen Gedankengebäude schlicht durch die Quelle des Gewohnheitsrechts ersetzt.

Silvester J o r d a n begründet gleich zu Beginn seines Buches über die Auslegung der Gesetze im Strafrecht[323] von 1818 die Notwendigkeit der Gesetzesauslegung mit der Begrenztheit der sprachlichen Ausdrucksweise:

„Schon im alltäglichen Leben begegnet es uns nicht selten, daß wir wegen der richtigen Bezeichnung von so Manchem in Verlegenheit kommen, weil überhaupt jede Sprache zu arm ist, als sie im Stande wäre, Gegenstände unseres innern Lebens uns alles das, was uns näher, zarter und inniger ergreift, völlig passend zu bezeichnen. Was so eben im Allgemeinen bemerkt wurde, das findet insbesondere die der Strafgesetzgebung vorzüglich statt. (...) Es ist sonach aus dem Gesagten völlig klar, dass jedes Strafgesetzbuch schon wegen der Mangelhaftigkeit der Sprache, welche diese auch sein mag, höchst unvollständig sein müsse, und es sohin schon deswegen unmöglich sei, ein Strafgesezbuch zu entwerfen, welches für jeden einzelnen Fall eine ganz klare, unverdrehbare Entscheidungsnorm enthielte."

Insgesamt scheint es Jordan grundsätzlich unmöglich, ein vollständiges Gesetzbuch zu erschaffen, weswegen den Richtern mangels ihrer Befugnis zur Änderung von Gesetzen nur die doktrinelle Auslegung verbleibe.[324] Hierbei sei die Auslegung in Straf- und Zivilrecht zwar grundsätzlich gleich, Unterschiede bestünden jedoch darin,

---

[321] Weiße, a.a.O., S. 59 ff., wo sich Weiße ausdrücklich auf Tafinger, Hufeland, Feuerbach, Posse, Eichhorn, Runde und Mittermaier bezieht.
[322] Weiße, a.a.O., S. 47.
[323] Silvester Jordan, Über die Auslegung der Strafgeseze mit besonderer Rücksicht auf das gemeine Recht, Landshut 1818, § 1.
[324] Jordan, a.a.O., § 3.

1. dass die zivilrechtlichen Institute alle ihren Grund in sich selbst trügen, während das peinliche Recht insgesamt ein System sei und somit auf einen einzigen Grund zurück ginge und

2. dass die Zivilgesetze nicht nötigend seien, sondern nur dann gälten, wenn nicht etwas anderes ausgehandelt würde. Deswegen müsse dort der Wille der Personen berücksichtigt werden, während dies im peinlichen Recht nicht der Fall sei.

3. Im Zivilrecht werde höchstens „Nullität" eines Rechtsgeschäftes erreicht, im peinlichen Recht Strafen verwirkt.

Nach der Beschreibung der Notwendigkeit der Auslegung geht er auch auf die theoretische Befugnis des Anwenders ein, die er darin sieht, dass derjenige, welcher zu einem Zweck befugt sei, auch zu den hierzu erforderlichen Mitteln notwendig mit befugt sei.[325] Der Richter dürfe deshalb nicht am Wortlaut des Gesetzes hängen, sondern müsse in den Geist der Gesetze eindringen, um sich deren Zwecks zu vergewissern.[326] Hinsichtlich der Methode der Auslegung beruft sich Jordan sodann ohne näheren Vortrag auf Grolman, Hufeland und Thibaut, wobei er Hufelands Auslegungsbegriff zustimmt, den Begriff der Analogie dafür jedoch nicht verwendet.[327]

Franz Xaver K r ü l l erwähnt in der 2. Auflage seines Lehrbuchs von 1821 über das deutsche Privatrecht[328] den Meinungsstreit um die Existenz eines deutschen gemeinen Privatrechts nur mit knappen Sätzen und schließt sich der Meinung an, die ein solches in dem Wesen der Rechtsinstitute erblickt, anstatt nur auf die Übereinstimmungen der statutarischen Rechte zu schauen. Was das Wesen ausmacht, bzw. wie es zu ermitteln ist, beantwortet er nicht.

---

[325] Das gleiche Argument findet sich auch schon bei Feuerbach, Anti-Hobbes, Gießen 1797, S. 24: *„Denn wer einen Zweck will, der will zugleich, ohne etwas neues zu wollen, das sich auf ihn beziehende nothwendige Mittel."*

[326] Jordan, a.a.O., § 5, S. 27.

[327] Jordan, a.a.O., S. 81 ff., vgl. auch Schröder, Recht als Wissenschaft, S. 220, Fn. 176.

[328] Franz Xaver von Krüll, Teutsches Privatrecht, Landshut 1821, § 3, unter Berufung auf Tafinger, Hufeland, Posse, Feuerbach, Ulrich und Eichhorn.

Mittermaier, Carl Joseph Anton[329]

Mittermaier gilt als der Begründer der historischen Germanistik, da er noch vor Eichhorn und Savigny bereits 1812 mit seiner Schrift „Einleitung in das Studium der Geschichte des germanischen Rechts" ein historisches Prinzip schuf, welches der germanistischen Arbeit zugrunde gelegt werden sollte.[330] Betrachtet werden sollen hier Mittermaiers einleitende Ausführungen in seinem Privatrechtslehrbuch von 1821.[331] Er kritisiert zunächst die bestehende Lehre als einseitig und abwegig und bemängelt, dass die bestehende Literatur an Unvollständigkeit leide, und zwar einerseits hinsichtlich der behandelten Materien und andererseits hinsichtlich der berücksichtigten Territorialrechte.[332] Darüber hinaus hält er es für grundfalsch, dass die Autoren sich jeweils nur einer Theorie verschreiben und dabei oft aus willkürlich gebildeten vermeintlich höheren Rechtsregeln schöpfen, die einer beliebigen Deutung fähig seien. Die Beliebigkeit der hieraus gefolgerten Ergebnisse zeigt er an Runde und Feuerbach auf, die beide aus der Natur der Sache unterschiedliche Ergebnisse deduzieren (s.o.). Abschließend kritisiert er, dass zu oft von einer im Mittelalter herrschenden Rechtsgemeinschaft ausgegangen werde, ohne hierbei zwischen verschiedenen Volksstämmen zu unterscheiden und dass die Fortentwicklung des Rechts bei bloßer Betrachtung der historischen Quellen verkannt werde.

Deswegen schließt er sich nicht einer bestehenden Lehrmeinung an, sondern versucht, eigene Grundsätze aufzustellen, die zunächst klarstellen, dass es seiner Ansicht nach keine tatsächlichen Quellen eines gemeinen deutschen Rechts gibt, ihre Behauptung durch die Lehre damit im Ergebnis stets vage und bedingt bleibt. Im Einzelnen führt er folgendes aus.

---

329 Carl Joseph Anton Mittermaier, 1787 – 1867, stammt aus München, studierte in Landshut, promovierte in Heidelberg und lehrte ab 1809 in Landshut. Er war Mitherausgeber des „Archivs für Kriminalrecht" und Mitbegründer des „Archivs für die civilistische Praxis". Mittermeier schuf fast ausschließlich Bücher zum Straf- und insbes. Strafprozessrecht und wird zu den bedeutendsten Strafrechtlern des 19. Jahrhunderts gezählt. Mit seiner strafrechtlichen Literatur hat er sich gegen das philosophische Herleiten eines Strafrechtsprinzips gewandt und nicht einseitig Position für ein bestimmtes Lager bezogen. M. schöpfte mehr aus Rechtsvergleichung und der Rechtsgeschichte. Seine Kritik richtete sich u.a. gegen Feuerbach, obwohl er dessen Lehrbuch später auf Wunsch Feuerbachs fortführte. Sein Lehrbuch des deutschen Privatrechts von 1821 fällt insofern etwas aus dem Rahmen. In diesem Werk zeigt M. sich von Karl Friedrich Eichhorn beeinflusst. Zu seinen Werken und weiterführender Literatur vgl. Stintzing-Landsberg, Abt. 3, Bd. 2, S. 413 ff., Kleinheyer / Schröder, Juristen aus 5 Jahrhunderten, S. 181 ff.

330 Karl Kroeschell, Zielsetzung und Arbeitsweise der Wissenschaft vom gemeinen deutschen Privatrecht, in: Wissenschaft und Kodifikation des Privatrechts im 19. Jh., Frankfurt 1974, Hrsg.: Helmut Coing, Walter Wilhelm, S. 249 ff.

331 C.J.A. Mittermaier, Lehrbuch des deutschen Privatrechts, Landshut 1821.

332 Mittermaier, a.a.O., S. 25 ff.

Die Partikularrechte und deren Übereinstimmung[333] sowie allgemeine Gewohnheitsrechte und die Natur der Sache seien nur Hilfsmittel, nicht aber Quellen des gemeinen Rechts. Hilfsmittel seien daneben aber auch alle Rechtsgewohnheiten, Rechtsansichten, Urteile, Schöffensprüche und die Landesgeschichte selbst. Insbesondere die Natur der Sache sei keine Quelle, „*weil sie immer höchstens nur die Zweckmäßigkeit des aus ihr abgeleiteten Rechtssatzes verbürgen, nicht aber ein Grund positiver Verpflichtung (...) werden kann.*“[334] Dies scheint zunächst widersprüchlich, denn wenn die N.d.S. nur die Zweckmäßigkeit erweist und keine Quelle ist, wie kann man dann aus ihr Rechtssätze ableiten? Mittermaier ist hier aber nicht wörtlich, sondern so zu verstehen, dass die N.d.S. sowie sie aus ihr entwickelte Zweckmäßigkeit den Rechtssatz zwar beeinflusst, ihn aber allein nicht begründen kann, was durchaus überzeugt.

Die richtige Methode zur Auffindung der gemeinen deutschen Rechtsgrundsätze kann nach Mittermaier nur darin bestehen, dass man statt der unmittelbaren Beobachtung der Partikularrechte vielmehr:

- die politischen Verhältnisse,
- die Rechtsprechung,
- alte Urkunden und Überlieferungen,
- die bürgerlichen Verhältnisse und
- etwaige Zusammenhänge zu einem vorher zu identifizierenden Mutterrechte untersuche.[335]

Aus den aufgezählten Gegenständen der Untersuchung könne der Germanist dann Regeln ableiten, indem er sich nach „der Natur seiner Wissenschaft“ erst die Hilfsmittel sucht, die er zu seinen Schlüssen braucht, diese kritisch würdigt, um dann daraus Rechtssätze abzuleiten. Dies geschehe am besten durch:

- Betrachtung der historischen Ursprünge und Motive,
- der ursprünglichen Fassung,
- der ersten auf diesem Recht ergangenen Urteile und Verträge,
- der Veränderungen des Rechtsinstituts unter Beachtung der Gründe hierfür und des Umfanges der Veränderung,
- der Form, in der das Institut bei den verschiedenen germanischen Stämmen vorkommt,

---

[333] Gegen die Quelle der Übereinstimmung von Partikularrechten argumentiert Mittermaier wenig überzeugend damit, dass es schließlich auch Übereinstimmungen des deutschen Rechts mit dem von Italien, England und Frankreich gebe, gleichwohl aber kein gemeines germanisches Recht hieraus gefolgert werden könne, vgl. S. 35, Fn. 2. Dies ist jedoch kein starkes Argument, denn die Behauptung, es gebe kein „A“, sagt nichts darüber, ob es ein „B“ gibt, mit anderen Worten, nur weil es kein gemeines germanisches Recht gibt, muss es sich für ein gemeines deutsches Recht nicht ebenso verhalten.

[334] Mittermeier, a.a.O., S. 38.

[335] Mittermeier, a.a.O., S. 43 f.

- der ursprünglichen Hauptidee, wenn das Recht sich nicht verändert hat
- und der heutigen Natur des Instituts bei Rechten, die sich fortentwickelt haben,
- durch Bildung von Gattungsgruppen, bei vielfältigen Verästelungen,
- durch Aufstellung von Kollisionsregeln zw. dt. und röm. Recht und
- durch Überprüfung der Anwendbarkeit des römischen Rechts und dessen Analogien.[336]

Mit den aufgezeigten Hilfsmitteln und der dargestellten Methode will Mittermaier ein ungeschriebenes Recht finden, das durch eine innere Einheit zum gemeinen Recht würde. Diese innere Einheit bestehe im Konsens aller Deutschen über die leitenden Rechtsansichten, die auf gleichartige sittliche und bürgerliche Verhältnisse und Vorstellungen zurückgingen.

Zur Anwendung gelangen könne das nur ungeschrieben bestehende gemeine dt. Recht allerdings nur unter den Bedingungen, dass:

- das Rechtsinstitut, auf das es sich bezieht, in dem Territorium als geltendes Recht anerkannt ist,
- die aus dem gemeinen Recht gefolgerte Idee nicht durch territoriale Rechtsaussprüche aufgehoben ist und,
- kein Widerspruch zu bestehenden territorialen Rechten entstehe.

Leider führt Mittermaier die von ihm so facettenreich beschriebene Methode nicht vor, sondern belässt es bei den dargestellten Ausführungen innerhalb des einleitenden Vorwortes. Der weitere Inhalt des Buches, dem dieses Vorwort entstammt, enthält ausschließlich Literaturangaben zu bestimmten Themen ohne inhaltliche Ausführungen.

Eichhorn, Carl Friedrich[337]

Carl Friedrich Eichhorn beschreibt in seinem Buch über das deutsche Privatrecht[338] von 1823 drei verschiedene Hauptrichtungen in Bezug auf die Theorien

[336] Mittermaier, a.a.O., S. 45 f.

[337] Carl Friedrich Eichhorn, 1781 – 1854, stammt aus Göttingen, wo er auch studierte, promovierte und zu lehren begann. Er lehrte des weiteren in Frankfurt / O und ab 1811 in Berlin, wo er 1815 zusammen mit Savigny die schulenbildende Zeitschrift für geschichtliche Rechtswissenschaft gründete. 1817 nach Göttingen zurückgekehrt hat er dort große Lehrerfolge, bis er sich 1829 vorläufig zurückzieht, schließlich von 1832 – 1834 nochmals in Berlin lehrt, Obertribunalrat, Staatsrat und Mitglied einer Gesetzgebungskommission wird, bevor er sich 1847 endgültig in den Ruhestand verabschiedet und 1854 in Köln stirbt. Als Eichhorns wichtigste Werke gelten: Deutsche Staats- und Rechtsgeschichte, 4 Bde., 1808 – 1819; Einleitung in das deutsche Privatrecht mit Einschluß des Lehnrecht, 1823; Grundsätze des Kirchenrechts der Katholischen und der Evangelischen Religionspartei in Deutschland, 2 Bde., 1831, 1833. Genaueres und weiterführende Literatur vgl.: Stintzing-Landsberg, Abt. 3, Hb. 2, S. 253 ff., Kleinheyer / Schröder, Deutsche Juristen aus 5 Jahrhunderten, S. 75 ff.; Kroeschell, Zielsetzung und Arbeitsweise, a.a.O., S. 249 ff.

zum gemeinen deutschen Recht. Die erste Richtung sieht er in der Theorie Rundes, nach der das gemeine Recht aus den Reichsgesetzen, dem gemeinen Gewohnheitsrecht und den Grundsätzen aus der Natur der Sache zu folgern sei. Die zweite Richtung beschreibt er unter Darlegung aller Argumente in Anlehnung an Feuerbach und Hufeland dahingehend, dass diese Rechtsgelehrten die Existenz eines gemeinen Privatrechts bestritten. Die dritte Richtung, und dieser scheint sich Eichhorn schließlich angeschlossen zu haben, wird von den bereits dargestellten Lehren Pütters, Tafingers und Mittermaiers geprägt. Eichhorn geht zur Begründung seiner Ansicht von vier Prämissen aus:

1. Das deutsche Recht sei ursprünglich, und damit meint er wohl das Mittelalter, eine Einheit in Form des allgemeinen Landrechts gewesen. Auch wenn es territoriale Unterschiedlichkeiten gegeben habe, so seien diese nicht so groß gewesen, dass man nicht mehr feststellen könnte, dass sie alle auf ein und denselben Rechtsgrundsatz zurückgingen. Hieraus folge, dass alle aktuellen Rechte, die sich auf das im Mittelalter geltende Recht zurückführen lassen, auf ein gemeines Recht zurückgingen.

2. Diese ursprünglichen Rechte in Form des Landrechts hätten sich durch den Einfluss der fremden Rechte weiter- oder zurückentwickelt.

3. Da sich das geltende Recht somit als das Produkt seiner eigenen Fortentwicklung darstelle, könne es auch auf seine Ursprünge zurück betrachtet werden, bis man erkennt, was der hinter dem konkreten Recht stehende Grundsatz sei, womit die Natur des Rechtsinstituts festgestellt werden könne. Die Natur der Rechtsquelle sei somit in jedem Recht enthalten und stelle gemeinrechtliche und überall anwendbare Grundsätze auf, die zur Interpretation oder Ergänzung dienen könnten.

4. Von den Grundsätzen abweichendes Partikularrecht stünde dem nicht als abweichendes Recht entgegen, sondern stelle eine bloße Unterart der feststellbaren gemeinen Grundsätze dar.

Eichhorn sieht den praktischen Nutzen eines solchen gemeinen Rechts in der Feststellung der Anwendungsgrenzen des römischen Rechts und in der Erläuterung und Ergänzung der Partikularrechte, wo diesen entsprechende Bestimmungen fehlen. Weil das auf diese Art festzustellende gemeine Recht zur Voraussetzung seiner selbst die Existenz von Partikularrecht habe und sich erst aus diesem herleite, will er es ein „hypothetisches gemeines Recht“ nennen.

[338] Carl Friedrich Eichhorn, Einleitung in das deutsche Privatrecht, Göttingen 1823, ab S. 114 ff.

Wächter, Carl Georg von [339]

In seinem Strafrechtslehrbuch von 1825[340] geht Carl Georg Wächter auf die Analogie ein und präsentiert zuerst den Unterschied zwischen der Gesetzes- und der Rechtsanalogie. Er beschreibt diesen Unterschied in der Anwendung:

„a. der Bestimmungen eines einzelnen Gesetzes auf nicht ausdrücklich entschiedene ähnliche Punkte wegen Gleichheit des gesetzlichen Grundes – Gesetzesanalogie;

b. der aus dem ganzen Geiste der positiven Gesetzgebung sich ergebenden Grundsätze auf nicht ausdrücklich entschiedene Punkte, die auch nicht einmal dem Grunde nach sich nach einem einzelnen Gesetze entscheiden lassen – Rechtsanalogie."

[339] Carl Georg von Wächter (1797 – 1880) lehrte zuerst 1819 in Tübingen, später von 1831 – 1835 in Leipzig, danach wieder in Tübingen und galt als Spezialist des Römischen Rechts, Württembergischen Privatrechts und später des Strafrechts. Wächter war in Württemberg maßgeblich an Kodifizierungsvorbereitungen beteiligt und wurde 1851 zum Präsidenten des Oberappellationsgerichtes nach Lübeck berufen und bekleidete fünfmal das Amt des Präsidenten des Deutschen Juristenvereins. Sein Vater Karl Eberhard war ebenfalls Jurist und fertigte 1811 in Württemberg als geheimer Regierungsrat einen vollständigen Entwurf eines württembergischen Strafgesetzbuches. Literatur zum jüngeren Wächter: Heinrich Dernburg, Carl Georg von Wächter, Vortrag gehalten in der juristischen Gesellschaft Berlins, Halle 1880; Ferdinand Elsener, Fünfhundert Jahre Tübinger Juristenfakultät, JZ 77, S. 618 f.; ders.: Der Jurist Carl Georg von Wächter (1797 – 1880), Sein Handbuch des im Königreiche Württemberg geltenden Privatrechts und seine Stellung zur Kodifikationenfrage, in: Beiträge zur Geschichte der Universität Tübingen 1477 – 1977, Hrsg.: Hansmartin Decker-Hauff u.a., Tübingen 1977, S. 471 ff.; ders.: Carl Georg von Wächter und die Bemühungen Württembergs um eine Vereinheitlichung des Privat- und Prozeßrechts in der Zeit des Deutschen Bundes, in: FS für Herman Bartl zum 60. Geburtstag, Hrsg.: K. Ebert, Innsbruck 1978, S. 193 ff.; Albrecht Gühring, Eine Zierde des schwäbischen Stammes, Der Jurist Karl Georg von Wächter in seiner Geburtsstadt Marbach am Neckar, Marbach 1998; Otto Häcker, Die parlamentarische Tätigkeit des Kanzlers Carl Georg von Wächter, Tübingen 1927; Eduard Hoelder, Worte der Erinnerung an Carl Georg von Wächter, Leipzig 1897; Lars Jungemann, Wächter (1797 – 1880) und das Strafrecht des 19. Jahrhunderts, Strafrechtliche Lehre und Wirkungsgeschichte, Berlin 1999; Eduard Kern, Karl Georg von Wächter, in: Schwäbische Lebensbilder, Bd. I, Hrsg.: Hermann Haering, Stuttgart 1940, S. 545 ff.; Bernd-Rüdiger Kern (Hrsg.), Zwischen Romanistik und Germanistik: Carl Georg von Wächter, Berlin 2000; Adolf Laufs, Das wirklich geltende, durch den allgemeinen Willen gesetzte Recht, Zur Rechtslehre Carl Georg von Wächters, in: Wirkungen Europäischer Rechtskultur, FS für Karl Kroeschell, Hrsg.: Gerhard Köbler u.a., München 1997, S. 617 ff.; Nikolaus Sandmann, Grundlagen und Einfluß der internationalprivatrechtlichen Lehre Carl Georg von Wächters, Münster 1979; Gottfried Schiemann, Zum Einfluß Carl Georg von Wächters auf die Entstehung des BGB, in: FS für Gerd Kleinheyer, Hrsg.: Franz Dorn und Jan Schröder, Heidelberg 2001, S. 419 ff.; Oskar von Wächter, Carl Georg von Wächter, Leben eines deutschen Juristen, Leipzig 1881; Bernhard Windscheid, Carl Georg v. Wächter, Leipzig 1880.

[340] Wächter, Carl Georg; Lehrbuch des römisch – teutschen Strafrechts I, Stuttgart 1825, § 41.

Wächter beruft sich diesbezüglich auf Grolman, der wohl als der erste deutschsprachige Autor gelten darf, der diese Unterscheidung traf. Da Wächter über das Strafrecht schreibt, führt er strafrechtsspezifische Fragen zur Gesetzesanalogie aus, die hier beleuchtet werden sollen. Hinsichtlich der Rechtsanalogie will Wächter die Fragen unterschieden wissen, ob die Rechtsanalogie überhaupt und ob sie im Strafrecht zulasten des Angeklagten zulässig sei. Die Zulässigkeit im Allgemeinen sei nicht zu bezweifeln, *„denn welche Entscheidungsnorm sollte man sonst haben? (...) Nur gehen hier manche in so ferne auf eine unbegreifliche Weise zu weit, als sie hier an die Stelle des Geistes der positiven Gesetzgebung die Criminalpolitik und das natürliche Strafrecht oder vielmehr ihre subjektiven Ansichten darüber setzen (...).“*[341]

In seinem 1842 erschienen Lehrbuch über das württembergische Privatrecht[342] steht Wächter schon am Ende der Entwicklung des Analogiebegriffes. Das Wesentliche hieran ist insbesondere seine Loslösung vom ungriffigen Naturrecht, die Aufstellung detaillierter Regeln für den Anwender, die Abgrenzung von Gesetzes- und Rechtsanalogie und die versuchte Abgrenzung der Gesetzesanalogie von der ausdehnenden Interpretation. Im einzelnen führt er Folgendes aus:

Der Bürger könne nur den positiven Gesetzen unterworfen sein. Geben diese keine Auskunft, dann müssten Entscheidungsnormen deswegen im und aus dem Geiste des positiven Rechts gebildet werden. Die für ihn vorrangige Gesetzesanalogie umschreibt Wächter wie folgt: Die Gesetzesanalogie sei die *„Entscheidung des übergangenen, unentschiedenen Falles nach einem Gesetze, welches einen ähnlichen Fall entschied, wenn und weil die Gründe der gesetzlichen Entscheidung (rationes legis) auf den unentschiedenen Fall vollkommen passen.*

Durch die Anwendung dieser Gesetzesanalogie – welche mit der ausdehnenden Auslegung der Gesetze nicht zu verwechseln ist (*)– werden die Lücken der Gesetze wahrhaft im Geiste des bestehenden Rechts ergänzt. Denn wenn dieselben Gründe, welche den Inhalt eines Gesetzes bestimmen, auf einen verwandten, in den Gesetzen übergangenen, Fall vollkommen Anwendung leiden: so muss vorausgesetzt werden, dass das Gesetz diesen Fall auf die gleiche Weise entschieden haben würde, wenn es an denselben gedacht hätte. (...)

(*) in der Fußnote:

> *„Allerdings wird bei der Analogie ein Gesetz nach seinem Grunde auf übergangene Fälle a u s g e d e h n t, und deshalb rechnen sehr viele die Analogie zur ausdehnenden Auslegung der Gesetze. Allein mit Unrecht. Im weiteren Sinne von interpretatio (...) gehört allerdings auch die Anwendung der Analogie zur interpretatio. Zur Gesetzesauslegung a-*

---

[341] Wächter, Lehrbuch, Bd. I, § 41.
[342] Wächter, Handbuch des im Königreiche Württemberg geltenden Privatrechts, 2. Bd., Stuttgart 1842, § 13, S. 54 ff.

ber (interpretatio i.e.S.) gehört blos die Entwicklung des Sinns, der wirklich im Gesetze liegt, dessen, was das Gesetz wollte oder dachte. Wer aber das Letztere, wie es die Meisten thun, zugibt, darf die Analogie nicht zur Auslegung zählen. Denn bei der Analogie will man ja eine Entscheidung für Fragen und Fälle finden, an die das Gesetz n i c h t dachte, welche vom positiven Recht übergangen sind. Sie ist lediglich eine Ergänzung der Lücken der Gesetze nach dem, was diese für andere, verwandte, Fälle bestimmten. Deshalb stützt sie sich auch auf andere Regeln, als die Auslegung. Wirft man sie aber mit der Auslegung zusammen: so kommt man leicht dazu, die Regeln der Auslegung und der Analogie irriger Weise zu vermischen..."

Bei der näheren Bestimmung der Grundsätze über Analogie kommt es besonders auf die richtige Beziehung des mehrdeutigen Ausdrucks: Grund des Gesetzes, ratio legis, an."

Bezuglich der Ratio sei Folgendes zu beachten:

a) Die nächste, äußere, historische Veranlassung des Gesetzes könne nicht Quelle der Ratio legis sein, da diese zufällig sei und allenfalls der Auslegung dienen könnte.

b) Der Nützlichkeits- und Zweckmäßigkeitsgrund als der Zweck des Gesetzes könnte auch nicht allein ausreichen, denn dass der Gesetzgeber für bestimmte Fälle ein bestimmtes Mittel für zweckmäßig hielt, lässt noch nicht den Schluss zu, dass er dies auch für ein verwandtes Verhältnis so tun würde.

c) Die Grundlage der Analogie folge aber aus dem rechtlichen Gedanken, dem juristischen Motiv, welcher dem Gesetze zugrunde liege, und der mit Rücksicht auf die Natur des zu bestimmenden Verhältnisses die besondere Art und Weise der gesetzlichen Entscheidung bestimmte Rechtsgrund. *„Dieser Rechtsgrund muss zur analogen Anwendung des Gesetzes bestimmen. Denn wenn derselbe rechtliche Gedanke, der den Inhalt einer gesetzlichen Entscheidung bestimmte, auf verwandte Fälle Anwendung leidet, und dabei der Zweck des Gesetzes dieser Anwendung nicht widerspricht: so ist es gewiß der dem Gesetze zu Grunde liegende rechtlichen Ansicht gemäß, jene Fälle ebenso zu entscheiden."*[343]

Sodann stellt Wächter einen Regelkatalog auf, der die Voraussetzungen der Gesetzesanalogie beschreibt:

1. Die äußere historische Veranlassung und der Zweck des Gesetzes müssten auf den übergangenen Fall gleichermaßen vollkommen zutreffen.

2. Hierzu müsste der zu entscheidende Fall die wesentlichen Merkmale des entschiedenen in sich tragen.

3. Sind die Gründe des Gesetzes nicht mit Bestimmtheit zu ermitteln, müsse Analogie ausgeschlossen bleiben.

---

[343] Wächter, Handbuch, a.a.O., S. 56.

4. Da die Analogie sich auf den vermuteten Willen des Gesetzgebers stützt, muss sie unterbleiben, wo der Gesetzgeber die Anwendung auf die geregelten Fälle beschränkt wissen wolle.

5. Analogie sei nur Aushilfe, so dass sie in Bezug auf eine Norm ausgeschlossen sei, wenn eine andere zu dem konkreten Rechtsverhältnis etwas bestimmt.

6. Ausnahmerecht sei nicht analogiefähig.

7. Neben der Analogie seien auch die folgenden Regeln zu beachten:

- a majore ad minus,
- a minore ad majus,
- Berechtigung zum Zweck berechtigt auch zu den erforderlichen Mitteln und
- Untersagung eines Zwecks heißt auch Untersagung der hierfür bestimmten Mittel.

Zur Rechtsanalogie schreibt Wächter dann weiter,[344] dass diese ggü. der Gesetzesanalogie subsidiär sei und dem Wesen nach eine Rechtsfindung aus *„der positiv-rechtlichen Natur der Sache und dem Geiste des positiven Rechts überhaupt und den demselben zu Grunde liegenden Prinzipien"* sei. Hierbei sei das Recht nur aus sich selbst heraus zu ergänzen, nicht aus Naturrecht.

Die Billigkeit könne und dürfe nicht Maßstab der Rechtsanalogie sein. Auch wenn das römische Recht oder ältere deutsche Gesetze so weit gingen, dass sie es dem Richter erlaubten, aus Billigkeitsgründen positives Recht zu dispensieren, so sei dies eine unzulässige Beimischung von Naturrecht, wenn man unter Billigkeit das versteht, was den natürlichen Regeln der Gerechtigkeit angemessen sei, insbesondere zur Ausgleichung von Härten und Missverhältnissen. Darüber hinaus komme die Besserung des positiven Rechts alleine der Staatsgewalt, nicht aber dem Richter zu.

Wenn man unter Billigkeit gerade als Gegenteil des Rechts höhere Prinzipien der Moral verstehe, dann könne dies nicht Instrument des Richters sein, da dieser nach Recht zu urteilen habe. Anders verhalte es sich mit der Billigkeit als aequitas verstanden.

„Die Billigkeit im älteren deutschen Sinne bezeichnete keinen Gegensatz zum Rechte, sondern das dem wahren Rechte Entsprechende, und zwar, wie die aequitas den Römern, des den wahren Principien der, alle Verhältnisse gehörig beachtenden, Gerechtigkeit Angemessene, besonders die gerechte Entscheidung concreter Verhältnisse und mit Vermeidung ungerechter Härte Jedem das nach den Grundsätzen der Gerechtigkeit ihm Gebührende gewährt wird."[345]

Diese Billigkeit diene der Berücksichtigung von Individualitäten und dem Ausgleich von Härten, da das Gesetz aufgrund der notwendigen Festigkeit hierauf keine Rücksicht nehmen könne. Die praktische Bedeutung dieser aequitas sei:

---

[344] Wächter, Handbuch, a.a.O., ab § 14, S. 60.
[345] Wächter, Handbuch, a.a.O., § 14, S. 60.

1. Der Richter habe nicht aus Naturrecht oder subjektiven Ansichten zu urteilen, sondern aus den den positiven Regeln zugrunde liegenden Prinzipien, die aequitas sei für ihn ausschließlich aus dem positiven Rechte abzuleiten, eben der Analogie des positiven Rechts.

2. Diese Analogie ist subsidiär zu den positiven Regeln und der Analogie eines Gesetzes.

3. Sieht ein Gesetz eine Entscheidung nach dem Ermessen vor, so müsse der Richter nach eben diesen Grundsätzen entscheiden.

4. Der Richter habe generell alle Entscheidungen einer Billigkeitskontrolle zu unterziehen und dürfe nicht am strikten Wortlaut des Gesetzes hängen, wobei ihm allerdings eine Abmilderung eines strengen Gesetzes aus Billigkeitserwägungen verwehrt bleibe, da er sich über den Willen des Gesetzgebers nie hinwegsetzen dürfe.

An Wächters Ausführungen scheint entscheidend, dass er detaillierte Regeln für die Analogie aufstellt, diese zur extensiven Auslegung abgrenzt und auf ein gemeines deutsches Privatrecht jedenfalls in den hier betrachteten Quellen gar nicht eingeht. Wenigstens in seinem Buch über das württembergische Privatrecht wäre ein Eingehen auf ein etwaiges gemeines deutsches Privatrecht aber geboten gewesen, wenn es ein solches nach Wächters Ansicht gäbe. Dies bringt zum Ausdruck, dass das Recht für ihn nur noch aus sich selbst heraus im Wege der Analogie oder der Auslegung zu ergänzen ist. -

Savigny, Friedrich Carl von[346]

In seinem System des heutigen römischen Rechts[347] aus dem Jahre 1840 geht Savigny kurz auf die Analogie ein. Hier stellt er fest, dass die Vollständigkeit des Rechts ebenso wichtig sei, wie dessen Einheit und Widerspruchsfreiheit, was die Analogie erforderlich mache. Die subsidiäre Anwendung eines „Normalrechts" (Naturrechts) verwirft er und befürwortet die Ergänzung des positiven Rechts allein aus sich selbst heraus. Das Verhältnis der so gefundenen Rechtssätze zu den positiven nennt er Analogie, die in zwei Stufen vorkomme,

[346] Friedrich Carl von Savigny, 1779 – 1861, stammt aus Frankfurt, studierte in Marburg, wo er 1800 promovierte und seine Lehrtätigkeit begann. Nach einer Studienreise lehrte er ab 1808 in Landshut und ab 1810 in Berlin. 1814 erschien das Buch Vom Beruf unserer Zeit für die Gesetzgebung und Rechtswissenschaft, 1815 der erste Band der von Savigny mitherausgegebenen Zeitschrift für geschichtliche Rechtswissenschaft. Wegen beider schreibt man Savigny die Gründung der historischen Rechtsschule zu. 1842 wird Savigny zum Staats- und Justizminister ernannt. Seinem Ministerium entspringen 1848 die Wechselordnung und 1851 das preußische Strafgesetzbuch. Genaueres und weiterführende Literaturhinweise, vgl. Kleinheyer / Schröder, Juristen aus 5 Jahrhunderten, S. 239 ff.

[347] Savigny, System des heutigen Römischen Rechts, 1. Bd., Berlin 1840, S. 290 ff.

a) wenn ein ganz neues Rechtsverhältnis erscheint, für das es noch keine Regeln gibt. Hier wird es nach seiner inneren Verwandtschaft zu einem geregelten Rechtsverhältnis gelöst.

b) wenn in einem bekannten Rechtsinstitut nur eine neue Rechtsfrage auftaucht. Diese wird aufgrund ihrer inneren Verwandtschaft ebenfalls nach den Regeln dieses Rechtsinstituts gelöst werden müssen.

Eine Abgrenzung zur ausdehnenden Interpretation nimmt Savigny hier allerdings nicht vor. Letztere komme vor, wenn der Wortlaut des Gesetzes vom hinter dem Gesetz stehenden Gedanken abweicht, je nach Abweichung als ausdehnende oder einschränkende Auslegung.[348] Die Analogie hingegen diene der Lückenfüllung.

Eine Abgrenzung von Analogie und Auslegung findet sich jedoch in Vorlesungsnotizen Savignys über Methodologie aus dem Jahre 1809.[349] Die extensive Auslegung folge der Annahme, ein Fall sei in einem Gesetz bereits mitentschieden. Hierzu seien Richter und Juristen nicht befugt, wenn logische, grammatikalische, historische und systematische Auslegung nicht weiter helfen. Anders die Analogie, welche die Gesetzgebung aus sich selbst heraus ergänze und davon ausgeht, dass ein Fall versehentlich nicht miterfasst sei, man ihn aber so entscheiden müsse, wie es ein Gesetz für einen anderen Fall vorsehe, indem man aus den Gesetzen eine höhere Regel ableite, aus welcher der Fall entschieden werden kann.[350] Die Befugnis zur Analogie ergebe sich im Gegensatz zur extensiven Auslegung somit nicht aus dem Gesetz selbst, sondern aus der Rechtsgewährungspflicht des Richters.

Gerber, Carl Friedrich Wilhelm von[351]

In der Wissenschaft vom gemeinen deutschen Privatrecht hat Carl Friedrich Gerbers Schrift „*Das wissenschaftliche Prinzip des gemeinen deutschen Privatrechts*" von 1846 Epoche gemacht und markiert zugleich einen Endpunkt des Diskurses über die richtige Methode.[352] Seine hierin getroffenen Ausführungen gehen in eine neue Richtung, weil er sich bewusst von allen bisherigen Meinungen distanziert. Er will allein aus den positiven Quellen schöpfen und trennt vom gegenwärtigen deutschen Rechtsbewusstsein strikt die Tatsachen der

[348] Savigny, System des heutigen Römischen Rechts, 1. Bd., Berlin 1840, § 37, S. 230 ff.

[349] Savigny, Vorlesungen über juristische Methodologie, 1802- 1842, Hrsg.: Aldo Mazzacane, in: IUS COMMUNE Sonderhefte, Studien zur Europäischen Rechtsgeschichte Bd. 63, Frankfurt 1993.

[350] Savigny, Vorlesungen, a.a.O., S. 141 f, 159 f.

[351] Carl Friedrich Wilhelm von Gerber, 1823 – 1891, lehrte in Jena, Erlangen, seit 1851 als Nachfolger Wächters in Tübingen und ab 1863 in Leipzig. Er war beeinflusst von Georg Friedrich Puchta und Mittermaier; vgl. Stintzing-Landberg, Abt. 3, Hb. 2, S. 334.

[352] Carl Friedrich Wilhelm von Gerber, Das wissenschaftliche Prinzip des gemeinen deutschen Privatrechts, Jena 1846, § 10, S. 235 ff.

Rechtsgeschichte.[353] Zunächst betont er, dass es seiner Überzeugung nach bereits im Mittelalter ein tatsächliches gemeines deutsches Recht gegeben habe. Dieses existierte in Form einer gemeinen Rechtsüberzeugung, die dadurch bewiesen werde, dass sich die Spiegel, die nichts anderes als aufgeschriebenes Gewohnheitsrecht waren, rasch und weit verbreiteten. Hierbei handelte es sich um urdeutsches gemeines Recht, das erst durch die Rezeption des römischen Rechts verwässert worden sei. Das Besondere am deutschen Recht, und dem müsste bei einer Untersuchung Rechnung getragen werden, sei, dass es nicht ein vom Staat geschaffenes Recht sei, wie beispielsweise das römische Recht, bei dem man dem Gesetzgeber die Einhaltung eines Prinzips unterstellen könnte, sondern ein langsam gewachsenes Volksrecht, bei dem man nicht am Buchstaben hängen dürfe, sondern auf das dem Recht zugrundeliegende Motiv schauen müsse. Das heute geltende Recht sei dabei nur Produkt der Geschichte, nicht aber Endprodukt, denn was heute gilt, könne morgen schon der Geschichte anheim fallen. Man müsse das Recht folglich als ein sich permanent weiterentwickelndes System begreifen.

Hierbei stelle sich die Frage, welche Bedeutung der Blick in die Geschichte überhaupt habe, wenn man das heutige Recht erfassen wolle. Aber die Trennung von Dogmatik und Geschichte sei aufgrund der Natur des deutschen Rechts nicht möglich. Die Methode sowie den materiellen Charakter könne man nicht durch mageres Betrachten der Oberfläche, also der Gegenwart, als eines einzelnen unerklärten isolierten Momentes erbringen, sondern nur durch die Betrachtung der Geschichte, welche den Stoff von seinem Entstehen an durch alle Stadien seiner Entwicklung verfolge und in seinem tiefsten Moment erkennen lehre. Das heutige Stadium des Rechts sei nichts anderes als das letzte Faktum der Geschichte.[354]

Das Partikularrecht stellt sich für Gerber nicht als ein System unterschiedlicher Rechtskreise dar, sondern vielmehr als ein zufällig durchschnittenes Ganzes, das nicht materiell inhaltlich seine Grenzen an der Landesgrenze habe, sondern nur hinsichtlich der territorialen Geltung, die aber rein zufällig sei, was die Geschichte der Entstehung der Territorien zeige.[355]

Dieses Vorgehen ermögliche auch bei partikularer Divergenz, das Recht in seiner gegenwärtigen Erscheinungsform aus der erkennbaren Grundlage des Rechts in seiner allgemeinen Entwicklung zu ermitteln. Das Ziel dieses Vorgehens müsse aber die Aussage über den heutigen Zustand des Recht sein. *Das heutige gemeine deutsche Privatrecht muß deshalb nach seiner wissenschaftlichen Na-*

[353] Kroeschell, Zielsetzung und Arbeitsweise, a.a.O., S. 261 ff.
[354] Gerber, a.a.O., S. 268.
[355] Gerber, a.a.O., S. 282 f.

tur aufgefasst werden, als die Darstellung der gegenwärtigen Aeußerungen der Rechtsüberzeugung des deutschen Volkes auf dem Gebiete des Privatrechts."[356]

Diese durch historische Betrachtung ermittelte Äußerung der gegenwärtigen Rechtsüberzeugung sei dann aber keiner Anwendung im Sinne eines Rechtes fähig, weder direkt noch hypothetisch. Ebenso wenig wie die Erkenntnisse der Rechtsgeschichte allein einen geltenden Codex produzieren könnten, könne die Betrachtung des aktuellen Rechtszustandes als Endpunkt der Geschichte Recht schaffen, da es sich nur um theoretischen Stoff handele, der aus dem geltenden Recht gewonnen werde.[357] Der Richter könne die Früchte einer so vorgehenden Wissenschaft nicht verwenden, da sie kein anwendbares Recht produziere.

Der praktische Nutzen liege aber in der Erläuterung der Partikularrechte, die auf gemeinsame Grundsätze zurückgingen.[358] Dies sei jedoch nur zufälliger Nutzen und nicht Zweck einer Wissenschaft vom deutsche Privatrechte. Was der wahre Nutzen einer derartigen Wissenschaft sei, versucht Gerber leider gar nicht erst in klaren Worten auszusprechen, sondern verliert sich in undurchsichtigen Andeutungen und spricht die folgenden Punkte an:[359]

- nationale Gemeinschaft durch gemeinsame geistige Güter und gemeine Rechtsüberzeugung, die die nationale Einigung fördern könnte,
- die schöpferische Kraft zur Gesetzgebung sei auch noch nicht verbraucht (die Wirksamkeit des deutschen Bundes sei in dieser Beziehung nicht ohne alle Bedeutung),
- Entstehung eines neuen Rechtsbewusstseins des deutschen Volkes.

Der Hauptzweck liege aber, und auch da bleibt Gerber etwas nebulös, „*in der gerechten Forderung eines Volkes, seine geistigen Errungenschaft, so wie überhaupt, so hier insbesondere auf dem Gebiete des Rechtes, durch wissenschaftliche Bearbeitung zum Bewusstsein der Volksglieder gebracht zu sehen. (...) Es ist somit das lebendige Organ zur Erkenntnis der allgemeinen Richtungen des gegenwärtigen deutschen Rechtsbewusstseins, und vermittelt durch die receptive Thätigkeit seiner Bearbeiter im engen Anschluß an die fortschreitende Entwicklung der allgemeinen deutschen Rechtsüberzeugung die Kenntnis aller der Rechtserzeugnisse, welche noch nicht aus dem Volksgeiste geschieden sind, um als abgestorbene Thatsachen der Rechtsgeschichte überantwortet zu werden.*"[360]

---

356 Gerber, a.a.O., S. 269.
357 Gerber, a.a.O., S. 272 f.
358 Gerber, a.a.O., S. 286.
359 Gerber, a.a.O., ab S. 288 ff.
360 Gerber, a.a.O., S. 292.

Am Schluss stellt er klar, dass der wesentliche Unterschied zwischen ihm und Eichhorn der sei, dass Eichhorn nur das mittelalterliche Recht anschaue und ein tatsächliches gemeines Recht annehme, während er die ganze Geschichte betrachten wolle und die Anwendbarkeit der so gewonnenen Erkenntnisse bestreite. Das Entscheidende aber scheint, dass Gerber nicht mehr ein Recht finden will, sondern alles darauf reduziert, ein **Rechtsbewusstsein** nachzuweisen, das, und da macht er nur Andeutungen, vielleicht einmal in Recht gegossen werden könnte.

An dieser Stelle soll die Darstellung der Analogie und der Ausführungen zum gemeinen dt. Privatrecht abgebrochen und einer Bewertung zugeführt werden. Bewusst wird gesagt abgebrochen und nicht abgeschlossen, denn es konnte nur ein Bruchteil der relevanten Literatur gesichtet werden, jedoch scheint es sich mit weiteren Beispielen wie mit Fußnoten zu verhalten. Sie wären mühelos zu vermehren, brächten jedoch keinen zusätzlichen Gewinn. Einen repräsentativen Querschnitt werden die dargestellten Schriften bieten, so dass weitere Literatur unberücksichtigt bleiben soll.

D. Bewertung dieser Quellen

I. Das gemeine deutsche Privatrecht

1. Quellen des gemeinen deutschen Privatrechts im Überblick

Die Meinungen der Gelehrten gingen zunächst schon in Bezug auf die Quellen eines gemeinen Privatrechts auseinander. Es lassen sich aber zwei verschiedene Hauptrichtungen feststellen, die sich entweder auf eine bestimmte der sogleich darzustellenden Quellen festlegten oder aber alle Quellen parallel heranziehen wollten. Hierbei sei angemerkt, dass die tonangebenden Schriften in der Frage des gemeinen Privatrechts nur wenige waren, denen sich viele andere mehr oder weniger anschlossen. Prägenden Charakter hinsichtlich der Methodik hatten für die rechtswissenschaftliche Literatur jedenfalls in dem betrachteten Zeitraum vor Ende des Reichs überwiegend Pütter, Tafinger, Runde und Hufeland, danach Mittermaier, Eichhorn, Wächter und Gerber, auf welche man sich immer wieder bezog. Welche Wirkung die späten Quellen wie Wächter oder Gerber auf die Wissenschaft nach ihnen zeigten, kann nicht festgestellt werden, ohne wiederum die Literatur zeitlich nach diesen zu untersuchen, was hier aber nicht geleistet werden soll. Das Substrat, aus dem das gemeine deutsche Privatrecht nach Meinung der benannten Autoren gefolgert werden soll, lässt sich wie folgt charakterisieren.

a) Erste Quelle sollte naheliegenderweise das **positive geltende Recht** selbst sein. Hierunter fiel eine geradezu unüberschaubare Menge von Quellen, beispielsweise das deutsche Reichsrecht, die Landesrechte, Stadtrechte, Weichbilder, Sonderrechte einzelner Gruppen, wie die des Adels, der Ritterschaft oder der Bauern, und das deutsche Gewohnheitsrecht.[361] Diese Rechtsquellengruppe war allerdings auf das aktuell geltende Recht beschränkt, da die Frage des Quellencharakters alter Rechte wiederum umstritten war. Die Meinung, die ausschließlich auf das aktuelle Positive abstellen wollte, argumentierte derart, dass es ja auch darum ginge, ein aktuelles gemeines Recht zu finden und nicht ein historisches, das keine Geltung mehr beanspruchen kann.

b) Eine hierüber hinaus gehende Meinung, die die Betrachtung der aktuellen positiven Quellen für notwendig aber nicht für hinreichend hielt, wollte auch die **historischen Rechtsquellen** zusätzlich in die Betrachtung miteinbeziehen, womit in erster Linie die Rechtsspiegel gemeint waren, denn für die Zeit vor ihnen hatte man keine überlieferten Quellen, wenn man von den alten Volksrechten und Kapitularien einmal absieht. Neben den Spiegeln sollte aber auch die Ent-

---

[361] Beispielsweise das Wesen der Erbverträge oder die Aufhebung der väterlichen Gewalt bei Gründung eines eigenen Hausstandes, vgl. Wächter, Gemeines Recht Deutschlands, S. 188.

wicklung der statutarischen Rechte und das bestehende deutsche Gewohnheitsrecht auf das Genaueste betrachtet werden, insbesondere deren Veränderung durch die Rezeption des römischen Rechts, denn wenn man eine Veränderung wahrnehmen könnte, dann bräuchte man diese - also das rezipierte Recht - vom aktuellen Recht quasi nur zu subtrahieren, um die Statuten in ihrer reinsten deutschen Form zu finden, woraus man dann wiederum ein gemeines Recht schlussfolgern wollte.

c) Eine dritte Quelle sollte über das positive Recht hinaus gehen, indem aus den positiven Quellen **allgemeinere Schlüsse** induziert werden. Diese Schlüsse selbst wurden teilweise als die wichtigste Quelle angesehen, da die positiven Normen aufgrund ihrer großen Verschiedenheit als Material alleine nicht für ausreichend erachtet wurden. Das positive Recht selbst sei nämlich viel zu zufällig, nicht jedoch die seiner Anwendung und Entstehung zugrundeliegenden allgemeinen Prinzipien, Motive des Gesetzgebers und Rechtsauffassungen.

d) Eine in die ähnliche Richtung gehende, aber ebenso unfassbare Quelle ist diejenige Rundes, welche er als **Natur der Sache** bezeichnet.

„...und was in Ermangelung solcher positiven gemeinen deutschen Rechte aus der Natur der Sache, oder eines des Deutschen eigenen, durch Gesetze, Gewohnheit oder Vertrag unter Privatpersonen anerkannten Rechtsinstituts, richtig gefolgert werden kann, ist ebenfalls so gemein gültig und geltend, als die gesunde Vernunft; und hat bey Entscheidungen, wie andere Grundsätze eines hypothetischen Vernunftrechts, in jedem Falle Anwendung, wo es an positiven Bestimmungen fehlt.“[362]

Bereits oben wurde gesagt, dass die N.d.S. nicht wirklich als Rechtsquelle angesehen werden kann, da sie nicht eine Quelle, sondern eine bestimmte Art der Argumentation darstellt, die ergebnisorientiert ist und dem Gerechtigkeitsgefühl und der Billigkeit entspringt. Diese wiederum hatten ihre Grundlage in der Vernunft. Die N.d.S. beschreibt somit eine Methode, nicht eine Quelle, auf die unten noch näher eingegangen werden soll. Die eigentliche Quelle der Rechtsfindung nach dieser Methode ist allein das Gerechtigkeitsgefühl des Rechtsanwenders.[363]

---

362 Runde, Grundsätze, § 80, S. 72.

363 Zu diesem Ergebnis kommt bereits C.J.A. Mittermaier, Grundsätze des gemeinen deutschen Privatrechts, Landshut 1824, S. 11, Anm.5: *„Wer freilich Natur der Sache nennt, was er durch Schlüsse der gesunden Vernunft gefunden zu haben glaubt, macht seine individuellen Ansichten zum positiven Rechte.“* Nach den Ausführungen in diesem Buch lehnt Mittermaier die Natur der Sache aber nicht grundsätzlich ab, sondern will sie empirisch-historisch ermitteln, und nicht auf dem Wege der Abstraktion.

2. Methoden der Rechtsfindung anhand dieser Quellen

In Bezug auf die oben noch grob skizzierten Quellen lassen sich wiederum verschiedene Methoden unterscheiden, nach denen sich die Meinungen gruppieren lassen. Dabei gibt es allein unter denjenigen, die in erster Linie auf die positiven Quellen abstellen wollen, drei streitige Hauptlinien hinsichtlich der auf diese Quellen anzuwendenden Methode.

Einerseits gab es verschiedene Meinungen, ob die statutarischen positiven Quellen übereinstimmen müssten oder ob bloße Ähnlichkeit ausreicht.

Anderseits war umstritten, ob eine historische Betrachtung hinzugezogen werden müsste.

Des Weiteren war umstritten, ob man nicht nur aus dem positiven Recht, sondern zusätzlich aus allgemeineren hieraus zu folgernden Grundsätzen schließen sollte.

Die Entwicklung der Meinungen scheint hierbei derart verlaufen zu sein, dass man ausgehend von Pütter zuerst alle oben benannten Quellen kumulativ heranzog, schließlich sich nach und nach Abneigungen gegen die eine oder andere Quelle bildeten, bis schließlich nach 1806 auch streitig wurde, ob es noch als Gewohnheitsrecht fortgeltendes Reichsrecht gab, das als Quelle noch herangezogen werden könnte.

a) Reichsrecht

Für Thibaut wurde das gemeine Privatrecht allein aus den privatrechtlichen Reichsgesetzen gebildet.[364] Alle anderen Autoren, die ein real existierendes gemeines Recht annahmen, waren sich vor 1806 dagegen darin einig, dass die wenn auch knappen, aber doch vorhandenen Quellen des Reichsrechts, soweit sie Privatrecht zum Inhalt hatten, zwar gemeines deutsches Privatrecht ausmachten, das gemeine Privatrecht entgegen Thibaut sich aber nicht in den reichsrechtlichen Bestimmungen erschöpfte.[365] Dies ist keine besondere Erkenntnis, sondern folgt schon aus der Definition. Reichsrecht kann nämlich, wie Runde es betont, einerseits zwar sachlich als lex generalis gegenüber der lex specialis allgemein sein, andererseits territorial als universales Recht gegenüber dem partikularen. Das Reichsrecht kann somit als territorial gemeines Recht Gegenstand des gemeinen deutschen Rechts sein, ein gemeines deutsches Recht erschöpft sich aber nicht hierin. Dass die Annahme eines gemeinen deutschen Privatrechts allein über das Reichsrecht zu Begründungsschwierigkeiten nach 1806 führte, versteht sich von selbst. Bei Mittermaier und Eichhorn taucht das

---

[364] Anton just. Friedr. Thibaut, Juristische Encyclopädie und Methodologie, Altona 1797, § 45, S. 63.

[365] vgl. z.B. Estor, Grundsäze des Teutschen Rechts, Marburg, 1757, I. Hauptstück, § 30. S. 12 ff.; Runde, Grundsätze, § 41, S. 43; § 80, S. 72; Hufeland, Beyträge, S. 75.

Reichsrecht deswegen als Quelle gar nicht mehr auf. Wächter hingegen will es noch als Quelle sehen, soweit es durch Gewohnheit in einzelnen Ländern fortgalt. Dann aber war es freilich formell kein Reichsrecht mehr, sondern seiner Geltung nach auf partikulare Ebene herabgesunken.[366] Bereits vor 1806 wollte Hufeland das Reichsrecht schon nicht mehr als hinreichende Quelle für ein gemeines deutsches Privatrecht im juristischen Sinne akzeptieren, wenn es auch zweifelsohne gemeines Recht sei, s.o., da es zu spärlich sei, es ein Reichsgewohnheitsrecht nicht gegeben habe und das allgemeine Recht im historischen Sinne in erster Linie den Statuten und der Natur der Sache entspringe.

Tafinger bringt in seinem Buch von 1808[367] am besten zum Ausdruck, dass er wie auch Pütter und Hufeland nur ein jus universale in hypothesi annimmt, wie oben dargestellt wurde. Logische Konsequenz dessen ist, dass für ihn wie für die übrigen „Analogisten"[368] das Reichsrecht keine Quelle oder gar Bestandteil desselben ist. Allerdings könne das gemeine Recht quasi zufälligerweise doch zur Anwendung gelangen, nämlich dann, wenn das Reichsrecht Bestandteile des gemeinen Rechts enthielte.[369] Dies bedeutet, dass das Reichsrecht nicht Bestandteil des gemeinen Rechts ist, das Reichsrecht aber Teile des gemeinen Rechts positiviert haben kann.

[366] Wächter, gemeines Recht Deutschlands, S. 205.
[367] Tafinger, Rechtswissenschaft nach neuester Zeit, S. 137 ff., s.o.
[368] Danz benutzt die Begriffe „hypothetisch" und „analogisch" synonym, vgl., Danz, Handbuch des heutigen dt. PrivatR, Stuttgart 1800.
[369] Tafinger, Analogie, Band 1, 1787, S. 167.

b) Übereinstimmung / Ähnlichkeit der positiven Statuten

Pütter gilt bekanntermaßen als der erste, der in seinen Elementa juris Germanici von 1748 Ausführungen zur praktischen Findung eines gemeinen Rechts auf Basis der Partikularrechte machte. Hier führte er aus, dass das Reichsrecht doch zu mager sei, um daraus ein gemeines deutsches Recht zu folgern und wandte sich deswegen dem Partikularrecht zu. In dem eben benannten Buch stellte er dabei noch auf die ***tatsächliche Übereinstimmung*** der Partikularrechte ab, was er allerdings nur deshalb konnte, weil sein Werk lediglich eine Methode liefern wollte und nicht den Versuch unternahm, diese Methode auch umzusetzen.[370] In seinen späteren Werken erkannte Pütter den Mangel seiner Methode, der darin lag, dass es tatsächlich zu wenig Übereinstimmungen gab, und nahm von ihr Abstand, indem er dazu überging, lediglich auf ***Ähnlichkeiten*** oder auf die aus den Partikularrechten gefolgerten Grundsätze abzustellen.[371]

Der ältere Runde setzte den Statuten als Quelle, obwohl er diese prinzipiell als solche anerkannte,[372] das Argument entgegen, dass das, was in 99 Ländern bestimmt sei im 100. Land keinesfalls rechtens sein müsste. Es wäre also eine Torheit, aus den faktisch nur partiellen Übereinstimmungen einen allgemeinen Klagegrund zu schaffen. Ferner müssten die einzelnen Statuten zu Hunderten aufgeführt und untersucht werden, was schlicht nicht möglich sei.[373] Sein Sohn schlug hingegen vordergründig zunächst andere Töne ein und sah in den allgemeinen Landesordnungen die wichtigste Quelle für ein gemeines Recht, was wiederum daran liegen könnte, dass formal reichsrechtliche Quellen zu diesem Zeitpunkt nicht mehr existent waren.[374] Andererseits führte er ganz seinem Vater gemäß aus den von diesem genannten Gründen auch aus, dass ein Abstellen auf die Übereinstimmung der Landesordnungen „unthunlich" sei.[375]

Die von Hufeland beschriebene und oben dargestellte Unterscheidung von gemeinem und allgemeinen Recht, bzw. einem gemeinen Recht im juristischen oder historischen Sinne führt dazu, dass dieser die partikularen Rechte durchaus als Quellen anerkannte, allerdings nur für ein allgemeines Recht im historischen Sinne, wie oben dargestellt. Sein entscheidendes Argument gegen die Annahme eines tatsächlichen gemeinen Rechts war die Annahme, dass die partikularen Rechte bloß zufällig seien, eine große Übereinstimmung nicht festzustellen wäre und dass ein gemeines Recht nur sein könnte, was seiner Rechtsnatur schon per se ein solches ist.

---

370 Vgl. hierzu Gerber, Das wissenschaftliche Prinzip, S. 40.
371 S.o. Pütter, Beyträge II, a.a.O.
372 Justus Friedrich Runde, Grundsätze, 1791, § 40.
373 Justus Friedrich Runde, Grundsätze, 1791, Vorrede, S. 9.
374 Christian Ludwig Runde, Grundsätze, 1821, § 42, S. 44.
375 Christian Ludwig Runde, Grundsätze, 1821, § 81, S. 75.

Danz wiederum legte sich gar nicht fest, sondern sagte, dass man auch auf die Rechte achten müsste, welche teils durch ganz Deutschland, teils nur in gewissen Gegenden und Orten befolgt würden. Somit kam es ihm auf eine vollständige Übereinstimmung nicht an.[376]

Recht prägnante Einwände hat Feuerbach gegen das Abstellen auf Übereinstimmungen der Statuten. Die Territorialrechte könnten nicht selbst Quelle eines gemeinen deutschen Privatrechts sein, da eine Abstraktion aus selbigen willkürlich bleiben müsste, sobald die Quellen sich widersprächen. Ein hieraus gebildeter angeblicher Rechtssatz könne auch in keinem Teil von Deutschland angewendet werden und gelte nur dort, wo man seiner nicht bedarf, denn wenn das Territorialrecht diesen Rechtssatz enthält, dann gehe dieser jenem vor und enthält es ihn nicht, dann kann der allgemeine Rechtssatz keine Geltung beanspruchen, nur weil er in dem Recht eines anderen Landes verankert ist.[377]

Auch für Tafinger kommt es weder allein noch vorrangig auf die Übereinstimmung der Statuten an, da deren Unzulänglichkeit gerade die Notwendigkeit eines gemeinen Rechts begründet. Wenn man aber auf die Gemeinsamkeiten der meisten Quellen abstellte, weil dies augenscheinlich der kürzeste Weg sei, wäre es eine reine Unterstellung, dass gerade diese und nicht die abweichende Minderheit die Wahrheit in sich trägt. Dies will Tafinger nicht als die richtige Methode akzeptieren, da es keinen Beweis dafür gebe, dass die Mehrheit der Regeln wahr ist, diese Annahme also eine reine Vermutung wäre. Auch die Übereinstimmung der meisten Quellen ist folglich für Tafinger kein geeigneter Ansatzpunkt.[378] Die Übereinstimmung der Statuten stellte dort, wo sie festgestellt werden könnte, nur ein „jus germanicum universale improprium“ dar, das zwar allgemein, aber nicht ganz allgemein ist, und nur auf der Übereinstimmung der meisten Quellen beruht.[379] Auf die Übereinstimmung der Statuten kann es Tafinger aber auch deshalb schon nicht ankommen, weil er nicht aus ihnen selbst, sondern erst aus den ihnen zugrundeliegenden Grundsätzen weitere Schlüsse ziehen will, wie oben bereits dargestellt wurde.

Im Ergebnis war man sich somit wohl weitgehend einig, dass auf eine gänzliche oder mehrheitliche Übereinstimmung der Statuten nicht entscheidend abgestellt werden kann.

c) historische Quellen, sowie allgemeine daraus gefolgerte Grundsätze

Coing schreibt in dem ersten Band seines Werkes über das europäische Privatrecht: *„In Deutschland wird im 18. Jahrhundert das Jus Germanicum als ein*

---

[376] Danz, Handbuch des heutigen deutschen Privatrechts, 1. Bd. 2. Aufl., Stuttgart 1800, S. 134, § 40.
[377] Feuerbach, Civilistische Versuche, 1803, s.o.
[378] Tafinger, Analogie, 1787, § 25, S. 87.
[379] Tafinger, Analogie, 1787, § 25, S. 87.

neben dem römischen Recht geltendes Recht aus den mittelalterlichen Rechtsquellen und zum Teil der zeitgenössischen Gesetzgebung entwickelt."[380] Dies sei Folge eines neuen durch die Aufklärung vermittelten Selbstgefühls unter Betonung der eigenen Rechtstradition gewesen.

Es ist jedoch zu bezweifeln, ob es hierzu tatsächlich kam, denn über die bloß theoretische Entwicklung einer Methode der Findung des gemeinen Rechts aus historischen Quellen kamen jedenfalls die hier behandelten Autoren ersichtlich mangels Durchführbarkeit der von ihnen so differenziert ausgeführten Forschungsmethoden nicht hinaus. Die Bedeutung der historischen Quellen ist auch weitaus diffiziler als es der eine Absatz bei Coing zum Ausdruck bringt und keineswegs so gelagert, dass man kurzerhand aus den alten Spiegeln ein ius Germanicum folgerte. Von den Schriften Selchows ausgehend scheinen die älteren Schriftsteller wie Spengel[381] oder Pütter vordergründig betrachtet zwar eine Heranziehung historischer Quellen für unerlässlich zu halten, sofern sie alle auch das Gewohnheitsrecht als Quelle des gemeinen deutschen Rechts nennen und dieses nur durch Zeitablauf, der wiederum nur mittels historischer Betrachtung nachgewiesen werden kann, entsteht. Dies ist jedoch nur scheinbar so, denn das Gewohnheitsrecht wird nie im Zusammenhang einer historischen Betrachtung des Rechts, sondern stets in einem Atemzug mit dem geltenden geschriebenen Recht genannt, so dass davon ausgegangen werden kann, dass nicht um der Historizität willen auf Gewohnheitsrecht abgestellt werden sollte, etwa weil dies seinem Wesen nach zwangsläufig ein historisch gewachsenes Recht wäre, sondern lediglich deshalb, weil es als ganz selbstverständlicher Teil der positiven Rechtsordnung in der täglichen Rechtspraxis eine große Rolle spielte. Eine direkte Bezugnahme auf die mittelalterlichen Quellen findet sich entgegen Coing beispielsweise bei Pütter, der wohl als einer der bedeutendsten Schriftsteller am Ende des 18. Jh. zu gelten hat, jedoch nicht. Für Pütter spielt die historische Betrachtung gleichwohl in zweifacher Hinsicht indirekt eine wichtige Rolle. Einerseits ist für ihn das gemeine Gewohnheitsrecht ganz allgemein eine wichtige Quelle, die nur dadurch bewiesen werden könne, indem man nachweist, dass „*unter einerley Umständen von mehreren immer gleichförmig gehandelt*" worden sei.[382] Sie ist vielleicht sogar die Quelle schlechthin, denn Pütter geht es gar nicht darum, ein aktuell geltendes gemeines Recht zu finden, sondern vielmehr darum, anhand der historischen Gewohnheitsrechte – in Bezug auf zeitgenössische Gewohnheitsrechte macht er keine Aussage – die Existenz eines historischen gemeinen deutschen Rechts nachzuweisen. Der Blick auf die Anfänge des Rechts – was genau Pütter betrachten will, lässt er

[380] Coing, Helmut; Europäisches Privatrecht, Bd. I, Älteres Gemeines Recht, S. 81.
[381] Spengel, Grundsätze von dem deutschen Privatrecht überhaupt; Heidelberg 1774, S.7, (er hält sich nach eigenen Angaben an das bedeutendste Lehrbuch überhaupt, nämlich Selchows „Elementorum Juris Germanici privati hodierni Conspectus").
[382] Pütter, Beyträge II, S. 74, Rn. 9.

unausgesprochen – soll aber nicht nur die Existenz von gemeinem Gewohnheitsrecht, sondern auch deren „Deutscheit" beweisen. Könnten Rechte nämlich auf die Zeit vor der Rezeption zurückgeführt werden, sei bewiesen, dass es sich um deutsches Recht handele. Ein Grundsatz, den Pütter auf diese Weise als deutschrechtlichen Grundsatz will beweisen können, ist der des „pacta sunt servanda", der seiner Beweisführung nach keineswegs aus dem römischen Recht stammte. Nach Pütter beruhen alle aktuellen Rechtsgrundsätze auf alten Gewohnheiten, die, so sie die Rezeption überlebten, das gemeine deutsche Recht ausmachen würden. Vermutlich würde Pütter aber nur Gummistiefel angeln, wenn er auf diese Weise fischte, denn sehr ergiebig kann eine solche Forschung nicht sein. Pütter geht nämlich von der reinen Fiktion aus, dass es vor Bildung der staatlichen Strukturen mit nationalen Rechten ein einheitliches Gewohnheitsrecht gegeben hätte, obwohl die Spiegel, insoweit älteste und einzige Quelle vor der Rezeption aus dem ersten Viertel des 13. Jh., wenn man von den älteren Volksrechten wiederum absieht, auch nur lokales Recht festgehalten wissen wollten und sich erst nachträglich überregional verbreiteten. Von eben dieser Fehlmaxime geht aber auch noch Eichhorn zur Zeit der historischen Rechtsschule aus und gründet seine Theorie des gemeinen Rechts auf einer vermeintlichen historischen Rechtseinheit.[383]

Auch Eichhorn zufolge ist das deutsche Recht ursprünglich einheitlich gewesen und sind Abweichungen durch Modifikationen ein und desselben Instituts zu erklären.[384] Der Weg zur Findung der allgemeingültigen Regeln liege darin, dass man das Besondere vom Allgemeinen trennt, wobei letzteres dasjenige sei, was den „Charakter des Instituts" ausmache. Die Bestandteile des aktuellen besonderen Rechts, die auf diese allgemeinen Grundsätze zurückführbar sind, seien das gemeine Recht, nicht die Grundsätze selbst. Im Gegensatz zu Pütter will Eichhorn als Vertreter der Historischen Schule demnach kein historisch gemeines Recht finden, sondern aktuelles, wobei die Historie von ihm aber als einzig taugliches Vehikel hierzu angesehen wird.

Allerdings werden sich nie Gründe finden, die für ganz Deutschland gleich waren, da die Verschiedenheit des Rechts nicht nur auf den sozio-kulturellen Unterschieden im Großen, sondern auch im Kleinen beruhte, was Pütter als Naturrrechtler und Eichhorn als Vertreter der historischen Schule verkennen[385]. Die von ihnen unterstellte ursprüngliche Einheit des Rechts lässt sich auf die ältesten

---

[383] Eichhorn, Einleitung in das dt. Privatrecht, 1823, S. 120.
[384] Eichhorn, Einleitung in das dt. Privatrecht, 1823, S. 120.
[385] Pütter begründet so die Unterschiedlichkeit des deutschen vom römischen Recht, Beyträge II, S. 77. Er bedenkt nicht, dass man bei letzter Konsequenz seiner Methode auf die verschiedenen germanischen Völkerstämme zurückgehen müsste, die alle ihr eigenes überliefertes Gewohnheitsrecht gehabt haben werden. Wie sollte da noch von einem gemeinen deutschen Gewohnheitsecht gesprochen werden können, wo sollten da noch Gemeinsamkeiten festgestellt werden können?

der Wissenschaft zur Verfügung stehenden überlieferten Quellen jedenfalls nicht gründen.

Danz wiederum stellt auf eine ganze Reihe von Quellen ab, wobei er eine Subsidiaritätsfolge bildet, innerhalb der das Gewohnheitsrecht und damit eine historische Betrachtung erst an vierter Stelle erscheint, allerdings noch vor der N.d.S, obwohl er - dem Titel nach - Runde folgen will.[386] Nach seiner Definition muss das Recht seinem Ursprung und seiner Entwicklung nach deutsch sein, was allein durch eine historische Untersuchung festgestellt werden könne. Mittermaier wiederum glaubt, dass bei der historischen Betrachtung bisher zu undifferenziert vorgegangen worden sei, wenn man überhaupt nicht zwischen den Rechten der einzelnen Völkerstämme unterschied, sondern diese alle als „deutsch" in einen Topf warf. Insbesondere die Konzentrierung auf die Spiegel hält er für verfehlt, denn man hätte beispielsweise auch das lübische Recht dem Sachsenspiegel gegenüberstellen können.[387] Auch für ihn ist jedoch die Betrachtung des historischen Ursprunges und der Entwicklung der Quellen der Hauptweg zur Findung des gemeinen Rechts.

Gegen die Betrachtung der historischen Quellen wurde insbesondere von Hufeland eingewandt, dass es schwer denkbar sei, aus nicht mehr gültigem Recht ein heute gültiges gemeines Recht zu folgern. Solcherlei Schlussfolgerungen gehörten der Rechtsgeschichte an.[388] Hufeland wurde von Danz wiederum entgegengehalten, dass man aus dem aktuellen Recht allein schöpfend allenfalls eine Philosophie des bestehenden Rechts, nicht aber das gemeine deutsche Privatrecht beschreiben könnte. Mit seiner Ansicht stand Hufeland allerdings ziemlich alleine, da es als herrschende und einheitliche Meinung bezeichnet werden kann, dass sämtliche Schriftsteller die Betrachtung der historischen Ursprünge des Rechts, dessen Verfassung und Entwicklung für mindestens notwendig, wenn auch teilweise nicht für hinreichend erachteten.

d) zusätzliche Betrachtung der aus den Statuten gefolgerten Grundsätze bei Vernachlässigung einzelner Abweichungen der Statuten untereinander

In seinen 1779 veröffentlichen Beyträgen, Bd. II, hat Pütter zwischenzeitlich erkannt, dass aus der partiellen Übereinstimmung der Statuten allein nicht genug geschlossen werden kann und eine vollständige Übereinstimmung gar nicht erst gesucht zu werden braucht. Deswegen schließt er sich der herrschenden Meinung an, wenn er es auf die Statuten nicht mehr ankommen lassen will und davor warnt, aus der bloßen Übereinstimmung durch Induktion allgemeine Regeln zu schaffen, da die Übereinstimmungen zufällig sein könnten.[389]

---

[386] Danz, Handbuch des heutigen deutschen Privatrechts, 1800, S. 133.
[387] Mittermaier, Deutsches Privatrecht, S. 30.
[388] S.o., Hufeland, Beyträge, S. 61 ff.
[389] Pütter, Beyträge II, 1779, S. 71.

Dem folgt Tafinger insofern, als auch er die Statuten nicht allein als Induktionsmaterial verwenden will, denn die Erkenntnis, dass die unvollständige Induktion keinen sicheren Schluss darstellt, kann als allgemein anerkannt gelten. Tafinger geht deswegen einen neuen Weg, indem er zunächst die den Statuten zugrundeliegenden Grundsätze bestimmen und diese dann als Ausgangspunkt für die Induktion verwenden möchte, um sich zu einer höheren allgemeineren Regel aufzuschwingen.[390] Mittels dieser Methode glaubt Tafinger, die von anderen und von ihm selbst erkannte Gefahr der Zufälligkeit von Übereinstimmungen umgehen zu können. Schlüssig wäre dies aber nicht, wenn er die „wahre Beschaffenheit" eines Instituts, also dessen Grundsätze, wiederum durch eine Art Induktion mittels Vergleichung der Übereinstimmungen suchen würde, denn nähme er bloß eine zweistufige Doppelinduktion vor, die den Mangel der Unsicherheit auf der ersten Stufe nicht beseitigen würde. Tatsächlich scheint Tafinger dies auch erkannt zu haben, so dass er für die Findung des Induktionsmaterials, also der Beschaffenheit der Institute selbst, eine andere Methode heranziehen will. Diese ist die der geschichtlichen Betrachtung des Rechtsinstituts von heute bis zu seinen Anfängen zurück, also insbesondere in die Zeit vor der Rezeption des Römischen Rechts. Diese Methode hat Tafinger am deutlichsten in seinem Buch über die Rechtswissenschaft nach neuester Zeit von 1808 dargestellt. Darin waren seine Ideen schon zu einer Methode herangereift. Allerdings findet sich prinzipiell inhaltlich Gleiches auch bereits 1787 in seinem Buch zur Analogie:

Es ist um die Aufstellung allgemeiner Grundsätze einer jeden teutschen Rechtsmaterie zu thun, die nicht aus zufälligen besondern Bestimmungen einzelner Statuten, sondern aus der Natur eines jeden Instituts fließen. (...) Hier ist es nicht blos um Bemerkung einer etwa auch häufigeren Übereinstimmung der mehreren Statuten zu thun, denn daraus folgt noch lange nicht die objektive Wahrheit einer mehrmalen auf gleicher Weise, aus verschiedenen individuellen Ursachen, in den verschiedenen Partikulargesetzen, gebrauchten Vorstellungsart. Diese Analogie des Teutschen Privatrecht mus uns lehren, die Natur eines jeden Rechtsinstituts so zu untersuchen, daß wir die ursprüngliche Beschaffenheit desselben in seiner einfachen Gestalt, seine Fortschritte im Ganzen nach Absonderung aller der partikulären Bestimmungen kennen lernen, welche dasselbe in den verschiedenen Teutschen Rechtsmonumenten erhalten hat, sie sodann aus dem Zusammenhang solcher Partikulargesetze, aus der eigenthümlichen Absicht eines Familiengesetzes, oder aus den besonderen Veranlassungen einer partikulären Rechtsgewohnheit zu erklären sind. Allein durch eine solche Absonderung der einzelnen, aus solchen besonderen Ursachen hinzugekommenen Determinationen kann die Schlußfolge gegründet werden, daß die in einzelnen Monumenten aufgestellten Grundsätze, welche aus keinen solchen

[390] Siehe oben B. I. 2.

Nebenveranlassungen festgesetzt wurden, aus allgemeinen, von der Natur des Instituts abgeleiteten, gemeinschaftlich zum Grund gelegten Begriffen geschlossen seyen.

Nur auf diese Art können wir aus der vollständig vorgelegten Geschichte einer Rechtslehre selbst gewisse in den Hauptbegriffen eines ursprünglich ebendesselben Instituts entstandene Verschiedenheit erklären, und bey den verschiedenen Formen, welche wir an einem Institut besonders in neueren Monumenten wahrnehmen, unterscheiden, ob bey gewissen zu entdeckenden gemeinschaftlichen Verschiedenheiten mehrerer Statuten von einander in Bestimmung eines Instituts diese Abweichungen bloß aus individuellen, zufälligen Ursachen herrühren, oder ob sie Resultate gewisser der ursprünglichen Notion beygestellten, nunmehro zum Grund gelegten Hauptideen seyen, wodurch verschiedene besondere Abstammungen eines und ebendesselben Instituts mit ihren eingenthümlichen, aus ihrer nunmehro so oder anders bestimmten Notion herzuleitenden Grundsätzen entstanden seyn können. "[391]

Der Blick auf die historische Entwicklung der Institute gewinnt dabei insofern an Bedeutung, als in Tafingers *Analogie* in erster Linie noch die Befreiung der Institute von ihren Beeinflussungen durch das römische Recht bezweckt ist, während in seinem Buch von 1808 die historische Betrachtung auch unabhängig davon zur Findung des gemeinen deutschen Privatrechts unentbehrlich geworden scheint.

e) Natur der Sache[392]

Runde, dessen erste Auflage seines vielbeachteten und oben dargestellten Buches 1791, also gut 4 Jahre nach Tafingers Analogie erschien, schlägt eine andere Methode vor, den Unzulänglichkeiten der unvollständigen Induktion zu entgehen. Nach ihr sind die aus der „*Natur der Sache selbst abgezogenen Grundsätze*" die Hauptquelle des gemeinen deutschen Privatrechts. Beachtenswert ist daran, dass nicht die N.d.S. selbst, sondern die aus ihr „abgezogenen Rechtsgrundsätze" die Quelle darstellen sollen.[393] Was hierunter verstanden werden soll, bedarf der Erläuterung.

---

[391] Tafinger, Analogie, 1787, § 42 ff., S. 146 ff.

[392] Lit. hierzu: Jan Schröder, Recht als Wissenschaft, S. 261 ff.; Ralf Dreier, Zum Begriff der Natur der Sache, Berlin 1965; Heinrich Marx, Die juristische Methode der Rechtsfindung aus der Natur der Sache bei den Göttinger Germanisten Johann Stephan Pütter und Justus Friedrich Runde, Göttingen 1967; Gerhard Sprenger, Naturrecht und Natur der Sache, Berlin 1976; Wolfgang Neusüß, Gesunde Vernunft und Natur der Sache, Berlin 1970; Th. Mayer-Maly, Natur der Sache, in: HRG III, Sp. 917 - 922 mit div. weiteren Nachweisen.

[393] Runde, Grundsätze, § 40, S. 42.

Die laut Runde abzuziehenden Grundsätze sind die: „*welche sich ohne Gesetz und Gewohnheit durch Schlüsse der gesunden Vernunft aus der Natur des in Frage stehenden Geschäfts oder eines deutschen Rechtsinstitutes herleiten lassen.*“[394] Und an anderer Stelle: „*Es ist nichts anders, als die naturalis ratio, deren Gebote für Jedermann verbindlich sind. (...) Auch der deutsche Gerichtsgebrauch konnte dieser aus der Natur der Sache hergeleiteten Entscheidungsgründe nichts entbehren; und bringt sie unter dem freylich zweydeutigen Namen von natürlicher Billigkeit oder richterlichen Ermessen täglich zur Anwendung...*“[395]

Damit sagt Runde selbst, was von anderen in mühseliger Arbeit aus konkreten Falllösungen Rundes herausgearbeitet wurde.[396] Hinter seiner ominösen „Natur der Sache“ steht (nichts anderes als) eine Argumentation aus der Billigkeit, die dem allgemeinen Rechtsempfinden in Bezug auf einen konkreten Sachverhalt entspringen soll. Die aus der Natur der Sache abgezogenen Rechtsgrundsätze sind somit das im Einzelfall konkretisierte Gerechtigkeitsempfinden der beteiligten Kreise, anders formuliert, hypothetisches Vernunftrecht. Die Natur der Sache folgt nämlich nicht aus einem induktiven oder analogen Rückgriff auf das positive Recht, sondern aus dem zu entscheidenden Lebensverhältnis selbst. Sie ist auch keine Argumentation aus dem überkommenen Naturrecht, da sie nicht allein aus der Vernunft, sondern aus der Realität des Sachverhaltes folgt, wenn auch auf vernünftige und überrationale Weise. Deswegen kann man zu Recht annehmen, dass sie eine neue Art des Naturrechts etabliert, die zwischen dem Positiven und dem Natürlichen liegt, wie Schröder es beschreibt.[397]

Runde selbst führt dies in den oben aufgezeigten Beispielen vor, wenn er Fälle aus den Argumenten „wem die Last, dem der Nutzen“, oder „wem das Eigentum, dem die Frucht“ usw. löst. Was hieran „die unzweifelhaft wichtigste Erscheinung der ganzen germanistischen Literatur“[398] begründen soll, ist zumindest zweifelhaft, denn was Runde beschreibt ist nichts anderes als eine Rechtsfindung, wie sie sich in frühesten Zeiten vollzogen haben wird, als es noch keine Gesetze oder niedergeschriebene Gewohnheiten gab. Ein wissenschaftlich hoher Gedanke oder ein Prinzip liegt hierin wohl nicht, jedenfalls rein methodisch betrachtet. Berühmt und für mindestens 60 Jahre zum Standardwerk wurde Rundes Buch gleichwohl, dies aber wohl eher wegen der im Anschluss an die Theorie gelieferte klar strukturierte und doch umfängliche Schilderung des deutschen Privatrechts in deutscher Sprache, so dass Ursache des Erfolges die-

[394] Runde, Grundsätze, § 10, S. 8.
[395] Runde, Grundsätze, § 80, S. 72 f.
[396] Vgl. Marx, Die juristische Methode der Rechtsfindung aus der Natur der Sache, Diss. jur., 1967
[397] Schröder, Recht als Wissenschaft, S. 263 f.
[398] So Gerber, Das wissenschaftliche Prinzip, S. 56.

ses Buches eher in seiner Praktikabilität als in der dargestellten Theorie zu sehen sein wird.

Hufeland schließt sich Runde in Bezug auf diese Rechtsquelle übrigens an. Aus der Natur der Sache könnten überhaupt nur gemeinrechtliche Grundsätze gefolgert werden. Um die anderen Quellen möge es stehen, wie es wolle, die N.d.S. sei zur Entwicklung einer Wissenschaft des gemeinen Rechts hinreichend. Gemeinrechtlich seien die aus ihr gefolgerten Grundsätze, weil die N.d.S. nicht auf ein Land beschränkt werden könne.[399] Mittermaier hielt diese Methode des Philosophierens und Abstrahierens dagegen für einen Fehler, da die vermeintlich höheren Rechtsregeln willkürlich gebildet und einer beliebigen Deutung fähig seien.[400]

Abschließend sei zu Runde noch bemerkt, dass die Argumentation aus der Natur der Sache keine Erfindung Rundes ist, dieser sie vielmehr von seinem Lehrer Pütter übernommen hat, wie Marx in seiner zitierten Dissertation überzeugend nachweisen konnte.

3. Ziele / Produkt

Die Motive der Suche nach einem gemeinen Recht waren vielfältig, allerdings soll hier nicht die tiefere historische Motivation, sondern nur der erstrebte juristische Nutzen beleuchtet werden. Dieser lag darin, und das ist fast einhelliger Tenor aller Autoren, dass mittels eines deutschen gemeinen Rechts die Grenzen der Anwendung des römischen Rechts bestimmt werden sollten und es zum Verständnis, der Ergänzung und der Anwendung der als unzureichend empfundenen partikularen Quellen nützlich schien. Darüber hinaus bestand auch rein wissenschaftliches Interesse an der Feststellung eines gemeinen deutschen Rechts. Nicht einig war man sich dagegen bei der Frage, welche Rechtsnatur ein gemeines Recht tatsächlich haben würde.

a) Ius germanicum universale in thesi

Für eine Gruppe der Juristen sollte das zu findende gemeine Privatrecht nicht bloß eine der Wissenschaft dienende Theorie bilden, sondern ganz praktischen Nutzen haben und ein tatsächlich anwendbares Recht bilden, das sog. jus germanicum universale in thesi. Die Methode des deutschen Privatrechts hatte ihren Zweck in der Feststellung der germanistischen Rechte selbst, der Erläuterung der Statuten, der Begrenzung der Anwendung der fremden gemeinen Rechte und schließlich der konkreten Rechtsanwendung durch die Gerichte, wenn die Statuten nichts Gegenteiliges befahlen oder lückenhaft waren.[401] Diesem Lager sind beispielsweise Selchow, Mylius, Runde und Danz zuzuordnen.

---

[399] Hufeland, Beyträge, S. 84.

[400] Mittermaier, Deutsches Privatrecht, S. 29.

[401] So Runde, § 82, S. 75 f.

b) jus germanicum universale in hypothesi

Die Gegenfraktion, insbesondere Pütter, Tafinger und Hufeland will nur ein hypothetisches gemeines Recht finden. Zum Begriff des hypothetischen gemeinen Rechts sei zunächst voraus geschickt, dass dieser Begriff nicht identisch ist mit seiner Verwendung innerhalb der Naturrechtsterminologie. Im Naturrecht meint der Begriff des hypothetisches Rechts, ein Recht das nur unter bestimmten äußeren Bedingungen entsteht, also beispielsweise dem Verhältnis des Einzelnen zu anderen Menschen oder Sachen, wodurch Rechtsverhältnisse entstehen. Das hypothetische Naturrecht existiert also nur unter bestimmten Bedingungen. Beim gemeinen Recht jedoch, und hier dürfte Pütter den Begriff vom hypothetischen gemeinen Recht geprägt haben, meint dieser ein Recht, das zwar existent ist aber keine direkte Anwendung findet. Es wird nur indirekt über weitere Schlüsse zur Anwendung gebracht. Es besteht aus Grundsätzen, aus denen man im Einzelfall die richtige Anwendung des tatsächlichen aber lückenhaften oder unklaren Rechts oder gar Rechtssätze selbst - und somit eine Entscheidung für den Einzelfall - soll deduzieren können.

Ein etwas eigentümliches Produkt will Hufeland mit seinem historisch- allgemeinen Recht finden, das zwar auch nur ein hypothetisches, jedoch der direkten Anwendung zugänglich sein soll. Dann, wenn die Partikularquellen schweigen und auch aus den deutschen Reichsgesetzen und dem römischen Recht keine Lösung zu finden ist, sollen die Gerichte nach dem Geist der Gesetze Recht sprechen, so dass die Wissenschaft vom allgemeinen deutschen Rechte nur hypothetische und mittelbare Gültigkeit und Anwendung hat.[402] Was der Geist der Gesetze aber ist und wie mit ihm soll entschieden werden können, beispielsweise ob ein Beklagter zahlen muss oder nicht, bleibt ein Rätsel.

Für Tafinger bedeutet der Begriff des hypothetischen gemeinen Rechts, dass dieses prinzipiell kein tatsächlich direkt anwendbares Recht bildet und kein Recht ist, das allgemein verbindliche Kraft hat, sondern dass es aus obersten Grundsätzen besteht, eine allgemeine Theorie des Privatrechts ausmacht und nur der Erleuchtung dunkler Gesetzesstellen dient. Aus dieser Theorie, und da wird Tafinger fast metaphysisch, könnten dann noch allgemeinere Grundsätze gefolgert werden, so dass man am Ende einen Grundsatz finden werde, dem alles entspringt, den obersten, allgemeinsten Grundsatz, der die innere Wahrheit allen Rechts in sich trage.[403]

[402] Hufeland, Beyträge, Einleitung, S. 21.
[403] Tafinger, Analogie, § 20, S. 63 ff.

c) Rechtsbewusstsein

Ein ganz anderes Ziel will Gerber 1846 mit der Suche nach dem wissenschaftlichen Prinzip des gemeinen deutschen Privatrechts verfolgen. Wie dargestellt, geht es ihm nicht mehr um das Hervorbringen eines tatsächlichen oder hypothetischen Rechts, was er für unmöglich hält, sondern nur noch um die Feststellung eines allgemeinen Rechtsbewusstseins, das der nationalen Einigung und der Gesetzgebung dienen könne. *„Diese Nothwendigkeit liegt vielmehr in der gerechten Forderung eines Volkes, seine geistige Errungenschaft, so wie überhaupt, so hier insbesondere auf dem Gebiete des Rechtes, durch wissenschaftliche Bearbeitung zum Bewusstsein der Volksglieder gebracht zu sehen. In dieser Aufgabe erkenne ich die principale Tendenz der Dogmatik des gemeinen deutschen Privatrechts."*[404] Diese Auffassung markiert den kontinuierlichen Bedeutungsschwund der Forschung um ein gemeines deutsches Privatrecht.

---

[404] Gerber, Das wissenschaftliche Princip, S. 292.

II. Herkömmliche Analogie

1. Überblick zum Begriff der Analogie

Zum Zweck des besseren Verständnisses des untersuchten Gegenstandes soll an dieser Stelle zunächst ein Überblick über den Begriff der juristischen Analogie gegeben werden. Dabei wird zunächst eine vergröberte Darstellung gewählt, die innerhalb der wertenden Schlussbetrachtung am Ende dieses Abschnittes eine Präzisierung erfährt.

a) heutiger juristischer Analogiebegriff

In den Kodexländern hat man die Lehre der Analogie seit je her als eine Theorie aufgefasst, mit deren Hilfe das Gesetz in seine Lücken hinein verlängert werden kann. Aber auch in den Ländern des common law kommt die Analogie vor, wo sie aus Präzedenzfällen heraus gebildet wird.[405] Die Analogie dient bei vordergründiger Betrachtung der Rechtslückenfüllung, wobei eine solche ausfüllungsfähige Rechtslücke nur dann angenommen wird, wenn ein Lebenssachverhalt unter keine der existierenden Normen subsumierbar ist und diese Lücke vom Gesetzgeber nicht bewusst gewollt war. Eine Regelungslücke muss demnach ausfüllungsfähig und ausfüllungsbedürftig sein, damit das argumentum e contrario nicht anwendbar ist und die Analogie in Betracht kommt.

Was man methodisch unter dem Begriff der juristischen Analogie zu verstehen hat, ist heute nicht ganz einfach zu beantworten, weswegen sich auch zahlreiche Publikationen mit dem Begriff der Analogie auseinander gesetzt haben.[406] Wenn die Methodik auch verschieden begründet wird, so ist das Ergebnis jedoch immer dasselbe, nämlich die Anwendung eines geschriebenen Rechtssatzes auf einen nicht geregelten aber ähnlichen Fall.[407] Dabei kann die Analogie auch durch den Gesetzgeber angeordnet werden. Wenn dieser zwei Fälle, die auf den ersten Blick nicht gleich liegen, gleich behandelt wissen will, dann ordnet er ei-

---

[405] Fikentscher, Methoden des Rechts, Band IV, S. 283 f.; Nachweise zur Analogie im Common Law a.a.O., S. 285, Fn. 16; Rechtsvergleichend zu den Methoden der Auslegung siehe: Vogenauer, Die Auslegung von Gesetzen, Tübingen 2001.

[406] Nur beispielhaft: Francesco Romeo, Analogie, Zu einem relationalen Wahrheitsbegriff im Recht, Band 76 der Abhandlungen zur rechtswissenschaftl. Grundlagenforschung, Ebelsbach 1991; A. W. Heinrich Langhein, Das Prinzip der Analogie als juristische Methode, Heft 82 der Hamburger Rechtsstudien, Hamburg 1991; Karl Larenz, Methodenlehre, S. 381 ff.; Arthur Kaufmann, Das Verfahren der Rechtsgewinnung, S. 59 ff.; derselbe, Analogie und „Natur der Sache", 2. Auflage, Heidelberg 1982; Gerhard Sigloch, Die Analogie als Rechtsbegriff, 1982; Elmar Bund, Juristische Logik, 1983, S. 182 ff.; Peter Raisch, Juristische Methoden, S. 153 f.; Vogenauer, Die Auslegung von Gesetzen, Tübingen 2001.

[407] Kaufmann, Das Verfahren der Rechtsgewinnung, S. 59, Larenz, Methodenlehre, 6. Aufl., S. 381; Creifelds, 16. Aufl., Stichwort: Analogie.

ne Analogie an, die allerdings dann nicht mehr als eine solche bezeichnet wird, sondern in die Form einer gesetzlichen Fiktion gegossen wird.

Die Handhabung von auf den ersten Blick nicht geregelten Fällen kann auch dadurch erfolgen, dass man die vorhandenen Normen so weit durch Auslegung ausdehnt, bis der an sich nicht geregelte Sachverhalt miterfasst wird. Die Abgrenzbarkeit dieser extensiven Auslegung zur Analogie ist dann jedoch nur noch schwer feststellbar und wird teilweise auch bestritten.[408] Gleichwohl kann man auf sie nicht verzichten, da beispielsweise im Strafrecht die Analogie zu Lasten des Delinquenten verboten ist,[409] die Auslegung des Gesetzes aber nicht. Die Abgrenzung wird teilweise über den „noch möglichen Wortsinn" vorgenommen. Was allerdings unter den „noch möglichen Wortsinn" fällt ist Auslegung, was darüber hinaus geht Analogie.[410] Bei der Analogie wird also eine Norm auf einen nicht erfassten Sachverhalt angewandt, bei der extensiven Auslegung wird die Reichweite der Norm durch Interpretation im Rahmen des noch möglichen Wortsinnes festgestellt und verlängert, so dass man den fraglichen Sachverhalt als mitgeregelt betrachtet.[411]

Dass dies allerdings nicht so einfach ist, wie es soeben dargestellt wurde, wird deutlich, wenn man Kaufmann folgend feststellt, dass jede Gesetzesanwendung zwingend analogisches Vorgehen erfordert. Kaufmann stellt dar, dass Analogie Voraussetzung der Gesetzesanwendung schlechthin sei, da eine abschließende Definition der Begriffe unmöglich sei.[412] Keine Definition kann so exakt sein, dass ihre sprachliche Fassung beispielsweise im Strafrecht den Unrechtstypus so exakt beschreibt, dass alle erdenklichen Sachverhalte von ihm erfasst werden. Der Gesetzgeber habe dies erkannt und deswegen auf Definitionen teilweise gänzlich verzichtet,[413] bloße Beispiele definiert[414] oder allgemeine Generalklau-

---

[408] Arthur Kaufmann, Analogie und „Natur der Sache", 2. Aufl., Heidelberg 1982, S. 4, 62, m. diversen Nachweisen. Vogenauer behandelt beide gleich und nennt sie „Extension", Die Auslegung von Gesetzen, S. 60.

[409] § 1 StGB i.V.m. Art. 103 II GG.

[410] Bund, Elmar, Juristische Logik und Argumentation, S. 189; Eser in: Schönke- Schröder, Strafgesetzbuch Kommentar, 25. Aufl., § 1, Rn. 37; zum „noch möglichen Wortsinn" siehe auch unten Ziff. II. 5.

[411] Obwohl das Ergebnis beide Male insofern das gleiche ist, als ein Sachverhalt unter eine Norm subsumiert wird, deren Wortlaut bei erster Betrachtung den Sachverhalt gerade nicht erfasst, besteht doch ein Unterschied. Wird der Inhalt der Norm durch (höchstrichterliche) extensive Auslegung des Wortlautes erweitert, stellt dies eine generelle Entscheidung dar, die auch andere ähnliche Sachverhalte miterfasst. Die Analogie hingegen stellt eine Einzelfallentscheidung dar, die auf ähnliche Fälle keine unmittelbare Auswirkung hat. Diese können nur wiederum durch eine erneute Analogie der Norm unterstellt werden, während bei der extensiven Auslegung ein logischer Schluss nicht mehr vollzogen zu werden braucht.

[412] Kaufmann, Analogie und „Natur der Sache", Heidelberg 1982.

[413] Z.B. § 185 StGB: Die *„Beleidigung"* ... ist strafbar.

[414] So z.B. die Regelbeispielsmethode innerhalb der Diebstahlsdelikte.

seln eingebaut, die das Gesetz tatbestandlich offen lassen.[415] Keine Rechtsanwendung ist somit ein formallogischer Schluss, denn die Frage, ob der Lebenssachverhalt dem normativen entspricht, ist die Frage, ob er dem normativen Fall ähnlich ist. Diese Abwägung der Ähnlichkeit ist allerdings bereits Analogie. Bei der Feststellung der Gleichheit des Sachverhaltes mit dem Gehalt der Norm ist das tertium comparationis dabei der Unrechtstypus.[416] Kaufmann kommt deswegen zu dem Schluss, dass juristisches Denken seinem Wesen nach immer analogisches Denken ist.

Zurück auf die etwas oberflächlichere Betrachtung wird die juristische Analogie dabei wohl erst seit dem ersten Drittel des 19. Jh. in Rechtsanalogie und Gesetzesanalogie unterschieden.[417]

Gesetzesanalogie

Nach der Gesetzesanalogie, von Larenz Einzelanalogie genannt,[418] wird eine einzelne bestimmte geschriebene Rechtsnorm auf einen ähnlichen nicht geregelten Sachverhalt „entsprechend" angewandt. Wenn beispielsweise beim Kauf ein Recht des Verkäufers auf Nachbesserung anstelle von Wandelung oder Minderung vereinbart ist, § 476 a BGB a.F., dann sollten bestimmte Regeln des Werkvertrages „analog" gelten, wie z.B. die Hemmung der Verjährung während der Nachbesserung gem. § 639 II BGB a.F., obwohl im Kaufrecht sich eine solche Regel vor der Schuldrechtsreform nicht finden ließ. Finden ließ sie sich aber vermutlich nur deshalb nicht, weil es beim Kauf i.d.R. die Nachbesserung nicht gab. Dort wo es sie aber kraft Gesetzes gab, nämlich beispielsweise im Werkvertragsrecht, hat der Gesetzgeber entschieden, dass der Vorteil des Werkunternehmers (Nachbesserungsrecht) durch einen Vorteil des Werkbestellers (Verjährungshemmung) für die Zeit der Nachbesserung ausgeglichen wird. Wenn nun die Parteien auch für einen Kauf das Recht des Verkäufers auf Nachbesserung vereinbarten, dann wurde der Sachverhalt in diesem Punkte dem des

---

415 Z.B. § 1 UWG, § 138 BGB, „Sittenwidrig"; § 242 BGB, „Treu und Glauben"; § 35 GewerbeO, "Unzuverlässigkeit"; § 211 StGB, „grausam"; „heimtückisch"; § 347 I HGB, Sorgfalt eines „ordentlichen" Kaufmannes.

416 Z.B. nach der Rspr. des BGH ist der „beschuhte Fuß" oder ein Hund, richtig eingesetzt, genauso gefährlich wie ein Messer und deswegen ebenso ein „gefährliches Werkzeug" i.S.d. gef. Körperverletzung, weil ein Täter, der diese Dinge einsetzt ebenso strafwürdig sei, wie der, der ein Messer benutzt.

417 Noch am Ende des 18. Jh. wird begrifflich nicht nach dem heutigen Verständnis zwischen Gesetzes-, Rechtsanalogie und extensiver Interpretation differenziert, vgl. nur beispielsweise: Fischer, Christ. Jonath., Litteratur des germanischen Rechts, Leipzig 1782, S. 142 ff., der eine Gesetzesanalogie beschreibt, diese Rechtsanalogie nennt und zusammenfassend die Voraussetzung der extensiven Interpretation liefert. Die Differenzierung enthält aber z.B. das Lexikon von: Krug, Wilhelm Traugott, Allgemeines Handwörterbuch der philosophischen Wissenschaften nebst ihrer Literatur und Geschichte, 5. Band, 1. Abth., Leipzig 1838, S. 64.

418 Larenz, Methodenlehre, S. 383.

Werkvertrages ähnlich, so dass auch hier zulasten des Verkäufers ein Vorteilsausgleich zu schaffen war.

Die Rechtfertigung für diese Einzelanalogie wird abstrakt darin gesehen, dass es eine Forderung der Gerechtigkeit sei, ähnliche Sachverhalte auch ähnlich zu behandeln, sofern es keine Anhaltspunkte dafür gibt, dass eine Ausnahme vorliegen soll,[419] was man aus dem bloßen Fehlen einer Regelung aber noch nicht schließen dürfe.

Rechtsanalogie

Bei der Rechtsanalogie wird hingegen ein aus mehreren Bestimmungen abgeleiteter Grundgedanke auf andere nicht geregelte Fälle erstreckt.[420] So soll etwa die Kündigungsmöglichkeit beim Miet-, Dienst- oder Gesellschaftsvertrag zu der Annahme eines allgemeinen Prinzips der Kündbarkeit von Dauerschuldverhältnissen aus wichtigem Grund berechtigen, so dass dieser Grundsatz auf alle Dauerschuldverhältnisse, also auch den nicht geregelten Bierlieferungsvertrag etwa ausgedehnt werden könne und im Ergebnis ein „analoges" Kündigungsrecht entstehe.

Die Rechtfertigung dieser Rechtsanalogie, die von Larenz „Gesamtanalogie" genannt wird, liegt darin, dass die durch die geregelten Fälle zum Ausdruck kommende ratio legis auch auf einen nicht geregelten ähnlichen Fall gleichermaßen zutrifft, sofern ein Grund, von diesem Prinzip eine Ausnahme machen zu sollen, wiederum nicht ersichtlich ist.[421]

Anwendungsgebiet der jur. Analogie

Heute ist die Analogie jedenfalls im Zivilrecht ganz selbstverständliches Handwerkszeug des Juristen. Sie ist im BGB, im Gegensatz zum italienischen Zivilgesetzbuch[422] oder dem österreichischen ABGB,[423] allerdings nicht geregelt. Gleichwohl war eine Analogieanweisung in § 1 des ersten Entwurfs eines Bürgerlichen Gesetzbuches für das Deutsche Reich von 1887 zunächst vorgesehen.[424] Letztlich hat man sie aber doch gestrichen, weil der Gesetzgeber eine besondere gesetzliche Ermächtigung zur Handhabung der Analogie für entbehrlich hielt.[425]

---

[419] Larenz, Methodenlehre, S. 381; Larenz / Canaris, Methodenlehre, 3. Auflage, S. 202.

[420] Anschaulich beschreibt diese Methode: Gönner, Nicolaus Taddäus, Teutsches Staatsrecht, Landshut 1804, § 29, S. 34 ff.

[421] Larenz, Methodenlehre, S. 381.

[422] Art. 12 Abs. II Codice Civile.

[423] § 7 ABGB.

[424] *„Auf Verhältnisse, für welche das Gesetz keine Vorschrift enthält, finden die für rechtsähnliche Verhältnisse gegebenen Vorschriften entsprechend Anwendung. In Ermangelung solcher Vorschriften sind die aus dem Geiste der Rechtsordnung sich ergebenden Grundsätze maßgebend."* nach: Peter Raisch, Juristische Methoden, Heidelberg 1995, S. 151.

[425] Raisch, ebenda.

Im Strafrecht und öffentlichen Recht verhält sich dies jedoch anders. Noch 1838 hat man die Analogie im Strafrecht für bloß gefährlich gehalten,[426] heute ist sie zu Lasten des Angeklagten verfassungsrechtlich verboten. Aus Art. 103 Abs. 2 des Grundgesetzes[427] wird nämlich neben dem Rückwirkungsverbot und dem Bestimmtheitsgrundsatz auch der Grundsatz „nulla poena sine lege" herausgelesen, woraus nach der Rechtsprechung des Bundesverfassungsgerichtes auch ein Analogieverbot für das Strafrecht folgt.[428] Dieses erstreckt sich auch auf Bußgeldtatbestände und standesrechtliche Disziplinarmaßnahmen, ist aber auf das Verbot der für den Täter nachteiligen Analogie beschränkt.[429]

Im Öffentlichen Recht ist die Frage in der Standardliteratur gar nicht problematisiert, was daran liegen könnte, dass die Analogie in der Praxis des Verwaltungsrechts keine Rolle spielt, da hier Institute wie Ermessensnormen oder das Opportunitätsprinzip Analogien entbehrlich zu machen scheinen. Im Recht der Eingriffsverwaltung ist die Frage der Anwendbarkeit der Analogie seit einer Entscheidung des BVerfG nunmehr auch dahingehend geklärt, dass sie zu ungunsten des Adressaten grundsätzlich unzulässig ist.[430]

Methodik der jur. Analogie

Die Analogie ist streng genommen kein logischer Schluss, da sie nicht zu zwingenden und objektiv richtigen Ergebnissen führt, sondern vielmehr nur eine Vergleichung ist, als deren Ergebnis eine vermutende Schlussfolgerung getroffen wird. So kann man nach einem Beispiel von Kaufmann[431] den Mars mit der Erde vergleichen. Setzt man als tertium comparationis die Tatsachen, dass beide Planeten sich um die Sonne drehen, Atmosphäre und Jahreszeiten haben, so scheinen beide ähnlich, weshalb der Schluss möglich scheint, dass es aufgrund der Tatsache, dass es auf der Erde Leben gibt, auch auf dem Mars Leben geben müsse. Betrachtet man hingegen die chemische Zusammensetzung und die Temperatur der Atmosphäre, scheint die Analogie aufgrund der Unähnlichkeit der Vergleichsobjekte ausgeschlossen. Da die Auswahl des Vergleichspunktes nicht auf rationaler Erkenntnis beruht, vielmehr willkürlich ist, ist der Analogieschluss unsicher.[432]

---

[426] Krug, Wilhelm Traugott, Allgemeines Handwörterbuch der philosophischen Wissenschaften nebst ihrer Literatur und Geschichte, 5. Band, 1. Abth., Leipzig 1838, S. 64.

[427] „Eine Tat darf nur bestraft werden, wenn die Strafbarkeit gesetzlich bestimmt war, bevor die Tat begangen wurde."

[428] St. Rspr., BVerfGE 25, 285; 26, 42; 75, 340.

[429] BVerfGE 26, 203 f.; 45, 351.

[430] BVerfG vom 14.8.1996 - 2 BvR 2088/93 (NJW 1996, 3146 = NVwZ 1997, 53); Raisch, a.a.O, S. 152 hielt diese Frage 1995 unter Berufung auf Bund, Elmar, Juristische Logik und Argumentation, 1983, S. 189 noch für ungeklärt.

[431] Kaufmann, Arthur, Das Verfahren der Rechtsgewinnung, S. 59.

[432] Kaufmann, Arthur, Das Verfahren der Rechtsgewinnung, S. 59.

Vollzieht man ihn doch, so schließt man nicht von einem besonderen Fall auf einen anderen besonderen, was gar nicht möglich ist, sondern wendet Regeln der Deduktion, Induktion und Abduktion gleichzeitig an,[433] indem man zuerst abduktiv den Verdacht schöpft, dass dem fraglichen Fall eine Rechtsfolge zukommen könnte, die für einen anderen bestimmt ist. Dann wird man durch Festlegung des gemeinsamen Bezugspunktes quasi induktiv tätig, indem man versucht, eine allgemeinere Regel aus den Vergleichsobjekten zu gewinnen, um dann schließlich aus der Ratio, die einem Fall zukommt, deduktiv auf den anderen besonderen zu schließen. Die Zufälligkeit des Ergebnisses der Analogie beruht auf der Unsicherheit des unvollständigen Induktionsschlusses, der i.d.R. aus einigen besonderen Fällen heraus vollzogen wird und somit streng logisch nie zu dem Ergebnis kommen kann, dass die betrachteten Fälle ähnlich sind.[434] Wenn man sich aber bereits der Ähnlichkeit nicht sicher sein kann, dann ist erst recht auch das Ergebnis der Analogie, deren Grundlage die Ähnlichkeit ist, unsicher.

b) historische Entwicklung

Der Begriff der Analogie existiert als wissenschaftlicher Begriff selbstverständlich nicht nur in der Rechtswissenschaft. Er ist vielmehr ein wichtiger Methodenbegriff in fast allen Naturwissenschaften, der Psychologie und den Geschichtswissenschaften, wobei keine dieser Disziplinen diesen Begriff erfunden hat, sondern sie alle ihn vielmehr als einen philosophischen Begriff voraussetzen.[435] Er stammt aus dem Griechischen und bedeutet soviel wie „*gleiches Verhältnis, Proportion, Ähnlichkeit*“. Außerhalb der Wissenschaftssprache wird der Begriff der Analogie bis heute schlicht als Synonym für den Begriff der Ähnlichkeit verwendet.[436]

Ursprünglich war der Begriff einer der Mathematik der pythagoreischen Schule[437] und beschrieb ein bestimmtes Verhältnis von Zahlen.[438] Platon soll den Begriff der Analogie als erster in der Philosophie verwandt haben.[439] Bei ihm erscheint die Analogie als kosmisches Strukturprinzip, nach welchem Gott die

---

[433] Kaufmann, Arthur, Das Verfahren der Rechtsgewinnung, S. 60; derselbe, Analogie und „Natur der Sache“, S. 35; Langhein, Das Prinzip der Analogie, S. 16 ff.

[434] Zwingend wäre die Induktion nur, wenn alle Exemplare beobachtet wären, was nur in der Mathematik denkbar ist. Daher kann sich stets herausstellen, dass der Schluss zu einem falschen Ergebnis führt, weil zwar alle Raben, die man betrachtet hat (unvollständige Induktion) schwarz sind, man jedoch niemals alle Raben der Welt (vollständige Induktion) betrachten kann, es sich somit nicht sagen lässt, ob es nicht doch auch weiße Raben gibt. Vgl. Kaufmann, a.a.O., S. 56.

[435] Sigloch, Gerhard, Die Analogie als rechtstheoretischer Grundbegriff, 1982, S. 15.

[436] Ursula Franke, Analogie, in: Historisches Wörterbuch der Philosophie, S. 214 – 230.

[437] Um 500 v.Chr.

[438] Franke, Analogie, a.a.O., beispielsweise 8:6 = 4:3, also viergliedrig.

[439] Franke, a.a.O., Sp. 215; Platon 427 – 347 v.Ch., Schüler des Sokrates.

Dinge so ordnet, dass sie analog und ebenmäßig sind.[440] Bei Aristoteles[441] tritt die kosmologische Bedeutung wieder zurück, für ihn ist die Analogie etwas A-rithmetisches, wobei die Analogie nicht auf den Bereich der Zahl als Einheit beschränkt ist, sondern als methodisch logisches Hilfsmittel überall dort einsetzbar ist, wo Zählen, Messen und Vergleichen möglich ist.[442] Aristoteles untersuchte die Struktur der Analogie unter dem Begriff „parádeigma".[443] Nach Sigloch soll Aristoteles die Analogie aber auch im Zusammenhang mit dem Induktionsschluss erörtert haben, was teilweise dazu geführt habe, dass die Analogie später als Unterart der Induktion gesehen worden sei.[444] In der Tat setzt die Analogie - diese als Ähnlichkeit verstanden - den Induktionsschluss aber vielmehr voraus, da ein Schluss vom Besonderen zum Besonderen nicht möglich ist. Insofern ermöglicht dieser erst die Analogie, die dadurch aber noch nicht zu einem Unterfall der Induktion wird.[445]

Außerhalb der Philosophie taucht der Ausdruck „Analogie" in der nacharistotelischen Antike beispielsweise in der Grammatik auf, dort als „Entsprechung", als Gleichmäßigkeit in der Wortbildung. Hier erscheint die Analogie zum ersten mal mit ihrem lateinischen Fremdwort „proportio". Dieser Begriff ist nun gänzlich unmathematisch geworden und beschreibt nur noch eine „Ähnlichkeit". Boethius definiert die „proportio" als das Verhältnis zweier Glieder, so dass schließlich, nachdem es zu einer Rückübersetzung von „proportio" zu „analogia" gekommen war, auch die Analogie nur noch ein zweigliedriges Verhältnis beschreibt.[446]

Auch in der Topik hatte der Ähnlichkeitsschluss seinen Platz, wo er locus „a simili" oder locus „a comparatis" genannt wird.[447] Die Topik selbst war im

---

[440] Franke, ebenda.

[441] 384- 322 v.Chr., Schüler Platons.

[442] Franke, a.a.O. Sp. 216.

[443] Nachweise bei Elmar Bund, Juristische Logik, S. 183.

[444] Sigloch, Die Analogie als rechtstheoretischer Grundbegriff, S. 15.

[445] Über den Begriff der generalisierenden Induktion könnte man ohne Not selber eine Dissertation verfassen. Ihr Begriff ist in der philosophischen Diskussion heute derart allgemein, dass man alle nicht deduktiven, aber dennoch (vermeintlich) gültigen Schlüsse von empirischen Prämissen auf empirische Konklusionen als „induktiv" bezeichnet. so: Sandkühler, Hans Jörg, (Hrsg.), Europäische Enzyklopädie zu Philosophie und Wissenschaft, Band 2, Induktion, Sp. 663

[446] Franke, Analogie, a.a.O., Sp. 219 f.

[447] Jan Schröder, Recht als Wissenschaft, S. 42 ff., mit einem historischen Überblick über den Topos „a simili"; ders.: Analogie in der juristischen Methodenlehre, (zit. fortan „Analogie"), S. 3 ff.; derselbe als Hrsg., Entwicklung der Methodenlehre in Rechtswissenschaft und Philosophie vom 16. bis zum 18. Jh., Stuttgart 1998, Einführung S. 9 ff., (zit. fortan „Methodenlehre"), der zahlreiche Literaturhinweise bietet und für den die Topik die Hauptdisziplin der juristischen Methodenlehre des 16. Jh. zu sein scheint. Bei dem „locus a simili" wird auf jede Ähnlichkeit abgestellt. Da der Ähnlichkeitsschluss aber nicht statthaft sein soll, wenn die Ähnlichkeiten im Unwesentlichen bestehen, wurde der „locus a compa-

weiteren Sinne eine Kunstlehre der argumentativen Gesprächsführung in Bezug auf allgemein anerkannte Meinungen, im engeren Sinne neben der Rhetorik und Logik derjenige Teil der Argumentationslehre, der sich mit situativen Argumentationsschemata befasste.[448] Die Topik (von griech. topos = Ort) geht auf Aristoteles zurück, der ihr ihren Namen und ihren technischen Charakter gab[449] und wurde durch Cicero und Boethius maßgeblich beeinflusst. Die Topik stellte zahlreiche Fundorte (topoi, loci) auf, bei denen Regeln gefunden werden konnten, die als Maximen die Voraussetzung für die weitere Argumentation waren.[450] Eine dieser vielen Regeln war auch: „Was dem einen Ähnlichen zukommt, kommt auch dem anderen zu."[451]

Von solchen Regeln bestehen in der juristischen Argumentation heute nach Ansicht Schröders nur noch die Schlüsse der Analogie (locus a simili), der Gegenschluss (e contrario), „a maiore ad minus" und „a minore ad maius".[452] Diese Ansicht geht offenbar von einem engen dialektischen Topoi-Begriff des 16. und 17 Jh. aus. Eine andere Ansicht, die auch von Larenz vertreten wird und von einem weiten Topos-Begriff ausgeht, sieht dagegen alle Argumente, die für die Lösung von Rechtsproblemen herangezogen werden können und auf allgemeine Zustimmung stoßen als Topoi an.[453] So gesehen ist zwar nicht jedes Argument ein Topos, doch lässt sich eine Vielzahl von derartigen Argumenten finden. Struck bringt es in seiner Publikation gar auf 60 Stück, wobei er keinen Anspruch auf Vollständigkeit erhebt.[454]

Aber nicht nur in der Topik, sondern auch in der Interpretationslehre hatte der Ähnlichkeitsschluss bereits um 1600 seinen Platz als Interpretationmittel über den Wortsinn des Gesetzes hinaus. Von der ratio legis aus wurde extensiv, re-

---

rati" entwickelt, der ausschließlich auf Ähnlichkeiten in den Wesentlichkeiten abstellt und den Ähnlichkeitsschluß nur unter dieser Voraussetzung logisch für zulässig erachtet, Nachweise bei Schröder a.a.O.

448 Gethmann, Carl F., "Topik" in: Enzyklopädie Philosophie und Wissenschaftstheorie, Band 1, Sp. 320 ff.

449 Gethmann, ebenda, Sp. 320 ff.

450 Schröder, Methodenlehre, S. 10; O. Primavesi, „Topik" in: Historisches Wörterbuch der Philosophie, Bd. 10, Sp. 1263.

451 Schröder, Analogie, S. 4.

452 Schröder, Methodenlehre, S. 10; grundlegend zur juristischen Topik: Theodor Viehweg, Topik und Jurisprudenz, 4. Aufl., München 1969; kritisch und kurz dagegen: Larenz, Methodenlehre, S. 146 f.; Zippelius, Rechtsphilosophie, § 39 II, sieht die üblichen juristischen Schemata als Beispiel für die Technik der Topik als „fertig bereit liegende Einsichten"; Norbert Horn, Bedeutung der Topiklehre Theodor Viehwegs, NJW 1967, 601 ff.; Gerhard Struck, Topische Jurisprudenz, Studien und Texte zur Theorie und Methodologie des Rechts, Bd. 9; zur Begrifflichkeit: Johann Falk, Die Analogie im Recht, Diss. jur. 1906.

453 So die Definition bei Larenz, Methodenlehre, S. 146 f.

454 Struck, a.a.O. S. 20 ff., dessen etwas merkwürdig anmutender Katalog aber den Ähnlichkeitsschluss nicht enthält.

striktiv oder deklaratorisch interpretiert.[455] Dies führte dazu, dass der Ähnlichkeitsschluss in der Interpretationslehre der extensiven Auslegung gleichgesetzt war. Noch bis in die 2. Hälfte des 17. Jh. soll sich in der juristischen Literatur keine einheitliche Differenzierung zwischen beidem finden lassen. Zu dieser Zeit wurde noch nicht erkannt, dass die Interpretation lediglich der Sinnermittlung dienen kann, während der Ähnlichkeitsschluss aus der ratio des Gesetzes den festgestellten Sinn überschreitet.[456] Der Ähnlichkeitsschluss wurde somit weder ausschließlich der Topik noch der Interpretationslehre zugeordnet, sondern bildete vielmehr die Schnittmenge beider.[457] Seine Selbständigkeit wird auch dadurch verdeutlicht, dass man ihm mit dem Begriff „extensio" einen eigenen Namen gab.[458]

Der Begriff „analogisch" taucht in der juristischen Literatur bereits im 16. / 17. Jh. auf. Unter der *„analogischen Interpretation"* versteht man hier die Beseitigung von Antinomien im Recht,[459] wobei man nicht nur einzelne Normen, sondern bereits den Systemzusammenhang betrachtete, um den Anwendungsbereich von Normen zu ermitteln oder gar überpositives Recht zu schaffen. Die analogische Interpretation hat insofern mit dem Ähnlichkeitsschluss nichts zu tun.[460]

Zusammenfassend war somit der Ähnlichkeitsschluss in der Topik unter den loci „a simili" und „a comparatis" zu finden, während er in der Interpretationslehre in der „extensiven Auslegung" angesiedelt war. Unterschieden hat man zwischen beidem am Ende des 17. Jh. noch nicht, auch verwendete man den Begriff der „Analogie" hierfür nicht. Die sog. „analogische Methode" hingegen diente ausschließlich der Beseitigung von Widersprüchen.

Bereits im 16. Jh. begann die Kritik an der Topik mit ihren unzähligen loci, die zunehmend als leere, bloß formale Richtlinien erschienen.[461] Durch die aufstrebende naturwissenschaftliche Methode und die autoritätsfeindliche Frühaufklärung büßte sie in der Logik bis 1700 ihre beherrschende Rolle ein und spielte in der Jurisprudenz nur noch eine untergeordnete Rolle. Gleichwohl blieben die Juristen aber der Topik verhaftet, da sie im Gegensatz zu Naturwissenschaftlern nicht ohne Weiteres durch Experimente zu neuen Erkenntnissen kommen konnten und weil sie aufgrund der Lückenhaftigkeit der Gesetze den Ähnlichkeitsschluss nicht entbehren konnten.[462]

---

455 Schröder, Analogie, S. 8 f.
456 Schröder, Analogie, S. 10.
457 Schröder, Analogie, S. 12.
458 Schröder, Analogie, ebenda.
459 Schröder, Recht als Wissenschaft, S. 176, 92 f. verweist auf Joachim Hopper (1523 – 1576), der den Begriff der analogischen Interpretation wohl als erster Jurist verwendet hat.
460 Schröder, Analogie, S. 13 ff.
461 Historisches Wörterbuch der Philosophie, Topik, Sp. 1280.
462 Schröder, Analogie, S. 16 f.

So erhielten die auf das Notwendigste reduzierten topischen Regeln in der Rechtswissenschaft ein gewisses Eigengewicht, nachdem sie von der in der Logik nicht mehr akzeptierten Topik gelöst waren. Von den Unmengen an topischen Argumenten blieben so nur zwei übrig, das aus der Konsequenz und das aus der Ähnlichkeit oder gar einzig der Schluss von der ratio eines geregelten Falles auf einen nicht geregelten Fall.[463] Dies könnten nach Ansicht Schröders die Umstände sein, die für die Entstehung des modernen Analogiebegriffs verantwortlich waren.[464]

Erst im 18. Jh. fand sich die *„analogia juris"* als Zeichen einsetzender Positivierungstendenzen im Recht in der juristischen Literatur, wo sie im Staatsrecht, im Privatrecht und für manche schlechthin anerkannt wurde.[465] In den Kodifikationen der Aufklärung, wie dem preuß. ALR, österr. ABGB oder dem badischen Landrecht[466] schlug sich die analogia juris insofern ebenfalls nieder, als sie den Richter anwies, vor dem Rückgriff auf das Naturrecht stets zunächst aus dem Geist des positiven Rechts eine Lösung zu suchen.

Mitte des 18. Jh. führt Daniel Nettelbladt den Restbestand der alten Topik und den Begriff der „Analogie" zusammen. Er differenziert zwischen a) der Entscheidung von Fällen nach Analogie und b) der „analogia iuris", wie Schröder aufzeigt. Hierbei bestimmt erstere die Rechte und Pflichten dadurch, dass sie Fälle durch andere als stillschweigend mitentschieden ansieht, während die „analogia iuris" aus bestimmten Übereinstimmungen allgemeine Prinzipien zu folgern sucht,[467] wobei sie aber uneinheitlich als Erweiterung der „analogischen Interpretation" zur Rechtsfindung dient, die aus dem Zusammenhang folge.[468]

Der Ähnlichkeitsschluss selbst wird noch nicht als Analogie bezeichnet, dies geschieht erst in einer weiteren Publikationswelle zum Ende des 18. bzw. Beginn des 19. Jh. durch vielerlei Autoren,[469] die teilweise auch den „e contrario"

---

463 Nachweise bei Schröder, Analogie, a.a.O.

464 Schröder, Analogie, S. 17 f.

465 Schröder, Recht als Wissenschaft, S. 108 f. und S. 176 ff., mit div. Nachweisen aus den Quellen.

466 Einl. preuß. ALR § 49; österr. ABGB § 7; BadLR Satz 4 a; nach Schröder, Recht als Wissenschaft, S. 109.

467 Schröder, Analogie, S. 20.

468 Schröder, Analogie, S. 54.

469 Globig, Versuch der Theorie einer Wahrscheinlichkeit, 2. Th., S. 39 ff.; Glück, Ausführliche Erläuterung der Pandecten nach Hellfeld, ein Commentar, 1.Theil, Erlangen, 1797, § 37, S. 262; Gönner, Teutsches Staatsrecht, Landshut, 1804, § 29, S. 34 ff.; Grolman, Ueber doctrinelle Gesetzesauslegung, in: Bibliothek für die peinliche Rechtswissenschaft und Gesetzkunde, 1. Th., 1. St., 1797, S. 66 ff.; Häberlin, Handbuch des Teutschen Staatsrechts I, § 48, S. 205; Klüber, Öffentliches Recht des teutschen Bundes und der Bundesstaaten, 1817, Frankfurt, 4. Ausgabe von 1840, § 62, S. 70 f.; Savigny, System des Römischen Rechts, Bd. I, S. 290 ff.; Tafinger, Bestimmung des Begriffs der

Schluss zur Analogie rechnen, was dazu führt, dass nun nur noch der „simile" und „e contrario" Schluss von der alten Topik übrig bleiben und fortan unter dem Begriff der Analogie gehandhabt werden.[470] In der heutigen Rechtstheorie ist aus dem Analogiebegriff der e contrario Schluss ausgeschieden, so dass er nur noch den simile-Schluss beschreibt.[471]

2. Analogie in den aufgezeigten Quellen (Mitte 18. – Mitte 19. Jh.)

Begriff der Analogie

Das Thema der Analogie zieht sich durch die gesamte untersuchte Literatur. Moser stellt in seinem Buch von 1766 die Analogie allerdings nur dar und sagt lediglich, dass es sie gebe und dass sie nicht auf bestimmte Rechtmaterien beschränkt sei.[472] Hufeland und Wächter setzen mit ihren Ausführungen von 1815 und 1842 einen Endpunkt bei der Beschreibung der Analogie, die sich seit dem bis heute kaum verändert haben dürfte. Zwischen diesen Daten, also vom letzten Drittel des 18. bis nach Ende des ersten Drittels des 19. Jh., kann dabei nicht ein bestimmter Zustand des Analogiebegriffes, sondern nur ein Prozess seiner Entwicklung dargestellt werden, was hier auf die oben dargestellten Quellen beschränkt sein muss.[473]

Moser[474] hat den Begriff der Analogie noch im wörtlichen Sinne verstanden, denn analogiefähig waren für ihn nicht nur das Recht, sondern auch Fälle als solche und Rechtsentscheidungen. Der Analogieschluss war für ihn der universale *Ähnlichkeitsschluss*. Bei der Analogie eines Gesetzes wurde dieses auf einen nicht gesetzlich erfassten Fall angewandt. Bei der Analogie eines Falles wurde dieser so gehandhabt, wie man einen anderen Fall gehandhabt hatte. Bei der Analogie einer Entscheidung - Moser schreibt „Saz", das entspricht der Sentenz, der Entscheidung eines Einzelfalles - zog man eine Entscheidung analog heran, um eine neue abweichende zu vermeiden. Neben dieser Einzelanalogie beschreibt Moser aber auch eine Gesamtanalogie, nämlich den Schluss von einem allgemeinen Satz auf einen speziellen Fall. Der Analogiebegriff ist also ein weiter, der begrifflich jedenfalls nicht in verschiedene Gattungen unterteilt wird. In diesem weiten Sinne angewandt, wäre er dem topos „a simile" sehr ähnlich,

Analogie, 1787; Thibaut, Theorie der logischen Auslegung des Römischen Rechts, 2. Ausg., Altona, 1806, S. 114 f.

470 Schröder, Analogie, S. 22.

471 Larenz, Methodenlehre, S. 381.

472 Johann Jacob Moser, Neues Teutsches Staatsrecht, Bd.1, Stuttgart 1766, Neudruck Osnabrück 1967.

473 Die ab dem 18. Jh. zur Rechtsquelle erhobene analogia juris ist schwer zu fassen, was selbst in der historischen Literatur beklagt wurde. Daniel Nettelbladt äußert sich beispielsweise 1751 dahingehend, dass es leichter sei, Wasser aus einem Bimsstein zu pressen, als den Terminus der Analogie zu fassen, vgl. Schröder, Recht als Wissenschaft, S. 177.

474 Moser, Teutsches Staatsrecht, S. 518 f.

wenn nicht auch noch die weiteren *logischen Schlüsse* „a majore ad minus“ und „a minore ad majus“[475] der Analogie zugeordnet worden wären. Auch das argumentum e contrario unterfiel diesem Begriff der Analogie.[476] Für Glück[477] gehörten diese Schlüsse nicht nur zu der Analogie, sondern machten diese gerade als Ergebnis der Argumentation ex ratione legis aus. Dies änderte sich jedoch im Laufe der untersuchten Zeit bis hin zu Wächter, für den 1842 die angeführten Schlüsse nichts mehr mit der Analogie zu tun hatten, außer der Tatsache, dass Analogie und die genannten Schlüsse gleichermaßen der Rechtslückenfüllung dienten. Dass dieser Prozess allmählich vonstatten ging zeigt die Tatsache, dass Thibaut den e contrario Schluss bereits 1799 aus der Analogie ausschied,[478] während Klüber ihn noch 1817 ausdrücklich zu ihr zählte.[479]

Wenn man diesen „frühen“ Moser'schen Begriff der Analogie im betrachteten Zeitraum, also die Gesetzes- und Rechtsanalogie mit den logischen Schlüssen, ganz allgemein beschreiben wollte, müsste man ihn so charakterisieren, dass es sich bei der Analogie um einen Sammelbegriff für verschiedene Verfahren der Rechtsgewinnung handelt, bei dem das Gesetz oder das Recht keine unmittelbare Lösung vorsieht.

In der Moser zeitlich nachfolgenden Literatur, betrachtet wurde hier zunächst Nettelbladt, ist dies allerdings bereits nicht mehr so der Fall, da hier die Analogiebegriff eine Verengung erfährt. Unter Berufung auf den Wortsinn und historische Quellen scheint Thibaut 1799 der erste Vertreter eines engeren Analogiebegriffes zu sein. Er scheidet alles aus diesem Begriff aus, was kein Ähnlichkeitsschluss ist, also insbesondere jedes Resultat logischer Auslegung, wie das Argumentum e contrario oder die restriktive Auslegung.[480] Am Ende dieser Verengung des Analogiebegriffes stehen hier Hufeland, Jordan, Savigny und Wächter, die allmählich die bis heute gültigen Definitionen und Unterscheidungen zwischen Rechts- und Gesetzesanalogie darstellen und insbesondere die extensive Auslegung von der Analogie absondern. Spätestens 1842 scheint dieser Prozess mit Wächter abgeschlossen zu sein, wenn es auch sicher noch Vertreter des weiten Analogieverständnisses gegeben haben wird, andererseits Savigny bereits 1809 in seinen Vorlesungen die Interpretation genau von der Analogie unterschied.

---

[475] Moser, ebenda.
[476] So Glück, Klüber, Häberlin, a.a.O.
[477] Glück, Pandektenkommentar, a.a.O.
[478] Thibaut, Theorie der log. Auslegung des röm. Rechts, 1806 (1799), S. 118
[479] Klüber, Öffentliches Recht des Teutschen Bundes und der Bundesstaaten, 4. Aufl., 1840, § 62, S. 70 ff., (1. Aufl. 1817).
[480] Thibaut, Theorie der log. Auslegung des röm. Rechts, a.a.O., S. 114 f.

Einen sonderbaren Ausgangspunkt für die Darstellung der Analogie wählte Cotta, in einer Dissertation, die 1786 in Karlsruhe verlegt wurde.[481] Wie bereits dargestellt, wollte er mittels Analogie begründen, dass ein Mehrheitsbeschluss auch gegen die Minderheit gilt, wenn das Mehrheitsprinzip vereinbart worden war und die gleichen Geltungsgründe für den Beschluss auch bei der Minderheit auftraten. Wenn er beschreibt, dass unter diesen Voraussetzungen ein ausländisches Gesetz auf einen inländischen Sachverhalt angewandt werden könnte, stellt er ebenfalls auf die Gleichheit des Grundes einer Entscheidung ab. Die analoge Anwendung einer sachlich passenden ausländischen Norm macht im Ergebnis nämlich methodisch keinen Unterschied zur Analogie einer sachlich nicht einschlägigen aber wegen Ähnlichkeit passenden inländischen Norm. Dies realisierend verwundern seine Ausführungen nicht mehr, auch wenn er vom Gesetzgebungsverfahren ausging und über das Erfordernis bestimmter Mehrheitsverhältnisse schrieb.

Insgesamt kann festgestellt werden, dass in der Literatur in Bezug auf den Begriff dieser herkömmlichen Analogie weitgehende Einigkeit bestand, was wohl daran gelegen habe dürfte, dass die Analogie aufgrund der lückenhaften Rechtsquellen in der Praxis rege Anwendung gefunden hat und ihr Charakter als Rechtsquelle, wenn auch als Unterfall der Auslegung, seit Mitte des 18. Jahrhunderts gesicherte Erkenntnis war.

Grund und Zweck der Analogie

Der Ausgangspunkt der Analogie, also ihr Grund, war nach allgemeiner Ansicht das Faktum, dass ein Gesetz nicht alle von ihm tatsächlich erfassten Sachverhalte ausdrücken kann. Die Analogie sollte diese Lücken schließen. Dies folgt aus dem verbreiteten Gedanken, dass eine begrenzte Zahl von Worten nicht eine unbegrenzte Zahl von Fällen und Fallvarianten erfassen könne.[482] Folglich gebe es Fälle, auf die zwar das Motiv des Gesetzes gleichermaßen zutrifft, die vom Wortlaut des Gesetzes aber nicht erfasst werden. Wenn dies aber so ist, dann sei es eine moralische Notwendigkeit und eine Forderung der Gerechtigkeit, die Analogie zu bilden und gleiche Fälle gleich und ähnliche Fälle ähnlich zu behandeln. Diese Notwendigkeit folge aus dem vernünftigen Willen. Unter den dargestellten Autoren beschrieb dies zuerst Majer, von dem andere Autoren, insbesondere Fischer, nahezu wörtlich übernahmen.[483] Die Analogie diente somit der Vermeidung von Widersprüchen bei der Entscheidung von

---

481 Cotta, Johann Georg; „Einleitung in das allgemeine Staatsrecht“, 1786 Karlsruhe; nicht zu verwechseln mit „Einleitung in das allgemeine Statsrecht der teutschen Lande“, Tübingen 1786 des gleichen Autors.

482 besonders deutlich so: Jordan, Silvester, Über die Auslegung der Strafgeseze, 1818, § 1.

483 Vgl. Majer, Teutsches Staatsrecht, Bd. I, S. 12 ff. von 1775 und Fischer, Litteratur des germanischen Rechts, S. 142 ff. von 1782.

Rechtsfällen.[484] Als schließlich das Naturrecht überwunden war, bezog Savigny die drohende Widersprüchlichkeit allerdings nicht mehr auf die Entscheidungen selbst, sondern auf die Rechtsordnung als solche, indem die Analogie der Einheit, Widerspruchsfreiheit und Vollständigkeit des Rechts selbst dienen sollte.[485]

Rein formal war die Analogie nach einhelliger Ansicht nicht nur ein Hilfsmittel der Auslegung, sondern echte Rechtsquelle bei der Entscheidung von Fällen. Dies kommt beispielsweise bei Nettelbladt bereits zum Ausdruck, nach dem die Gesetze erst dann gänzlich schweigen, wenn auch in der Analogie die Entscheidung nicht gefunden werden kann. Allerdings ist damit nicht auszuschließen, dass die Analogie auch bloßes Hilfsmittel zur Erleuchtung unklarer Quellen war. Klüber sagt z.B., die Analogie könne als Rechtsquelle oder der Auslegung dienen, wobei er dies allerdings nicht näher ausführt. Dies ist symptomatisch für seine Zeit, denn die Analogie wurde einerseits als Rechtsquelle, andererseits als Unterfall der Interpretation angesehen.

Berechtigung zur Analogie

Vom dargestellten Grund für die Existenz der Analogie ist die Berechtigung des Rechtsanwenders zu unterscheiden, von der Analogie Gebrauch machen zu dürfen. Montesquieus „Esprit de lois“, bzw. die darin geforderte Gewaltenteilung hat dazu geführt, dass die Juristen es zu rechtfertigen suchten, weshalb der Rechtsanwender auch im Wege der Analogie quasi rechtsschaffend tätig werden darf. Das Problem ergibt sich daraus, dass die Analogie ein Akt der Rechtsschöpfung ist, den Fischer in der oben zitierten Stelle[486] sogar eine Gattung der Gesetzgebung nennt. An sich ist nur der Gesetzgeber berechtigt, die Grundlage für Rechtsentscheidungen zu bestimmen, nicht jedoch der Anwender. Insbesondere Danz zieht 1800 daher die aus dem Postulat der Gewaltenteilung folgende Konsequenz und hält die Analogie aufgrund ihrer Durchbrechung der Gewaltenteilung für unzulässig.[487] Hieran ist jedoch beachtlich, dass der Wille des Gesetzgebers nach der damaligen Ansicht das wichtigste Element im Entstehungsprozess und auch hinsichtlich des Gesetzes war. Solange man sich im Rahmen dessen bewegte, galt die Gewalt der Gesetzgebung als nicht verletzt. Hier spielte nun wieder eine Rolle, dass man davon ausging, der Gesetzgeber könne aus faktischen Gründen nicht alle erdenklichen Fälle in den dürren Worten des Gesetzes erfassen, weswegen sein Wille in der Regel über den Wortlaut hinaus gehe. Aus diesem Grunde wird in der untersuchten Literatur immer wieder betont, dass der Wille des Gesetzgebers tatsächlich weiter gehen müsste als das Gesetz, damit eine Analogie durchgeführt werden kann. In Bezug auf diese

---

[484] Pütter, Kurzer Begriff des Teutschen Staatsrechts, § 58, S. 43; Häberlin, Handbuch des Teutschen Staatsrecht, Bd. I, 1797, § 48, S. 210 ff.

[485] Savigny, System des heutigen röm. Rechts, Bd. I, S. 290 ff.

[486] Chrph. Jonat. Fischer, Litteratur des germanischen Rechts, Leipzig 1782, S. 142 ff.

[487] Danz, Handbuch des heutigen deutschen Privatrechts, 1800, S. 350, § 84.

Forderung ist jedoch eine Wandlung zu beobachten. Erst hat man den Willen des Gesetzgebers als Voraussetzung für die Analogie zuvörderst feststellen wollen, dann, vermutlich als man feststellte, dass dies oft nicht möglich war, schloss man umgekehrt von einer aus anderen Gesichtspunkten für zulässig erachteten Analogie auf diesen Willen. Der gesetzgeberische Wille musste also nicht mehr festgestellt werden, sondern wurde vermutet, sobald man die Voraussetzungen der Analogie für gegeben sah.[488] Diese Vermutung gründete sich im Ergebnis darauf, dass man dem Gesetzgeber unterstellte, er sei vernünftig und würde selbst erkennen, dass er nicht alle erdenklichen Fälle regeln kann.

Ein anderes Argument brachte Jordan 1818, für den die Befugnis des Anwenders zur Analogie aus dem Zweck des Gesetzes ganz nach dem Motto „der Zweck heiligt die Mittel" resultiert. Wenn der Gesetzgeber die Befugnis zu einem bestimmten Zweck gegeben habe, dann könnte man daraus auch die Befugnis zu den zur Erreichung des Zwecks erforderlichen Mitteln (z.B. der Analogie) folgern.[489]

Aus der Beschäftigung mit dem hypothetischen Willen des Gesetzgebers entspringt auch der wohl zum ersten Mal bei Pütter anklingende Gedanke des Erfordernisses eines *ungewollten* Nichtmiterfassens des fraglichen Sachverhalts durch den Wortlaut des Gesetzes als eine Voraussetzung der Analogie. Er entwickelte die Erkenntnis von der Begrenztheit der Worte also fort und schuf aus dem Ungewolltsein einer Regelungslücke eine echte Voraussetzung der Analogie. Es durfte sich nicht um singuläres Recht oder Sonderrecht handeln, das nicht analogiefähig ist, da dieses Recht von einem Grundsatz abweiche, ohne ihn aufheben zu wollen. Dieser Gedanke findet sich auch bei Glück, wenn er in seinem Pandektenkommentar zum Ausdruck bringt, dass es keine Analogie von „Sonderrecht" gebe. Diese Beschränkung der Ausdehnung eines Gesetzes folgt jedoch aus einem alten, wenigstens seit dem 16. Jahrhundert geltenden Grundsatz[490] und ist insofern keine Neuartigkeit.

Voraussetzungen der Analogie

Stets wird bei den dargestellten Autoren als Voraussetzung für die Analogie die Ähnlichkeit des zu entscheidenden Falles mit dem durch das Gesetz entschiedenen genannt. Hierbei wird allerdings nirgends genauer definiert, welchen Grad diese Ähnlichkeit erreichen muss oder ob sie nach einer bestimmten Methode festzustellen ist oder worauf sie sich genau beziehen soll. Die immer wieder an-

---

[488] Siehe oben Nettelbladt und Pütter.
[489] Jordan, Über die Auslegung der Strafgeseze, a.a.O.
[490] Vgl. Schröder, Recht als Wissenschaft, S. 69, 159 f.: „Exorbitante" Gesetze, die man seit dem 18. Jahrhundert singuläres Recht nennt, wurden bereits im 16. Jahrhundert überwiegend für nicht ausdehnungsfähig gehalten.

gesprochenen Voraussetzungen für die Zulässigkeit einer Analogie lassen sich wie folgt zusammenfassen:

- Ausgangspunkt war die *Ähnlichkeit* des entschiedenen und des zu entscheidenden Falles. Mit „Fall" ist dabei einerseits der zu entscheidende Lebenssachverhalt und der vom Gesetz geregelte Lebenssachverhalt gemeint. Wie ähnlich die Fälle zu sein haben, bzw. was der Gradmesser für die Ähnlichkeit sein soll, wird nirgends erläutert. Häberlin bringt - diese Problematik immerhin erkennend - die nichts klärende Aussage, dass die Fälle zwar ähnlich aber nicht gleich sein dürften, denn wenn sie gleich wären, bedürfte es der Analogie nicht, sondern könne das Gesetz direkt angewandt werden.

Hinsichtlich dem Erfordernis der „Ähnlichkeit" ist der Gegenstand der Beobachtung bei den dargestellten Autoren teilweise ein unterschiedlicher. Einerseits wird auf die Ähnlichkeit der Lebenssachverhalte abgestellt, von der aus auf die Gleichheit der Entscheidungsgründe oder den Willen des historischen Gesetzgebers geschlossen wird,[491] andererseits wird sogleich und ausschließlich auf die Gleichheit der Entscheidungsgründe abgestellt.[492] Allerdings war auch bei ersteren Voraussetzung der Analogie, dass der Entscheidungsgrund des geregelten Falles auch auf den nichtgeregelten zutraf. Thibaut ist dabei nicht der erste gewesen, der den Unterschied beider Ausgangspunkte feststellt und allein auf die Gleichheit der Gründe abstellt. Bereits Cotta, Glück und Grolman, wie oben gezeigt, stellen auf die Gleichheit der Gründe ab und das schon 15 Jahre vor Thibaut. Ferner ist die Unterscheidung zwischen dem Sachverhalt und dem einem Sachverhalt innewohnenden Entscheidungsgrund ohnehin kaum durchführbar, da ähnliche Fälle immer aus den gleichen Gründen gleich zu entscheiden sind, während das Vorliegen gleicher Entscheidungsgründe auch immer darauf zurückgeht, dass ähnliche Fälle zur Entscheidung anstehen. Man kann es bei den dargestellten Autoren deshalb wohl als gemeinsame Ansicht bezeichnen, dass erste Voraussetzung der Analogie nicht Ähnlichkeit der Fälle, sondern die Gleichheit der Entscheidungsgründe ist.

Der Ausgangspunkt für die Analogie ist somit die Gleichheit der Entscheidungsgründe und damit das, was gemeinhin das Ziel der Auslegung ist.[493] Die Gleichheit der Entscheidungsgründe kann dabei einerseits aus dem Willen des Gesetzgebers, andererseits aus der ratio legis oder aus beidem geschlossen wer-

---

491 So Häberlin, Fischer und Majer, s.o.

492 So die Mehrzahl der Autoren wie Nettelbladt, Cotta, Glück, Grolman, Thibaut und Wächter, s.o.

493 Das Ziel der Auslegung kann nach den subjektiven Theorien der Wille des historischen Gesetzgebers sein, nach den objektiven Theorien der von der gesetzgeberischen Vorstellung losgelöste, objektive Gesetzessinn oder aber es wird vermittelnd nach beidem geforscht, wie es die Rechtsprechung heute zu tun scheint, wenn sie nach dem „objektiven Willen des Gesetzgebers" oder dem „Willen des Gesetzes" sucht, vgl. Vogenauer, Auslegung, S. 28 f.

den. Hierbei tut sich in Bezug auf den Willen des historischen Gesetzgebers freilich ein Hindernis auf. Dieser lässt sich nämlich nicht erfragen und kann bei unklaren Gesetzen aus selbigen nicht geschlossen werden. Andererseits kann der Wille des Gesetzgebers auch durchaus an der ratio der Norm vorbei gehen, wenn diese einen Bedeutungswandel erfahren hat. Denn Gesetze unterliegen über ihre Generalklauseln und unbestimmten Rechtsbegriffe zweifelsohne einem Bedeutungswandel, ihr Normgehalt ist dynamisch, weshalb die teleologische Auslegung der historischen immer vorgeht.[494] Eine Übereinstimmung des Gesetzgeberwillens, also des Motivs des Gesetzes mit der Ratio der Norm, dürfte nur im Zeitpunkt des Rechtsschaffungsaktes selbst bestehen.

Vermutlich auch aus diesen Gründen wird der subjektive Wille des historischen Gesetzgebers in der einschlägigen Literatur über die Rechtfertigung der Analogie immer unmaßgeblicher, bis Hufeland 1815 die Meinung vertritt, dass der Wille des historischen Gesetzgebers für die Analogie völlig irrelevant sei.[495] Entscheidend sei vielmehr der Zweck des Gesetzes, die objektive ratio legis.[496] Savigny kommt 1840 schließlich soweit, dass er die Analogie nur noch als Hilfsmittel sieht, das dem Recht zu seiner eigenen Vollständigkeit verhelfe. Was der Gesetzgeber für Motive oder Ziele hatte, war somit in den Bereich der Auslegung verbannt.[497] Dies lässt sich für die Zeit vor der Jahrhundertwende - jedenfalls in der hier untersuchten Literatur - noch nicht feststellen, was daran liegen könnte, dass Analogie und die ausdehnende Interpretation noch nicht in ausreichendem Maße unterschieden wurden. Nach den hier untersuchten Quellen war erst ab Beginn des 19. Jh. der Wille des historischen Gesetzgebers nicht mehr entscheidend, sondern die innere Einheit des Rechts. Vor der Jahrhundertwende wurde die Analogie noch als ein Unterfall der ausdehnenden Interpretation angesehen.[498]

- Trotz der zunehmenden Vernachlässigung des historischen gesetzgeberischen Willens, stellte er weiterhin eine Schranke der Analogie dar, sofern der Gesetzgeber irgendwie zum Ausdruck brachte, dass eine Regelungslücke gewollt war oder er bewusst Sonderrecht geschaffen hatte. Diese Begrenzung der Analogie ergibt sich aus dem einstigen Abstellen auf den positiven Willen des Gesetzgebers, wie bereits dargestellt wurde, und gilt bis heute fort.

---

[494] Zur Frage des Verhältnisses der heute etablierten vier Auslegungsmethoden sehr detailreich und anhand der Rechtsprechung entwickelt: Vogenauer, Auslegung, S. 159 ff.

[495] Einen entsprechende Tendenz soll es in der Rechtsprechung erst ab Ende des 19. Jahrhunderts einsetzen, vgl. Vogenauer, Auslegung, S. 20 f.

[496] Hufeland, Über den eigenthümlichen Geist des römischen Rechts, Bd. I, a.a.O.

[497] So ausdrücklich Hufeland, a.a.O.

[498] So ausdrücklich Grolman und Thibaut, a.a.O., s.o.; i.E. ebenso m.w.N.: Schröder, Recht als Wissenschaft, S. 179.

- Eine weitere Schranke der Analogie ist seit jeher deren Subsidiarität. Bereits Pütter brachte dies zum Ausdruck, als er 1768 beschrieb, dass Gesetze und Gewohnheitsrecht der Analogie vorgingen. Dies versteht sich von selbst und bedarf keiner weiteren Erörterung.

Methodisch hat sich eine gravierende Veränderung vollzogen. Die Ausgangslage war die, dass der zu entscheidende Fall bei richtiger Betrachtung und Auslegung der Gesetze nur scheinbar nicht mitgeregelt war. Bei Analysierung der Ratio der Norm und des Gesetzgeberwillens, bzw. des hypothetischen Gesetzgeberwillens, den man wiederum aus der Ratio der Norm schloss, kam man nämlich zu dem Ergebnis, dass die Norm viel weiter ging, als es ihr Wortlaut zunächst vermuten ließ. Dies war Voraussetzung für die Analogie, also die Tatsache, dass der zu entscheidende Fall tatsächlich doch geregelt war, oder besser gesagt, als geregelt anzusehen war. Die Gesetze mussten sein, „*...positive Gesetze, deren Worte weniger ausdrücken, als doch wirklich in dem ganzen Umfange derselben enthalten ist...*“ [499]

Diese Ausgangslage, also der Blick auf den hinter dem Wortlaut stehenden Gehalt des Gesetzes, wandelte sich dahingehend, dass die jüngeren Autoren genau vom Gegenteil ausgingen. Ausgangspunkt und Voraussetzung der Analogie wurde die Nichtmiterfassung des zu entscheidenden Falles, so dass die Norm als fremde Norm auf einen Fall angewendet wurde, für den sie nicht bestimmt war. Man schaute nicht mehr auf einen nicht greifbaren „wahren Inhalt“, sondern auf den Wortlaut, von dem aus durch Interpretation auf den Inhalt des Gesetzes geschlossen wurde, der den zu entscheidenden Fall aber nicht mitenthielt. Zusammenfassend gesagt war ursprünglich der Ausgangspunkt der Analogie die Annahme, dass der zu entscheidende Fall bei richtiger Betrachtung der Norm von dieser miterfasst war, während später gerade die Nichterfassung dieses Falles vorausgesetzt wurde. Es kam so zu einer Verengung des Normsinns, wobei unentschieden bleiben muss, ob dieser Grund oder Folge der beschriebenen Entwicklung war.

Diese Fortentwicklung beseitigte endlich den Widerspruch innerhalb der älteren Ansicht, nach der Voraussetzung der Analogie einerseits war, dass der dem ersten Anschein nach nicht geregelte Fall bei richtigem Verständnis doch miterfasst war, man andererseits die Analogie als eine „Ausdehnung“ des Gesetzes ansah, obschon eine Ausdehnung nur dorthin erfolgen kann, wo das sich ausdehnende Objekt vorher noch nicht ist, d.h. das Gesetz kann sich nur auf Fälle ausdehnen, die es gerade nicht erfasst.[500] Mithin war das ursprüngliche Problem schlichtweg

---

[499] Vgl. beispielsweise Majer, s.o.

[500] Beispielsweise Fischer, s.o.: Ausdehnung der vorhandenen Gesetze ihrem ganzen Umfange nach auf alle wirklich darin enthaltenen Fälle.

die Nichtunterscheidung bzw. Teilidentität der extensiven Auslegung und der Analogie.

Die Analogie, als reiner Ähnlichkeitsschluss verstanden, wurde zunächst als ein Schluss vom Besonderen auf das Besondere angesehen. Thibaut schreibt noch 1799, dass die Analogie der Schluss von einem Fall auf einen anderen Fall sei.[501] Wenn der eine Fall im Gesetz geregelt war, dann müsse es der ähnliche auch sein. Dies änderte sich, als man damit begann, nicht mehr die Ähnlichkeit des Lebenssachverhaltes, sondern über die Ratio des Gesetzes zu gleichen Entscheidungsgründen zu gelangen. Hufeland beschreibt 1815 die Methode der Analogie dann schon dahingehend, dass man sich vom einzelnen Fall zu einer allgemeinen Regel aufschwinge, um von dieser wieder auf andere Fälle herabzugleiten. Hiermit beschreibt Hufeland bereits die auch heute noch vertretene Ansicht, dass die Analogie eine Kombination von unvollständiger Induktion und Deduktion sei. Er formt damit aus der von der Interpretation losgelösten Analogie eine von der bloßen Fallbearbeitung losgelöste allgemeine Rechtsregel. Hierbei ist schon immer bekannt, dass ein solches Schlussverfahren, das sich auf der unvollständigen Induktion gründet, kein objektiv richtiges Ergebnis liefern kann, sondern nur eine Wahrscheinlichkeit. Häberlin betont dies beispielsweise mit aller Deutlichkeit in seinem 1797 verfassten Buch über das deutsche Staatsrecht.[502]

3. Differenzierung zw. Rechts- und Gesetzesanalogie

Die heute bekannte und oben dargestellte Differenzierung zwischen der Rechts- und der Gesetzesanalogie beruht im Wesentlichen darauf, dass einerseits eine Vielzahl von Einzelrechten dazu dient, einen allgemeinen Grundsatz zu induzieren, mittels welchem man einen nicht geregelten Fall entscheidet oder andererseits darauf, einen bestimmten Fall durch eine vorhandene aber nicht einschlägige Norm zu entscheiden. Der Unterschied ist also der Ausgangspunkt, d.h. die Quelle der Analogie – einerseits ein aus einer Rechtsmasse gefolgerter Grundsatz, andererseits eine einzelne Regelung.

In den untersuchten Quellen wurde im Allgemeinen die heute bekannte Unterteilung in Gesetzes- und Rechtsanalogie noch nicht vorgenommen. Bis auf Grolman schreiben die Autoren ausschließlich von der „Rechtsanalogie“,[503] der „Analogie des Rechts“ oder der „Analogie im herkömmlichen Sinne“, obwohl sie mal die Rechts- und mal die Gesetzesanalogie meinen oder beschreiben.[504]

[501] Thibaut, Theorie der log. Auslegung des röm. Rechts, 1806 (1799) ab § 28, S. 114 ff.
[502] Häberlin, Handbuch des Teutschen Staatsrecht, Bd. I, 1797; § 48, S. 210 ff.
[503] So Majer, Teutsches Staatsrecht, Bd. I, S. 12 ff. oder Pütter, Kurzer Begriff, § 58, S. 43.
[504] Vgl. einerseits Tafinger, Analogie, S. 144 = Gesetzesanalogie und andererseits Pütter, a.a.O., = Rechtsanalogie.

Hieraus lässt sich schließen, dass der uns heute bekannte Unterschied noch nicht klar gesehen wurde.

Ausnahmecharakter hat nur der Zeitschriftenaufsatz Grolmans aus dem Jahre 1798.[505] Auch wenn Grolman nicht der Entdecker dieser Unterscheidung ist, kann er wohl als der erste deutschsprachige Autor gelten, der diesen Unterschied beschreibt. Wie oben dargestellt, unterscheidet er a) die unmittelbare Entscheidung aus den knappen Worten eines Gesetzes (= extensive Auslegung), b) die mittelbare Entscheidung durch Interpretation nach der ratio legis und c) die Entscheidung aus der Gesetzgebung, bzw. dem ganzen Rechtssystem als solchen. Die zweitgenannte nennt er „Gesetzesanalogie", die letztere „Rechtsanalogie". Die bei Grolman zu lesende Unterscheidung geht allerdings zumindest schon auf Nettelbladt in das Jahr 1751 zurück, wie Schröder a.a.O. nachweist.[506]

In diesem Zusammenhang fällt Wächter hierbei als erster auf, der die Grolman'sche Einteilung unter Hinweis auf diesen wie selbstverständlich in seinem allerdings erst 1825 erschienenen Strafrechtslehrbuch darstellt. Somit kann man zu dem Ergebnis kommen, dass spätestens 1798 die uns heute bekannte Unterscheidung in der deutschsprachigen Literatur klar vollzogen wurde.

4. Analogiecharakter der Natur der Sache Pütters und Rundes?

Da die Analogie Rechtsquelle war und ist, stellt sich die Frage, ob Pütters und Rundes oben dargestellte Falllösungsmethode aus der Natur der Sache vielleicht auch eine Art Analogie im materiellen Sinne insofern war, als bei der Lösung aus der N.d.S. ein gesetzlich nicht geregelter Sachverhalt einer Entscheidung zugeführt wurde, indem man einen allgemeinen Grundsatz anzuwenden glaubte, wie man auch bei der Rechtsanalogie einen allgemeinen Grundsatz auf einen nicht erfassten Fall anwandte.

Im Ergebnis hat die N.d.S. aber mit der Analogie nicht mehr gemeinsam, als dass beide der Lösung des Einzelfalles dienen. Pütter und Runde argumentieren aus tatsächlichen Gegebenheiten, der Billigkeit oder der behaupteten evidenten Gerechtigkeit, was Marx und Sprenger in ausreichendem Maße anhand zahlreicher Beispiele nachgewiesen haben, während Neusüß die N.d.S. als eine Art Auslegung ansieht. Dies ist sie aber keinesfalls, da sie eben nicht von einer Norm ausgeht, vielmehr eher wie die herkömmliche Analogie einen nicht geregelten Fall ergebnisorientiert einer passenden Norm zuordnet oder gar auf die

505 Karl Grolman, Ueber doctrinelle Gesetzesauslegung, in: Bibliothek für die peinliche Rechtswissenschaft, 1798, 1. Teil.

506 Schröder, Analogie, S. 20 unter Verweis auf: Daniel Nettelbladt, De decisione casuum secundum analogiam, Halle 1751.

Zuordnung zu einer Norm ganz verzichtet und bloß aus der wenig greifbaren Billigkeit schöpft.[507]

Was die N.d.S. genau war, wie sich ihr Bedeutungswandel vom Naturrecht zur historischen Rechtsschule vollzog, scheint immer noch eine ungeklärte Frage der rechtsgeschichtlichen Forschung zu sein, mit der sich zahlreiche Publikationen beschäftigen.[508] Sie kann hier deshalb auch nicht entschieden werden. Jedenfalls wird man annehmen können, dass sie eine Analogie mangels ihres Bezuges zu tatsächlichem Recht nicht gewesen sein kann, wie auch immer man sie einordnen mag.

5. Analogie und extensive Auslegung

Wenn die Rechtsanalogie 1775 von Majer in seinem Staatsrechtslehrbuch, dem Fischer diesbezüglich wörtlich folgt, derart beschrieben wird, dass sie eine Ausdehnung des Gesetzes auf alle darin wirklich enthaltenen Fälle sei,[509] so beschreiben beide unter einem anderen Namen das, was beispielsweise Harpprecht 1780 als Auslegung bezeichnet:[510]

„*Wer die Auslegung unseres Württembergischen bürgerlichen Rechts unternehmen will, und sich in dieser Sache einen glücklichen Erfolg wünscht, der soll die natürliche Rechtsgelehrsamkeit wohl verstehen, und die wahre Billigkeit von der eingebildeten zu unterscheiden wissen. Er soll dasjenige, was aus dem Recht der Natur ist, und dessen natürlicher Grund deutlich und zu genüge erhellet, im weitern Verstand erklären, er soll wissen, dass vieles dem Gutachten und Ermessen des Richters überlassen ist, und auf gleiche Fälle erweitern (uu): dasjenige aber im engern Verstand auslegen, (ww) was jenem Gesetz zuwider zu laufen scheint, was spitzfindig, was bloß bestimmt und festgestellt, was streng in den Verordnungen und Gesetzen überhaupt ist. (xx)*“

In der Fußnote schreibt er auf S. 128 sodann zur erweiternden Auslegung:

---

[507] Marx, Die jur. Methode der Rechtsfindung aus der Natur der Sache, Göttingen 1967; Sprenger, Naturrecht und Natur der Sache, 1976, S. 63 ff.; Neusüß, Gesunde Vernunft und Natur der Sache, 1970, S.93 ff.

[508] Jan Schröder, Recht als Wissenschaft, S. 261 ff.; Wolfgang Neusüß, Gesunde Vernunft und Natur der Sache, Berlin 1970; Ralf Dreier, Zum Begriff der Natur der Sache, Münstenische Beiträge zur Rechts- und Staatswissenschaft, Heft 9, Berlin 1965; Gerhard Sprenger, Naturrecht und Natur der Sache, Berlin 1976; Heinrich Marx, Die juristische Methode der Rechtsfindung aus der Natur der Sache, Göttingen 1967; Th. Mayer-Maly, Natur der Sache, in: HRG III, Sp. 917 ff.

[509] Majer, s.o., a.a.O.; Fischer, Litteratur d. germanischen Rechts, S. 142 ff.

[510] Harpprecht, Christoph Friedrich, Abhandlung von den Quellen des heutigen Würtembergischen Rechts, welches in dem Gesezbuch Herzogs Johann Friderichs enthalten ist, in: Gründliche Auszüge aus den von berühmtesten Rechtsgelehrten geschriebenen lateinischen Abhandlungen über das herzoglich württembergische Recht und andern Ordnungen; Hsg.: Pistorius, Emmanuel Heinrich, 3. Stück, 2. Theil, S. 123 ff.

„(uu) *Die wahre Billigkeit muß sich durch alles hindurch zeigen: und der Richter soll allezeit darauf sehen, was dieselbe befihlt. (...) Da also unser Gesezgeber allzeit auf die Billigkeit sahe, und offt den Wörten nach weniger gesagt, als darunter verstanden hat, so muß hier diejenige Auslegung, welche die Worte des Gesezes in weiterm Verstand erkläret, wie sie die Rechts=Lehrer nennen, angenommen werden: und werden die kurzgefassten Worte auf die nicht ausgedruckte, doch aber darunter begriffene Fälle aus eben dem Grund der Billigkeit erweitert und gezogen werden müssen. (...) Da die Rechts=Lehrer behaupten, dass die günstige Verordnungen gemeiniglich im weitern Verstand erkläret werden müssen, so erhellet auch aus diesem Grund allein wann derselbe gültig ist, dass diese Art der Auslegung in dergleichen Fällen Statt habe....*"

Aus diesem Zitat wird deutlich, dass es vor der Jahrhundertwende bei den Naturrechtlern an sich gar keine Analogie, sondern nur die Auslegung hätte geben dürfen, man jedenfalls auf die Analogie hätte verzichten können, da der wesentliche Maßstab zur Erweiterung des positiven Rechts nicht diesem selbst, sondern der Billigkeit und damit dem Naturrecht entnommen werden sollte. Die Analogie hingegen ergänzt das Positive aber aus sich selbst heraus. War das geschriebene Recht unzulänglich, so lag dies ausschließlich am Unvermögen des Gesetzgebers, alle Fälle mitzubedenken. Quelle war für diesen aber die dem Naturrecht entspringende Billigkeit, die es wiederum nicht nur gestattete, sondern geradezu gebot, das Gesetz auf nichterfasste Fälle ausdehnend anzuwenden. Letztentscheidend war somit nicht das Gesetz selbst, sondern das dahinterstehende Naturrecht. Ob dies nun Analogie genannt wurde oder nicht, es war keine, da die Quelle dieser Methode der Extension nicht das positive Recht, sondern die dem Naturrecht entspringende Billigkeit war. Obwohl dies theoretisch so hätte sein müssen, gab es jedoch auch bei den Naturrechtlern den Ähnlichkeitsschluss, der dann in Frage kommen sollte, wenn die ausdehnende Auslegung allein nicht weiterführte. Deswegen soll versucht werden, eine Trennlinie zwischen Analogie und Auslegung zu finden.

Obwohl die Machbarkeit dessen heute noch bestritten wird, kann man vertreten, dass eine Abgrenzung auf die oben (siehe II. 1. a.) beschriebene Weise möglich ist. Dies muss man jedenfalls annehmen, wenn die Abgrenzung beider darin liegt, dass bei Vornahme einer ausdehnenden Interpretation ein Fall nur vermeintlich nicht mitgeregelt ist, was sich herausstellt, wenn durch dieselbe der Inhalt der Norm erleuchtet wird. Die Grenze, wie lange ein Fall als mitgeregelt zu betrachten ist, wird dabei beim noch möglichen Wortsinn zu ziehen sein. Der noch mögliche Wortsinn beschreibt hierbei den Inhalt von „Begriffskern" und „Begriffshof".[511] Die extensive Auslegung hört jedoch dort auf, wo die Norm

[511] Vogenauer, unter Berufung auf Heck, AcP 112, (1914) 1 ff., 46 f., 173, Die Auslegung von Gesetzen, S. 54, Zit.: „Zum Begriffskern gehören diejenigen Sachverhalte, auf die der Begriff vom Sprachkundigen ohne Zweifel angewandt wird. In den Begriffshof fallen die-

auf einen von beiden Begriffsbereichen nicht erfassten Fall erstreckt wird. Dass der Fall außerhalb der Norm liegt, ist dabei entweder evident oder durch Interpretation zu ermitteln. Die Auslegung geht somit der Analogie methodisch voraus. Letztere setzt die Durchführung ersterer voraus. Die ausdehnende Interpretation dient somit der Erhellung des Inhaltes einer Norm, der Sinnermittlung. Die Analogie dient der Anwendung einer Norm auf einen nicht erfassten Fall und stellt damit eine wortlautüberschreitende Anwendung des Gesetzes dar.[512] Das sind durchaus unterscheidbare Methoden, so dass die oben dargestellte Meinung Kaufmanns, der beides für nicht unterscheidbar hält, nicht überzeugen muss.

Hufeland stellt bereits 1808 darauf ab, ob man den Sinn dessen zu ermitteln sucht, was tatsächlich im Gesetz steckt oder ob man das Gesetz auf einen nicht in ihm liegenden Fall erstreckt, indem man über das Gesetz hinaus geht und aus daraus gefolgerten Schlüssen verfährt. Diese an sich klare Unterscheidung findet sich beispielsweise bei Grolman 1798 noch nicht, jedoch erkannte dieser einen Unterschied zwischen der Entscheidung aus den dürren Worten des Gesetzes und dem aus dem Gesetz gefolgerten Geiste, den er mit „unmittelbarer und mittelbarer Entscheidung aus dem Gesetz" bezeichnete. Thibaut sah hingegen 1799 die Analogie noch als Unterfall der logischen Interpretation an, die er als ausdehnende Auslegung bezeichnete. Von den hier untersuchten Schriften lässt sich nach Hufeland erst wieder bei Wächter eine präzise Unterscheidung feststellen, die dieser freilich erst 1842 lieferte. Man muss also davon ausgehen, dass die Unterscheidung zwischen der ausdehnenden Auslegung und der Analogie von den Germanisten nicht mehr im 18. Jh. erkannt wurde, sondern eine Frucht der Dogmatiker des Anfanges des 19. Jh. ist.

6. Verhältnis der Analogie zu anderen Rechtsquellen

Das Verhältnis der Analogie zu anderen Rechtsquellen lässt sich für den Bereich des Privatrechts nicht ganz klar feststellen, da die oben gezeigten Quellen, die sich mit dieser Frage befassen, das Staatsrecht zum Thema haben. Weil es sich hierbei aber um eine allgemeine Frage der Rechtsquellenlehre handelt, scheinen diese gleichwohl zur Betrachtung geeignet.

---

jenigen Sachverhalte, in denen die Anwendung nach dem Sprachgebrauch zweifelhaft aber noch möglich ist."

[512] Selbst dann, wenn man die Auslegung über den möglichen Wortsinn hinaus zulässt, wie manche Autoren es tun, ist eine Abgrenzung von Auslegung und Analogie möglich, da die Analogie aus einem über der einzelnen Norm liegenden Rechtsprinzip, die Ausdehnung aber aus dem Gesetzeszweck erfolgt, vgl. Schröder, Recht als Wissenschaft, S. 253 f.

Nettelbladt stellt in seinem Buch über das natürliche Staatsrecht[513] die Frage, wann allgemeines Staatsrecht[514] und damit Naturrecht zur Anwendung kommt, wenn es nicht bloß Hilfsmittel, sondern Rechtsquelle ist.

Voraussetzung dafür sei, dass die Gesetze nichts sagen, sondern gänzlich schweigen. „*Alsdenn aber schweigen sie erst gänzlich, wenn diese Gesetze weder ausdrücklich etwas bestimmen, noch auch in denselben Grunde enthalten sind, aus welchen die Entscheidung gefolgert werden kann, mithin auch nach der Analogie des teutschen Staatsrechtes die Entscheidung nicht geschehen kann. (...) ...da dieselbe den Gebrauch des allgemeinen Staatsrechtes ausschliesset.*" Hiernach geht die Analogie des Positiven der Anwendung des Naturrecht vor.

Das gleiche schreibt Wächter zum Verhältnis der Analogie und dem römischen Recht. Für ihn scheint 1844 ganz selbstverständlich, dass die Analogie des Partikularrechts dem römischen Recht vorgeht.[515]

Schnaubert liegt auf der Linie Nettelbladts und Wächters. In seiner Einführung in das Staatsrecht von 1787[516] sieht er die Analogie zwar als Bestandteil des allgemeinen (deutschen) Staatsrechts, sagt aber, dass die Analogie immer noch der Anwendung allgemeiner naturrechtlicher Grundsätze vorgeht. Quellen des gemeinen Staatsrechts seien nämlich als Hauptquellen die Reichsgesetze, Reichsherkommen und die Rechtsanalogie, subsidiär zu diesen das Naturrecht, das europäische Völkerrecht und die fremden gemeinen Rechte. Hiernach geht die Analogie dem Naturrecht und dem Reichsstaatsrecht vor.

Eine Ausnahme vom Vorrang der Analogie des spezielleren Rechtkreises vor der Anwendung des generelleren Rechtskreises scheint nur Cotta machen zu wollen. In seiner dargestellten Tübinger Dissertation über die Anwendbarkeit der Analogie behauptet er nämlich das Gegenteil: Analogie sei Hilfsmittel wenn A) aufgenommenes fremdes Recht (römisches, päpstliches, langobardisches) und B) das allgemeine Staatsrecht nicht weiterhelfen, dann erst C) sei die Analogie anzuwenden.[517]

Wenn man von Cotta einmal absieht, dann geht die Analogie des positiven Rechts der Anwendung des Naturrechts stets vor. Dies stimmt mit der Regel überein, dass die Analogie des einen Quellenbereichs einem subsidiären Quellenbereich stets vorgeht. Die Frage des Verhältnisses der Analogie zu ei-

[513] Nettelbladt, Erörterungen einiger einzelner Lehren des teutschen Staatsrechtes, Halle 1773, S. 29 f.
[514] Terminologisch bedeutet „allgemeines Staatsrecht" das Naturrecht und „gemeines Staatsrecht" das Reichsstaatsrecht.
[515] Wächter, Gemeines Recht Deutschlands, 1844, S. 185.
[516] Schnaubert, Summarische Einleitung in das Staatsrecht der gesammten Reichs= Lande nebst einem kurzen Entwurf desselben, Jena 1787, S. 29 ff.
[517] Cotta, Einleitung in das allgemeine Statsrecht, Tübingen 1786, S. 58 ff.

nem anderen Quellenbereich ist also eigentlich eine Frage des Verhältnisses verschiedener Quellenkreise zueinander. Für das Verhältnis von Naturrecht und positivem Recht dürfte es sich seit dem frühen 18. Jahrhundert hierbei so verhalten, dass das Naturrecht keinen unbestrittenen Vorrang mehr für sich beanspruchte und es einen Grundsatz „Naturrecht bricht positives Recht" nicht gab.[518] Dies dürfte für das Privatrecht wie für das Staatsrecht gleichermaßen gelten.

7. Ergebnis

Subtrahiert man von der unter Ziff. 1 dargestellten weiten Vorstellung der Analogie des letzten Drittels des 18. Jh. all das, was nach dem ersten Drittel des 19. Jh. noch unter dieser verstanden wird, so kann man mit wenigen Worten festhalten, dass im Wesentlichen die logischen Schlüsse *a majore ad minus* und *a minore ad majus* sowie das *argumentum e contrario* aus der Analogie ausgeschieden worden sind. Diese dienten nur noch der Auslegung oder ganz allgemein der Argumentation. Des Weiteren hat man die Auslegung vom Ähnlichkeitsschluss trennen gelernt, also insbesondere die extensive Auslegung von der Gesetzesanalogie, deren Abgrenzung allerdings schwer fällt.

III. abschließende Betrachtung von Analogie und Analogischer Methode Tafingers

Aus dem oben Gesagten lassen sich folgende Feststellungen folgern:

1. Reichsrecht ist bei Tafinger keine Quelle des deutschen Privatrechts, da selbiges nur ein hypothetisches sein sollte. Reichsrecht kann aber zufällig deutsches Privatrecht widerspiegeln oder mit diesem identisch sein.

2. Auf eine vollständige oder tatsächlich partielle Übereinstimmung der Statuten kommt es unter den gezeigten Quellen als Erstem Tafinger nicht mehr an.

3. Tafingers analogische Methode besteht aus zwei Stufen, nämlich erstens der Beschaffung des Induktionsmaterials durch historische Betrachtung eines jeden Rechtsinstituts und zweitens der Induktion mit diesen Erkenntnissen zu einer höheren Regel. Sofern er von dieser höheren Regel wieder auf ungelöste Rechtsfälle herabgleiten können will, besteht seine analogische Methode aus Induktion und Deduktion, wie auch die Rechts- oder Gesetzesanalogie, so dass der Name keine Zufälligkeit ist, wie Tafinger Glauben machen will, sondern eine ähnliche

[518] Zur Frage, ob das Naturrecht als Quellenkreis dem positiven Rechts nach oder vor geht und der historischen Entwicklung dieses Verhältnisses siehe: Jan Schröder, „Naturrecht bricht positives Recht" in der Rechtstheorie des 18. Jh., FS Mikat, Berlin 1989, S. 419 ff.

methodische Vorgehensweise beschreibt, der allerdings eine historische Ermittlung des Induktionsmaterials vorangeht.

4. Die historische Betrachtung dient zuerst der Erkenntnis dessen, was überhaupt „deutsch“ ist, durch Befreiung der Institute vom rezipierten römischen Recht. Sodann dient sie aber auch der Erkenntnis der wahren Natur der Institute, ihrer Grundsätze oder obersten Prinzipien, die das Induktionsmaterial bilden sollen.

5. Ein Bedeutungsschwund der Forschung um das gemeine Deutsche Privatrecht wird durch den Wandel des gesuchten Produkts indiziert. Zuerst nimmt man noch ein tatsächliches und anwendbares Recht, dann nur noch ein hypothetisches Recht zur Erklärung und notfalls Ergänzung des positiven Rechts an. Mitte des 19. Jh. sieht Gerber als Produkt nur noch ein Rechtsbewusstsein, dessen Zweck nicht deutlich wird.

6. Tafingers Methode wurde durch Rundes „Natur der Sache“ Argumentation weder weiterentwickelt noch überholt. Sie steht auf eigenen Füßen, da sie auch nicht bloß eine Weiterentwicklung der Pütter'schen Methode darstellt.

7. Die Analogie formt sich von der letzten Hälfte des 18. Jh. bis zum Ende des ersten Viertels des 19. Jh. vollständig in Richtung des modernen Analogiebegriffes aus. Der Grund für die Existenz der Analogie ist das Unvermögen des Gesetzgebers, alle erdenklichen Fälle zu regeln. Die Entwicklung des Analogiebegriffes zeichnet sich derart ab, dass selbiger immer weiter verengt wird.

8. Methodisch wird die Rechtsregel der Analogie als eine Kombination aus Induktion und Deduktion erkannt.

9. Hinsichtlich der ersten Voraussetzung der Analogie tritt eine Entwicklung ein von der Betrachtung der Gleichheit der Fälle hin zu der Gleichheit der den Fällen innewohnenden Entscheidungsgründe.

10. Die Berechtigung zur Analogie wurde nach Montesquieus Esprit des Lois zunehmend hinterfragt. Zunächst stellte man auf den Willen des Gesetzgebers ab, später als die Abgrenzung zur Auslegung erfolgte, zunächst auf das Motiv und den vom Gesetzgeber erstrebten Zweck und schließlich allein auf die ratio legis. Die Motivation des Gesetzgebers wurde nur noch im Rahmen der Interpretation / Auslegung berücksichtigt, die der Analogie zwingend vorausgehen müsste. Der Wille des Gesetzgebers blieb jedoch für die Frage maßgeblich, ob eine Analogie ausgeschlossen sei.

11. Die Unterscheidung zwischen Gesetzes- und Rechtsanalogie wird in der deutschsprachigen Literatur frühestens 1798 von Grolman vollzogen.

12. Analogie und analogische Methode fußen auf der gleichen Methode und unterscheiden sich nur im Ausgangspunkt und im Endprodukt voneinander. Erstere geht von einem Gesetz oder dem positiven Recht in Bezug auf eine Rechtsfrage aus, letztere von den durch geschichtliche Betrachtung zu gewinnenden

Grundsätzen eines Rechtsinstituts. Erstere dient der Lösung eines konkreten Rechtsfalles, letztere der Aufstellung eines in sich geschlossenen Systems, mittels dessen wiederum ungeregelte Rechtsfälle gelöst werden können. Beide bedienen sich der kombinierten Methode von Induktion und Deduktion. Der Name von Tafingers Methode könnte deswegen nicht zutreffender sein.

3. Abschnitt: Tafingers „Staatsrechtslehre"

Der Staatsrechtslehre Tafingers einen eigenen Abschnitt zu widmen, mag verwundern, da dieser hierzu abgesehen von seinem Buch zum Polizei- und Cameralrecht kein gesondertes Werk verfasst und auch keine umfänglichen Ausführungen gemacht hat. Aus systematischen Gründen und um der Vollständigkeit willen soll aber gezeigt werden, was Tafinger zum Staatsrecht / Öffentlichen Recht gesagt hat. Hierbei lassen sich drei Themenschwerpunkte feststellen, an denen sich die Darstellung orientieren soll, nämlich a) die Abgrenzung des Staatsrechts vom Privatrecht, b) Ausführungen zum Staat als solchem und c) Lehren zum Polizeirecht.

A) Abgrenzung Öffentliches-, Staats- u. Privatrecht

Die Frage der Abgrenzung des Öffentlichen Rechts vom Privatrecht ist so alt wie der moderne Staat selbst. Die uns heute bekannte Einteilung des Rechts in das private und das öffentliche Recht als zwei Hauptgebiete, hat sich im deutschen Recht erst ab dem letzten Viertel des 18. Jahrhunderts langsam herausgebildet.[519] Sie ist heute von theoretischer Bedeutung für die Abgrenzung der Rechtsmaterien untereinander und gem. § 13 GVG in praktischer Hinsicht entscheidend für die Frage nach dem richtigen Rechtsweg. Auch die Frage nach dem Vorliegen eines Verwaltungsaktes nach § 35 VwVfG, was auch wiederum vorgibt, welche Rechtsbehelfe statthaft sind, beantwortet sich beispielsweise nicht ohne die Abgrenzung des öffentlichen vom Privatrecht.

Die verschiedenen Lehrmeinungen zur Abgrenzung der Materien sind heute sehr differenziert.[520] So halten die einen das Verhältnis zwischen Staat und Bürger in der betreffenden Rechtsmaterie für entscheidend und suchen eine Subordination,[521] andere betrachten den Zweck des einschlägigen Rechts und differenzieren danach, ob er öffentlichen oder privaten Interessen dient.[522] Wiederum andere schauen danach, ob an dem betroffenen Rechtsverhältnis notwendig ein Teil des Staates als Hoheitsträger beteiligtes Subjekt ist,[523] oder ob der Adressat des

---

[519] Sehr ausgeprägt z.B. bei: Imm. Kant, Metaphysische Anfangsgründe der Rechtslehre, Metaphysik der Sitten Erster Teil, in : Philosophische Bibliothek Bd. 360, 2. Aufl., Hamburg 1998, S. 48 f.

[520] Ossenbühl meint in NJW 2000, 2946, dass der „Stapel an Theorien" ausschließlich dazu diene, junge Juristen zu peinigen, praktisch aber keine nennenswerte Rolle spiele.

[521] Subordinationstheorie, auch Subjektionstheorie genannt; so der BGH, vgl. z.B. BGH NJW 88, 1264.

[522] Die sog. „Interessentheorie", die auf Ulpian (170- 228) zurückgehen soll, wird von dem BVerfG und dem BVerwG herangezogen, z. B. BVerfGE 58, 300, 344; BVerwGE 19, 308, 312

[523] Modifizierte Subjektstheorie.

Rechts notwendig ein Teil des Staates ist.[524] Diejenigen, welche sich nicht entscheiden wollen, nehmen einfach alle Ansätze kumulativ.

Nicht so alt wie die Unterscheidung von Staats- und Privatrecht ist die Einteilung der gesamten Rechtsmaterie in öffentliches- und Privatrecht. Mit dem Aufkommen der Enzyklopädieliteratur,[525] die Lehrbücher für Anfänger liefern sollte,[526] wurden Systematisierungsversuche unternommen, die das gesamte Recht in eine logische Ordnung zu bringen versuchten. Das erste vielbeachtete Werk dürfte Pütters im Jahre 1757 erschienene Enzyklopädie[527] sein. Hier bestand auch schon eine Differenzierung zwischen bürgerlichem Privat- und Staatsrecht, war jedoch zweitrangig neben der Haupteinteilung des Rechts in vorgesellschaftliches und gesellschaftliches Naturrecht. Auch die Begriffe des bürgerlichen Rechts und des ius publicum tauchen bereits auf, wobei zu zeigen sein wird, was mit diesen Bezeichnungen gemeint war. Die Begriffe „Staatsrecht“ und „jus publicum“ wurden zu dieser Zeit noch synonym verwendet, so dass mit ius publicum nicht gemeint war, was heute als Öffentliches Recht bezeichnet wird. Das Staatsrecht stellte nur einen kleinen Bereich dar, der heute dem entspricht, was man Staatsorganisationsrecht nennt. Die Einteilungen des Naturrechts und des positiven Rechts verliefen hierbei inhaltlich und zeitlich parallel, so dass man wohl nicht davon ausgehen kann, dass die Entwicklung des einen die des anderen beeinflusst hat.[528] Aufgrund dieser Parallelentwicklung ist es deshalb auch nicht notwendig, prinzipiell zwischen Naturrecht und positivem Recht zu unterscheiden, wenn es nur um die Frage der Abgrenzung des Öffentlichen- vom Privatrecht geht.

Die erste Einteilung des Rechts fußte auf der Teilung von positivem und natürlichem Recht. Das Naturrecht wiederum wurde in vorgesellschaftliches und gesellschaftliches Recht geteilt. Das vorgesellschaftliche Naturrecht war nach dieser Einteilung einerseits das dem Menschen kraft seiner Geburt von selbst zustehende Recht, das völlig abstrahiert von einer Gesellschaft bestehen sollte, wie beispielsweise Freiheit, Gleichheit, das Recht auf einen guten Namen usw. und andererseits das Recht, das bestimmte Rechtseinrichtungen (Eigentum, Vertrag, Staat), also eine Relation zu anderen Individuen oder Sachen voraussetzte, das sog. hypothetische Naturrecht. Dieses Recht existierte, auch wenn es vielleicht nicht vollständig erkannt war und war Ausfluss der Vernunft. Das

[524] Subjektstheorie.

[525] Lars Björne, Deutsche Rechtssysteme im 18. und 19. Jahrhundert, S. 18 sieht die erste Schrift dieser Gattung in dem „Entwurff eines Collegii iuris praeparatorii“ von J. J. Schmauß aus dem Jahre 1737.

[526] In den Vorworten wurde immer wieder betont, dass die Werke eine grobe Landkarte skizzieren sollen, um dem Nichtjuristen zu zeigen, was es gibt und um dem Anfänger klar zu machen, welches Land er zu durchschreiten habe.

[527] Johann Stephan Pütter, Entwurf einer Encyclopädie und Methodologie, Göttingen 1757.

[528] Jan Schröder, Die Einteilung des Rechts in öffentliches Recht und Privatrecht, S. 191.

gesellschaftliche Recht hingegen war dasjenige Recht, das innerhalb der Gesellschaften von Nutzen war, wobei von der kleinsten Gesellschaft, nämlich der Familie, dem Eltern- Kindverhältnis oder dem Herrschaftsverhältnis von Herr und Knecht ausgegangen wurde, bis hin zur staatlichen Gesellschaft. Diese Einteilung stellt sich zur Veranschaulichung grafisch folgendermaßen dar:

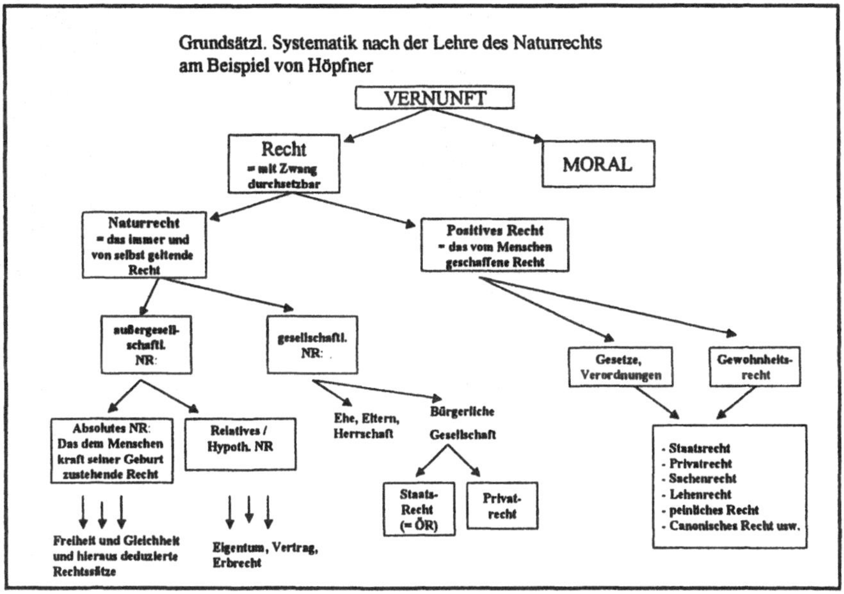

Abb.2, Naturrecht nach Höpfner, 1780

Bei der hier dargestellten grundsätzlichen Einteilung, die Höpfners Naturrecht entnommen ist,[529] sich aber mehr oder weniger ähnlich auch in fast allen Enzyklopädien vor Kants Rechtslehre wiederfinden lässt, wird es dort interessant, wo die grafische Darstellung am unteren Rand aufhört. In den Naturrechtsbüchern wurde freilich in erster Linie das Naturrecht systematisiert, während in den Enzyklopädien der Schwerpunkt auf der Darstellung des positiven Rechts lag. Am unteren Rand der obigen Grafik begannen die Autoren die einzelnen Rechtsmaterien darzustellen, die sie mehr oder weniger systematisierten. Bei diesen Systematisierungsversuchen tauchte die Unterscheidung in Privatrecht und Öffentliches Recht (gen. Staatsrecht) auf, die im Naturrecht als Einteilung auf unterster Gliederungsebene nicht so entscheidend war, heute jedoch als Haupt-

[529] Ludw. Julius Friedr. Höpfner, Naturrecht des einzelnen Menschen, der Gesellschaft und der Völker, hier nach der 5. Aufl. von 1790, Gießen.

einteilung des gesamten Rechts dient. Diesbezüglich war bis vor kürzester Zeit nicht geklärt, weshalb es zu der Umstrukturierung kam, was aufgrund verschiedener Erklärungsmodelle heute jedoch als geklärt betrachtet werden kann und hier nicht näher untersucht werden soll.[530] Im Zusammenhang nach der Forschung über die Ursachen ist die Vermutung aufgestellt worden, dass Tafinger in seiner Enzyklopädie von 1789 als erster bereits die sich anbahnende Neueinteilung gespürt habe.[531] Dieser Vermutung soll hier nachgegangen werden. Dafür ist es nicht nur erforderlich, die Einteilungen als solche zu betrachten, sondern auch die Begriffe zu klären, die diesen Einteilungen zugrunde lagen, was im Folgenden versucht werden soll. Die Enzyklopädie von 1789 wird hierbei isoliert von späteren Werken Tafingers betrachtet, da sie von Kants Anfangsgründen der Rechtslehre von 1797 unbeeinflusst war und es tatsächlich etwas Besonderes wäre, wenn Tafinger inhaltlich das vorausgesehen hätte, was Kant auf den Punkt brachte, nämlich die völlige Neusystematisierung des Rechts durch Bildung neuer Obergruppen. Im Anschluss an die Darstellung der ersten Enzyklopädie Tafingers werden einige Quellen untersucht, die Tafinger beeinflusst haben. Erst dann wird gesagt werden können, ob Tafinger der erste war, der die kommende Neueinteilung des Rechts in Öffentliches- und Privatrecht voraussah. Abschließend soll dann ein Blick auf die sich daran anschließende Weiterentwicklung der Systematisierung bei Tafinger und der übrigen enzyklopädischen juristischen Literatur geworfen werden.

I. Die Systematisierung des Rechts in Tafingers Enzyklopädie von 1789 und früheren Enzyklopädien

1. Einteilung des Rechts in Tafingers Enzyklopädie von 1789

In der Vorrede seiner Enzyklopädie[532] gibt Tafinger bekannt, welche anderen Enzyklopädien ihm zur Vorlage gedient haben und nennt die Enzyklopädien von Pütter, Gildemeister, Reitemeier und Schott,[533] wobei er sich insbesondere von

[530] Zu den Gründen siehe: Martin Bullinger, Öffentliches Recht und Privatrecht, Stuttgart 1968; Lars Björne, Deutsche Rechtssysteme im 18. und 19. Jahrhundert, Ebelsbach 1984; Jan Schröder, Die Einteilung des Rechts in öffentliches Recht und Privatrecht, S. 179 ff., mit weiteren Nachweisen in Fn. 2.

[531] Jan Schröder, Die Einteilung des Rechts in öffentliches Recht und Privatrecht, S. 187.

[532] Tafinger, W.G., Encyclopädie und Geschichte der Rechte in Teutschland zum Gebrauch bey Vorlesungen, Erlangen 1789; in einer zweiten Auflage erschienen 1800, deren Umfang von einst 337 Seiten auf 588 S. vergrößert wurde. Dies ist das einzige Buch Tafingers, das in einer zweiten Auflage erschien.

[533] Johann Stephan Pütter, Entwurf einer Encyclopädie und Methodologie, Göttingen 1757; Joh. Friedrich Gildemeister, Juristische Encyclopädie und Methodologie, Duisburg 1783; Johann Friedrich Reitemeier, Encyclopädie und Geschichte der Rechte in Deutschland,

der Reitemeier'schen distanziert, da er sich aufgrund eigener Ideen den Vorlagen nicht hätte anschließen können, ohne der Darstellung die nötige Einheit zu entziehen.

Tafinger teilt von der Vernunft ausgehend zunächst die aus ihr folgenden Handlungsgebote in die reinen „Liebespflichten" (die Moral) und die Zwangspflichten (das Recht). Das Recht unterteilt er in das positive Recht und das Naturrecht. Das positive Recht systematisiert Tafinger nur grob und handelt die verschiedenen Rechtsgebiete (Staatsrecht, Privatrecht, Lehenrecht, peinliches Recht und canonisches Recht)[534] der Reihe nach ab. Die Darstellung dieser Rechtsgebiete erfolgt bei ihm anhand der Geschichte der Rechtsquellen.

Vom Naturrecht schreibt Tafinger zunächst: *„und so zerfällt Naturrecht als die Summe der allgemeinen auf äußere gesellige Verhältnisse des Menschen sich beziehende Vernunftgesetze in das Naturrecht des einzelnen Menschen, oder wie ich es lieber nennen wollte, das allgemeine Privatrecht, allgemeines Staatsrecht, Völkerrecht."*[535] Man könnte dies dahingehend interpretieren, dass das Naturrecht schlechthin nur noch aus dem hypothetischen Recht, dem Recht der Gesellschaften bestehen sollte. Doch dem ist nicht so, denn nur einige Seiten von dem genannten Zitat entfernt beschreibt Tafinger die naturrechtliche Standardeinteilung in gesellschaftliche und vorgesellschaftliche Rechte, die er mit den Begriffen hypothetisches Naturrecht und absolutes Naturrecht nur anders benennt. Dem absoluten Naturrecht widmet Tafinger aber keine eigene Systematik oder Ausführung, sondern beschränkt sich darauf, es mit den angeborenen Rechten der Freiheit, Gleichheit, dem Namensrecht und dem Recht auf Wahrheit zu beschreiben, wobei letztere beiden etwas merkwürdig und willkürlich anmuten, von Tafinger aber aus der gängigen Naturrechtsliteratur übernommen worden sind.[536] Das absolute Naturrecht scheint somit bei Tafinger keine allzu entscheidende Rolle mehr zu spielen, so dass er sich mit diesem nicht mehr näher auseinandersetzt. Dies darf jedoch nicht zu der Annahme führen, Tafinger nähme die grundsätzliche Unterscheidung von gesellschaftlichem und vorgesellschaftlichem Recht nicht mehr vor. Vielmehr ist hinsichtlich des vorgesellschaftlichen Rechts allenfalls ein Bedeutungsschwund festzustellen, dem Tafinger gerecht wird oder es ist schlicht die Ursache darin zu sehen, dass

---

Göttingen 1785; August Friedrich Schott, Entwurf einer juristischen Encyclopädie und Methodologie, zum Gebrauch akademischer Vorlesungen, Leipzig 1772.

[534] Diese Einteilung verbessert Tafinger in der zweiten Auflage seines Buches, indem er die Gruppe des canonischen Rechts durch das Kirchenrecht ersetzt und dieses in canonisches und deutsches Kirchenrecht untergliedert.

[535] Tafinger, Encyclopädie und Geschichte, 1789, § 13, S. 11.

[536] Tafinger, Encyclopädie und Geschichte, 1789, S. 15; übernommen wohl aus Höpfner, Ludw. Julius Friedr., Naturrecht des einzelnen Menschen, der Gesellschaften und der Völker, Gießen, in der vorliegenden 5. Aufl. von 1790 S. 32 ff., §§ 37 ff.

das Hauptthema der Enzyklopädien eben nicht das Naturrecht, sondern das positive Recht war.

Das hypothetische Naturrecht, das Tafinger mit dem gesellschaftlichen Recht gleichsetzt, gliedert er in das allgemeine Völkerrecht, das allgemeine Staatsrecht und das allgemeine Privatrecht. Ersteres beziehe seine Rechtsquellen aus der analogen Anwendung des allgemeinen Privatrechts, da auch der Staat im Umgang mit anderen Staaten wie ein eigenständiges Rechtssubjekt anzusehen sei.[537] Das allgemeine Privatrecht unterteilt Tafinger in das Personenrecht, Sachenrecht und das Recht der Streitigkeiten, also Rechtsverhältnisse des einzelnen Menschen für sich. Dieses Naturrecht des einzelnen Menschen, wie Tafinger es nennt, entspringe zwei Geboten, nämlich 1. *Behandele niemanden als Mittel zu deinem beliebigen Zweck!* und 2. *Verletze nicht, was zu dem Seinen gehört!*[538] Das allgemeine Staatsrecht besteht für Tafinger aus den Rechten und Pflichten der höchsten Gewalt und der Untertanen betreffend die Rechtsverhältnisse innerhalb des Staates. Je nachdem, ob es die Verhältnisse Einzelner oder die öffentliche Verfassung des Ganzen betrifft, handele es sich um bürgerliches Recht oder inneres Staatsrecht.[539] Bürgerliches Recht ist somit für Tafinger das allgemeine Privatrecht unter der Bedingung des Staates, also unter der Bedingung einer bürgerlichen Gesellschaft. Diese liege dann vor, wenn die Pflichten der Menschen untereinander durch öffentliche Gewährleistung sichergestellt würden.[540]

Zur besseren Übersicht diene die folgende Übersicht.

---

537 Tafinger, Encyclopädie und Geschichte, 1789, S. 41.
538 Tafinger, Encyclopädie und Geschichte, 1789, S. 11 f.
539 Tafinger, Encyclopädie und Geschichte, 1789, S. 40.
540 Tafinger, Encyclopädie und Geschichte, 1789, S. 10.

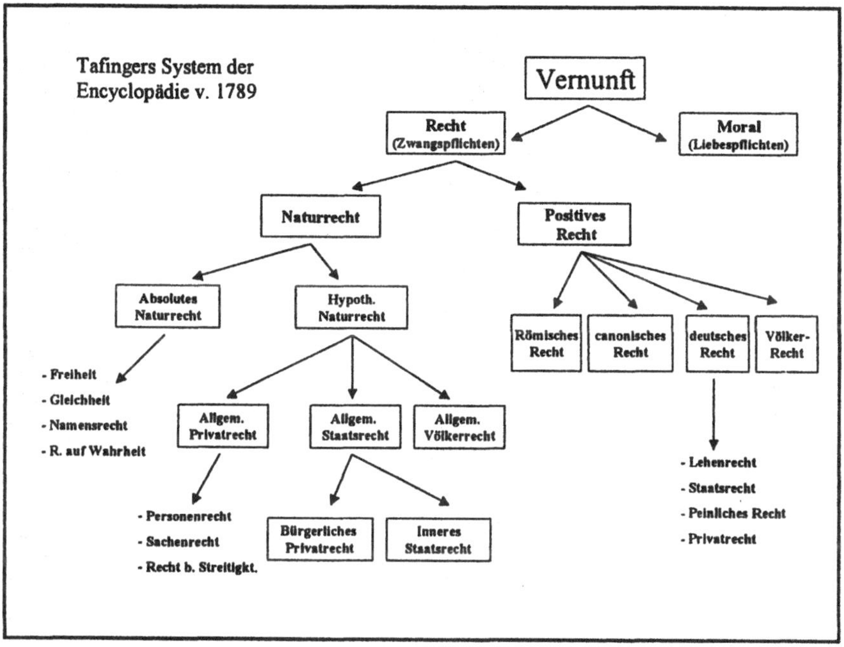

Abb. 3, Tafingers Enzyklopädie

Am Ende seiner Enzyklopädie stellt Tafinger das Verhältnis der Rechtsteile untereinander dar. Eine Abweichung von den Geboten des absoluten Naturrechts hält er für unmöglich, da diese Rechte unveräußerlich seien und daher auch in einer bürgerlichen Gesellschaft nicht abgeändert werden dürften. Das bürgerliche Recht müsse aber nicht insgesamt dem hypothetischen Naturrecht entsprechen. Zwar könne das bürgerliche Recht Regeln des hypothetischen Naturrechts nicht verändern, es könne jedoch darüber hinausgehende Regeln schaffen oder dieses beschneiden. Der Umfang kann laut Tafinger also vergrößert oder verkleinert, der Inhalt jedoch nicht modifiziert werden.[541] Eine Begründung liefert Tafinger hierfür nicht.

Tafinger teilt nach seinen dargestellten Worten das gesamte Naturrecht in allgemeines Privat-, Staats- und Völkerrecht. Da das allgemeine Völkerrecht materiell dem allgemeinen Privatrecht zu entnehmen sei, weil dieses analog auch für die Rechtsverhältnisse zwischen den Staaten gelte, gibt es bei Tafinger insgesamt so nur zwei Hauptgruppen des Rechts, nämlich das allgem. Privat-

[541] Tafinger, Encyclopädie und Geschichte, 1789, S. 323 ff.

und das allgem. Staatsrecht. Innerhalb dieser Gruppierung, die allerdings nur für das hypothetische Naturrecht gelten soll, sei dabei das allgem. Staatsrecht die Summe der Rechte und Pflichten der höchsten Gewalt *und* der Untertanen, wie sie sich aus den Rechtsverhältnissen innerhalb des Staates ergäben.[542] Im Grunde ist damit alles Recht unter der Bedingung des Staates allgemeines Staatsrecht, also auch das Privatrecht im engeren Sinne, wie beispielsweise auch das Vertragsrecht, solange es sich nicht um ausschließlich positives Recht handelt, für das diese Einteilung ja nicht gelten soll. Außerhalb des Staates hingegen, wo es kein Staatsrecht geben kann, ist alles gesellschaftliche Recht allgemeines Privatrecht.

Diese Systematik Tafingers in der ersten Gliederungsebene des hypothetischen Naturrechts unterscheidet folglich nicht nach dem materiellen Recht selbst, da das allgemeine Staatsrecht auch das bürgerliche Privatrecht umfasst, und auch nicht bloß nach den beteiligten Rechtssubjekten, da am allgem. Staatsrecht nicht notwendig immer Staatsorgane beteiligt sind, sondern nach der *Sphäre*, in der das Recht stattfindet; einerseits die Sphäre der Rechtsverhältnisse zwischen den Völkerrechtssubjekten, andererseits derjenigen der Rechtsverhältnisse innerhalb des Staates (allgem. Staatsrecht) und letztlich die Sphäre der gesellschaftlichen Rechtsverhältnisse außerhalb des Staates (allgem. Privatrecht). Eine materielle Abgrenzung zwischen Staatsrecht und Privatrecht nimmt Tafinger also nicht bereits auf dieser Gliederungsebene vor, sondern erst bei der weiteren Unterteilung des allgemeinen Staatsrechts. Dieses unterteilt Tafinger konsequenterweise nämlich wiederum in das Staatsrecht im engeren Sinne, das innere Staatsrecht, wie Tafinger es nennt, und das bürgerliche Privatrecht, also anscheinend nach der gleichen Einteilung wie eine Gliederungsebene höher. Das bürgerliche Privatrecht definiert Tafinger als die Rechtsverhältnisse innerhalb des Staates in Bezug auf den Einzelnen. Es sei per se identisch mit dem allgemeinen Privatrecht und unterscheide sich bloß durch die Bedingung des Staates. Das Staatsrecht sei dagegen alles andere, alles, was die Rechtsverhältnisse in Bezug auf die öffentliche Verfassung des Ganzen betrifft.

Die Unterscheidung zwischen Privat- und Staatsrecht auf dieser Gliederungsebene hat deshalb einen anderen Charakter, da hier nach dem *Regelungsinhalt* des Rechts, also materiell-rechtlich unterschieden wird. Insgesamt stellte die Unterscheidung des Privat- vom Staatsrecht somit zwar nicht nach der Höhe der Gliederungsebene das Hauptkriterium bei der Systematisierung dar, jedoch war sie die Einteilung, in die das Naturrecht am Ende der Systematisierung zerfiel, auch wenn die Differenzierung von gesellschaftlichem und vorgesellschaftlichem Recht noch über allem schwebte. Der letztgenannten Einteilung kam jedenfalls in Tafingers Enzyklopädie nicht mehr die entscheidende Rolle zu. Es

[542] Tafinger, Encyclopädie und Geschichte, 1789, S. 40.

stellt sich die Frage, ob diese Einteilung, nach der alles in Staats- und Privatrecht zerfällt, eine Idee Tafingers war, was rechtfertigen würde, ihn einen Vorreiter zu nennen. Deswegen sollen die vier enzyklopädischen Werke betrachtet werden, die Tafinger zur Vorlage gedient haben.

2. Enzyklopädien vor 1789

Die Enzyklopädie, von der Tafinger sich mit der seinen distanzieren will, ist die von *Reitemeier* aus dem Jahr 1785.[543] Diese beruht auf dem klassischem System der Einteilung des Naturrechts, nämlich der Unterscheidung der verschiedenen Gesellschaften. Zunächst differenziert Reitemeier in den Bereich, wo der Mensch alleine mit sich und den Sachen ist und den Bereich, wo er im Verhältnis zu anderen Menschen steht. Im außergesellschaftlichen Bereich gelte das „reine Naturrecht", im gesellschaftlichen Bereich das „angewandte Naturrecht". Diese beiden Gruppen unterteilte Reitemeier in Recht und Klugheit, wobei das Recht wiederum in inneres und äußeres Recht zerfällt. Zur Veranschaulichung diene folgende Übersicht.

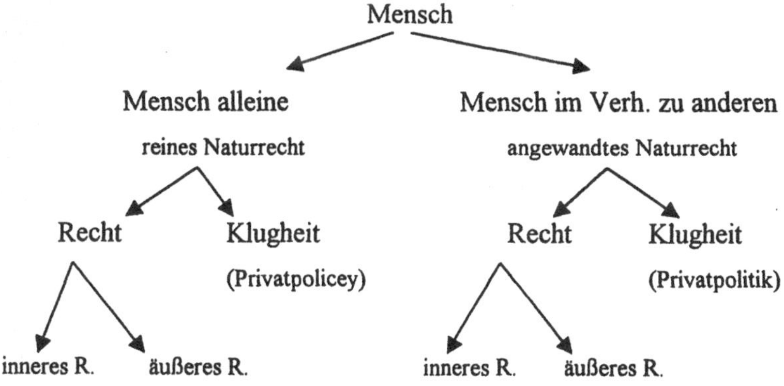

Das innere Recht sei das Recht in Ansehung unserer selbst (Erhaltung von Leben, Gesundheit, Freiheit und die Erhaltung und Verbesserung von Sachen, die uns vorteilhaft sind). Das äußere Recht regele die Verhältnisse zu anderen Individuen oder Gesellschaften. Reitemeiers Systematik entspricht damit der überkommenen rein naturrechtlichen Betrachtungsweise. Ihre kurze Darstellung scheint mir hier geeignet, das Fortschrittliche an Tafingers Systematisierung aufzuzeigen. Ersichtlich wird auch, dass Tafingers System weit raffinierter ist und der bloßen Einteilung nach den Gesellschaften nicht mehr nachhängt.

543 Reitemeier, Johann Friedrich, Encyclopädie und Geschichte der Rechte in Deutschland, Göttingen 1785.

Noch vor Reitemeier nennt Tafinger die Enzyklopädie *Gildemeisters* aus dem Jahre 1783.[544] Gildemeister von der Universität Duisburg schließt sich zumindest in seinem Vorwort dem Prinzip Pütters an, indem er diesem großes Lob bekundet und sagt, dass man eine Enzyklopädie fast nicht besser verfassen könnte. Er wolle es aber doch versuchen, weil er hier und da Änderungen vornehmen möchte und entwickelt folgendes System.

Das Recht zerfalle in zusammengesetzte und einfache Gebiete, wobei sich die einfachen Gebiete in Naturrecht und positives Recht teilten. Das Naturrecht, als das gottgegebene unabänderliche Recht, das allein aus der Vernunft zu erschließen sei,[545] unterteilt er dann in gesellschaftliches und vorgesellschaftliches Recht, wobei letzteres aus bloß negatorischen Ansprüchen gegen andere bestehe. Im gesellschaftlichen Zustand nenne man das Naturrecht hypothetisch und unterteile es in das Recht der kleineren Gesellschaften (Ehe, Familie, Herrschaft) und der Gesellschaft des Staates. Die positiven menschlichen Rechte unterteilen sich lt. Gildemeister in das Recht außerhalb des Staates, dem Völkerrecht, und das Recht innerhalb des Staates. Das „Staatsinnenrecht" wiederum unterteilt er in einerseits besonderes Recht, das aus dem Prozess- , Staats- und dem besonderen Privatrecht bestehe, andererseits gemeines Recht das in peinliches und bürgerliches Recht zerfalle und das bürgerliche wiederum in Staats- und Privatrecht. Optisch stellt sich dies folgendermaßen dar.

544 Gildemeister, Joh. Friedrich; Juristische Encyclopädie und Methodologie, Duisburg, 1783.

545 Gildemeister, Encyclopädie und Methodologie, a.a.O., § 21, S. 18.

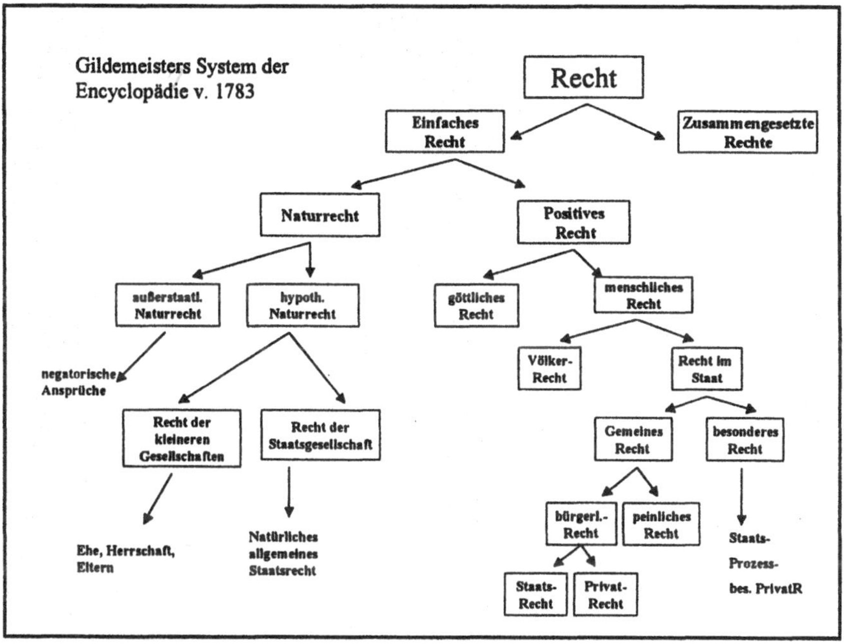

Abb. 4, Enzyklopädie Gildemeisters

Eine weitere Vorlage war für Tafinger die Enzyklopädie *Schotts* aus dem Jahre 1772.[546] Dieser teilte das Recht zuerst in göttliches und menschliches Recht, wobei das menschliche Recht nur positives Recht sein könne, weil es seinen Grund im menschlichen Willen habe.[547] Das göttliche Gesetz und nicht die Vernunft sind Schott die Quelle des Naturrechts, was Kees auch noch 1794 in der 6. Auflage so vorträgt. Das menschliche positive Recht teilt auch Schott in Staatsinnenrecht und Außenrecht, letzteres in praktisches und theoretisches Völkerrecht, ersteres in Staatsrecht und Privatrecht, das er auch bürgerliches Recht nennt.

Das Privatrecht (= bürgerliches Recht) definiert er dabei als das Recht der Privathandlungen und Privatgeschäfte der Bürger eines Staates, während das Staatsrecht die Rechte und Verbindlichkeiten der obersten Gewalt im Staate bestimme. Diese beiden Gruppen setzten sich ihrerseits wieder aus einem be-

[546] Schott, August Friedrich, Entwurf einer juristischen Encyclopädie und Methodologie, zum Gebrauch akademischer Vorlesungen, Leipzig 1772. Diese Schrift war derart erfolgreich, dass es in vielen Auflagen auch noch nach dem Tode Schotts herausgegeben wurde. Ab der 6. Auflage wurde das Werk von Jacob Friedr. Kees fortgeführt.
[547] Schott, Encyclopädie und Methodologie, a.a.O., ab S. 8, § 9 ff.

sonderem und einem allgemeinen Teil zusammen. Der allgemeine stelle dabei denjenigen Teil dar, der allein aus der Vernunft hergeleitet sei, also dem Naturrecht entspringe. Der besondere Teil sei hingegen das vom Menschen geschaffene Recht. Die Untergruppe des gewillkürten bürgerlichen Privatrechts unterteilt Schott abschließend noch in gemeines und besonderes Privatrecht und zählt dann die einzelnen Rechtsgebiete auf, die für ihn das gewillkürte besondere Privatrecht ausmachen, wozu auch das peinliche Recht gehören soll.[548] Der Übersicht diene wiederum die folgende Grafik.

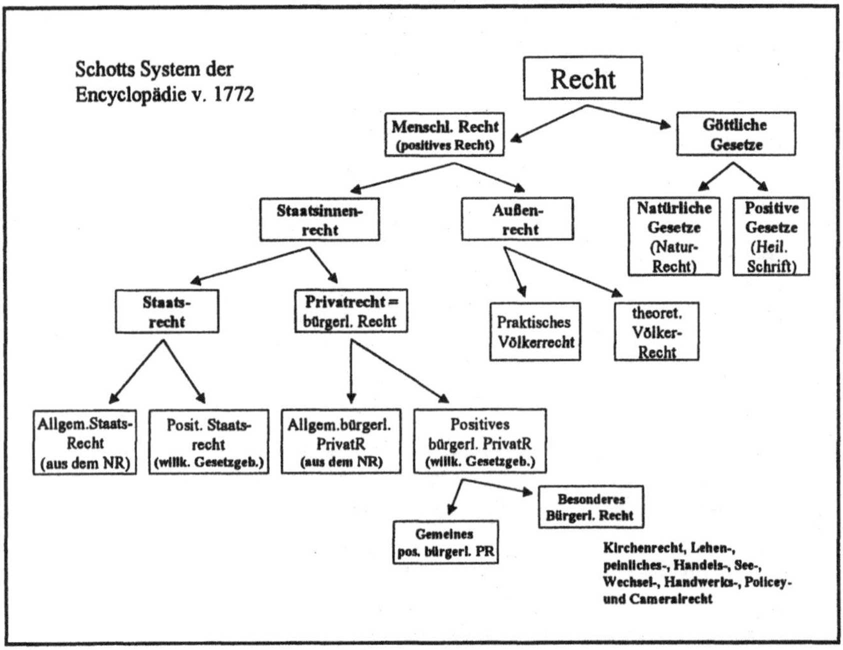

Abb. 5, Enzyklopädie Schotts

Diese Systematik, bei der eine Ebene oberhalb der Teilung von naturrechtlichen und positiven Quellen die Differenzierung von Staats- und Privatrecht liegt, hält Schott bei seinen inhaltlichen Darstellungen inkonsequenterweise allerdings nicht ein, in denen erst das Naturrecht und dann das positive Recht abhandelt wird. Auffällig ist an der obigen Einteilung auch, dass Schott jedenfalls im Rahmen der Systematik das vorgesellschaftliche Naturrecht gar nicht mehr erwähnt, sondern dieses nur noch als Differenzierungskriterium heranziehen will, um das allgemeine Staats-, bzw. Privatrecht vom besonderen zu unterscheiden.

[548] Schott, Encyclopädie und Methodologie, a.a.O., S. 13.

Schotts Definition des Staatsrechts im engeren Sinne ergibt, dass er ausschließlich das Recht der Staatsorgane als Staatsrecht ansieht, so dass alles andere dem Privatrecht unterfällt, insbesondere auch das Strafrecht, da es sich hierbei um Recht über Privathandlungen der Bürger handelt.

Die älteste Quelle, die Tafinger bereits in seinem Vorwort erwähnt, ist die Enzyklopädie von Johann Stephan *Pütter* aus dem Jahr 1767, deren Systematik hier abschließend aufgezeigt werden soll.[549] Pütter unterteilt die Rechtsgelehrtheit in zusammengesetzte Teile verbundener Rechtswissenschaften und einfache eigentliche Teile der Rechtsgelehrtheit. Letztere bestehe aus den göttlichen und den menschlichen Rechten. Die menschlichen Rechte unterteilt er in das praktische Völkerrecht und das positive Staats- und Privatrecht,[550] wobei das Privatrecht sich wiederum in das bürgerliche Privatrecht und das peinliche Recht teilt.[551] Die göttlichen Rechte seien zu unterteilen einerseits in die geoffenbarten Rechte des mosaischen Rechts, des Talmud und des Koran, die gottgegeben seien, und andererseits in das Naturrecht mit allgemeinem Staats- und Völkerrecht, das durch bloßes Nachdenken zu ermitteln sei. Das Naturrecht unterscheidet Pütter dann in vorgesellschaftliches Recht, in dem nur das Verhältnis von Mensch zu Mensch bestehe und das gesellschaftliche Recht, wobei er hier wiederum in das gesellschaftliche Verhältnis im Staat und die sonstigen gesellschaftlichen Verhältnisse unterteilt. Innerhalb der staatlichen Gesellschaft unterschiedet er die drei Gruppen des allgemeinen Staatsrechts, des allgemeinen bürgerlichen Privatrechts und des allgemeinen Völkerrechts. Grafisch stellt sich dies folgendermaßen dar:

[549] Pütter, Johann Stephan, Neuer Versuch einer jur. Encyclopädie und Methodologie, Göttingen 1767

[550] Pütter, Neuer Versuch, a.a.O., § 29, S. 16.

[551] Pütter, Neuer Versuch, a.a.O., § 38, S. 20.

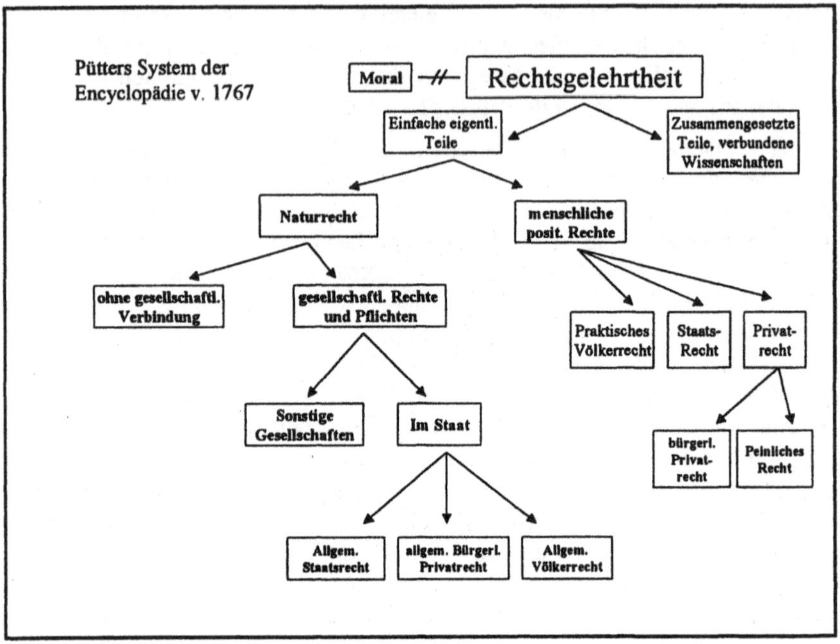

Abb. 6, Enzyklopädie Pütters

Bei dieser Einteilung entspringe das gesamte Naturrecht den Regeln, „beleidige niemanden“ und „gib und lasse jedem das Seine“. Die Abgrenzung zwischen Staats- und Privatrecht nimmt Pütter auf die bekannte Weise vor. Die Rechte und Verbindlichkeiten der obersten Gewalt im Staate und alles, was den Staat betrifft, sei das Staatsrecht, während das Privatrecht negativ definiert alles andere sei, also alle Rechtsverhältnisse des Menschen zu anderen Menschen oder Sachen.[552] Nach dieser Definition rechnet Pütter das peinliche Recht konsequent dem positiven Privatrecht zu: „*... ist alles Privatrecht wiederum bürgerlich oder peinlich.*“.[553]

3. Vergleich dieser Enzyklopädien

Zunächst scheinen alle dargestellten Enzyklopädien weitgehend identisch zu sein, wenn man von der Reitemeiers mal absieht, die mit ihrer andersartigen Systematisierung nicht in die Linie der übrigen dargestellten Einteilungen passen will. In der Tat gibt es jedoch ganz wesentliche Unterschiede. Zunächst springt ins Auge, dass Tafinger das positive Recht anders einteilt, nämlich nach

[552] Pütter, Neuer Versuch, a.a.o., § 17, S. 10; § 18, S. 10; § 29, S. 16; § 30, S. 18.
[553] Pütter, Neuer Versuch, a.a.o., § 38, S. 20.

dessen historischen Quellen. Der Grund hierfür ist, dass Tafinger das positive Recht ausschließlich über die Geschichte der positiven Rechte darstellt, weil er davon ausgeht, dass das positive Recht nicht ein punktueller Zustand sei, sondern nur durch Betrachtung eines Zeitraumes beschrieben werden könne, gerade so, wie es die historische Rechtsschule im 19. Jahrhundert getan hat, für die auch die Rückbesinnung auf die alten Quellen und die Betrachtung des Prozesses der Rechtsentwicklung die wesentliche Rechtsquelle war. Die anderen Enzyklopädien teilen das positive Recht hingegen wie das Naturrecht ein. Vor diesem Hintergrund scheint es nicht völlig unberechtigt, Tafinger -zwar noch echter Naturrechtler- aufgrund seiner Darstellung des positiven Rechts als einen Wegbereiter der historischen Schule anzusehen.

Ein anderer weit weniger sichtbarer aber doch wichtiger Aspekt ist bei Tafingers Systematik die Tatsache, dass es bei ihr kein Recht der Gesellschaften mehr gibt. Die Einteilung des Naturrechts in vorgesellschaftliches und gesellschaftliches Recht war zuvor eine der Haupteinteilungen des Rechts überhaupt und beruhte auf dem System der Betrachtung der einzelnen Rechtsgemeinschaften, wie man es im Naturrecht seit jeher gemacht hatte. Auch Pütter und Gildemeister unterteilen wie dargestellt das hypothetische Naturrecht derart und differenzieren zwischen der Staats- und bürgerlicher Gesellschaft und den außerstaatlichen kleineren Gesellschaften. Nicht so jedoch Tafinger. Die kleineren Gesellschaften außerhalb der bürgerlichen Gesellschaft tauchen in seiner Systematik nicht mehr auf. Wie bereits betont, teilt er das hypothetische Naturecht nach Sphären ein, also weder nach Gesellschaften oder Subjekten, noch nach dem materiellen Gegenstand des Rechts. Mit der Vernachlässigung einer Einteilung nach den Gesellschaften liegt er damit seiner Zeit voraus, weil erst seit Kants Anfangsgründen der Rechtslehre die Annahme von außerstaatlichem Recht allmählich vollständig überwunden wird. Nun ist es nicht so, dass Tafinger außerhalb der staatlichen Gesellschaft gar kein Recht mehr annimmt, geschweige denn, dass er die Nichtdarstellung des Rechts der kleineren Gesellschaften mit dem Gewaltmonopol des Staates begründet, wie Kant es tat, jedoch macht Tafinger einen ersten Schritt von der naturrechtlichen Systematik weg in Richtung auf die moderne Einteilung des Rechts.

Allerdings muss auch gesehen werden, dass Tafinger nicht der erste ist, der das Recht der außerstaatlichen Gesellschaften als nicht mehr darstellungswürdig oder zumindest gruppenbildend ansieht. Denn bereits Schott hat in seiner überaus erfolgreichen Enzyklopädie von 1772 das Recht, wenn auch nur das Staatsinnenrecht, so systematisiert, dass es gar nicht mehr nach den Gesellschaften unterscheidet. Es könnte sein, dass Tafinger sich hiervon hat inspirieren lassen, denn Schotts Einteilung scheint sehr durchdacht und schlüssig und sie hat Tafinger bei der Herstellung seiner Enzyklopädie vorgelegen. So kann und muss man wohl zu dem Schluss kommen, dass Tafinger zwar einer der ersten war, der sich einen Schritt von der aus dem Naturrecht überkommenen Einteilung des

Rechts in Richtung der modernen Einteilung bewegte, dass er jedoch nicht der erste war, da mindestens Schott bereits ebenso fortschrittlich geschrieben hat.

II. zu den Begriffen

Bei der Sichtung der zeitgenössischen Quellen fällt auf, dass der wohl nicht erst von Kant geprägte Begriff des „***öffentlichen Rechts***" für die Gesamtheit des staatlichen Rechts nicht einheitlich verwandt wird. Fast ausschließlich werden vor und nach Kant die älteren Bezeichnungen „***ius publicum***" oder „***Staatsrecht***" benutzt und finden sich auch nach 1797 in den Quellen noch als Antipode zum Privatrecht, weswegen nicht immer sofort klar ist, ob die Autoren das Gegenstück zum Privatrecht im heutigen Sinne, also das öffentliche = ***staatliche Recht***, oder vielmehr nur das Staatsrecht im engeren Sinne, also das Recht der Staatsorgane, meinen.[554] Betrachtet man die dargestellten Enzyklopädien, wird klar, wo die Verwirrung herrührt. Auf der untersten Gliederungsebene steht das Staatsrecht dem Privatrecht als das begrenzte Gebiet des Rechts der Staatsorgane gegenüber. Auf höherer Gliederungsebene bezeichnet das Staatsrecht (= allgemeines Staatsrecht oder Staatsinnenrecht) hingegen alles Recht unter der Voraussetzung der staatlichen Gesellschaft. Dies führt zu der verwirrenden Einteilung Tafingers, dass auf der Seite des positiven Rechts das Staatsrecht auf gleicher Ebene neben dem Privatrecht steht, hingegen im Naturrecht das Privatrecht eine Unterart des allgemeinen Staatsrechts ist. Beide Gliederungsebenen sind daher zu unterscheiden.

Das Privatrecht ist gleichwohl auf beiden Ebenen nach diesen Enzyklopädien das Recht und die Verbindlichkeiten der Menschen untereinander, also z.B. das Vertragsrecht oder das Strafrecht. Im Staate nennen es die Autoren bürgerliches Privatrecht, außerhalb einer Staatsgemeinschaft allgemeines Privatrecht. Staatsrecht i.e.S. hingegen ist das Recht der Staatsorgane. Der Begriff des allgemeinen Staatsrechts wird dagegen nicht in diesem Sinne einheitlich verwandt. Bei

---

[554] Klarheit und eine Terminologie wie sie heute noch gilt kann aber schon 1840 z.B. bei Friedrich Carl von Savigny, System des heutigen römischen Rechts, Berlin 1840, S. 22 festgestellt werden, der das gesamte Recht in Staatsrecht oder Privatrecht teilt. So auch Johann Ludwig Klüber, Öffentliches Recht des Teutschen Bundes und der Bundesstaaten, Frankfurt 1840, 4. Aufl., § 5: *„Unter öffentlichem Recht (jus publicum, droit public, droit politique), auch Staatsrecht im weiteren Sinne genannt, versteht man den Inbegriff aller vollkommenen Rechte der Staaten. So fern diese Rechte 1) bloss auf das Verhältnis eines Staats zu einem andern unabhängigen Staat oder Staatenvereinen sich beziehen, bilden sie zusammen das äussere öffentliche Recht oder Völkerrecht. Dagegen heisst 2) der Inbegriff der wechselseitigen, vollkommenen Rechte des regierenden und des untergeordneten Subjectes in dem Staat, inneres öffentliches Recht oder Staatsrecht im engeren Sinn; (...) Das Staatsrecht im engern Sinn befasst sich theils mit der Grundverfassung des Staates, theils mit der Staatsverwaltung. Daher dessen Eintheilung in das Verfassungsrecht und das Verwaltungsrecht."*

Schott und Pütter beschreibt er das aus dem Naturrecht gefolgerte Staatsrecht im engeren Sinne, bei Tafinger ist es, entsprechend der älteren Lehre, das gesamte aus dem Naturrecht gefolgerte Recht unter der Bedingung des Staates. Deswegen ist stets darauf zu achten, in welchem Kontext der Begriff Staatsrecht verwandt wird, da ihm unterschiedliche Bedeutungen zukommen.

III. Systematisierung des Rechts und der Begriff des allgemeinen Staatsrechts nach 1789 bei Tafinger

Die Unterscheidung zwischen allgemeinem Staatsrecht und Privatrecht wandelte sich in der Zeit nach den dargestellten Enzyklopädien rasch, was nicht zuletzt auf den Einfluss von Kants Schriften zurückgehen wird, der bekanntermaßen postulierte, dass es außerhalb der staatlichen Gesellschaft gar kein gesichertes Recht geben könne. Hier soll nun nicht versucht werden, den Wandel insgesamt darzustellen, da dies an anderer Stelle von anderen bereits getan wurde.[555] Nicht ausgelassen werden soll jedoch ein Blick auf die Entwicklung, die Tafingers Schriften in diesem Zusammenhang genommen haben. Tafinger setzt sich auch in seinen weiteren Schriften mit der Frage der Abgrenzung von allgemeinem Staats- und Privatrecht auseinander, was im Folgenden chronologisch und überblickartig dargestellt werden soll.

In seinem Naturrechtslehrbuch von 1794[556] widmet sich Tafinger in erster Linie der Rechtfertigung des Naturrechts überhaupt und versucht, dessen Existenz zu beweisen. Im Rahmen der Darstellung des hypothetischen Naturrechts, dem er die in seiner Enzyklopädie dargestellte Systematik zugrunde legt, grenzt er das Privatrecht wieder derart vom Staatsrecht ab, dass die Rechtsverhältnisse zwischen den Individuen ersteres, die Rechtsverhältnisse zwischen einem Individuum und allen unter einer Gewalt Vereinten letzteres sei:

„*Die hypothetischen Rechtsverhältnisse des Menschen haben entweder Befugnisse des Einzelnen zum Gegenstande, und dann gehören sie in das allgemeine hypothetische Privatrecht, in das hypothetische Naturrecht des einzelnen Menschen. Oder werden durch hypothetische Verhältnisse Rechte eines zu einem allgemeinen Zweck Aller unter eine höchste Gewalt verbundenen Ganzen gegen die einzelnen Mitglieder, und wiederum Rechte der Mitglieder gegen das Ganze begründet. Der allgemeine Gegenstand, der hierbey zum Grunde liegt, ist der Begriff Staat. Der Umfang von Rechtsgrundsätzen, welche aus dem Begriff des Staates fliessen, also auf diesen ihren allgemeinsten Gegenstand sich beziehen, ist das allgemeine Staatsrecht.*“[557] An anderer Stelle bestätigt er dies: „*Der In-*

[555] Z.B. Lars Björne, Deutsche Rechtssysteme im 18. und 19. Jahrhundert, Ebelsbach 1984.
[556] W.G. Tafinger, Lehrsätze des Naturrechts, 1794.
[557] W.G. Tafinger, Lehrsätze des Naturrechts, 1794, §§ 173 f., S. 69 f.

begriff von Rechten und Verbindlichkeiten, welche aus dem Begriff des Staates fliessen, oder das System von Naturrechtsgrundsätzen, wodurch die Rechte des Ganzen und das Verhältnis der einzelnen Theile zum Ganzen in einem Staate bestimmt werden, macht das allgemeine Staatsrecht (ius publicum universale) aus."[558]

Bürgerliches Recht sei das Recht der Bürger im Staat mit Ausschluss der Rechte dieser gegen die höchste Gewalt (weil dies das Staatsrecht sei), wobei innerhalb des Staates etwas zu dem naturrechtlichen allgemeinen Privatrecht hinzugefügt werden könne, wo es mangelhaft ist.[559] Das Hinzugefügte könne nur unter der Bedingung des Staates bestehen, regele aber gleichwohl die Rechte des Einzelnen gegen des Einzelnen. Das natürliche allgemeine Privatrecht unterscheide sich so vom allgemeinen bürgerlichen Recht.[560] Tafinger ändert hier im Verhältnis zu seiner Enzyklopädie die Bezeichnung des staatl. Privatrechts von „bürgerliches Privatrecht" in „allgemeines bürgerliches Recht". Der Begriff des bürgerlichen Rechts findet sich übrigens in Kants Anfangsgründen wieder, beschreibt dort jedoch das gesamte Recht der öffentlichen Gesetze, also nicht nur das Privatrecht.[561]

In der zweiten Auflage seiner *Enzyklopädie* von 1800 führt Tafinger in der Einführung aus, dass diese zweite Auflage als Beweis dafür genommen werden möge, dass sich eigentlich nichts geändert habe. Tatsächlich ist die Tatsache der annähernden Verdoppelung der Seitenzahl aber nicht allein auf die vermehrten Bezugnahmen auf andere zwischenzeitlich erschienene Enzyklopädien zu erklären.[562] In der Systematik der Einteilung des Rechts hat sich zwar wirklich nichts Wesentliches geändert. Hier hat Tafinger nur seine Strukturierung des Positiven Rechts korrigiert, indem er alles in römisches- und neueres positives Recht einteilt und das neuere Recht in Hauptgruppen unterteilt, denen er zu den oben dargestellten das praktische Völkerrecht und das Kirchenrecht hinzufügt. Ansonsten bleibt er bei seinem bereits dargestellten System. Im Übrigen hat

---

[558] W.G. Tafinger, Lehrsätze des Naturrechts, 1794, § 225, S. 87.

[559] W.G. Tafinger, Lehrsätze des Naturrechts, 1794, § 175 ff, S. 70 f.

[560] W.G. Tafinger, Lehrsätze des Naturrechts, 1794, §§ 180, 181, S. 72.

[561] I. Kant, Metaphysische Anfangsgründe der Rechtslehre, Hrsg. Bernd Ludwig, 2. Aufl., Hamburg 1998, S. 49.

[562] Neben den bereits dargestellten enzyklopädischen Werken Pütters, Schotts, Reitemeiers und Gildemeisters nimmt er nun zusätzlich Bezug auf Theodor Schmalz, Encyclopädie des gemeinen Rechts, 1790; Hugo, Lehrbuch der juristischen Encyclopädie, Göttingen 1792; Christoph Christian Dabelow, Allgemeine Einleitung in das positive Recht der Teutschen, Halle, 1796; Eisenhart, Die Rechtswissenschaft nach ihrem Umfange, Helmstädt, 1794; Zachariä, Grundlinien einer wissenschaftlichen Encyclopädie, Leipzig, 1795; Gottlieb Hufeland, Lehrbuch der Geschichte und Encyclopädie; Anton Friedrich Thibaut, Juristische Encyclopädie und Methodologie, Altona, 1797; Conrad Kohlschütter, Propädeutick, Encyclopädie und Methodologie der positiven Rechtswissenschaft, Leipzig, 1797; Gottlieb Hufeland, Institutionen des gesamten positiven Rechts, Jena, 1798.

Tafinger seine Enzyklopädie aber ganz grundlegend ergänzt, indem er viele Gedanken aus Kants Rechtslehre übernommen hat, was unten bei der inhaltlichen Darstellung der Werke Tafingers näher auszuführen sein wird.

Der Definition nach ist in der zweiten Enzyklopädie das allgemeine Staatsrecht innerhalb des hypothetischen Naturrechts die Wissenschaft von den Bedingungen, unter welchen ein öffentlich-rechtlicher Zustand möglich gemacht werden kann.[563] Das allgemeine Privatrecht hingegen sei das Rechtsverhältnis des Einzelnen gegen den Einzelnen und entweder persönlich, d.h. einer Person anhaftend, oder dinglich, d.h. einer Sache anhaftend, oder beides.[564] Beim positiven Recht belässt Tafinger es bei den bereits beschriebenen Abgrenzungen, geht in der Systematisierung aber weiter, indem er diese beiden Hauptteile nach ihrem materiellen Regelungsgehalt weiter unterteilt. „*Im teutschen Staatsrechte würde sodann alles dasjenige, was in den einzelnen Rechtstheilen auf das Objekt desselben sich beziehend gesagt wird, zuammenzustellen seyn. Es würde in allgemeines Reichs= und Territorialstaatsrecht zerfallen. Im Privatrechte würde nach den Objekten des Privatrechts das Personenrecht, teutsch und römisch, eben so das Sachenrecht, und die Prozeßlehre dogmatisch und so zusammenzustellen seyn, daß das neueste und heute anwendbare Recht in ein vorzügliches Licht gesetzt würde.*“[565]Etwas anders klingt Tafingers Buch von 1808 über die Rechtswissenschaft nach den *Verhältnissen neuester Zeit.*[566] Hierin definiert er das allgemeine Staatsrecht als „*die Übersicht dessen, was dazu nothwendig ist, um die Idee des Staates vollständig zu Stande zu bringen. Es macht denjenigen Theil des öffentlich rechtlichen Zustandes aus, der die Verhältnisse des Ganzen gegen die Einzelnen enthält.*“[567]

Die Idee des Staates sei hierbei: „... *die Idee der allgemeinen Freyheit (...). Diese Idee der allgemeinen Freyheit kann nur reell werden in einem Zustande allgemeiner Wohlfahrt, der für die Idee der Freyheit eben das ist, was für die Idee der Sittlichkeit der Begriff der Glückseligkeit. (...) Die Bedingungen, unter welchen der Staat einzig zu Stande kommen kann, sind, daß eine Gesetzgebung die Verhältnisse der allgemeinen Freyheit in der Idee eines zusammenhängenden Ganzen umfasse; daß eine Regierung sich mit der Nothwendigkeit beschäftige, und für die Bedürfnisse des Ganzen im vorübergehenden Laufe der Dinge sorge, und daß Gerichte aufgestellt seyen, welche das Recht dem Gesez gemäs wiederherstellen, wo es durch Rechtsverletzungen gestört worden ist.*“[568]

---

[563] Tafinger, Encyclopädie, 1800, § 108 ff, S. 44 ff.
[564] Tafinger, Encyclopädie, 1800, §176 ff, S. 64 ff.
[565] Tafinger, Encyclopädie, 1800, § 1489 f. , S. 587.
[566] Tafinger, Die Rechtswissenschaft nach den Verhältnissen und Bedürfnissen der neuesten Zeit, 1808.
[567] Tafinger, Rechtswissenschaft. a.a.O., S. 44 f.
[568] Tafinger, Rechtswissenschaft, a.a.O., S. 43 f.

Tafinger definiert hiernach über den Zweck des Staates auch das Staatsrecht als das zur Erreichung des Staatszweckes erforderliche Recht. Zur Frage, was der Staat sei, führt er in einem späteren Buch aus: *„Er ist ein Verein lebender freier Wesen in der Einheit einer organischen Ordnung durch Raum und Zeit geregelt und durch ein Vernunftgesetz vereiniget. Er ist eine große Familie durch die Vermischung zahlreicher Geschlechter zu einem Stammvolk (gens) erweitert, er selbst ist ein größerer beseelter Organismus, der auf einer bestimmten Stelle als seinem Machtgebiete ruht, von welchem aus seine Thätigkeit sowohl im Innern als nach Außen sich entwickelt. Ich möchte den Staat nach Form und Materie als einen intelligiblen Verein durch Freyheit und Nothwendigkeit und als ein lebendiges reelles Wesen, als ein großes, lebendiges und beseeltes Ganzes, eine moralische Person im Großen nennen."*[569] Diese Definition des Staates ist nicht mehr kantianisch, sondern wirkt fast romantisch.

Die Frage nach dem Staatszweck will Tafinger dann hier bewusst nicht mehr beantworten, da man den Staat als „lebendiges Wesen" ebenso wenig nach seinem Zweck fragen könnte, wie einen Menschen, was daran liege, dass der Staat nicht von Menschenhand sei, wie beispielsweise die „Brandkasse" oder Verträge, nach deren Zweck man fragen könne. Der Staat sei sich selbst der Zweck und Objekt seines Handelns und Wollens, sich selbst im Inneren und Äußeren zu vervollkommnen und so die ungehinderte freie Wohlfahrt zu fördern.[570]

Damit hebt Tafinger den Staat zwar auf eine unbegreifliche metaphysische Ebene, bringt jedoch auf den Punkt, was für ihn den Staat ausmacht. Alles der allgemeinen Wohlfahrt Dienende sei staatlich, da dies der Zweck des Staates sei. Somit wird im Zusammenhang mit dem erstgenannten Zitat nun auch klar, was nach Tafinger das Staatsrecht ist. Es ist die Summe allen Rechts, das die allgemeine Wohlfahrt zu fördern erforderlich oder förderlich ist.

Tafingers Definition des allgemeinen Staatsrechts wandelt sich somit. Während er in seinen Enzyklopädien bei der Abgrenzung des allgemeinen Staatsrecht noch allein auf die Frage abstellt, ob das Recht in der Sphäre des Staates, außerhalb dessen oder zwischen Völkerrechtssubjekten besteht, findet sich hier[571] nun eine Art Interessentheorie, wie sie heute noch zur Abgrenzung des öffentlichen Rechts vom Privatrecht vertreten wird. Alles, was dem Interesse des Staatszweckes dient, sei allgemeines Staatsrecht. Im Ergebnis hat Tafinger sich mit dieser Differenzierung endgültig von der Unterscheidung nach den Gesellschaften verabschiedet.

Mit dem Abstellen auf das Interesse befand Tafinger sich aber nicht auf der Seite der damals herrschenden Meinung und im Ergebnis ist die moderne

[569] Tafinger, Über die Idee einer Criminalgesetzgebung, 1811, § 93, S. 181 f.
[570] Tafinger, Criminalgesetzgebung, a.a.O., § 95, S. 184.
[571] Tafinger, Criminalgesetzgebung, a.a.O.

Rechtswissenschaft diesem Ansatz auch nicht gefolgt, da die Abgrenzung allein nach dem Interesse für untauglich befunden wurde. So ist z.B. das Interesse an der öffentlichen Sicherheit und Ordnung vordergründig ein öffentliches, in der Tat ist es aber nur Zweck zur Erreichung von Wohlfahrt und Sicherheit des Einzelnen und bei genauerer Betrachtung wird man feststellen können, dass alle Tätigkeit des Staates auf das Interesse des Einzelnen zurückgeht und so gesehen dem Staat kein eigener Zweck zukommt.[572] Nach dieser Ansicht ist das Gemeinwohl nichts anderes als die Summe der Individualinteressen. Hiernach müsste man so gut wie alles Recht dem Privatrecht zuordnen, also insbesondere auch das materielle Strafrecht beispielsweise, was aber in der späteren Literatur nicht gemacht wurde. Wie sollte man denn im Strafrecht auch verfahren? Das Strafrecht als positives Recht unterfiele nach dieser Einteilung entweder dem Privatrecht oder dem Staatsrecht, je nachdem, welches Rechtsgut betroffen ist. Ausdrücklich sagt Tafinger dies aber nirgends. Eine abstrakte Differenzierung nimmt Tafinger innerhalb des Strafrechts nur in Bezug auf Criminalverbrechen und Polizeyverbrechen vor, auf die noch eingegangen wird. An sich müsste es in öffentlich-rechtliches und privatrechtliches Strafrecht geteilt werden, wenn man den Schutzzweck der Staatsschutzdelikte neben denen des Privatgüterschutzes betrachtet. Deshalb ist und war es erforderlich, andere Abgrenzungsmethoden zu finden oder aber nicht mehr das Staatsrecht dem Privatrecht gegenüber zu stellen, sondern nach Kant das öffentliche Recht.

IV. bürgerliches Privat- und Staatsrecht i.w.S. (= öffentliches Recht)

Die gemachten Ausführungen betreffen ausschließlich einen Wandel der Einteilung des hypothetischen Naturrechts und den Begriff des Staatsrechts, nicht jedoch die Abgrenzung von positivem bürgerlichen Privatrecht zum Öffentlichen Recht, das von den Autoren fast durchweg auch Staatsrecht genannt wird. Die Abgrenzung war einheitlich so, wie auch Tafinger sie darstellt und oben bereits aufgezeigt wurde. Auch *Danz* stellt z.B. in seinem Buch über das System des Privatrechts wie Tafinger darauf ab, wer Adressat der Rechte und Verbindlichkeiten ist. Ist dies die Regierung eines Staates, handele es sich um Staatsrecht. Privatrecht hingegen regele die Rechtsverhältnisse der Bürger unter sich.[573] Auch nach dieser Definition, die der heutigen Subjektstheorie nahe steht,

[572] Nach der Jahrhundertwende hat auch Tafinger einen romantisch verklärten Begriff vom Staat, den er als „lebenden Organismus" charakterisiert und sagt: *„Wenn man uns früge: was ist denn also nun der Zweck des Staates? so würden wir in Versuchung kommen, als nächste Antwort auf diese Frage zu erwidern: Er selbst ist sein Zweck, so wie der einzelne Mensch sich selbst sein Zweck ist."* Tafinger, Strafrechtslehre, Bd. I, S. 43.

[573] Wilh. Aug. Friedr. Danz, Handbuch des heutigen Deutschen Privatrechts, 2. Aufl., Stuttgart 1800, § 4, S. 11; deutlich auch das von Rössig übernommene Zitat: § 6, S. 15: *„Der Begriff von dem deutschen Privatrecht als wissenschaftliches System betrachtet (...) ist der Inbegriff der ursprünglich deutschen, noch heute geltenden Geseze und Gewohnhei-*

ließe sich das Strafrecht nicht recht einordnen. Einerseits räumt es dem Staat eine Strafgewalt ein, so dass es öffentliches Recht sein könnte, soweit es sich an den Staat wendet, andererseits enthält es Verbotsnormen, die sich ausschließlich an die Bürger richten und ihnen das Recht einräumen, von anderen unbehelligt zu bleiben, so dass das Strafrecht dem Privatrecht unterfiele.[574] Ebenso *Pütter* im Jahre 1768: *„Der Inbegriff derer Rechte und Verbindlichkeiten, die ein Staat und dessen höchste Gewalt hat, macht das Staatsrecht aus. (...) Andere Rechte und Verbindlichkeiten, die nur Unterthanen oder einzelne Güter betreffen, ohne daß dabey der Staat oder die höchste Gewalt in Frage kömmt, gehören zum Privatrecht.*[575]

Ähnlich schreibt auch Karl Gottlob *Rössig*, der zunächst allgemein auf Tafingers beide Werke zur Analogie verweist und dann das Privatrecht in Abgrenzung zum Staatsrecht folgendermaßen beschreibt: *„Das deutsche Privatrecht, als ein System von Rechtssätzen, ist der Inbegriff aller ursprünglich reinen deutschen Rechtssätze, welche die Rechte und Verbindlichkeiten der Privatpersonen und der Privatsachen, in Privatverhältnissen* in Deutschland ohne Beymischung fremder Rechte** bestimmen."* und in der Fußnote: *„*Durch diese drey Angaben ist es unterschieden vom deutschen Staatsrechte..."* und *„**hierdurch unterscheidet es sich von dem sogenannten Iure Commune."*[576] In den weiteren Beschreibungen versucht Rössig zu systematisieren und bildet die Obergruppen Sachen- und Personenrecht, die er in die allgemeinen und speziellen Teile gliedert. Tatsächlich subsumiert er unter diese Obergruppen aber nichts, sondern hält fast sämtliche Rechtsgebiete für eigene „Hauptgruppen" des Rechts, die neben dieser Einteilung stünden, so dass sich eine unendliche Vielzahl von Rechtsgebieten ergibt, die alle eigenständig sein sollen.[577]

Anders liest sich hingegen *Runde* in seinem bereits zitiertem Buch zum deutschen Privatrecht zur Abgrenzung des Staatsrechts vom Privatrecht. Dieser will unter Hinweis auf das Privatfürstenrecht nicht auf das handelnde Subjekt, sondern auf den Charakter des Rechtsgeschäfts abstellen und erteilt somit Pütter und Danz eine Absage.[578] Gerade das Privatfürstenrecht beweise, so argumen-

---

ten, nach welchen die Rechte und Verbindlichkeiten der Privatpersonen in Privatverhältnissen und Privatgeschäften zu bestimmen sind ..."

[574] So auch Daniel Nettelbladt, Abhandlung über die Rechte Einrichtung eines Lehrbuches der Staatsrechtsgelahrtheit der Teutschen, In den wöchentlichen Hallischen Anzeigen, 1784, §16, S.17

[575] Joh. Steph. Pütter, Kurzer Begriff, 1768, § 1, S.1.

[576] Karl Gottlob Rössig, Erste Grundsätze des dt. Privatrechts zu Vorlesungen und als Einleitung zur Erlernung des reinen deutschen Privatrechts, Leipzig 1797, S. 1, § 1 ff.

[577] Rössig, Grundsätze des dt. Privatrechts, a.a.O., S. 1, § 1 ff.; So sollen beispielsweise das Cameralrecht, Polizeirecht oder das Privatfürstenrecht Rechtsgebiete sein, die sich nicht unterordnen lassen, sondern eigenständig sind.

[578] Chr. Ludw. Runde, Grundsätze des gemeinen deutschen Privatrechts, 6. Aufl., Göttingen 1821, § 4

tiert Runde, dass auch Träger hoheitlicher Gewalt privatrechtlich handeln könnten, es somit nicht auf die formale Stellung des Handelnden ankommen könne.

Diese Beispiele sollen genügen, da die Meinungen dieser wenigen Autoren bereits widerspiegeln, dass bei der Abgrenzung vom bürgerlichen Recht zum Staatsrecht i.e.S. im wesentlichen darauf abgestellt wurde, welche Subjekte an einem Rechtsverhältnis beteiligt waren. Diese Abgrenzung wird somit anders vollzogen, als die Einteilung des hypothetischen Naturrechts in allgemeines Staats- und Privatrecht. Sie ist wesentlich einfacher, unterzog sich keiner Wandlung und wurde wohl meist gar nicht als diskussionswürdig betrachtet.[579]

V. Zusammenfassendes Ergebnis

Zusammenfassend lässt sich Folgendes festhalten. Für die Beschreibung des Staatsrechts i.w.S. (= öffentl. Recht = jus publicum) wurde nach dem naturrechtlichen Standpunkt nicht das heute bemühte Erfordernis eines Über-Unterordnungsverhältnisses herangezogen, weil auch in außerstaatlichen Gesellschaften, wie z.B. dem Verhältnis zwischen Herr und Knecht oder Eltern und Kind ein Über- Unterordnungsverhältnis bestand, gleichwohl aber allein die Privatrechtssphäre betroffen sein sollte.[580] Das ius publicum wurde deshalb vielmehr dadurch gekennzeichnet, dass der Staat an einer bestimmten Rechtsmaterie notwendig beteiligt war, was nach der naturrechtlichen Betrachtung allein beim Staatsrecht i.e.S. (= Staatsorganisationsrecht) der Fall war. Dieser Begriff des Staatsrechts ist alt und findet sich bereits im römischen Recht. Diesbezüglich weist *Eugen Ehrlich* nach, dass die bereits im römischen Recht bekannte Trennung von Öffentlichem- und Privatrecht keine in dem Sinne war, dass das eine dem Gemeinwohl, das andere dem Einzelnen nutzen sollte. Vielmehr wurde mit „jus publicum" lediglich das Staatsrecht, insbesondere das Behördenrecht bezeichnet.[581] Der Ausdruck jus publicum in den juristischen Quellen des 16., 17. und besonders des 18 Jh. meinte immer nur das Staatsrecht i.e.S., während das jus privatum alles Recht war, das nicht Staatsrecht ist.[582] Staatsrecht war somit ursprünglich allein das Recht der Staatsorgane untereinander und im Verhältnis zum Bürger. Alles andere wurde dem Privatrecht zugeordnet. An einem

[579] Was vielleicht der Grund dafür ist, dass sich mancherorts nichtssagende Definitionen finden, z.B. Freih. X. v. Krüll, Teutsches Privatrecht, Landshut 1821 (2. Aufl.), S. 2: 1805: „Privatrecht ist das, was nicht Völker- und Staatsrecht ist" oder Gildemeister, Encyclopädie, Duisburg 1783, § 88, S. 81: „Privatrecht ist dasjenige Recht, welches in Privatsachen gilt."

[580] Nach Kant sind die außerstaatlichen Verhältnisse innerhalb von Familie, Ehe usw. deshalb nicht öffentlich rechtlich, weil es an einer Entscheidungsinstanz fehle, die Recht spreche, vgl. a.a.O., Anfangsgründe der Rechtslehre, § 41, S. 123

[581] Eugen Ehrlich, Beiträge zur Theorie der Rechtsquellen, 1. Theil, Berlin 1902, S. 159.

[582] Eugen Ehrlich, Beiträge zur Theorie der Rechtsquellen, 1. Theil, Berlin 1902, S. 214.

Beispiel verdeutlicht wäre so das materielle Strafrecht dem Privatrecht zuzuordnen, die Strafgewalt des Staates hingegen dem Staatsrecht. Diese Einteilung vollzog sich aber nur auf unterster Ebene, hier allerdings im Naturrecht wie im positiven Recht gleichermaßen. Auf oberster Ebene herrschte die alles überwölbende Einteilung nach den Gesellschaften. In dieser ersten Einteilung wurde das Recht innerhalb der staatlichen Gesellschaft „allgemeines Staatsrecht", „jus publicum" oder „Staatsinnenrecht" genannt.

Der Wandel, der sich nun im letzten Viertel des 18. Jahrhunderts bei der Einteilung der Rechtsmaterien zu vollziehen begann, endete spätestens 1822 damit, dass das gesamte Recht zuerst und alles überwölbend in Privatrecht und Öffentliches Recht (= Staatsrecht i.w.S.) eingeteilt wurde und letzteres wieder in Verwaltungsrecht und Verfassungsrecht.[583] Anfangs vollzog sich die Entwicklung im Naturrecht und positiven Recht parallel, am Ende ist vom Naturrecht keine Rede mehr. Das Öffentliche Recht wurde nun vom Gegenstand ***und*** vom Subjekt her zum Privatrecht abgegrenzt, der materielle Gehalt der Subjekts- und der Interessentheorie bildete sich heraus. Das öffentliche Recht hatte die organische Gesamtheit des Volkes zum Gegenstand, bei der Einzelne untergeordnet bleiben und das staatliche Ganze, also insbesondere die Förderung der öffentlichen Wohlfahrt, Sicherheit und Ordnung zum Zweck. Das Privatrecht hingegen hat die Verhältnisse des Einzelnen zum Gegenstand und Zweck. Es wurde aber auch nur noch im staatlichen Zustand als solches angesehen, da das wesentliche Abgrenzungskriterium des Rechts zur Moral die Möglichkeit zur Durchsetzung durch Zwang ist, Zwang wiederum nur in der staatlichen Gesellschaft statthaben kann.

Während sich der Ausgangspunkt und das Ende der Entwicklung beschreiben lassen, fällt dieses hinsichtlich des Entwicklungsprozesses und seinen Gründen umso schwerer. Die Gründe für das Einsetzen derselben und allein schon die Frage, wann die Entwicklung überhaupt einsetzte, sind wohl immer noch nicht abschließend geklärt. Es existieren zumindest verschiedene Erklärungsmodelle. *Martin Bullinger* sieht den Beginn der systematischen Trennung bereits bei Pufendorf in dessen Naturrechtsliteratur gegen Ausgang des 17. Jahrhunderts,[584]während *Jan Schröder* die entscheidenden Entwicklungen erst gegen Ende des 18. Jahrhunderts ausmacht und betont, dass es sich hierbei nicht um eine Theorienbildung handelt, die in der juristischen Literatur wurzelt, sondern die juristische Literatur vielmehr nur eine Entwicklung widerspiegelt, die außerhalb der Rechtswissenschaft stattgefunden habe. In erster Linie sei das auf die Aufklärung zurückgehende neue Verständnis von der Staatsgewalt für die sich wandelnden Anschauungen verantwortlich. Während der Aufklärung habe sich

---

[583] z.B. Klüber, Öffentliches Recht des Teutschen Bundes und der Bundesstaaten, 2. Aufl., Frankfurt 1822, § 5, S. 7.

[584] Martin Bullinger, Öffentliches Recht und Privatrecht, Stuttgart 1968, S. 32 ff.

nach und nach die Ansicht durchgesetzt, dass das Gewaltmonopol beim Staat liegen müsse,[585] weshalb alle Rechtsmaterien, die ein Gewaltverhältnis voraussetzten, auch dem Staat und damit dem ius publicum zugerechnet werden mussten.[586] Insbesondere Immanuel Kant habe in seiner Metaphysik der Sitten dargestellt, dass im Naturzustand der Mensch keinen Schutz vor seinesgleichen genieße, denn niemand könne in diesem Zustand verpflichtet sein, sich von anderen zwingen zu lassen.[587] Deshalb sei es erforderlich und geboten, den Naturzustand zu verlassen. Gewalt müsse „verstaatlicht" oder zumindest vergesellschaftet werden, da der einzelne nur dann eine Schutzinstanz zur Seite hätte. Diese Ansicht sei von den jüngeren Naturrechtlern zur Jahrhundertwende übernommen worden und hätte letztlich dazu geführt, dass Rechtsmaterien, die ein Über- Unterordnungsverhältnis beinhalteten, zunehmend dem Staatsbereich zugeordnet worden seien, wodurch wiederum der Umfang des ius publicum zugenommen habe. Das Anwachsen der Materie des ius publicum gegenüber dem kleiner werdenden Bereich des ius privatum habe gleichzeitig dazu geführt, dass beide Gebiete sich von ihrem Umfang her einander annäherten, was die bis heute bestehende neue Differenzierung in diese beiden Materien mitbegründet habe.[588] *Björne* hingegen geht davon aus, dass einerseits Kants Anfangsgründe der Rechtslehre nichts anderes wiedergäben als schon den vorangehenden Enzyklopädien entnommen werden könne, die Änderungen folglich nicht seiner Rechtslehre zugeschrieben werden könnten, kann sich andererseits aber doch nicht entscheiden, ob Kant oder Schlosser die größere Bedeutung in diesem Zusammenhang zukomme. Die vollständige Teilung des Rechts in öffentliches und privates will er in dem Buch über die Geschichte des römischen Rechts von Hugo aus dem Jahre 1790 bereits ausmachen.[589] *Dieter Grimm*[590] sieht in Schlosser den ersten, der die Trennung des öffentlichen vom privaten Recht in einer Kritik eines Entwurfs des Preuß. ALR gefordert habe,[591] hält dessen Forderung aber für politisch motiviert, insofern, als Schlosser die Emanzipation der bürgerlichen

[585] Weil im Naturzustand niemand das Recht haben könne, einen anderen zu zwingen und niemand verbunden sei, den anderen in Frieden zu lassen, vgl. Kant, Anfangsgründe der Rechtslehre, § 42.

[586] Schröder, Die Einteilung des Rechts, a.a.O., S. 185 ff.

[587] Diese Erkenntnis stammt aber nicht von Kant, sondern war bereits ab etwa 1780 aufgekommen, vgl. beispielsweise Zachariä, Grundlinien einer wissenschaftlichen juristischen Encyclopädie, Berlin 1795, S. 23.

[588] So die Begründung Schröders in: Die Einteilung des Rechts, a.a.O., S. 185 ff.

[589] Lars Björne, Deutsche Rechtsysteme im 18. und 19. Jahrhundert, Ebelsbach 1984, S. 113 ff.

[590] Dieter Grimm, Zur politischen Funktion der Trennung von öffentlichem und privatem Recht, in: Studien zur europäischen Rechtsgeschichte, Hrsg. Walter Wilhelm, Frankfurt 1972, S. 224 ff.

[591] Grimm bezieht sich auf: Johann Georg Schlosser, Briefe über die Gesetzgebung überhaupt und den Entwurf des preussischen Gesezbuchs insbesondere, Frankfurt 1789, S. 113 ff.

Gesellschaft aus der fürstlichen Bevormundung gefordert habe. Wenn das Privatrecht allein aus der Gerechtigkeit fließe, dann habe der Herrscher diesbezüglich gar keine Regelungsgewalt, sondern müsse sich aus dem Privatrecht zurückziehen, was die strikte Trennung des gesellschaftlichen Rechts der Privatautonomie und des staatlichen Rechts der Politik erfordere. *Gerhard Dilcher* schließt sich Grimm an und sieht den wesentlichen Grund in der durch gesellschaftliche Veränderungen bedingten neuen Betrachtung des Staates. Der Staat war *„nicht mehr Abbild der Gesellschaft, sondern der äußere Rahmen von Politik und Macht, die Gesellschaft hingegen die inhaltliche Füllung von bürgerlicher Kultur und Wirtschaft. Diesem Auseinandertreten entsprach die Trennung von Staatsrecht und Privatrecht."*[592] *Michael Stolleis* sieht die Überwindung des absolutistischen Staates, ein um 1800 entstehendes neues verfassungspolitisches und philosophisches Klima und das damit einhergehende Aufkeimen des Bürgertums und die vernunftrechtliche Begründung der Staatsgewalt durch Kant als Ursachen für die neue Dichotomie an, keineswegs jedoch Kants juristische Ausführungen, die er ebenso wie Björne abqualifiziert.[593]

So schwierig die Ursachen auf den Punkt gebracht werden können, genauso schwierig ist es, den zeitlichen Anfangspunkt der Trennung in öffentliches und privates Recht zu finden. Hugo teilte ersichtlich das komplette Recht in öffentliches Recht und Privatrecht ein, und zwar nicht nur in seinem Buch über das römische Recht von 1790, sondern auch sehr deutlich in seiner Enzyklopädie von 1792.[594] Allerdings findet sich diese Einteilung jedenfalls im Naturrecht bereits bei Tafinger 1789 in dessen erster Enzyklopädie, auch wenn dieser nicht so deutlich polarisierte und das positive Recht nicht untergliederte. Dass Hugo aber doch zwei Jahre nach Tafinger diesem und der Zeit mit seinem System voraus war zeigt die Tatsache, dass er das Öffentliche Recht nicht mehr alleine nach den beteiligten Subjekten bestimmte, sondern nach dem Gegenstand des Rechts. Alles, was sich zunächst und unmittelbar auf das Ganze bezieht, mache das öffentliche Recht aus. Eine solche Definition findet sich bei Tafinger erst in dessen Buch über die Rechtswissenschaft nach den Verhältnissen neuester Zeit von 1808. Tafingers Satz, alles Naturrecht zerfalle in allgemeines Privatrecht, allgemeines Staatsrecht und allgemeines Völkerrecht[595] bezieht sich nur auf das hypothetische Naturrecht und stellt insofern für sich genommen nichts Neues

---

[592] Gerhard Dilcher, Der rechtswissenschaftliche Positivismus, Wissenschaftliche Methode, Sozialphilosophie, Gesellschaftspolitik, in: Archiv f. Rechts- und Sozialphilosophie, Bd. LXI/4, 1975, S. 217 f.

[593] Michael Stolleis, Geschichte des öffentlichen Rechts in Deutschland, 2. Bd., Staatsrechtslehre und Verwaltungswissenschaft 1800- 1914, München 1992, S. 51 ff.

[594] Hugo, Lehrbuch der juristischen Encyclopädie zum ersten mündlichen Unterrichte über die Quellen, Anfangsgründe und Lehrarten aller in Deutschland geltenden Rechte, Göttingen, Berlin, 1792, § 8, S.5; § 221, S. 106 ff.

[595] Tafinger, W.G., Encyclopädie und Geschichte der Rechte in Teutschland, Erlangen 1789, § 13, S. 11.

dar, da Pütter 1767 diese Einteilung für sein „Staatsinnenrecht" auch schon verwendet. Pütter allerdings ist noch ganz der naturrechtlichen Einteilung nach den Gesellschaften verhaftet und stellt neben das Staatsrecht das Recht der sonstigen Gesellschaften. Dies tut Tafinger nicht mehr und das ist gegenüber Pütter wirklich neu. Tafinger erwähnt die kleinen außerstaatlichen Gesellschaften jedenfalls in seiner Systematik nicht mehr.

Man darf Tafinger auch nicht deshalb verkennen, weil bereits in der Enzyklopädie von Schott aus dem Jahre 1772 eine Einteilung nach den Gesellschaften ebenfalls schon nicht mehr offensichtlich ist und Schott das positive sowie das natürliche Recht auch schon nur noch in das Staats- und das Privatrecht einteilt. Schott teilt nämlich nur das Staatsinnenrecht, das ja allgemein zweigeteilt wurde, wenn man vom Völkerrecht als dritte Gruppe einmal absieht. Relativiert wird Tafinger auch nicht durch die Ausführungen *Schlossers* aus dem Jahr 1789 über einen Entwurf des preuß. ALR,[596] denn zum einen stellt Schlosser kein eigenes theoretisches System auf, sondern kritisiert lediglich die Vermischung von öffentlichem und privatem Recht im Entwurf des ALR und zum anderen macht er dies nicht vor Tafinger, sondern gleichzeitig, wobei davon ausgegangen werden kann, dass beide keinen Kontakt hatten, da sich in Tafingers Literatur ein Hinweis auf Schlosser nicht finden lässt. Der Ansicht Grimms,[597] dass Schlosser als erster deutscher Autor die Dichotomie von Privatrecht und öffentlichem Recht zum Wesensgegensatz gesteigert habe, ist bereits mehrfach widersprochen worden. Björne wendet insbesondere ein, dass Schlosser gar keine wirkliche Zweiteilung geschaffen hätte, da dieser vier verschiedene Rechtsbereiche postuliert habe.[598] Die Bedeutung von Schlossers Ausführungen muss man aber wohl auch deshalb vernachlässigen, weil er das Zivilgesetz von den Staatsverordnungen auf eine ganz eigenartige Art trennen will, die keine Weiterentwicklung der damals bestehenden Lehre, sondern eine sonderbare Trennung darstellte, die sich nicht durchsetzen konnte. Er trennte nicht nach materiellem Gehalt oder Adressat oder dem Bestehen eines Über- / Unterordnungsverhältnisses, sondern danach, ob das Gesetz dem Einzelnen ein Recht einräumte (=Regierungsverordnung) oder vielmehr einem ganzen Stand Rechte einräumte (=Civilgesetz). Die Rechte des Bauernstandes, der Geistlichen oder der Soldaten waren für ihn somit Civilgestze, da hier wie im Naturzustand das Individuum dem anderen in völliger Gleichheit gegenüber stand. Anders bei den Regierungsrechten, die einem bestimmten Individuum Privilegien einräum-

[596] Johann Georg Schlosser, Briefe über die Gesetzgebung überhaupt und den Entwurf des preußischen Gesezbuchs insbesondere, Frankfurt 1789, S. 119: Es gebe das Recht der Staatsconstitution, die Regierungsverordnungen, das Civilrecht und die Strafgesetze.

[597] Dieter Grimm, Zur politischen Funktion der Trennung von öffentlichem und privatem Recht in Deutschland, in: Studien zur Europäischen Rechtsgeschichte, Hrsg. Walter Wilhelm, Frankfurt 1972, S. 224 ff.

[598] Lars Björne, Deutsche Rechtssysteme im 18. und 19. Jh., Ebelsbach 1984, S. 31 ff.

ten oder dessen Verhältnis zum Staat bestimmten, beides Rechtsverhältnisse, in denen keine Gleichheit herrschte.[599]

Insofern bleibt Tafingers Einteilung neuartig, als er die bekannte und in der Wissenschaft etablierte Einteilung eine Gliederungsebene höher rückte. Wie vor ihm nur das Staatsinnenrecht eingeteilt wurde, gliederte er nun das gesamte hypothetische Naturrecht und bewegte sich so einen Schritt auf die neue Dichotomie des Rechts zu.

B) Tafinger zum Polizei- und Cameralrecht

Über zwei Nebenteile des Rechts und Untergruppen des Staatsrechts schreibt Tafinger in seinem am 1. Mai 1787 fertiggestellten und nur 40 Seiten umfassenden Büchlein „Ueber den Zweck des teutschen Polizey- und Cameralrechts", das in diesem Zusammenhang erwähnenswert scheint. Dieses Buch entstand als Tafinger gerade außerordentlicher Professor in Tübingen geworden war, noch bevor er nach Erlangen wechselte. Aus der Einleitung des Buches ergibt sich, dass es der Einführung in die von Tafinger abzuhaltenden Vorlesungen dienen sollte. Dem Thema nach will es nicht so recht in das übrige Werk Tafingers passen, da er sich zuvor ausschließlich mit dem Privatrecht befasst hatte und sich später dem Strafrecht widmete. Es ist zu vermuten, dass dieses Buch deswegen nicht aus einem fachlichen Interesse heraus, sondern eher deswegen entstanden ist, weil er von der Universität zu Vorlesungen in diesen Fächern angehalten wurde. Die ersten Vorlesungen über diesen Teil des Verwaltungsrechts als Teil des jus publicum gab es 1727 in Halle mit Vorlesungen über Oeconomie, Polizey und Cammeralsachen. Oft wurden diese Bereiche allerdings nur als Annex zum Staats- oder Privatrecht vorgetragen. In Tübingen aber entstand im Jahr 1817 sogar eine eigene staatswirtschaftliche Fakultät, mit der die Vorlesungen über die Cameralwissenschaft aus der juristischen Fakultät ausgegliedert wurden.[600]

Inhaltlich setzt sich Tafinger zunächst mit Formalien auseinander, nämlich der Einteilung der Rechtsmaterien, die nicht zum Privat- oder Strafrecht gehören. Tafinger geht auf die zunehmende Tendenz des Zergliederns der Rechtsmaterien

---

[599] Johann Georg Schlosser, Briefe über die Gesetzgebung überhaupt und den Entwurf des preußischen Gesezbuchs insbesondere, Frankfurt 1789, S. 128 f.; Eine größere Bedeutung kommt Schlosser meiner Ansicht dafür zu, weil er das subjektiv öffentliche Recht vom übrigen öffentlichen Recht unterscheidet und darstellt, dass nur die Verletzung eines subjektiven Rechts einen klagbaren Anspruch schafft.

[600] Karl Klüpfel, Geschichte und Beschreibung der Universität Tübingen, Bd. II, 1849, S. 458 f.; Dieter Grimm, Zur politischen Funktion der Trennung von öffentlichem und privatem Recht, in: Studien zur europäischen Rechtsgeschichte, Hrsg. Walter Wilhelm, Frankfurt 1972, S. 211

ein und erwähnt insbesondere die Pütter'sche und Schott'sche Enzyklopädie als Beispiele.[601] Die einstigen alleinigen Gruppen Römisches-, Canonisches-, deutsches Staats-, Lehens- und Privatrecht seien nur noch Übergruppen, die weiter zergliedert werden müssten. Am schwierigsten sei aber die wissenschaftliche Bearbeitung des deutschen Staats- und Privatrechts, da diese je nach den Bedürfnissen der Zeit gleichsam zufällig gewachsen seien. Erst seit Kaiser Maximilian I. habe man begonnen, an eine allgemeine innere bürgerliche Ordnung und Sicherheit zu denken. Dies habe dazu geführt, dass man auch bei der gesetzgebenden Gewalt zwischen Materien zur Erreichung dieses Endziels - dem Staatsrecht - und dem Recht der Bürger untereinander - dem Privatrecht- zu unterscheiden begonnen hatte.[602]

I. Zweck der Policey nach Tafinger

Sodann wendet sich Tafinger dem Zweck des Polizeirechts zu. Das erste Reichsgesetz, das sich ausschließlich der inneren Sicherheit gewidmet habe, sei der Reichsabschied „Ordnung und Reformation guter Polizey" von 1530 (Reichspolizeiordnung 1530) gewesen, der allgemeine innere Sicherheit *und* Wohlstand zu bewirken beabsichtigte, indem er Verfügungen gegen Sittenlosigkeit und Missbräuche aufstellte.[603] In der Tat setzte dieser Reichsabschied den aus dem 14. Jh. stammenden Begriff der *„Polizey"* bereits voraus und schuf ihn nicht, wie Tafinger aber suggerieren will, da der Begriff ganz allgemein mindestens seit 1476 vom Gesetzgeber Verwendung findet.[604] Ihm kommt dabei wohl die Bedeutung eines Zustandes und nicht einer Tätigkeit oder Institution zu, nämlich als *„Zustand guter Ordnung des Gemeinwesens"*.[605]

Die innere und äußere Glückseligkeit der Staatsbürger sei ab dieser Zeit zum Staatsinteresse geworden, was zur Folge gehabt habe, dass auch die Hilfsmittel zur Beförderung des Gemeinwohls Gegenstand der Polizeywissenschaft geworden seien. Aus diesen Grundgedanken seien durch „philosophische Abstraktion" die Grundsätze der allgemeinen Staatswissenschaft entwickelt worden, nach Tafinger das, was man Politik nenne. Diese unterteilt Tafinger wiederum in innere

---

601 Johann Stephan Pütter, Neuer Versuch jur. Encyclopädie, Göttingen 1767; August Friedrich Schott, Entwurf einer juristischen Encyclopädie und Methodologie, 3. Auflage, Leipzig 1780.

602 Tafinger, Zweck Polizeirecht, S.5.

603 Tafinger, Zweck Polizeirecht, S.6.

604 Knemeyer, Polizeibegriff, S. 156 f., der die erste Verwendung des Begriffs in einer Verordnung des Bischof Rudolf von Scherenberg 1476 als Landesherr für Würzburg nachweist.; Bernd Reichert, Polizeirecht, Emmendingen 1993, 4. Auflage, S. 23 ff.; Walcher, Die Polizeiwissenschaft, PolBlBW 1970. S. 149 ff.

605 Knemeyer, Polizeibegriff, S. 155 ff.; *„Polizei bestand, wo der Bürger oder Untertan sich ordentlich, züchtig, gestittet, ehrbar verhielt, wo das menschliche Zusammenleben im Gemeinwesen geordnet war."* Eine Nebenbedeutung des Begriffs sieht Knemeyer in der Verwendung desselben als Abkürzung für „Polizei-Verordnung", vgl. a.a.O., S. 159.

und äußere Politik. Jene, welche sich nur mit dem inneren Wohl beschäftigt, zerfalle ihrerseits in mehrere Teile, von denen einer der wichtigsten die Polizeiwissenschaft sei, welcher die Beförderung der inneren Ordnung und Glückseligkeit diene.[606] Innerhalb der Polizeiwissenschaft sei nun ein Hilfsmittel dieser die Erhebung von Mitteln. Weiter unterscheidet Tafinger zwischen der Erhebung und der Benutzung der Einkünfte, wodurch der Begriff von der Cameralwissenschaft geschaffen sei, die sich damit zu beschäftigen habe, wie die Einkünfte am besten zu erheben und zu verwenden seien. Bestimmte Begriffe der Cameralwissenschaft seien aber wiederum nicht zu verstehen, solange man die Grundsätze der Landwirtschaftswissenschaft nicht kenne, welche lehre, wie Naturprodukte zweckmäßig zu gewinnen und aufzuwahren sind, und so weiter.

II. Abgrenzung des Polizeirechts von anderen Materien

Tafinger nimmt Bezug auf die Einteilung in *Fischers* Lehrbuch des Polizeirechts,[607] nach der das Polizeirecht ein eigener Hauptteil des Rechts sei, und verweist zustimmend auf die Kritik in den Tübinger Gelehrtenanzeigen, 1786 Band 11 und 12, wonach ein Teil der Rechtswissenschaft nicht ein Hauptteil sei, wenn er nicht auf einer eigenen Gesetzgebung als ihrer ursprünglichen, für sich bestehenden Quelle beruhe. Tafinger ist der Ansicht, dass das Gebotensein eines Einschreitens der Obrigkeit von Amts wegen für das Polizeirecht charakteristisch sei.[608] Aufgabe sei dabei nicht nur der Schutz und die Wahrung, sondern auch die Mehrung der Glückseligkeit und des Privatvermögens. Da aber die Summe der Privatvermögen wiederum Nationalvermögen sei, welches zu befördern der Cameralwissenschaft obliege, könne man zwischen beidem nicht trennen.[609]

„Erst nach einer solchen Absonderung alles desjenigen, was nicht gerade auf den bestimmten Zweck der Polizey, öffentliche Ordnung und Wohlfahrt durch wirksame, öfters schnelle Ausführung fordernde, von der obersten Gewalt auch ohne Aufrufung ihrer Hilfe zu treffende, Anstalten zu erhalten und zu befördern, abzielt, möchte der so schwankende Begriff der Polizey auf folgende Weise zu bestimmen seyn, daß dieselbe alle die grössern und kleinern Regierungsgeschäfte enthalte, die nicht gerade auf Erhebung und Verwaltung der Einkünften, Schlichtung eigentlicher Rechtsstreitigkeiten und Anordnung rechtlicher Verhandlungen, oder auf das Verhältnis mit auswärtigen Staaten, sondern auf die ununterbrochene Erhaltung der öffentlichen Ordnung und Wohlfahrt unmittelbar sich beziehen.“[610]

---

[606] Tafinger, Zweck Polizeirecht, S. 8.
[607] Fischer, Lehrbuch sämtlicher Polizei und Cameralrechte, Frankfurt 1785.
[608] Tafinger, Zweck Polizeirecht, S.17 ff.
[609] Tafinger, Zweck Polizeirecht, S. 21.
[610] Tafinger, Zweck Polizeirecht, S. 27 f.

Tafinger reduziert den Begriff der Polizei hiermit auf das Bestreben, dem Bürger ein bequemes und angenehmes Leben zu ermöglichen, wofür eben nicht nur Wohlfahrt *oder* Sicherheit, sondern beides erforderlich sei.[611] Das Polizeirecht ist Tafinger hiernach zwar ein eigenes Rechtsgebiet aber entgegen Fischer kein Hauptteil des Rechts, da es wie andere Rechtsteile auch nur der allgemeinen Sicherheit und Wohlfahrt dient.

Reichsgesetze und Polizeiverordnungen seien aber nicht vollständig, so dass als Quelle des Polizeirechts subsidiär auch das Canonische- und besonders das Römische Recht heranzuziehen sei, woran die Nachlässigkeit der deutschen Gesetzgebung Schuld sei. Diese gehörten demnach sowohl in das Polizeirecht der Deutschen sowie in das Privatrecht.[612]

„Teutsches Polizeirecht wäre demnach der Innbegriff aller in Teutschland geltenden allgemeinen positiven Rechtsgrundsätze, welche sich auf die, zu Erhaltung und Beförderung öffentlicher Ordnung und Wohlfahrt unmittelbar abzweckende, Anstalten beziehen."[613]

Bei der Frage, ob eine Materie dem Polizeirecht oder dem Privatrecht zuzuordnen ist, müsse demnach immer auf den *Zweck* der konkreten Norm abgestellt werden. So erkläre es sich, dass das peinliche Recht überwiegend Polizeirecht sei, aber eben nicht ausschließlich. Ebenso könnten im Privatrecht polizeiliche Vorschriften stehen, je nach Zweck.[614] So sei auch das Landwirtschaftrecht, dort wo es die Verwaltung des Landeigentums selbst regelt, als Landwirtschaftsrecht Privatrecht, während es dort, wo die Beziehung der Güter zum Staat geregelt werden, Staatsrecht sei. Weder das Polizei noch das Cameralrecht seien somit Hauptteile des Rechts nach der obigen Definition.

In diesem Buch zeigt sich, dass Tafinger zwischen Privat- u. Polizeirecht zu trennen versucht und den Begriff des öffentlichen Rechts noch nicht verwendet, obwohl dieser mindestens seit 1780 von Höpfner schon in Gebrauch ist[615] und als Oberbegriff den Bereich des Polizeirechts miterfassen würde. Seine Abgrenzungsmethode entspricht materiell der auch heute angewandten Interessentheorie.[616] Tafingers Ausführungen sind aber auch in einem anderen Lichte inte-

---

611 Tafinger, Zweck Polizeirecht, S. 28.
612 Tafinger, Zweck Polizeirecht, S. 33.
613 Tafinger, Zweck Polizeirecht, S. 33.
614 Tafinger, Zweck Polizeirecht, S. 34, 35 und dort Fußnote a).
615 Ludwig Julius Friedr. Höpfner, Naturrecht des einzelnen Menschen der Gesellschaften und der Völker, Gießen 1780, § 172 f., S. 143; Eugen Ehrlich, Beiträge zur Theorie der Rechtquellen, 1. Theil, Berlin 1902, S. 222, 224.
616 An dieser hat er festgehalten und sie auch noch 1808 und 1811 vertreten in seinen Büchern: Die Rechtswissenschaft nach den Verhältnissen und Bedürfnissen der neuesten Zeit, 1808 und Über die Idee einer Criminalgesetzgebung, 1811, wie bereits dargestellt wurde.

ressant, nämlich der sich wandelnden Vorstellung vom Zweck der Polizei überhaupt.

III. Wandel des Zwecks der „Policey"

Während in den von Tafinger zitierten Reichsabschieden aus dem Mittelalter die „gute Ordnung des Gemeinwesens" so gut wie jede Staatstätigkeit erfasste und rechtfertigte und somit Regelungen für fast jeden Lebensbereich enthalten konnte, wurde nach Überwindung des Absolutismus der Begriff von der Polizei immer weiter verengt, da verschiedene Gebiete, wie beispielsweise die auswärtigen Angelegenheiten, Finanz- und Justizwesen ausgegliedert und verselbständigt wurden.[617] Im Polizeistaat des Absolutismus war der Hauptzweck des Staates schwerpunktmäßig die Förderung der allgemeinen Wohlfahrt, die jedwede Staatstätigkeit zu rechtfertigen geeignet war.[618] Mit seiner „Polizeigewalt" bemühte sich der absolute Herrscher um die Durchsetzung wirtschafts- und bevölkerungspolitischer Programme und um eine umfassende Gestaltung der sozialen Ordnung,[619] die in bevormundender Art jeden Lebensbereich erfasste.[620] Erst die Aufklärung und die mit ihr einhergehende Wertschätzung der Freiheit der Bürger im Staat und die Liberalisierung von Handel und Gewerbe führten zu einer Zurückdrängung der allumfassenden Fürsorge, die dem Bürger aufgezwungen wurde. Zunehmend setzte sich die Idee der Trennung von Wohlfahrtspflege und Gefahrenabwehr und damit von Polizeirecht und Polizeiwissenschaft durch, wobei wohl Pütter der erste war, der bereits 1770 die Wohlfahrtspflege nicht als ureigenste Aufgabe der Polizei ansah, woraus gefolgert wurde, dass dieser die Wohlfahrtspflege aus den Polizeiaufgaben ausgliedern wollte.[621] Tafinger nun schrieb sein Buch ebenfalls in dieser Zeit der Loslösung

---

[617] Zur Entwicklung der Policey im Allgemeinen vgl.: Peter Preu, Polizeibegriff und Staatszwecklehre, Göttinger Rechtswissenschaftliche Studien, Bd. 124, Göttingen 1983; Franz-Ludwig Knemeyer, Polizeibegriffe in den Gesetzen des 15. bis 18. Jahrhunderts, AöR 92 (1967), S. 153 ff; Würtenberger / Heckmann / Riggert, Polizeirecht Baden-Württemberg, 4. Aufl., Freiburg 1999, S. 1 ff.; Bernd Reichert, Karl-Heinz Ruder (Hrsg.), Polizeirecht, 4. Aufl., Bühl 1999, S. 23 ff.; Karl Kroeschell, Das Kreuzbergurteil, VBlBW 1993, S. 268.

[618] Repräsentativ für diese Zeit: Johann Heinrich Gottlob von Justi, Grundsätze der Policey- Wissenschaft, 1756 (S. 337); ders., Die Grundfeste zu der Macht und der Glückseligkeit der Staaten, 1760, 1. Bd., Einleitung und § 8; J. v. Sonnenfels, Grundsätze der Policey, Handlung und Finanzwissenschaft, 3. Th., Wien 1765.

[619] Karl Kroeschell, Deutsche Rechtsgeschichte 3, 2. Auflage 1993, S. 85 ff.

[620] Es wurde z.B. vorgeschrieben, dass Tabakspfeifen Metalldeckel tragen müssten, vgl. Kroeschell, Rechtsgeschichte 3, S. 85.

[621] Johann Stephan Pütter, Institutiones iuris publici Germanici, 1770, § 331: „*promovendae salutis cura proprie non est politiae*"; zit. aus Würtenberger, Polizeirecht, Rn. 5; Peter Preu, Polizeibegriff und Staatszwecklehre, Göttingen 1983,m S. 167 stellt allerdings dar, dass man hierüber trefflich streiten kann. So wird von einer nicht unerheblichen Anzahl der neueren Meinungen vertreten, dass aus der von Pütter gewählten Formulierung die dargestellte Schlussfolgerung nicht gezogen werden könne, sondern nur

vom Wohlfahrtsgedanken, was erklärt, weshalb er sich mit dem Zweck der Polizei überhaupt explizit auseinandersetzt. Er sieht wie Pütter in der Gefahrenabwehr mindestens eine der Wohlfahrtspflege gleichbedeutende Aufgabe, nennt die „Erhaltung und Beförderung der öffentlichen Ordnung" jedoch an erster Stelle der Aufgaben der Polizei und steht so auf einer Stufe zwischen Pütter und Juristen, die den Wohlfahrtsstaatsgedanken bereits zu überwinden bemüht waren.

Diese Entwicklung ging dahin weiter, dass die Wohlfahrtspflege schließlich ganz aus den polizeilichen Aufgaben ausschied und Polizeirecht von der Polizeiwissenschaft getrennt wurde.[622] Das im Jahre 1794 fertiggestellte Preußische Allgemeine Landrecht setzte in seinem berühmten § 10 fest: „Die nöthigen Anstalten zur Erhaltung der öffentlichen Ruhe, Sicherheit und Ordnung und zur Abwendung der dem Publico oder einzelnen Mitgliedern desselben bevorstehenden Gefahr zu treffen, ist das Amt der Polizey.", womit die Wohlfahrtspflege nach der bisher herrschenden Meinung als Aufgabe der Polizei vollkommen verschwunden war.[623] Dies stellte allerdings erst das Preußische Oberverwaltungsgericht 1882 mit seinem Kreuzbergurteil fest, als es entschied, dass die Polizei sich auf § 10 ALR stützend keine Befugnis habe, eine Bebauung des Kreuzberges zu untersagen, weil andernfalls der schöne Ausblick beseitigt werden würde.[624] Nach der überwiegenden Ansicht gilt aufgrund dieser Entscheidung bis heute: Aufgabe der Polizei ist allein die Gefahrenabwehr, unabhängig davon, ob dies nun schon aus der Systematik des ALR folgt oder sich erst aus den späteren preußischen Verordnungen ergibt.[625]

---

stellte Schlussfolgerung nicht gezogen werden könne, sondern nur ein grundsätzlicher Primat des Sicherungszwecks folge.

622 Siehe beispielsweise August Friedrich Schott, Entwurf einer jur. Encyclopädie und Methodologie, 6. Auflage, Leipzig 1794, S. 144 f.; Tafinger, Encyclopädie, 2. Aufl., 1800, S. 44, § 109.

623 Preu bestreitet dies in seiner bereits benannten Schrift allerdings trefflich und mit überzeugenden Argumenten, vgl. a.a.O., S. 274 ff. und sich ihm wieder anschließend Kroeschell, a.a.O.

624 Preuß. OVG vom 14.06.1882 = PrOVGE 9, 353 ff. Nr. 52; VBlBW 1993, 268 ff., mit Anmerkungen von Kroeschell; Peter Preu, a.a.O., S. 291 ff., kommt in seiner Arbeit zu dem Ergebnis, dass das Urteil allerdings insofern eine Fehlentscheidung war, als § 10 II 17 ALR die Wohlfahrtspflege aus den polizeilichen Aufgaben gar nicht ausschließen sollte, was schon aus der systematischen Stellung der Norm im Abschnitt der Gerichtszuständigkeiten folge. Diese Norm habe lediglich dazu dienen sollen und dürfen, die Polizeijustiz von der Kriminaljustiz abzugrenzen.

625 Preu, a.a.O., S. 322 ff., meint, dass die Verengung der polizeilichen Aufgaben wohl erst auf die preußische Verfassungsurkunde von 1850 zurückgeführt werden kann.

4. Abschnitt: Tafinger zum Strafrecht

Tafingers strafrechtliche Literatur entstand in seiner letzten Schaffensphase nach der Jahrhundertwende. 1805 verfasste er ein zweibändiges Werk, den „*Versuch einer wissenschaftlichen Begründung der Strafrechtslehre*", das gleichzeitig einen Beitrag zur anstehenden Strafrechtsrevision darstellen sollte. 1811 stand Tafinger höchstwahrscheinlich bereits unter dem Eindruck eines in Bayern entstanden ersten aufgeklärten Entwurfes zu einem neuen Strafgesetzbuch, als er das Buch „*Über die Idee einer Criminalgesetzgebung*" schrieb und schließlich 1813 einen eigenen Entwurf zu einem neuen württembergischen Strafgesetzbuch schuf, der heute in Form einer Handschrift bei den Akten des Justizministeriums existiert. Tafingers Berufung durch das königliche Justizministeriums zur Erstellung eines Gesetzentwurfs verdeutlicht seine herausgehobene Stellung im Bereich des Strafrechts jedenfalls in Württemberg. Tafingers Beauftragung überraschte insofern, als er Vorlesungen über das peinliche Recht nie gehalten hat. Der Grund für den Rückgriff auf seine Person wird man deshalb in seinen Lehrbüchern suchen müssen. Es gibt lediglich einen Hinweis auf eine Befassung Tafingers mit Strafrecht, den er selbst gibt. In den Ergänzungen seines Entwurfs des Strafgesetzbuches weist er auf seine Beschäftigung mit einem Fall der Bigamie in Erlangen, also 1788 – 1790, hin.[626]

Fraglich ist, welchen Gehalt diese Bücher haben, welche Position Tafinger im Vergleich zu seinen zeitgenössischen Kollegen vor dem Hintergrund der Geschichte der Entstehung des württembergischen Strafgesetzbuchs einnimmt und unter welchem Einfluss seine Schriften entstanden sind. Bevor Tafingers Entwurf skizziert wird, ist es erforderlich, sich die historische Ausgangssituation vor Augen zu führen.

A) historische Ausgangssituation

Erste Ansätze schriftlich festgehaltenen Strafrechts finden sich nördlich der Alpen in den Volksrechten der germanischen Stämme (Leges barbarorum) und der Kapitulariengesetzgebung der fränkischen Könige, mit denen durch Einzelfallverordnungen ab dem 6. Jh. zur Einschränkung der Fehde ein Bußensystem geschaffen wurde.[627] Diesem lag ein Beweisrecht zugrunde, das oft durch Got-

[626] Ergänzungen zum Entwurf von 1813, HStAS, E 301, Bü. 163, DS. 16.

[627] Für die Zeit davor bleibt wohl nur der Rückgriff auf Tacitus' Germania (98/99 n.Ch.), die aber eine zweifelhafte Quelle darstellt, vgl. Gmür, Rechtsgeschichte, S. 9 ff.. Das Bußensystem der Kapitularien verhängte in erster Linie Vermögensstrafen, aber auch z.B. „*Wer zu töten weiß, der lerne zu sterben.*" Vgl. Rüping, Strafrechtsgeschichte, § 1 f. mit

tesurteile zur Überführung des Verbrechers führen sollte.[628] Die im 12. Jh. erlassenen Landfrieden hatten ebenfalls das Ziel, das Fehdewesen zu unterdrücken. Sie sahen verschiedene *Sühneleistungen* (Kapellenbau, Wergeld, Friedensgeld, Scheinbußen[629]) und *Peinliche Strafen* vor.[630] Spätere Aufzeichnungen von Gewohnheitsrecht stellen die mittelalterlichen Spiegel aus dem 13. Jh. dar,[631] zu denen noch später Stadtrechte der wirtschaftlich erstarkenden und selbständigen Städte hinzukamen. In den Städten existierten neben den genannten Strafen auch *Verweisungsstrafen*. Auch Strafregister gab es schon, die durch Brandmale auf den Leib gezeichnet wurden.

Das königliche Evokationsrecht, d.h. das Recht, im Einzelfall an den königlichen Kammergerichten nach Ermessen zu entscheiden, ermöglichte die Anwendung gemeinen Rechts, das über die in Italien gelehrten Juristen an die Königshöfe getragen wurde, obwohl die Rezeption erst nach den Universitätsgründungen (Prag 1347, Wien 1365, Heidelberg 1386) maßgeblich vorangetrieben wurde. Gegen des alten „Akkusationsprozess“ setzte sich der „Inquisitionsprozess“ durch, der von der Offizialmaxime (amtlicher Verfolgung) und der Inquisitionsmaxime (Erforschung der Wahrheit durch Sachaussagen) geprägt war. In der Tat war die Folter rechtstechnisch jedenfalls gegenüber dem Gottesbeweis ein Fortschritt. Sie kann - als Zwang zu einer Aussage - seit dem 14. Jh. nachgewiesen werden[632] und unterlag bestimmten formellen Voraussetzungen und Anwendungsregeln.[633] Das unter der Folter abgelegte Geständnis reichte für eine Verurteilung jedoch nicht aus, sondern musste vom Verbrecher außerhalb der Folter bestätigt werden. Bestätigte er nicht, konnte er nicht verurteilt werden, sondern wurde wieder der Folter zugeführt.

Unter Kaiser Maximilian I. wurden 1495 das *Reichskammergericht* und 1497/98 der *Reichshofrat* zur Sicherung des im gleichen Jahr verkündeten ewigen Land-

einem Auszug aus den Leges Alamannorum und Literatur- und Quellenangaben. Übersicht über verschiedene Volksrechte siehe Gmür, a.a.O., Rn. 34.

628 Die Gottesurteile sollten z.B. durch die Aufhebung von Naturgesetzen angezeigt werden, wie dem Unverletztbleiben beim Gang durch glühende Kohlen, der Wasserprobe u.Ä., vgl. Rüping, a.a.O., S. 10.

629 Scheinbußen existieren beispielsweise auch im Sachsenspiegel als Strafen für Tiere, Rechtlose und Friedensbrecher. („wer“: althochdeutsch für „Mann“, germ. „wera“).

630 So z.B. 1085 der Mainzer Gottesfriede, Reichslandfriede Heinrichs IV. von 1103, Fehdeverbot durch Landfrieden von Friedrich I. von 1158. Hier wird die Beeinträchtigung von Leib, Leben und Ehre durch Todes- (z.B. Vierteilen), Verstümmelungs- (Hand des Diebes) und Ehrenstrafen (Schandmasken) beantwortet.

631 Sachsenspiegel, zw. 1220 u. 1235; Schwabenspiegel, 1275/76; Frankenspiegel, zw. 1328 u. 1338, vgl. Rüping, a.a.O., S. 12 f.

632 1321 Augsburg, 1322 Straßburg, 1387 Hamburg, vgl. Rüping, a.a.O., S. 20 f.

633 Mit der Inquisition wurde der unsichere Beweis durch Zeugen und Gottesurteile überwunden, wobei ihre Quelle wohl das rezipierte röm. Recht ist und sich der älteste Nachweis im Schwabenspiegel von 1275 befinden soll. Vgl.: Hagender, Zum ersten Zeugnis für die Anwendung der Folter, in: FS Hausmann, 1987, S. 143 ff.

friedens gegründet, die auch fremdes römisches Recht anwandten. Prozessual waren die Gerichte an verschiedene Gerichtsordnungen gebunden, die sich an das gemeine Recht anlehnten. Aufgrund mangelnder Ausstattung war das Reichskammergericht allerdings fast nicht handlungsfähig, Prozesse sollen manchmal Generationen gedauert haben.[634] Die Zuständigkeit beider Gerichte lässt sich nicht genau abgrenzen. Beide entschieden beispielsweise in Strafsachen, wenn die Todesstrafe oder die Reichsacht auszusprechen war und waren zuständig für die Reichsunmittelbaren. Die vergleichsweise geringe Bedeutung der Reichsgerichte verhindert, sie als Vorläufer der heutigen Obergerichte anzusehen. Die Rechtsprechung erfolgte meistenteils in den Territorien, wobei die Gerichte dort oft nicht selbst Recht sprachen, sondern sich eine Praxis der *Aktenversendung* an die jur. Fakultäten einbürgerte, deren Sprüche von den Gerichten übernommen wurden. Dies führte gleichzeitig zum Schwinden der Bedeutung der städtischen Gerichte. Insgesamt war das mittelalterliche System einem uneinheitlichen Verfahren mit unklaren Zuständigkeiten und unterschiedlichem materiellen Recht unterworfen.

1532 kam es unter Karl V. zum Inkrafttreten der Constitutio Criminalis Carolina[635] (CCC), deren Entstehung bereits auf dem Reichstag von Lindau 1496/97 begann.[636] Grundlage der CCC war die Constitutio Criminalis Bambergensis von 1507, die auch die Rechtsprechung und Gesetzgebung anderer Landesfürsten beeinflusst hat und so beispielsweise von den Fürstentümern Ansbach und Bayreuth im Jahr 1516 übernommen wurde. Die Bambergensis ging maßgeblich auf Freih. v. Schwarzenberg und Hohenlandsberg (1465- 1528) zurück. Die schließlich auf dem Reichstag zu Regensburg am 27. Juli 1532 verkündete peinliche Gerichtsordnung des Heiligen Römischen Reichs war von Anfang an dem Widerstand der Stände ausgesetzt, die Machtverluste befürchteten. Diese wurden aber durch eine „salvatorische Klausel“ vermieden, nach der die CCC den Kurfürsten, Fürsten und Reichsständen ihre althergebrachten Rechte beließ. Die CCC galt somit formal subsidiär und wurde trotz ihrer nicht gerade übereilten Entstehungsgeschichte durch Reichspolizeiordnungen verschiedentlich ergänzt,

---

[634] „Zwanzigtausend Prozesse hatten sich angehäuft, jährlich konnten sechzig abgetan werden, das Doppelte kam hinzu.“ aus Goethes „Dichtung und Wahrheit“, der Praktikant am Gericht war. Zit. nach Rüping, Grundriß der Strafrechtsgeschichte, S. 36.

[635] Literatur statt vieler: Hermann Conrad, Deutsche Rechtsgeschichte Band II, Neuzeit bis 1806, Karlsruhe 1966, S. 406 ff.; Hinrich Rüping, Grundriss der Strafrechtsgeschichte, 2. Aufl., München 1991, S. 37 ff.; Arno Buschmann, Textbuch zur deutschen Strafrechtsgeschichte der Neuzeit, Die klassischen Gesetze, München 1998, S. 103 ff.. In Württemberg wurde die CCC formal im Jahre 1551 eingeführt, vgl. Sauer, Im Namen des Königs, S. 13.

[636] Das Reichskammergericht ließ hier vortragen, dass ihm zunehmend Beschwerden über die landesherrliche Strafrechtspflege, die willkürlich und grausam sei, zugingen. Nach Lindau beschäftigten sich auch die Reichstage von Freiburg, 1497/98, Augsburg, 1500, und Worms, 1521, mit der Erstellung einer peinlichen oder Halsgerichtsordnung. 1521 wurde ein erster Entwurf gefertigt, der aber noch mehrfach überarbeitet und beraten wurde.

z.B. durch Delikte der Gotteslästerung, Pressevergehen, Bankrott, Wucher, Betteln oder Müßiggang. Die CCC fand als Reichsgesetz trotz der Subsidiaritätsklausel weite Verbreitung und Anwendung, bis man sich im Zuge der Aufklärung seit dem 18 Jh. allerdings teilweise bis weitgehend über sie hinwegsetzte. Gegen Ende des 18. Jh. wurde sie bereits als veraltet angesehen, blieb jedoch bis 1806 formal in Kraft.

Parallel zur CCC fand an den Fürstenhöfen gemeines Recht Anwendung, wozu die an die Höfe aus Italien zurückgekehrten Gelehrten beitrugen. Die Carolina war zunächst nicht als Gelehrtenrecht anerkannt, zumal sie in der für damalige Zeit unwissenschaftlichen deutschen Sprache verfasst war. Die Bedeutung des Gemeinen Rechts schwand jedoch, nachdem es in einigen Ländern zu einer ersten aufgeklärten Kodifikationenwelle ab 1751 kam.[637] Zu einer zweiten Kodifikationenwelle kam es ab 1814, nachdem die Carolina formal nicht mehr galt und durch die Abstandnahme vom Naturrecht das Strafrecht eine weitere Aufklärung durch die Rechtsphilosophie erfuhr, die nicht zuletzt von Kant maßgeblich beeinflusst wurde.

---

[637] Gesetze von 1751 in Bayern, 1768 und 1787 Österreich, 1794 Preußen und 1803 Österreich, 1813 bayern, vgl. Rainer Schröder, Strafgesetzgebung, S. 404 f.

B) Tafingers Strafrechtslehre

I. Strafzwecklehre

Tafinger hat sich von den zwei angedeuteten Kodifikationswellen inspirieren lassen und schrieb 1805 und 1811 zwei Strafrechtsbücher, von denen sich das spätere ausdrücklich mit der Strafrechtsgesetzgebung befasst. Vor Entwurf eines materiellen Strafrechts war für Tafinger dessen theoretische Grundlage zu klären. Hierbei stellten sich viele Fragen, u.a. die, woraus der Staat die Befugnis zum Strafen herleitet, was der Zweck der Strafe ist, wie das Zivilunrecht vom Strafunrecht abzugrenzen ist oder ob es der Todesstrafe bedarf. Von den Antworten dieser und anderer Fragen hing ganz entscheidend ab, welches Gesicht das neue Strafrecht bekommen sollte.

1. Ausgangspunkt der Diskussion über die Strafzwecklehre[638]

In der Antike und dem Mittelalter ging es bei der Strafzwecklehre noch ganz allgemein um die vernünftige und maßvolle Handhabung des Strafrechts überhaupt, während erst die Aufklärung eine genauere Diskussion über die Strafarten und den Zweck der Strafe auslöste.[639] Im theokratisch geprägten System des Mittelalters wurde Strafe auch mit der Rache Gottes begründet, da dieser durch den Verstoß gegen göttliche Gebote beleidigt werde. Seit Hugo *Grotius* (1583-1645), der unter dem Eindruck der Glaubenskriege und der Aufklärung bestrebt war, ein überkonfessionelles und damit *säkularisiertes* Recht zu beschreiben, sieht man den Grund der Strafe überwiegend in dem durch den Verbrecher ge-

[638] *Literatur*: Günter Stratenwerth, Was leistet die Lehre von den Strafzwecken? Berlin, New York 1995; Kurt Seelmann, Hegels Straftheorie, in: JuS, 1979, S. 687 ff.; Hinrich Rüping, Grundriss der Strafrechtsgeschichte, 2. Aufl., Hannover 1991, S. 58 ff.; Stree in: Schönke-Schröder, Strafgesetzbuchkommentar, 25. Aufl., Vor § 38 ff.; Helga Müller, Der Begriff der Generalprävention im 19. Jahrhundert, Frankfurt /M 1984; Eberhard Schmidhäuser, Vom Sinn der Strafe, 2. Aufl., Göttingen 1971; Peter Badura, Generalprävention und Würde des Menschen, in: Juristenzeitung 1964, S. 337 ff.; BVerGE 45, 253 ff.; *Quellen*: Immanuel Kant, Metaphysische Anfangsgründe der Rechtslehre, Königsberg 1797, in Philosophische Bibliothek Band 360, 2. Auflage, 1998, Hrsg. Bernd Ludwig, S. 154 ff.; ders.:, Kritik der praktischen Vernunft, Königsberg 1787, in: Philosophische Bibliothek Band 38, Hrsg. Karl Vorländer, Nachdruck der 9. Auflage, Hamburg 1963; P. J. A Feuerbach, Ueber die Strafe als Sicherungsmittel vor künftigen Beleidigungen des Verbrechers. Nebst einer näheren Prüfung der Kleinschen Strafrechtstheorie, Chemnitz 1800; ders.: Revision der Grundsätze und Grundbegriffe des positiven peinlichen Rechts, 2 Theile, Chemnitz 1799 / 1800; ders.: Ist Sicherung vor dem Verbrecher Zweck der Strafe und ist Strafrecht Präventionsrecht? in: Bibliothek für die peinliche Rechtswissenschaft und Gesetzkunde, Hrsg.: Karl Grolman, 1798, 1. Theil, 2. Stück; Karl Grolman, Grundsätze der Criminalrechtswissenschaft, Gießen (1798) 1825, 4. Aufl.; ders.: Ueber die Begründung des Strafrechts und der Strafgesetzgebung, nebst einer Lehre von dem Maasstabe der Strafen und der juridischen Imputation, Gießen 1799.

[639] Stratenwerth, Was leistet die Lehre von den Strafzwecken, S. 5.

schaffenen Übel selbst. Gottes Beleidigung könne nicht Strafgrund sein, da das Naturrecht auch dann einzuhalten sei, wenn es Gott nicht gäbe. Diese Ansicht bewirkte, dass nun Strafe und Delikt aufeinander bezogen wurden. Gleichzeitig diente die Strafe der *salus publica* und damit dem Zweck des Staates, der die Proportionalität der Strafe vorgibt. Der Zweck der Strafe war zunächst die Förderung der Abschaffung des Fehdewesens, später zunehmend die Verhinderung von Verbrechen selbst. *Wolff* (1679-1754) orientiert beispielsweise die Frage nach der Todesstrafe alleine daran, ob diese erforderlich ist, das entsprechende Verbrechen zu verhindern. *Thomasius* (1655-1728) will den Täter so strafen, wie es der allgemeine Nutzen fordert.[640] Diesen zweckorientierten Strafrechtstheorien, die in erster Linie auf der Abschaffung der Selbstjustiz fußten, traten am Ende des 18. Jh. neue Theorien über die Legitimation der Strafe gegenüber, die immer mehr versuchten, aus dem Strafzweck konkrete rechtliche Folgerungen, insbesondere zu den strafrechtlichen Sanktionen abzuleiten.[641]

2. Ansichten zum Strafzweck zur Wende des 19. Jh.

Die Straftheorien werden heute gemeinhin in die absoluten und die relativen Theorien geteilt. An den absoluten Theorien ist charakteristisch, dass diese die Strafe zweckfrei als Vergeltung der Tat ansehen. Die relativen Theorien gehen gemeinsam davon aus, die Strafe verfolge einen bestimmten Zweck, wobei in der Literatur des ausgehenden 18. Jh. weitgehend übereinstimmend die Abschreckung als Strafzweck angesehen wurde. Hierbei ist innerhalb der relativen Theorien zu differenzieren zwischen den Meinungen, die durch die Bestrafung den Einzelnen vor der Begehung weiterer Taten abhalten wollten (Spezialprävention) und der Ansicht, die durch die Bestrafung die Allgemeinheit vor Begehung von verbotenen Taten abhalten will (Generalprävention) oder beide Zwecke gleichwertig nebeneinander gelten ließ.

a) die absoluten Straftheorien

Den relativen Straftheorien traten kurz vor der Wende zum 19. Jh. die absoluten (Strafe erfolgt zweckfrei aus rein dogmatischen Gründen) entgegen, die sich in erster Linie auf Kant stützten. Kants Interesse gilt bei seiner Theorie der rechtlichen Freiheit, welche er gegen kollektivistisches Wohlfahrtsstreben schützen will, das er in jeder Form der relativen Theorien am Werke sieht.[642] Für Kant ist Grund der Strafe allein die Gerechtigkeit.[643] Einen darüber hinausgehenden Strafzweck dürfe es nicht geben, da dieser den Verbrecher zum Objekt herab-

---

[640] Nachweise bei Rüping, Strafrechtsgeschichte, S. 59.

[641] Stratenwerth, a.a.O., S. 14, bestreitet, dass dies überhaupt möglich ist und weist darauf hin, dass sich die Richtigkeit der oft nur postulierten Behauptungen wissenschaftlich überhaupt nur empirisch erweisen lasse, was als erster wohl v. Liszt festgestellt hätte.

[642] Mayer; Kant, Hegel und das Strafrecht, S. 64.

[643] Kant, Metaphysische Anfangsgründe, 1797, S. 331 ff., in der zit. Ausgabe S. 154 ff.

würdigen würde, wenn er dazu diente, einen außer ihm liegenden Zweck zu erfüllen.[644] Da Generalprävention, also die Abschreckung anderer, somit ein unzulässiger Zweck sei, komme es auf sie nicht an, so dass sie auch nicht das Strafmaß begründen könne.[645] Strafe werde verhängt, weil jemand verbrochen hat und zwar um der Gerechtigkeit willen. Deswegen dürfe es auch keine Möglichkeit geben, mittels der sich der Verbrecher durch gemeinwohlförderliches Verhalten der Strafe entziehen kann, indem er der Gesellschaft Wiedergutmachung leistet, denn die Gerechtigkeit hörte auf zu sein, wenn sie sich um einen Preis weggäbe. Art und Maß der Strafe würden allein vom Talionsrecht geprägt. Kants Begründung hierfür liegt allerdings nicht in der Notwendigkeit der Vergeltung, sondern darin, dass es das einzige a priori gültige Strafzumessungsprinzip sei, das vor richterlicher Willkür schütze.[646] Hierbei sollen die Strafen gleichwohl nicht absolut statisch sein, sondern von der subjektiven Empfindlichkeit mitgeprägt werden, denn es wäre wiederum mit der Gerechtigkeit nicht zu vereinbaren, wenn der Arme und Reiche für eine Beleidigung denselben Geldbetrag zahlen müssten. Für Kant ist die Gerechtigkeit also nicht nur Rechtfertigung, sondern auch Pflicht und Maßstab zur Bestrafung. Sein vielzitiertes Inselbeispiel verdeutlicht dies.[647] Naturrechtliche Einwände Beccarias gegen die Todesstrafe tut Kant als Sophisterei und Rechtsverdreherei ab.[648] Mord müsse mit dem Tod beantwortet werden.[649] Den Grund der Strafe beschreibt dieser in § D: *„Der Widerstand, der dem Hindernis einer Wirkung entgegengesetzt wird, ist eine Beförderung dieser Wirkung und stimmt mit ihr zusammen. Nun ist alles, was Unrecht ist, ein Hindernis der Freiheit nach allgemeinen Gesetzen; der Zwang ist aber ein Hindernis oder Widerstand, der der Freiheit geschieht. Folglich: wenn ein gewisser Gebrauch der Freiheit selbst ein Hindernis der Freiheit*

---

[644] Die Objektformel Kants dient allerdings nicht der Begründung, den Verbrecher zu strafen, sondern der Widerlegung der relativen Theorien. Das Recht, den Verbrecher zu strafen, setzt Kant ohne Begründung voraus, vgl. Mayer; Kant, Hegel und das Strafrecht, S. 65.

[645] Die zweckorientierte Glückseligkeitstheorie verwirft Kant, weil sie sich an den pharisäischen Ausspruch: „Es ist besser, dass ein Mensch sterbe, als dass das ganze Volk verderbe." halte und damit nichts anderes als die Maxime der raison d' Etat sei, vgl. Mayer; Kant, Hegel und das Strafrecht, S. 65.

[646] Kant, Anfangsgründe der Rechtslehre, a.a.O., S. 156 (332), 188 (363 f.).

[647] *„Selbst, wenn sich die bürgerliche Gesellschaft mit aller Glieder Einstimmung auflöste (z.B. das eine Insel bewohnende Volk beschlösse, auseinander zu gehen und sich in alle Welt zu zerstreuen), müsste der letzte im Gefängnis befindliche Mörder vorher hingerichtet werden, damit jedermann das widerfahre, was seine Taten wert sind, und die Blutschuld nicht auf dem Volke hafte, das auf diese Bestrafung nicht gedrungen hat; weil es als Teilnehmer an dieser öffentlichen Verletzung der Gerechtigkeit betrachtet werden kann."* vgl., Kant, Anfangsgründe der Rechtslehre, a.a.O., S. 157.

[648] Kant, Anfangsgründe der Rechtslehre, a.a.O., S. 159.

[649] Diese Auffassung vertrat Kant übrigens auch schon in der 10 Jahre vorher erschienen „Kritik der praktischen Vernunft", vgl. Kant, Kritik der praktischen Vernunft, S. 66, Philosophische Bibliothek, Band 38, Hrsg.: Karl Vorländer, Berlin 1993, S. 44 f.

nach allgemeinen Gesetzen (d.i Unrecht) ist, so ist der Zwang, der diesem entgegengesetzt wird, als Verhinderung eines Hindernisses der Freiheit mit der Freiheit nach allgemeinen Gesetzen zusammenstimmend, d. i. recht: mithin sie ist mit dem Rechte zugleich eine Befugnis, den, der ihm Abbruch tut, zu zwingen, nach dem Satze des Widerspruchs verknüpft."[650] Zwang beseitige also nur das Hindernis der Freiheit, der Betroffene werde nicht verletzt, weil ihm nur angetan wird, was er aus eigener Einsicht zu tun verpflichtet sei. Kant nahm mit dieser mathematischen Regel den Satz vorweg, der gemeinhin Hegel zugeschrieben wird.[651]

Hegel sah in der Strafe ebenfalls den Zweck der Herstellung von Gerechtigkeit, indem die Negation einer Norm durch die Strafe wiederum negiert wird, um die Gerechtigkeit der Rechtsordnung wieder herzustellen, Stichwort „Negation der Negation".[652] Die Abschreckung und Besserung konnten ihm daher nur Nebenfolge, nicht aber Grund der Strafe sein. Grund der Strafe sei vielmehr die Aufhebung des verbrecherischen Willens durch die Zufügung von Zwang: *„Die positive Existenz der Verletzung ist nur als der besondere Wille des Verbrechers. Die Verletzung dieses als eines daseienden Willens also ist das Aufheben des Verbrechens, das sonst gelten würde, und ist die Wiederherstellung des Rechts."*[653] Das Verbrechen habe seine äußere Existenz in den Folgen der Tat und im Willen des Verbrechers, der nicht vorübergeht, sondern seinerseits machtvoll verneint werden müsse, indem die Nichtigkeit dieses Willens „manifestiert", offenbar gemacht wird.[654] Grundgedanke Hegels ist demnach: Strafe ist Wiederherstellung des Rechts durch Manifestation der Nichtigkeit des Verbrechens.[655]

b) die relativen Straftheorien

Die Vertreter der relativen Straftheorien (Strafe steht in einer Relation zu einem Zweck) lassen sich grob in drei Gruppen teilen. Die einen sehen als Zweck der Strafe allgemein die Verhinderung von Straftaten, wobei durch den Vollzug der Strafe gleichermaßen der Täter vor weiteren Taten sowie die Allgemeinheit abgehalten werden soll. Spezial- und Generalprävention stehen als gleichwertige Ziele nebeneinander. Die anderen wollen sich auf eines der Präventionsziele festlegen.

---

[650] Kant, Anfangsgründe, a.a.O., S. 40 (231).
[651] Mayer; Kant Hegel und das Strafrecht, S. 71.
[652] Georg Friedrich Wilhelm Hegel, Grundlinien der Philosophie des Rechts, Berlin 1821, zit. nach der Textedition von Hoffmeister, Philosophische Bibliothek Band 483, Hamburg 1995, § 96 ff.; Das Schlagwort „Negation der Negation" stammt dabei nicht erweislich von Hegel, sondern aus einer Vorlesungsmitschrift eines Schülers, vgl. Seelmann, Hegels Straftheorie, JuS 1979, S. 687.
[653] Hegel, a.a.O., § 99.
[654] Mayer; Kant, Hegel und das Strafrecht, S. 77.
[655] Mayer, Kant, Hegel und das Strafrecht, S. 77.

Die erste Meinung, bei der die Spezial-. und die Generalprävention gleichwertig nebeneinander stehen oder gar nicht differenziert werden, findet sich in der Literatur vor der Wende zum 19. Jh. bei den Naturrechtlern, die noch vom absolutistisch-wohlfahrtsstaatlichen Denken geprägt scheinen. Für Ludw. Julius Friedrich Höpfner ist 1780 der Zweck der Strafe allgemein die Erhaltung des Staates und besonders die Besserung des Täters, die Unmöglichmachung weiterer Taten und die Abschreckung im Allgemeinen.[656] Gustav Hugo beschreibt 1792 in seiner Enzyklopädie: "*Strafe heißt ein Übel, welches jemand, der eine Handlung begangen hat, zugefügt wird, um ihn und andre davon abzuhalten.*"[657] Und auch für Karl Heinrich Gros ist 1802 die Abschreckung im Allgemeinen der Grund der Strafe, die er aus dem Zweck des Staates entwickelt. Der Staat habe nämlich nicht nur das Recht zu strafen, sondern auch die Pflicht dazu, um die Unverbrüchlichkeit des Rechts zu sichern.[658] Neben der Strafgewalt differenziert Gros zwischen Grund und Zweck der Strafe. Zum Grund sagt er: „*Der Thäter wird demnach gestraft, blos weil er das Gesetz übertreten hat; und der Rechtsgrund der Strafe liegt darin, dass das Verbot, um als öffentliches Gesetz bestehen zu können, etwas in sich enthalten muss, wodurch dasselbe an dem Uebertreter selbst, der es durch seine That als nicht geltend behandelt hat, seine unausbleibliche Gültigkeit (Unverbrüchlichkeit) behaupten kann.*[659] Er wendet sich dann gegen den Vergeltungsgedanken, weil der Geschädigte diese außerhalb der Strafe suchen könne und müsse und sieht die Prävention als Zweck der Strafe: „*Es liegt aber in der Natur des menschl. Willens, dass die Ausübung des Strafrechts ein Mittel ist, von rechtswidrigen Handlungen abzuhalten, weil dadurch die allgemeine Ueberzeugung hervorgebracht werden kann, daß jeder, welcher gegen das Gesetz ein Gut zu erlangen strebt, sich kraft dieses Gesetzes selbst ein Uebel bereitet; wodurch der rechtswidrige Wille als sein eigenes Object vernichtend erscheint.*"[660] Der Zweck der „Abhaltung" könne sich dabei an den Täter oder die Allgemeinheit richten, im ersteren Fall nennt Gros den Zweck „Besserung", im letzteren „Abschreckung".[661]

Der bei Gros anklingenden Frage der Straflegitimation des Staates widmete sich Johann Gottlieb Fichte vorher bereits aus naturrechtlicher Sicht.[662] Laut Fichte könne der Staat nur existieren, wenn alle Bürger die Regel der Unverbrüchlichkeit des Rechts zu ihrer Handlungen Grundlage machen. Wer gegen dieser Regel verstößt, verstoße auch gegen den Zweck des Staates, und damit gegen

---

656 Höpfner, Naturrecht, 1780, § 188, S. 160.
657 Hugo, Encyklopädie, 1792, § 167, S. 82.
658 Gros, Lehrbuch der philosophischen Rechtswissenschaft oder des Naturrechts, Tübingen 1802, 3. Aufl. 1815, § 384.
659 Gros, philosophische Rechtswissenschaft, § 349.
660 Gros, philosophische Rechtswissenschaft, § 350.
661 Gros, philosophische Rechtswissenschaft, § 351.
662 Johann Gottlieb Fichte, Grundlage des Naturrechts, II. Theil, Jena 1797.

den Staatsvertrag.[663] Da alle positiven Rechte aber nur unter der Bedingung der Gegenseitigkeit bestehen, würde durch die rechtswidrige Tat der Vertrag vernichtet und damit auch alle Rechte. Der Täter ist somit durch seine Tat völlig rechtlos und vogelfrei. „*Wer den Bürgervertrag in einem Stüke verlezt, sey es mit Willen oder aus Unbedachtsamkeit, da, wo im Vertrage auf seine Besonnenheit gerechnet wurde, verliert der Strenge nach dadurch alle seine Rechte als Bürger, und als Mensch, und wird völlig rechtlos.*"[664] Dies folgt aus dem Zweck des Staates: „*Der Zweck der Staatsgewalt ist kein anderer, als der der gegenseitigen Sicherheit der Rechte Aller vor Allen; und der Staat ist zu nichts zu verbinden, als zum Gebrauche der hinreichenden Mittel für diesen Zweck.*"[665] Da der Staat aber kein Interesse daran haben könne, jeden Bürger wegen jeder Tat sogleich vom Staat auszuschließen, es vielmehr auch seine Aufgabe sei, die Bürger zu erhalten, schafft er Strafen. „*Es würde daher in jeder Rücksicht zweckmäßig seyn in allen Fällen, wo die öffentliche Sicherheit dabei bestehen könnte, an die Stelle der der Strenge nach allerdings durch jedes Vergehen verwirkten Ausschließung andere Strafen zu setzen.*"[666] Diese Ersetzung der Rechtlosigkeit kann nur durch einen Vertrag geschehen, der später Norm für die exekutive Gewalt ist. „*Alle versprechen Allen, sie, inwiefern dies mit der öffentlichen Sicherheit vereinbar ist, um ihrer Vergehungen willen nicht vom Staate auszuschließen, sondern ihnen zu verstatten, diese Strafe auf andere Weise abzubüßen. Wir wollen diesen Vertrag den Abbüßungsvertrag nennen.*[667]

Zweck der Strafe ist für Fichte ebenfalls die Abschreckung. Zuerst soll der Einzelne durch die Strafdrohung abgeschreckt und abgehalten werden. Fruchtet dies nicht, dann erweitere sich der Zweck, denn die Ausführung der Strafe bezwecke auch, den Täter und die übrigen Bürger vor gleichen Vergehen abzuhalten.[668] Ob Fichte damit den Schutz der Bürger vor dem Verbrecher oder Generalprävention meint, bleibt unklar. Hinsichtlich des richtigen Strafmaßes folgt Fichte, dies sei am Rande erwähnt, dem System der „poena talionis", also Auge um Auge, Zahn um Zahn. Jeder soll wissen, dass er mit seiner Tat nicht nur dem anderen, sondern sich selbst in gleicher Weise schade.[669]

---

[663] Nach dem aufgeklärten naturrechtlichen Modell tritt der Mensch aus dem Naturzustand durch den *Vereinigungsvertrag* in eine bürgerliche Gesellschaft. Mittels des *Unterwerfungsvertrages* wird ein Herrscher über die Gesellschaft eingesetzt, dem sich die Bürger unterwerfen und der erster Diener des Staates zur Beförderung des Gesellschaftszwecks ist. Auch von den Naturrechtlern wurden die Verträge jedoch nicht als historisches Faktum, sondern nur als vernünftiges Begründungsmodell angesehen. Vgl. z.B. Feuerbach, Anti – Hobbes, Gießen 1797, S. 20 ff.

[664] Fichte, Naturrecht, II. Theil, S. 95.

[665] Fichte, Naturrecht, II. Theil, S. 97.

[666] Fichte, Naturrecht, II. Theil, S. 97.

[667] Fichte, Naturrecht, II. Theil, S. 98.

[668] Fichte, Naturrecht, II. Theil, S. 99.

[669] Fichte, Naturrecht, II. Theil, 100.

Höpfner, Hugo, Gros und Fichte können somit als Beispiele für eine vor der Jahrhundertwende wohl noch herrschende Ansicht aufgeführt werden, die bei General- oder Spezialprävention keinen Schwerpunkt setzte. Anders verhält sich dies bei Grolman und Feuerbach, zwischen denen ein für die positive Strafrechtswissenschaft außerordentlich wichtiger Streit über die Funktion der Strafe ausbrach.[670] Beide diskutierten darüber, ob die Drohung der Strafe oder die Strafe selbst die Prävention bewirken soll und ob die Strafe für das begangene Unrecht als Bekräftigung der Strafdrohung oder zur Verhinderung zukünftiger Taten verhängt werde. Grolman vertrat hierbei die Ansicht, dass Strafe aus spezialpräventiven Gründen existiere. Feuerbach hingegen sah die Generalprävention als vorwiegend legitimen Strafzweck an.

- Spezialprävention

Karl Grolman[671] sah den Grund der Strafe zwar auch in der begangenen Tat, deren Zweck jedoch in der Verhinderung zukünftiger Taten des überführten Übeltäters. Nach ihm liege in jeder Tatbegehung nämlich die Drohung einer weiteren Tatbegehung, weil der Täter zum Ausdruck bringt, dass er sich von seiner Lust leiten lässt und das Recht für ihn nicht unverbrüchlich ist.[672] Grolman argumentiert folgendermaßen:[673] Die Anwendung von Zwang gegen ein gegenwärtiges Übel ist Notwehr, der Zwang gegen ein geschehenes Übel ist Entschädigung.[674] *„Strafe soll nun aber weder Entschädigung, noch Nothwehr seyn; sie müsste also (...) nothwendig unter dem Zwang zur Prävention gegriffen seyn, und Prävention als ihren rechtlichen Zweck kennen."*[675] *(...) „Die rechtliche Strafe hat keinen anderen Zweck, als: künftige angedrohte*

---

[670] Über die Diskussion zw. Grolman und Feuerbach vgl. Stintzing-Landsberg, Abt. 3, Hb.2, S. 121 f.

[671] Karl Grolman, Grundsätze der Criminalrechtswissenschaft, Gießen 1798; ders.: Ueber die Begründung des Strafrechts und der Strafgesetzgebung, nebst einer Lehre von dem Maasstabe der Strafen und der juridischen Imputation, Gießen 1799.

[672] Grolman, Grundsätze der Criminalrechtswissenschaft, § 13, S.6 f.: *„Ein Verbrechen – es sey vollendetes, oder versuchtes – enthält der Regeln nach 1), stillschweigende Drohung künftiger; denn der Verbrecher giebt durch seine Handlung zu erkennen, dass er sich nicht, als vernünftiges Wesen, zur Heilighaltung unsrer Rechte bestimme, sondern vielmehr nach der Regel der Lust sich bestimmen lasse, und diese seine subjektive Maxime selbst auf Kosten des Gesetzes, durchzusetzen suche. Eben weil er dieses durch das begangene Verbrechen zu erkennen giebt, so ist es von ihm nicht blos möglich, - wie bey jedem Menschen – dass er unsre Rechte auch in Zukunft verletzen werde, sondern dieses ist höchst wahrscheinlich, ..."*

[673] Von diesem Buch sagt Feuerbach, dass hierin zur Präventionstheorie alles gesagt werde, was man dazu nur sagen könne – hierdurch die reine Präventionstheorie aber kein Stück Boden mehr erringe, vgl. Feuerbach, Ueber die Strafe als Sicherungsmittel vor künftige Beleidigungen des Verbrechers. Nebst einer näheren Prüfung der Kleinschen Strafrechtstheorie, Chemnitz 1800, S. 9.

[674] Grolman, Grundsätze der Criminalrechtswissenschaft, § 8 ff., S. 5 f.

[675] Grolman, Über die Begründung des Strafrechts, S. 49 f.

Rechtsverletzungen zu verhüten.[676] *(...) „Rechtliche Strafe ist demnach: (...) ein sinnliches Übel, welches dem, welcher es als solches empfinden kann, zur Entfernung der von ihm gedrohten Gefahr durch Abschreckung desselben oder Unmöglichmachung der Drohung, zugefügt wird.“*[677]

Strafe sei somit das Gegenstück zur Belohnung und genauso wie letztere einen Zweck für die Zukunft verfolge, tue dies erstere. Belohnung bezwecke auch die Auforderung, künftig ähnliche Taten zu begehen, *„Und eben so kann der Strafende sowohl den Zweck haben, Rache zu üben, und seine unlautere Rachgierde durch den Anblick der Leiden seines Beleidigers zu befriedigen, als auch den Zweck, das Hindernis seiner gesetzlichen Freiheit zu entfernen und sich dadurch Sicherheit für die Zukunft zu bereiten.“*[678] Für Grolman erfüllt Strafe im Ergebnis den Zweck, potenzielle Taten des konkreten Täters durch Drohung zu verhindern oder diese gar unmöglich zu machen.[679] Er hält somit die Spezialprävention für den entscheidenden Strafzweck.

- Generalprävention

Dem widerspricht Paul Johann Anselm Feuerbach[680] unter anderem mit einem Aufsatz in einer von Grolman selbst mitherausgegebenen Zeitschrift,[681] in dem er sich gegen Grolmans Buch aus dem Jahre 1798[682] wendet. Laut Feuerbach wird die Strafe wegen des begangenen Delikts vollstreckt und nicht wegen potentieller zukünftiger. Grolmans Argumentation kehrt er um. Die Belohnung stehe der Strafe zwar kontradiktorisch gegenüber, sie gebe es aber allein wegen einer begangenen lobenswerten Tat, andernfalls wäre es keine Belohnung, sondern eine Aufmunterung.[683] Mit der Strafe verhalte es sich entsprechend. Auch in seinem Buch von 1799 vertrat Feuerbach die Ansicht, dass die Tötung eines

[676] Grolman, Über die Begründung des Strafrechts, S. 52.
[677] Grolman, Über die Begründung des Strafrechts, S. 54.
[678] Grolman, Über die Begründung des Strafrechts, S. 72.
[679] Im Ergebnis genauso: Karl August Tittmann, Grundlinien der Strafrechtswissenschaft und der deutschen Strafgesetzkunde, Leipzig 1800.
[680] Feuerbach begründete seinen Ruhm auf dem Gebiet des peinlichen Rechts mit seinem Werk: Revision der Grundsätze und Grundbegriffe des positiven peinlichen Rechts, 1. Bd. Erfurt 1799, 2. Bd. Chemnitz 1800 mit welchem F. die Kantische Psychologie und Moral auf das Strafrecht überträgt und eine strikte Trennung des Naturrechts von der positiven Rechtswissenschaft fordert. Sein späteres Werk: Lehrbuch des gemeinen in Deutschland gültigen peinlichen Rechts von 1801, durch dessen zahlreiche Auflagen Feuerbachs Lehre wohl die meiste Verbreitung gefunden hat, wiederholt die in der „Revision“ bereits entwickelten allgemeinen Lehren und zeichnet sich insbes. wegen seines besonderen Teiles aus, vgl. Stintzing-Landsberg, Abt. 3, Hb.2, S. 112 ff.
[681] Feuerbach, Ist Sicherung vor dem Verbrecher Zweck der Strafe und ist Strafrecht Präventionsrecht? in: Bibliothek für die peinliche Rechtswissenschaft und Gesetzkunde, Hrsg.: Karl Grolman, 1798, 1. Theil, 2. Stück, S. 3 ff.
[682] Grolman, Grundsätze der Criminalrechtswissenschaft, Gießen 1798.
[683] Feuerbach, Grundsätze, S. 12 f.

Angreifers nach dem Sprachgebrauch keine Strafe, sondern Prävention sei, weswegen man etwas, das zukünftige Taten hindern soll, folglich nicht Strafe nennen könne.[684] Des Weiteren würde man den Täter zum Objekt anderer machen, wenn man die Strafvollstreckung an ihm zur Abschreckung anderer benutzte. Für Feuerbach ist weder die öffentliche Genugtuung, noch Rache, Besserung oder moralischer Ausgleich Zweck der Strafe. Laut Feuerbach hat der Staat das Recht und die Pflicht, auf rechtswidrige Handlungen sinnliche Übel mittels eines Gesetzes zu drohen und dadurch das Begehren nach rechtswidrigen Handlungen psychologisch unmöglich zu machen.[685] Die Prävention werde demnach nicht durch die Strafe, sondern durch die Strafdrohung, durch psychologischen Zwang erreicht. Nur dieser sei zur Prävention zulässig, weil durch die Androhung allein niemandes Freiheit beschränkt werde.[686] Die Vollstreckung der Strafe sei lediglich notwendiges Übel, um der Drohung Nachdruck zu verleihen, wo sie versagt hat.[687] Folglich unterscheidet Feuerbach hinsichtlich des Zwecks. Der Zweck der Androhung der Strafe ist die Abschreckung, die Zufügung derselben bezwecke hingegen, dem Gesetz genüge zu tun, damit es mit sich selbst nicht in Widerspruch gerate und die Gerechtigkeit befriedigt werde.[688] Feuerbach grenzt die peinliche Strafe als Zwangsgewalt in der Vollstreckung sodann ab von dem Zwang a) der Rache, die ein ohne Grund zugefügtes Übel sei, b) der bürgerlichen Sicherung, die nicht nur um des Gesetzes willen, sondern um künftige Übel zu verhindern geschehe, c) der Privatstrafe, wie z.B. der Vertragsstrafe und d) dem Zwange zum Schadensersatz, durch den der Beleidigte nur ein Äquivalent für zugefügtes Leid erhalte.[689]

Auch der Zivilrechtler Thibaut, dessen in Kiel freigewordene Stelle Feuerbach 1802 als außerordentlicher Professor antrat, hat sich in diesen Diskurs eingemischt.[690] Er stimmt zunächst mit Feuerbach darin überein, dass das Kriminalrecht von dem Hauptgrundsatz des psychologischen Zwangs ausgehen

[684] Feuerbach, Revision der Grundsätze und Grundbegriffe, Bd. I, S. 19.

[685] Feuerbach, Ueber die Strafe als Sicherungsmittel vor künftigen Beleidigungen des Verbrechers, Chemnitz 1800, S. 95; ders. Revision der Grundsätze und Grundbegriffe, Bd. I, S. 39 ff.; Zit. S. 43: *"Die zweite Sorge des Staats, welche durch den Gesellschaftevertrag nothwendig gemacht wird, geht daher dahin, dass wer unbürgerliche (rechtwidrige) Neigungen hat, psychologisch verhindert werde, sich nach diesen Neigungen wirklich zu bestimmen.* S. 44: *„Es bleibt daher dem Staate kein anderes Mittel übrig, als durch die Sinnlichkeit selbst auf die Sinnlichkeit zu wirken, und die Neigung durch entgegengesetzte Neigung, die sinnliche Triebfeder zur That durch eine andere sinnliche Triebfeder aufzuheben."*

[686] Feuerbach, Ueber die Strafe als Sicherungsmittel, S. 95; ders., Revision der Grundsätze und Grundbegriffe, Bd. I, S. 49.

[687] Feuerbach, Revision der Grundsätze und Grundbegriffe, Bd. I, S. 50.

[688] Feuerbach, Revision der Grundsätze und Grundbegriffe, Bd. I, S. 57.

[689] Feuerbach, Revision der Grundsätze und Grundbegriffe, Bd. I, S. 69.

[690] Anton Friedrich Justus Thibaut, Beyträge zur Critick der Feuerbachischen Theorie über die Grundbegriffe des peinlichen Rechts, Hamburg 1802.

müsse, Strafvollstreckung nicht zur Abschreckung anderer dienen dürfe und der Zweck des Strafgesetzes die Abschreckung sei.[691] Dann kritisiert er Feuerbach detailliert, bekennt sich schließlich aber doch zu Feuerbachs psychologischem Zwang. *„Ich gebe es zu, dass nicht moralische Vergeltung, sondern Abschreckung durch psychologischen Zwang das Hauptprincip des Criminalrechts ist, und bin überzeugt, dass in Rücksicht auf dieses Princip das Draconische System das einzig wahre und consequente ist."*[692] Neben der Frage der Verhinderung von Taten müsse sich der Staat aber auch stets fragen, wie er es verhindert, dem Staat weiter zu schaden. In diesem Kontext meint Thibaut dann wie Fichte, dass es dem Staat abträglich sei, wenn er stets die Todesstrafe ausspreche und vollstrecke, weil er dann bald ohne ausreichend viele Bürger dastünde.[693] Es gelte deswegen der Grundsatz, dass die Strafe nach Möglichkeit nicht indirekt anderen schaden und die Todesstrafe nur dort bestehen dürfe, wo *„die höchste Noth es erfordert, und das abzuwendende Verbrechen schädlicher ist, als die nachtheiligen aus der Strafe vielleicht entspringenden Folgen."*[694]

Im Ergebnis hat sich Feuerbachs Ansicht mehr durchgesetzt, denn die spezialpräventiven Theorien, die ihre Wurzel noch im absolutistisch-wohlfahrtsstaatlichen Denken haben, befinden sich am Anfang des 19. Jh. zugunsten der liberalen generalpräventiven Theorien tendenziell auf dem Rückzug.

3. Kritik und eigener Ansatz Tafingers

Vor dem Hintergrund dieses Diskurses sind Tafingers Bücher zu sehen. Die bedeutendere Schrift ist Tafingers erstes Strafrechtsbuch von 1805.[695] Tafinger verwirft hier zuerst die Differenzierung zwischen dem Zweck des Strafrechts, dem Grund desselben und dem Grund der Strafe, da seiner Ansicht nach der Zweck der Strafe in concreto das sei, was der Zweck des Strafrechts in abstracto ist.[696] *„Die drey unterschiedlichen Begriffe sind nichts anders, als Ansichten des nemlichen Gegenstandes, die von verschiedenen Standpunkten aus genommen sind, weil man ihn in seiner Idee nicht aufgefasst hat."* Tafinger will nach dem *„Mittelpunkt der Einheit für die ganze Strafrechtslehre, in welchem alle Ansich-*

691 Thibaut, Beyträge, S. 24.
692 Thibaut, Beyträge, S. 89.
693 Thibaut, Beyträge, S. 91 f.
694 Thibaut, Beyträge, S. 92 f.: Beispielsweise dem Staat durch Entvölkerung oder der Familie durch Hinrichtung des Familienvaters.
695 Tafinger, Versuch einer wissenschaftlichen Begründung der Strafrechtslehre zugleich als ein kleiner Beytrag zur grossen Revision der neuesten Criminalrechtslitteratur, 2 Bde., Tübingen 1805.
696 Tafinger, Versuch einer wissenschaftl. Begründung, Bd. I, S. 23; ders., Über die Idee einer Criminalgesetzgebung, S. 159, fortan zit.: Criminalgesetzgebung.

ten concentrisch zusammentreffen" suchen und widmet sich hierzu zunächst verschiedenen Autoren.

Der Grund für das Strafrecht liege jedenfalls nicht in dem von Fichte gedachten Abbüßungsvertrag, denn dieser sei kein historisches Faktum, sondern nur ein vernünftiges Gedankenkonstrukt, das Tafinger erheblichen Zweifeln unterworfen sieht. Tafinger folgt Fichte nicht darin, dass der Staatsvertrag durch jedes auch unbedeutende Verbrechen im Verhältnis zum Verbrecher seine Gültigkeit verlieren soll, wenn man gleichzeitig annimmt, dass der Staat fortdauern müsse. Soll er dies nämlich, dann habe der Staat auch das Recht, den Bürger zu maßregeln, ihn der bürgerlichen Ordnung zu unterwerfen.[697] Tafinger bringt damit zum Ausdruck, dass ein Vertrag, der bei Missachtung sofort zu existieren und damit zu binden aufhört, keinen Sinn mache. Des Weiteren lässt sich nach Tafingers Ansicht über den Abbüßungsvertrag die Todesstrafe nicht erklären. Das Maximum jeder Strafe soll nach Fichte nur das Surrogat für die totale Rechtlosigkeit darstellen, weshalb die Todesstrafe keine eigentliche Strafe darstelle, denn was sollte sie ersetzen? Deswegen begründet Fichte sie als bloße physische Verteidigung des Staates, wenn dieser sich nur noch auf diese Weise vor dem Verbrecher schützen kann. Fichtes System gründe sich auf der Annahme, erst durch den Staat würden Rechte entstehen und begründet, was nach Tafinger's Ansicht aber falsch ist, weil der Staat, wenn ihm kein Rechtsgesetz voranginge, nicht durch sich selbst und aus sich heraus eine Anstalt des Rechts werden könne.[698] Außerdem gäbe es bei dieser Annahme keine Pflicht, sich der bürgerlichen Gesellschaft überhaupt zu unterwerfen, was dem Verbrecher die Möglichkeit eröffnete, alle Verhältnisse zum Staat zu kündigen. Dies aber ist nach Tafinger unmöglich, da es ein Gesetz der Natur und der Vernunft sei: „*Seyd Unterthan der Obrigkeit, die Gewalt über euch hat!*". Nur durch dieses Gesetz könne äußere Freiheit überhaupt erreicht werden.[699] Ferner wäre der Fall denkbar, dass übelste Räuber oder Mörder nach der Tat lammfromme Menschen würden, was die Todesstrafe nicht mehr rechtfertigen ließe. Es könnte also passieren, dass Menschen, die das Gleiche verbrochen haben, einmal von der Gesellschaft ausgeschlossen, einmal getötet werden, ein anderes Mal dem Abbüßungsvertrag unterworfen eine Strafe leiden. Tafinger bringt seine These dann insofern auf den Punkt, als Fichtes System der Willkür Tür und Tor öffnen würde und deswegen falsch sei.[700]

Gegen Grolmans Präventionstheorie wendet Tafinger ein, dass es nicht richtig sein könne, Strafe präventiv gegen zukünftige Übel zu verhängen, weil anderenfalls gegen jeden Verdächtigen Strafen vorbeugend vollstreckt werden

[697] Tafinger, Versuch einer wissenschaftl. Begründung, Bd. I, S. 26.
[698] Tafinger, Versuch einer wissenschaftl. Begründung, Bd. I, S. 27.
[699] Tafinger, Versuch einer wissenschaftl. Begründung, Bd. I, S. 29.
[700] Tafinger, Versuch einer wissenschaftl. Begründung, Bd. I, S. 30.

könnten.[701] Wenn Strafe nicht ausgesprochen würde, weil jemand verbrochen hat, sondern weil er verbrechen könnte, wäre die Untersuchung der begangenen Tat auch vollkommen überflüssig. Wenn Grolman die Strafe aber wegen der begangenen Tat als gesetzliche Folge dieser annehmen will, hebe er die Präventionstheorie im bisher angeführten Sinne durch sich selbst auf.[702] Gegen den erwähnten Karl August Tittmann,[703] der jedenfalls im Ergebnis Grolmans Theorie vertritt, wendet Tafinger ein, dass die Unmöglichmachung weiterer Taten durch Tod oder lebenslange Freiheitsstrafe erfolgen könne, diese Theorie aber keinen Maßstab liefere, wann welche Strafe greifen soll.[704] Feuerbachs Theorie der Prävention durch einen sinnlichen Gegenreiz hält Tafinger für untauglich, weil niemand a priori wissen könne, welchen Gegenreiz ein konkretes Individuum benötigt, um von einer Tat abgehalten zu werden. Des Weiteren scheint Tafinger die graduelle Unterscheidung bei verschiedenen Delikten unmöglich.[705]

Tafinger beantwortet die Frage, ob der Staat überhaupt das Recht habe, Verbrechen unmöglich zu machen, nur hinsichtlich psychologischer Unmöglichmachung positiv. Die physische Unmöglichmachung hingegen dürfe es dort nicht geben, wo der Beleidigte die Möglichkeit hat, seine Verletzung durch Schadensersatz auszugleichen. Nur dort, wo dies nicht möglich ist, habe der Staat das Recht, durch seine „Polizey“ die Einhaltung der Gesetze zwangsweise durchzusetzen, in den übrigen Bereichen müsse der Staat seinen Bürgern eine Freiheit belassen, die auch die Schranken des Gesetzlichen überschreitet.[706] Tatsächlich sei der Staat aber nicht in der Lage, Verbrechen durch physischen Zwang unmöglich zu machen, denn mit jedem Urteil erkläre der Staat, dass er nicht in der Lage war, das begangene Verbrechen zu verhindern. Das Strafrecht lasse sich auch nicht mit Feuerbach über psychologischen Zwang erklären. *„Denn jedes Strafurtheil ist eine Anerkenntnis, daß der gezwungene sich nicht habe zwingen lassen, und daß er jetzt erst einer Naturnothwendigkeit unterworfen werden müsse, um die Freyheit wieder herzustellen. Nöthigung mag das Strafgesetz immer seyn für den Verstand, der die Nothwendigkeit des Gesetzes nicht anerkennt, und dem man noch ein Motiv weiter geben will, indem man seine Sinnlichkeit bedroht. Achtet er aber die Drohung nicht, setzt er sich über das*

701 Tafinger, Versuch einer wissenschaftl. Begründung, Bd. I, S. 32.
702 Tafinger, Versuch einer wissenschaftl. Begründung, Bd. I, S. 33.
703 Karl August Tittmann, Grundlinien der Strafrechtswissenschaft und der deutschen Strafgesetzkunde, Leipzig 1800.
704 Tafinger, Versuch einer wissenschaftl. Begründung, Bd. I, S. 37; ders.: Criminalgesetzgebung, S. 176.
705 Tafinger, Versuch einer wissenschaftl. Begründung, Bd. II, S. 12, Fn. c)
706 Tafinger, Versuch einer wissenschaftl. Begründung, Bd. I, S. 34 f.

Gesetz hinweg, dann erst folgt die Strafe hinterher, und auf die vollendete Läsion folgt die volle Strafe.“[707]

Tafinger will entgegen Joseph Karl Schmidt[708] das Strafrecht auch nicht aus dem Prinzip der Gleichheit der Menschen ableiten. Schmidt vertrat, dass der Staat als kollektive Einheit aller stellvertretend für den Beleidigten handele, wenn er straft, um die Gleichheit zwischen Beleidiger und Beleidigten wieder herzustellen. Nach Tafingers Ansicht vertritt der Staat aber nicht seine Bürger, sondern ist eine eigene moralische Person, die nur einen vernünftigen Willen hat. Ferner basierte ein solches System allein auf der Rache, die ins Unendliche führen würde.[709]

Strafrecht ist für Tafinger auch keine moralische Wiedervergeltung, denn eine moralische Beurteilung einer Tat könne nicht objektiv vorgenommen werden, weil ein Täter auch aus moralisch wertvollen Motiven handeln könne oder äußerst wohltätiges Verhalten aus moralisch verwerflichen Motiven geschehen könne. Die juristische Beurteilung müsse sich deswegen an den äußeren Geschehensablauf halten und auf eine moralische Beurteilung verzichten.[710]

Tafinger resümiert, dass alle Ansichten etwas Wahres in sich trügen, keine aber ein allgemeines Prinzip beschreibe, sondern nur konzentrische Kreise um den Kern bilde, der, wie Tafinger im Einklang mit Kant meint, in der Wiedervergeltung liege.[711] Zur Begründung dessen zieht Tafinger den Zweck des Staates heran, den er als eine moralische Person begreift, die sich aus der „organischen Einheit mehrerer Sinnenwesen“ bildet. So wie jeder Mensch sich selbst der Zweck sei, so sei auch der Staat sich selbst sein Zweck. Diesem Zweck entsprechend sei die erste Sorge des Staates der Gesundheitszustand des Volkes, weswegen der Staat physische Sicherheit und Wohlfahrt seiner Glieder erstreben müsse, was nur durch eine rechtlichen Zustand erreicht werde, der die ungebundene Willkür des Einzelnen unterdrückt. Dies geschehe durch Erhaltung der Freiheit des Einzelnen durch Beschränkung derselben im bürgerlichen Zustand. *„Was nun um des Ganzen willen nothwendig ist (...) das ist ein Objekt für die Anordnung der höchsten Gewalt. (...)Was hingegen die höchste Gewalt in der nächsten Beziehung auf das Ganze festzusetzen für nothwendig findet, es sey nun, daß eine solche Anordnung im unmittelbaren Verhältnis des Ganzen zum Einzelnen oder mittelbar zugleich im Verhältnis des Einzelnen gegen den Einzelnen erscheine, das ist öffentliche Nothwendigkeit, deren Übertretung der Staat verhindern darf und soll, so weit er kann. Was er durch die Polizey nicht*

[707] Tafinger, Versuch einer wissenschaftl. Begründung, Bd. I, S. 36.
[708] Joseph Karl Schmid, Über den Urgrund des Strafrechts, Augsburg 1801; Das Zitat Tafingers auf S. 38, Fn. ff) ist falsch.
[709] Tafinger, Versuch einer wissenschaftl. Begründung, Bd. I, S. 38.
[710] Tafinger, Versuch einer wissenschaftl. Begründung, Bd. I, S. 40.
[711] Tafinger, Versuch einer wissenschaftl. Begründung, Bd. I, S. 41.

verhindern kann, das mus er wenigstens verbieten. Und da der Staat ein Organismus ist, der jedes Anorganische, den Creislauf seines Organismus störende, zu seiner Erhaltung von sich ausstossen mus, so mus er jedes solche Uebel, das durch Uebertretung des Verbots entsteht, wieder aufheben.[712]

Tafinger sieht das Strafgesetz als kategorischen Imperativ, der fordere, die widerrechtliche Freiheit desjenigen, der sich über das Gesetz hinwegsetzt, wiederum aufzuheben, was durch die Unfreiheit der Strafe geschehen könne. Dies stellt eine Vorwegnahme der später Hegel gemeinhin zugeschriebenen Formel „Negation der Negation" dar.[713] Art und Maß der Strafe soll aber nicht der Beleidigte selbst bestimmen, da dieser von Rache geleitet werde, sondern der Staat als neutraler Dritter, der durch Richter vertreten werde.[714] Dabei sei auf den Grad der Gefährlichkeit des Täters, dessen Schädlichkeit, Neigungen, Empfindlichkeit usw. Rücksicht zu nehmen und in die gesetzliche Gleichung mit aufzunehmen, damit die Strafe a priori feststeht.

Tafinger fährt fort, dass Strafe Abbüßung sei, aber ohne Abbüßungsvertrag, Wiedervergeltung, aber nicht moralische, sie dem begangenen Verbrechen folge, aber auch auf zukünftige wirke, Abschreckung durch psychologische Nötigung sei, aber nicht durch psychologischen Zwang und dass sie der Proportion der Gleichheit folge, dieser aber nicht entspringe.[715]

Gegen Beccaria und dessen Einwände gegen die Todesstrafe wendet Tafinger sich ebenfalls.[716] Beccaria vertrat, dass es die Todesstrafe nicht geben dürfte, weil niemand im Rahmen des Staatsvertrages wirksam über sein Leben verfügen könne, da dieses nicht disponibel sei. Tafinger hält dem entgegen, dass die Todesstrafe nicht vollstreckt würde, weil jemand dies wollte, sondern weil dieser ein Verbrechen begangen habe. Strafe, und hier bezieht Tafinger sich wiederum auf Kant,[717] erleide man nicht, weil man sie, sondern weil man die Tat wollte.

Abschließend versucht Tafinger sich an einer Abgrenzung von Criminal- und Zivilunrecht, die er im Wesentlichen mittels der Betroffenheit des Gemeinwesens vornehmen will. „*Jede Absonderung des Privatwillens eines Subjekts vom*

---

712 Tafinger, Versuch einer wissenschaftl. Begründung, Bd. I, S. 45 ff.

713 Tafinger, Versuch einer wissenschaftl. Begründung, Bd. II, S. 10, Fn. b) : Tafinger bringt sein Prinzip der Vergeltung auf die Formel: „*die allgemeine Freyheit, die sich in der gesetzlichen Ordnung erhält, ist durch die gesetzlose Willkühr aufgehoben und insoferne a-a. Diese gesetzlose Freyheit als das Hindernis der gesetzlichen Freyheit mus wieder aufgehoben werden durch + a, und so ist denn diese wiederhergestellt, denn a – a + a = a.*"

714 Tafinger, Versuch einer wissenschaftl. Begründung, Bd. I, S. 50.

715 Tafinger, Versuch einer wissenschaftl. Begründung, Bd. I, S. 52.

716 Cesare Beccaria, Dei delitti e delle pene, Livorno 1764, herausgegeben und übersetzt: Karl Esselborn, Über Verbrechen und Strafen, Leipzig 1905, Neudruck: Aalen 1990.

717 Kant, Metaphysische Anfangsgründe, a.a.O., S. 159, wo Kant Beccaria „teilnehmende Empfindelei einer Affektierten Humanität" vorwirft und ihn der „Sophisterei und Rechtsverdreherei" bezichtigt.

Allgemeinen, (vom Gesetz) die sich als eine Verletzung des gemeinen Wesens in seiner gesetzlichen Ordnung reel darstellt" sei Gegenstand der Bestrafung.[718] Dabei stellt Tafinger sich drei Gattungen von Taten vor, die das Gemeinwesen verletzen, nämlich einerseits die direkte Verletzung durch Hochverrat oder Ähnliches, andererseits die mittelbare Verletzung durch Verletzung einer Privatperson und drittens die mittelbare Verletzung durch Handlungen wider sich selbst, wie z.B. „Liederlichkeit, Verschwendung, asoziales Leben oder Entweihung des eignen Körpers".[719] Diese Einteilung führt Tafinger in seinem späteren Buch weiter aus und überlässt es bei der reinen Privatverletzung dem Einzelnen, sein Recht zu suchen, „*denn wenn er nicht will, so ist kein Rechtsstreit vorhanden, das volenti non fit injuria findet seine Anwendung.*"[720] Bei der mittelbaren Verletzung des Gemeinwesens durch Verletzung des Einzelnen müsse es eine „*satisfactio publica mit Vorbehalt der satisfactio privata für den beleidigten Theil*" geben und nur bei der direkten Verletzung des Gemeinwesens ausschließlich eine satisfactio publica.[721] Da Tafinger jede Verletzung der Privatperson als mittelbare Verletzung des Gemeinwesens ansieht, bleibt unklar, ob überhaupt noch Raum für nicht mit Strafe bedrohtes Unrecht bleiben kann. Ein Beispiel für eine Rechtsverletzung, die das Gemeinwesen nicht berührt, gibt Tafinger nicht. An anderer Stelle grenzt er beides danach ab, dass im Privatrechtsstreit jeder Recht haben will und das Recht auf seiner Seite sieht, während strafwürdiges Unrecht nur dann vorliege, wenn jemand sich gegen ein Gesetz auflehnt und es brechen will.[722] Hiernach wäre der dolus malus alleine entscheidend.

Auch in seinem Buch über die Strafgesetzgebung von 1811 fragt Tafinger sich, ob und welchen Punkt es gibt, von dem die gesamte peinliche Gesetzgebung ausgeht.[723] Hier nennt er als diesen Ausgangspunkt nun nicht mehr allein und zuerst die Wiedervergeltung, sondern zeigt auf, dass bei historischer Betrachtung die Idee der Strafgerechtigkeit das Fundament des Strafrechts ist. Die Strafgerechtigkeit selbst fordere die Wiedervergeltung.[724]

Ein weiterer Unterschied liegt in der grundsätzlichen Rechtfertigung des Strafrechts über den Zweck des Staates, den Tafinger 1811 nicht mehr nur in der Sicherheit und Wohlfahrt der Bürger sieht, sondern in erster Linie in der Sittlichkeit, die für ihn weiter als die Wohlfahrt geht.[725] „*Ich wiederhole es, daß ich mich davon nicht überzeugen kann, daß es zweyerley Sittlichkeiten und zweyer-*

[718] Tafinger, Versuch einer wissenschaftl. Begründung, Bd. I, S. 55.
[719] Tafinger, Versuch einer wissenschaftl. Begründung, Bd. I, S. 58.
[720] Tafinger, Criminalgesetzgebung, S. 194.
[721] Tafinger, Criminalgesetzgebung, S. 194.
[722] Tafinger, Versuch einer wissenschaftl. Begründung, Bd. II, S. 11.
[723] Tafinger, Criminalgesetzgebung, S. 156, S. 168.
[724] Tafinger, Criminalgesetzgebung, S. 163.
[725] Tafinger, Criminalgesetzgebung, S. 199.

ley practische Vernunften, eine moralische und eine juridische Vernunft gebe...Es ist Eine Vernunft, die als Wollend gedacht, practische oder gesetzgebende Vernunft ist, ihr Gesetz ist das Gesetz der Einheit eines vernünftigen Willens, ihr reines Objekt ist das vernünftige Wollen selbst. Der Begriff der Sittlichkeit ist diese Einheit, und die reine allgemeine Verstandesform für denselben ist der categorische Imperativ als a priori das vernünftige Wollen selbst bestimmend." Es zeigt sich, „*daß der Staat, indem er das allgemeine Beste der Gesellschaft verwaltet, Sittlichkeit zum letzten Endzweck hat, den er selbst durch sein äußeres Handeln zur Wirklichkeit bringen will.*"[726] Diese Gesinnungsänderung ist gravierend, weil sie nun auch die Bestrafung von Delikten zulässt, die ausschließlich gegen die Moral verstoßen. Durch die Sittlichkeit, die der Staat durch sein Handeln zur Wirklichkeit bringen will, rechtfertigt sich nach Tafinger z.B. auch das Begnadigungsrecht, für das an sich keine Notwendigkeit bestehe und das nach dem Prinzip der Wiedervergeltung sogar gar nicht zulässig sein dürfte.[727]

Der Grund des Strafgesetzes ist für Tafinger die Vernichtung der gesetzwidrigen Freiheit, denn obschon der Gesetzgeber nur äußere Handlungen und nicht Gesinnungen verbiete, verbiete er diese als Erscheinungen eines gesetzwidrigen Willens in der Sinnenwelt.[728] Mit dieser Ansicht entfernt Tafinger sich etwas von der reinen Vergeltungsidee, wie er sie noch sechs Jahre zuvor vertrat und nähert sich ein wenig der Präventionstheorie, denn diese will auch bereits den Willensbildungsprozess durch Drohung beeinflussen. Gleichwohl sagt Tafingeraber nicht, dass das Verbrechen als solches, sondern nur der freiheitsschädliche Wille verhindert werden soll.

Tafinger widmet sich wiederum der Frage nach einem „höchsten Prinzip" des Strafrechts und kommt zu der Antwort, dass es ein solches nicht gebe. Ein selbständiges, höchstes Prinzip gebe es nicht, wer dies aber annehme, der verliere sich in den Strafzwecktheorien. Wer aber höher steigen und den Zweck des Strafrechts aus dem Zweck des Staates ableiten wolle, der werde schon den Staatszweck nicht begreifen, wenn er den Staat als ein bloß formales Gebilde statt als ein „lebendiges Ganzes, eine moralische Person im Großen" auffasst, die eine moralische Ordnung darstellt, deren Trägerin äußerlich die Ordnung des öffentlichen Rechts sei. „*Ja wenn man selbst den Staat einzig als einen Rechtszustand betrachten wollte, so geht auch dieser Begriff aus der höheren Idee des Rechts und der Rechtsgesetzgebung als einer moralischen Ordnung für die Freyheit in den Verhältnissen des äußeren Lebens hervor, und ist durch dieselbe bedingt. Und insoferne wird daher jeder Versuch, wenigstens nach wissenschaftlicher Form geprüft, mißlingen, das Strafrecht in einem eigenen*

[726] Tafinger, Criminalgesetzgebung, S. 198 f.
[727] Tafinger, Criminalgesetzgebung, S. 199.
[728] Tafinger, Criminalgesetzgebung, S. 202.

Erkenntnisgrund, (...) zu begründen, da die Idee des Strafrechts an sich nur eine partielle Entwicklung des öffentlichen Rechts und durch dieses selbst bedingt ist;“[729] Wenn Tafinger als öffentliches Recht alles das begreift, was zur salus publica und darüber hinaus zur Erhaltung einer moralischen Ordnung erforderlich ist, dann zählt das Strafrecht zweifelsohne dazu und stellt nicht eine eigene Obergruppe des Rechts dar, da sie nicht ihren eigenen Grund in sich trägt und somit keinem eigenen Prinzip folgt.

Obwohl Tafinger also kein „oberstes“ Prinzip des Strafrechts erkennen kann, nimmt er doch ein allgemeines Prinzip an, *„als die Garantie des öffentlichen Rechts als öffentlicher Ordnung für und durch sich selbst, welches (...) nichts anderes seyn kann, als nach dem Ausdruck Wagners*[730]*, eine Ausgleichung des Verbrechens für und durch den Staat.“*[731] Diese Ausgleichung unterliege dem Grundsatz der Gleichheit und erfolge durch das Prinzip der Wiedervergeltung.[732] Gleichwohl zweifelt Tafinger daran, dass diese Methode ein „Prinzip“ genannt werden könne und wenn dem so wäre, dann jedenfalls nicht letzter, höchster, unbedingter Erkenntnisgrund einer eigenen, für sich bestehenden Philosophie des Criminalrechts.[733] Wenn man aber ein Prinzip annehmen wollte, könne man nicht wie einst nach dem Naturrecht erst das Prinzip bestimmen und daraus dann die einzelnen Rechte ableiten, sondern müsse methodisch nach Kant vorgehen. Hiernach sei

1. die Idee zu entwickeln, diese müsse
2. durch ein vollständiges System von Erkenntnissen erweitert werden, um sodann
3. aus diesem System einzelne Sätze und Folgesätze zu bilden.

Für Tafinger liegt das Logische dieser Methode darin, dass die Folgesätze, die nicht innerhalb der Ausgangsidee liegen, auch nicht aus dieser abgeleitet werden können, sondern erst durch die Gesetze des Denkens mit dieser verbunden werden müssen, also

4. die einzelnen Begriffe durch Denkgesetze mit der Idee in Einklang gebracht werden, um
5. schließlich aus dem Ganzen einen Begriff, ein System zu entwickeln. [734]

Nach Aufstellung dieser abstrakten Regel, beginnt Tafinger ein System der Delikte nach seiner generellen Dreiteilung zu entwickeln. Strafbar soll sein:

[729] Tafinger, Criminalgesetzgebung, S. 213.
[730] Johann Jakob Wagner, Grundriss der Staatswissenschaft und Politik, Leipzig 1805
[731] Tafinger, Criminalgesetzgebung, S. 214.
[732] Tafinger, Criminalgesetzgebung, S. 215.
[733] Tafinger, Criminalgesetzgebung, § 118, S. 215.
[734] Tafinger, Criminalgesetzgebung, § 119, S. 216 f.

„dasjenige, was äußerlich geschieht, und worin sich der Staat selbst beeinträchtigt erkennen muß, weil es gemeinschädlich und dem Gesetz der äußeren Freyheit Aller zuwider ist, das ist der Gegenstand der Bestrafung. Der Staat ist ein Ganzes, er kann als solches unmittelbar oder mittelbar in allem demjenigen verletzt werden, was ihm angehört, und was er um der öffentlichen Wohlfahrt willen in die Garantie des öffentlichen Rechts aufgenommen hat.“[735]

4. Zwischenergebnis

- Die einzelnen Strafzwecktheorien sieht Tafinger lediglich als Symptome eines dahinterstehenden Prinzips an.
- Zwischen Strafzweck, Zweck des Strafrechts oder der Strafgesetzgebung will Tafinger nicht unterscheiden, da das eine in concreto das beschreibe, was das andere in abstracto sei. Deswegen geht Tafinger nicht auf die Strafzwecke im engeren Sinne ein, sondern befasst sich mit dem Zweck der Strafgesetzgebung.
- Dieser folge nicht einem obersten, höchsten Prinzip, aber einem allgemeinen Prinzip, das selbst wiederum aus dem Staatszweck folge.
- Der Staatszweck liege nicht nur in der Herstellung der physischen Sicherheit der Bürger, sondern auch in der Herstellung einer moralischen und sittlichen Gesellschaft.
- Das Mittel zur Erreichung dieses Zwecks sei die Wiedervergeltung. Vergolten werde hierbei nicht nur die äußere Tat, sondern der gesetzesbrecherische Wille, der durch die Tat manifestiert werde.
- Strafwürdiges Unrecht ergebe sich erst durch die direkte oder mittelbare Verletzung des Staates und seiner Einrichtungen als einer moralischen Person, wobei der Staat durch Verletzung eines Bürgers stets mittelbar verletzt werde. Den Unterschied zwischen Zivil- und Criminalunrecht zieht Tafinger nicht scharf, aber wohl da, wo die allgemeine Wohlfahrt beeinträchtigt wird. Zivilunrecht werde dadurch gekennzeichnet, dass beide Streitenden sich auf das Recht berufen, während Criminalunrecht vorliege, wenn eine Partei sich bewusst gegen die Rechtsordnung auflehnt.
- Ein Deliktssystem systematisiert Tafinger nach dem betroffenen Rechtssubjekt und dann nach dem betroffenen Rechtsgut.

[735] Tafinger, Criminalgesetzgebung, § 120, S. 218.

II. Allgemeine Strafrechtslehren in den Lehrbüchern Tafingers

Tafingers Tatbestandsaufbau ist ein zweigliedriger, der aus dem objektiven Tatbestand (materiale delicti) und dem subjektiven Tatbestand (formale delicti) besteht.[736] Die Verknüpfung beider erfolgt über die Freiheit, die in Bezug auf den objektiven als auch subjektiven Tatbestand gegeben sein muss. Dies mache gerade die Rechtslehre aus, wenn man von einem äußeren Sachverhalt auf die dem zugrunde liegende innere Freiheit schließt, während die moralische Beurteilung, also die Tugendlehre, umgekehrt bei der Maxime anfange und die Frage, ob daraus ein Wille hervorgegangen sei, einer Beurteilung unterzieht.[737]

1. objektiver Tatbestand

Im Rahmen des objektiven Tatbestandes sei die erste Voraussetzung für die rechtliche Zurechnung eines Erfolges das Vorliegen einer *freien Handlung*, die das Gesetz übertritt. Dem unfrei Handelnden könne ein Erfolg nicht zugerechnet werden.[738] Dabei komme auch ein Unterlassen in Betracht. Beim *Unterlassungsdelikt* erkennt Tafinger das Problem der Kausalität des Unterlassens für den Erfolg, die nur dann gegeben sein soll, wenn 1. *„practische Nothwendigkeit vorhanden ist, einen Erfolg zu verhindern, der vorauszusehen ist und insoferne 2. man denselben verhindern kann und 3. wirklich nicht verhindert."* Nur dann könne man dem Unterlassenden einen Schuldvorwurf machen und sein Unterlassen wenn auch nicht physisch so doch moralisch kausal für den Erfolg erachten.[739] Tafinger definiert die Handlung im rechtlichen Sinne dann wie folgt: *„Wer mit Freyheit ein Strafgesetz übertritt, es sey dadurch, daß er thue, was im Gesetz bey Strafe verboten, oder unterlasse, was bey Verantwortlichkeit zur Strafe auf diesen Fall befohlen ist, dem soll eine jede solche Handlung zu Strafe zugerechnet werden."*[740]

2. subjektiver Tatbestand

Innerhalb des subjektiven Tatbestandes differenziert Tafinger drei Schuldstufen, nämlich einerseits „culpa" (= Fahrlässigkeit), andererseits „dolus" und drittens „dolus indirectus". Des Weiteren ist Tafinger sich verschiedener gradueller Ab-

---

[736] Tafinger, Strafrechtslehre, Bd. II, S. 14.
[737] Diese Abgrenzung zw. juristischer und moralischer Beurteilung führt Tafinger unter ausdrücklicher Bezugnahme auf Kant relativ ausführlich aus, weil es ihm wichtig scheint, auch im Rahmen einer Gesetzgebung beides auseinander zu halten und nicht zu verwechseln, vgl. Tafinger, Strafrechtslehre, Bd. II, S. 28 ff.
[738] Tafinger, Criminalgesetzgebung, S. 246 ff.
[739] Tafinger, Criminalgesetzgebung, S. 252 f.
[740] Tafinger, Criminalgesetzgebung, S. 254.

stufungen des dolus und der culpa bewusst, die es allerdings bereits im römischen Recht gibt (culpa lata, levis, levissima).[741]

„Das Gesetz macht denjenigen, der einen gesetzwiedrigen Effect hervorbringt, dafür verantwortlich, er habe 1) diesen Effect als Wirkung seiner Thätigkeit gekannt und gewollt, oder er habe 2) denselben im Erkennen, wie es von ihm gefordert werden konnte, oder im Wollen nicht beachtet, entweder weil er ihn nicht erkannte, da er ihn doch erkennen musste, oder weil er ihm bey dem Entschluß gleichgültig war. Im obigen ersten Fall ist dolus, in den beyden letzten ist culpa vorhanden."[742] Aus beweisrechtlichen Gründen kann man nach Tafingers Ansicht beide Deliktsformen nicht einfach nebeneinander stellen, weil sich dann jeder Täter darauf berufen würde, er habe den Erfolg nicht gewollt. Deswegen müsse der Gesetzgeber die Einwendung des fehlenden dolus unter bestimmten Voraussetzungen ausschließen. Eine Kombination beider Schuldformen sieht Tafinger darin, wenn der Täter einen anderen als den eingetretenen Erfolg wollte, ihm dies aber gleichgültig war.[743] Diese Schuldform nennt Tafinger dolus indirectus.

Tafinger differenziert deutlich zwischen dem voluntativen und dem kognitiven Element des Vorsatzes. Das Wissenselement sei beim vorsätzlichen Begehungsdelikt immer gegeben, denn wer einen Erfolg wolle, wisse auch um die Möglichkeit seines Eintritts. Beim Fahrlässigkeitsvorwurf hingegen trete das Willenselement in den Hintergrund. Schuldhaft handele der Täter nur, wenn er um die Möglichkeit des Erfolges wusste oder wenn ihm schuldhaftes Nichtwissen vorwerfbar ist.[744]

3. Zurechnung der Tat

Tafinger geht mit Feuerbach insoweit konform, als beide die rechtliche Zurechnung einer Tat verneinen, wenn der Täter im Zustand der Schuldunfähigkeit handelt. Tafinger begründet dies mit der fehlenden Freiheit zur Entscheidung für oder wider die Tat, da für Tafinger nur der in Freiheit getroffene Tatentschluss strafwürdiges Unrecht darstellt. Feuerbach wirft er diesbezüglich Widersprüchlichkeit vor, wenn dieser bei der Frage der Strafbarkeit hier auf eine Gemütseigenschaft abstellt, sonst aber auf das rein äußere Geschehen als Beweis für das Versagen der Abschreckung anführt.[745] Im späteren Entwurf eines Strafgesetzbuchs schafft Tafinger in diesem Zusammenhang einen Negativkatalog der Personen, bei denen keine Zurechnung mangels Freiheit erfolgen soll.[746]

---

[741] Tafinger, Strafrechtslehre, Bd. II, S. 25.
[742] Tafinger, Strafrechtslehre, Bd. II, S. 21.
[743] Tafinger, Criminalgesetzgebung, S. 256 f.; Strafrechtslehre, Bd. II, S. 22.
[744] Tafinger, Strafrechtslehre, Bd. II, S. 15 ff.
[745] Tafinger, Strafrechtslehre, Bd. II, S. 40 f.
[746] Tafinger, Entwurf, HStAS E 301, Bü. 163, §§ 48 ff.

4. Täterschaft und Teilnahme / Versuch und Vollendung

Täterschaft und Teilnahme und die verschiedenen Formen derselben differenziert Tafinger ebenfalls. Allerdings bietet er diesbezüglich keine Definitionen oder Abgrenzungskriterien, sondern macht nur deutlich, dass der Gesetzgeber hier zu unterscheiden habe.[747] An anderer Stelle stellt Tafinger lediglich fest, dass es Täter und Teilnehmer gebe und dass auch Beteiligungsformen zwischen diesen Kategorien bestehen.[748]

5. Abgrenzung des Strafrechts[749]

Die oben bereits angesprochene Abgrenzung des Zivil- vom Strafverbrechen erfährt in Tafingers späterem Buch eine Konkretisierung, bei der Tafinger nun auch das Polizeyverbrechen abzugrenzen versucht. Oben grenzte Tafinger noch über das Vorhandensein eines „dolus malus“ ab, nun will er dies über den „formalen“ Tatbestand, den subjektiven Tatbestand, wie man heute sagen würde, bewerkstelligen. „*Criminalverbrechen sind Uebertretungen, bey welchen formale und materiale in gerichtliche Diskussion zu nehmen sind. Polizeyverbrechen sind solche, bey welchen das materiale d.h. der äußere Thatbestand hinreicht, um die Reaktion zu bestimmen, welche auf die Action folgen, und wodurch die Ordnung hergestellt werden soll. Civilverbrechen oder auch Vergehungen sind solche, bey welchen die Rechtsverletzung objektiv das Objekt der gerichtlichen Diskussion für den Civilrichter ist, und wobey die Strafe nur Incidentsache ist, weil eine Verletzung der Form noch in eine eigene Betrachtung gezogen zu werden verdient, und sodann eigentlich das subjective der Handlungsweise (das formale) der Gegenstand der besonderen Rüge wird, ...*“[750]

So richtig helfen will diese Ausführung aber auch noch nicht, denn Tafinger liefert keine abstrakte Definition, sondern überlässt es dem Gesetzgeber, ob etwas Criminalverbrechen (dann wenn auch ein subjektiver Tatbestand erforderlich ist) oder Polizeyverbrechen (wenn der objektive Tatbestand für sich ausreicht, eine staatliche Reaktion auszulösen) ist. Beides steht für Tafinger allerdings auf einer Ebene und ist für ihn selbst wohl nicht so recht abgrenzbar, so dass er sich dafür ausspricht, beide Verbrechensarten in einem Gesetz zu behandeln, wie es auch der Code pénal Napoleons tut. Seine Abgrenzung des Zivilvergehens ist nicht recht nachzuvollziehen, könnte aber so verstanden werden, dass es hier mehr auf

---

[747] Tafinger, Criminalgesetzgebung, S. 261 f.

[748] Tafinger, Strafrechtslehre, Bd. II, S. 26.

[749] Dem geht die Abgrenzung von moralischer und juristischer Beurteilung voraus, die Tafinger unter Berufung auf Kant nach der Blickrichtung vollzieht. Die moralische Beurteilung blicke von der Maxime auf den Willen und die Handlung, während die juristische von der Handlung ausgehe und auf den Willenbildungsprozess schaue, vgl. Tafinger Strafrechtslehre, Bd. II, S. 28 ff.

[750] Tafinger, a.a.O., S. 268. Dies entspricht der späteren Umsetzung in seinem Entwurf, § 9 f., HStAS E 301, Bü. 163.

das Erfolgsunrecht ankomme als bei den beiden anderen Gruppen, die mehr auf das Handlungsunrecht abstellen. Über den dolus will die Abgrenzung jedenfalls nicht gelingen, denn der Fahrlässigkeitstäter hat auch keinen gegen das Gesetz gerichteten Willen.

III. Besonderes Strafrecht in den Lehrbüchern Tafingers

Wie oben bereits angesprochen, ist die wesentliche Voraussetzung der Strafbarkeit für Tafinger die Verletztheit des Staates als moralischer Person. Dementsprechend baut er sein System des besonderen Strafrechts danach auf, wie der Staat verletzt wird, I.) mittelbar durch Verletzung des Einzelnen, II.) direkt oder III.) durch Verletzung des Einzelnen und zugleich direkt des Staates.[751] Den ersten Gliederungspunkt unterteilt Tafinger in A) Verbrechen gegen sich selbst und B) gegen andere. Diese wiederum untergliedert er jeweils 1. in Verbrechen gegen den sinnlichen Menschen, 2. den moralischen und 3. den körperlichen Menschen. Hier bilden sich dann wiederum diverse Untergruppen, so dass Tafinger auf insgesamt acht Gliederungsebenen kommt, die sein System etwas verworren erscheinen lassen. Tafingers System stellt sich folgendermaßen dar, wobei auf Tafingers Nummerierung verzichtet wird, weil diese nicht stimmig ist. Weggelassen werden um der Übersichtlichkeit willen auch die untersten Gliederungsebenen.

Verletzung des Staates:[752]

- A) mittelbar
  - I. Verletzung der eigenen Person
    - 1. sinnlich
      - a) gesetzwidriger Gebrauch der Geschlechtseigenschaft
      - b) Verl. am Leib
      - c) Verl. am Leben
      - d) Gefahr f. Leib und Leben
    - 2. moralisch
      - z.B. durch verworfenen Lebenswandel
    - 3. sinnlich und moralisch
      - z.B. Notzucht
    - 4. am Eigentum
      - z.B. durch Verschwendung
  - II. Verletzung einer anderen Person

[751] Tafinger, Criminalgesetzgebung, S. 219.
[752] Tafinger, Criminalgesetzgebung, S. 219 ff.

1. sinnlich
   a) gesetzwidriger Gebrauch der Geschlechtseigenschaft
   b) Verl. am Leib
   c) Verl. am Leben
   d) Gefahr f. Leib und Leben

2. moralisch
   a) Beraubung der Freiheit
   b) Austausch der Kinder
   c) Kränkung der Ehre

3. sinnlich und moralisch
   z.B. Entführung

4. am Eigentum
   a) Beschädigung
   b) Entwendung

5. am Eigentum und der Person
   a) durch Betrug
   b) durch Hinterlist u. Brandstiftung
   c) durch Gewalt

III. Verletzung der eigenen u. einer fremden Person

durch Kombination von I. und II.

B) unmittelbare Verl. des Staates

I. in seinem Eigentum

1. durch Beschädigung
2. durch Betrug
3. durch Entwendung
   a) öffentlicher Gelder
   Diebstahl, Veruntreuung, Kassenrest

   b) herrschaftlicher Sachen
   - in öffentl. Gebäuden
   - in der Residenz (Hofdiebstahl)
   - Wilderei
   - Angriff auf nutzbare Hoheitsrechte

II. in seiner moralischen Person

1. von seinen Untergebenen überhaupt
   a) öffentliche Gewalt
   b) unerlaubte Selbsthilfe
   c) Angriffe gegen die Ausübung hoheitlicher Rechte
   Verhinderung der Bekanntmachung von Gesetzen, der Justiz oder der Exekutiven

2. von Staatsdienern durch Verletzung der Amtspflichten

3. von jedem der Untertanen
   a) Aufruhr
   b) Landesverrat
   c) Hochverrat

III. in seinen Anstalten zu öffentl. Wohlfahrt

1. gemeinschädliche Unternehmungen gegen die Gesundheit der Menschen
2. Untergrabung der öffentlichen Ordnung
   sittenlose Bücher, politische schädliche Schriften, Beförderung physischer Ausschweifungen

3. Entweihung religiöser Gegenstände

C) mittelbar und unmittelbar

I. durch Verfälschungen
   1. öffentlicher Urkunden, Siegel
   2. des Geldes

II. durch Injurien gegen öffentl. Behörden als solche

III. durch Majestätsverbrechen

Dieses System hält Tafinger für vollständig, logisch und vorzugswürdig, weil es das Delikt des Menschen gegen sich selbst miterfasst und den Staat nicht als bloße Sicherungsanstalt begreife und somit die Erfassung von Sittlichkeits- und Religionsverbrechen ermöglicht.[753] Deutlich werden Tafingers Abstraktionsbemühungen, die ihm freilich noch nicht überall gelingen (Kassenrest, Austausch der Kinder) und teilweise merkwürdige Delikte zutage fördern, wie beispielsweise das Verhindern der Bekanntmachung von Gesetzen.

IV. Zu den Strafen und dem Verfahren

Die *Strafart* soll sich grundsätzlich nach dem verletzten Objekt richten, wobei das malum passionis dem malum actionis der Qualität und der Intensität nach entsprechen soll.[754] In Betracht kommen Eigentum, Leben, Leib, Ehre und Freiheit, die immer in gleicher Weise beeinträchtigt werden sollen, wie sie verletzt wurden.[755] Trifft ein Delikt jedoch mehrere Rechtsgüter, so soll auch die Strafe dies tun. Bei den einzelnen Strafen soll die Schwere hierbei nach dem begangenen Delikt abgestuft werden und deswegen auch die Todesstrafe auf

[753] Tafinger, Criminalgesetzgebung, S. 225 ff.
[754] Tafinger, Strafrechtslehre, Bd. II, S. 27.
[755] Tafinger, Criminalgesetzgebung, S. 230 ff.

verschiedene Art und Weise vollstreckt werden. Die Legitimation der Todesstrafe bezweifelt Tafinger nicht, sondern verweist auf Kants Anfangsgründe der Rechtslehre, denen er nichts hinzusetzen will.[756]

Tafinger erkennt, dass die Strafen nicht absolut festgesetzt werden können, sondern Schärfungen und Milderungen zulassen müssen, wenn dies die subjektive Schuld erfordert. Darüber hinaus müssten aber für jede Strafe auch Surrogate festgelegt werden für den Fall, dass eine Strafe an einem Täter nicht anwendbar ist (z.B. Vermögenskonfiszierung beim Armen). Auch müsse bedacht werden, dass verschiedene Täter durch gleiche Strafen verschieden hart getroffen würden, was bei der Geldstrafe besonders augenfällig sei. Insbesondere sie müsse sich deshalb nach der subjektiven Empfindlichkeit richten.[757] Dies macht es laut Tafinger ungeheuer kompliziert, ein System von Strafen zu schaffen. Um die erforderliche Flexibilität zu erreichen, müsste dem Richter dadurch ein Spielraum bleiben, indem das Gesetz sich nur auf Mindest- und Höchststrafen festlegen.

Die *Strafzumessung* will Tafinger von der Freiheit zur Begehung der Tat abhängig machen. Seine Formel: „je mehr Freiheit, desto mehr Strafe"[758] beruht darauf, dass bei totaler Unfreiheit keine Handlungsalternative bewusst und gewollt gewählt werden kann, somit kein Entscheidungsprozess durchgemacht werden kann, weswegen diese Tat weniger verwerflich und damit weniger strafwürdig sein soll. Herrscht hingegen große Freiheit, die Tat zu begehen oder zu unterlassen, dann müsse der Täter einen Entscheidungsprozess durchlaufen und sich mit desto größerem dolus malus für die Tat entscheiden, je freier er ist, die Tat zu unterlassen. Je größer die Freiheit, desto größer folglich die kriminelle Energie und je größer die kriminelle Energie, desto größer die angemessene Strafe. Damit wird Tafingers Strafrecht aber noch kein Gesinnungsstrafrecht, da Unfreiheit begründende Hindernisse nicht nur innere, sondern insbesondere auch äußere Umstände sein können. Die Freiheit zur Tat ist somit bei Tafinger nicht strafbegründend, sondern die Unfreiheit strafmildernd.

In diesem Zusammenhang glaubt Tafinger, Feuerbach einen Widerspruch in dessen Ausführungen zur Strafzumessung nachweisen zu können,[759] da Feuerbach sagt: „je kleiner die Freiheit, desto größer die Strafe."[760] Tafinger geht

---

[756] Tafinger, Criminalgesetzgebung, S. 232.
[757] Tafinger, Criminalgesetzgebung, S. 241.
[758] Tafinger, Strafrechtslehre, Bd. II, S. 35 f.
[759] *„Eine Theorie, die sich so wiederspricht, verherrlichet sich warlich nicht durch ihre innere Wahrheit, sie wiederlegt sich sogar von selbst, und wird, wenn sie durch die Reflexionen der Erfahrung in ihren Nachbetern und Anhängern seiner Zeit sich geläutert haben wird, von selbst in die Vergessenheit zurücksinken. Ihrem Urheber trauen wir Selbständigkeit und Liebe zur Wahrheit genug zu, sie selbst als eine Besitzung aufzugeben, die nicht mehr behauptet werden kann."* siehe: Tafinger, Strafrechtslehre, Bd. II, S. 41 f.
[760] Feuerbach, Revision der Grundsätze und Grundbegriffe des peinlichen Rechts, Chemnitz 1808, Bd. II, S. 284.

davon aus, dass derjenige straffrei bleiben müsse, der keine Freiheit die Tat zu unterlassen hat, straffrei sei, z.B. der krankhaft Trunkene oder der Schuldunfähige.[761] Dies würde Feuerbach ebenso sehen, was aber in Widerspruch zu dessen oben genannter Formel stehe.[762] Hier verkennt Tafinger jedoch, dass Feuerbach die Strafbarkeit vom psychologischen Reiz zur Tat abhängig macht. Prävention wird nach Feuerbachs System erreicht, indem einem großen Reiz zur Tat ein großer aus der Strafdrohung folgender Gegenreiz entgegengesetzt wird. Wenn Feuerbach nun sagt, je kleiner die Freiheit, desto größer die Strafe, dann meint er, je größer der Reiz, desto größer die anzudrohende Strafe. Feuerbach widerspricht sich insofern nicht, denn er geht davon aus, dass ein Reiz zur Tatbegehung mit einer großen Unfreiheit (zur Tatunterlassung) einhergeht. Dass ein Schuldunfähiger nach Feuerbach auch nicht bestraft wird, ist entgegen Tafinger ebenfalls kein Widerspruch bei Feuerbach, denn wo die Abschreckung unmöglich ist, weil die Sinnlichkeit des potenziellen Täters nicht angesprochen werden kann, ist Prävention unmöglich.[763]

Das Wesentliche ist, zusammenfassend gesagt, Tafingers Ansicht, die Strafe müsse proportional zur Größe des Tatbegehungswillens steigen. Der Wille sei umso größer, je freier der Mensch entscheiden kann. Feuerbach hingegen will die Strafe proportional zur Größe des Reizes zur Tatbegehung steigen lassen, wobei der Gegenreiz umso größer sein müsse, je unfreier der Mensch ist, sich seinem Tatbegehren zu widersetzen. Ein Widerspruch kann in Hinsicht auf die Straffreiheit des Schuldunfähigen zwischen Tafinger und Feuerbach nicht festgestellt werden. Thibaut hat dies richtig erkannt und formuliert: je größer die Gefahr für den rechtlichen Zustand, desto größer die Strafe.[764] Mit dieser Formulierung kann man Tafinger und Feuerbach einen, denn für ersteren ist zuerst die Freiheit, bei genauerer Betrachtung aber der kriminelle Wille die Gefahr für den rechtlichen Zustand. Bei Feuerbach ist dies der Reiz zur Tat.

Zum Strafverfahren macht Tafinger keine inhaltlichen Ausführungen. In seinem Buch über die Criminalgesetzgebung von 1811 findet sich lediglich die Forderung, dieses mit dem materiellen Recht zusammen zu regeln, da beides unzertrennbar zusammen gehöre.[765]

[761] Feuerbach, Revision, a.a.O., S. 37.
[762] Tafinger, Strafrechtslehre, Bd. II, S. 38 f.
[763] Tfinger, Strafrechtslehre, Bd. II, S. 40 f.
[764] Thibaut, Beyträge zur Critik an der Feuerbach'schen Theorie, S. 22.
[765] Tafinger, Criminalgesetzgebung, S. 273.

C. Tafingers Entwurf zu einem Strafgesetzbuch für Württemberg

I. Entstehungsgeschichte des württembergischen Strafgesetzbuchs[766]

Die oben erwähnte CCC wurde 1551 von Herzog Christoph in Württemberg formal eingeführt,[767] galt aber naturgemäß nur subsidiär, bzw. wurde ergänzt von den Verordnungen und Gesetzen des Landes.[768] Als im 18. Jh. unter dem Einfluss des Naturrechts auch das Strafrecht eine Säkularisierung, Rationalisierung und Humanisierung erfuhr, wirkte sich dies auf die nicht mehr allzu oft verhängte Todesstrafe,[769] die Abmilderung der Leibesstrafen und die Abschaffung von mystischen Delikten und schließlich der Folter[770] aus. An Strafarten gab es wie überall auch in Württemberg ein vielfältiges Spektrum, das Freiheitsstrafen, Lebens- und Leibesstrafen, Zwangsarbeit und Ehrenstrafen umfasste.

Die Freiheitsstrafen spielten allerdings eine nur untergeordnete Rolle und bestanden vor der ersten Schaffung von württembergischen Zuchthäusern in Stuttgart 1710 und Ludwigsburg 1736 vorwiegend in Form der Turmstrafe und des Festungsarrestes.[771] Kurioserweise gab es auch in Württemberg als besonders schwere Freiheitsstrafe die Galeerenstrafe. 1716 hatte Württemberg

---

[766] Literatur: Paul Sauer, Im Namen des Königs, Strafgesetzgebung und Strafvollzug im Königreich Württemberg von 1806 – 1871, Stuttgart 1984; Albert Friedrich Berner, Strafgesetzgebung in Deutschland, Leipzig 1867; Carl Ferdinand Theodor Hepp, Commentar über das neue Württembergische Strafgesetzbuch, Tübingen, 1839- 1842; Karl Friedrich von Hufnagel, Kommentar über das Strafgesetzbuch f. d. Königreich Württemberg, Stuttgart 1840–44; ders., Strafgesetzbuch f. d. Königreich Württemberg, mit erläuternden Anmerkungen vornehmlich aus der Praxis der Gerichte, Tübingen 1845; Otto Schwab, Das Strafgesetzbuch f. d. Königreich Württemberg, Stuttgart 1849; Friedrich Kappler, Das Strafgesetzbuch f. d. Königreich Württemberg, Stuttgart 1850; Karl August Lebret, Die Strafrechtspflege der Gerichte des Königr. Württemberg, Bd. I, Stuttgart 1857 (Hrsg.: von Steck), Bd. II, Stuttgart 1854; Entwurf des Straf-Gesetz-Buches für das Königreich Württemberg, Stuttgart 1838, neu hrsg. von Rainer Schröder, Nachdr. d. Ausg. Stuttgart 1838, Frankfurt am Main 1989; August von Sarwey, Monatsschrift für Württembergische Justizpflege, 1837 – 1856; Bericht der von der Württembergischen Kammer der Abgeordneten zur Begutachtung des Entwurfs eines Strafgesetzbuches für das Königreich Württemberg niedergesetzten Commission; Nachdr. der Ausg. Stuttgart 1837, Frankfurt am Main 1989.

[767] Sauer, Im Namen des Königs, S. 13.

[768] Berner, Strafgesetzgebung in Deutschland, S. 108.

[769] Unter den ersten 8 Regierungsjahren König Friedrichs II. (1816 – 1864) gab es nur noch 28 Todesurteile, die allerdings nicht alle vollstreckt wurden. Die Todesstrafe schien schließlich so unzeitgemäß, dass dem König die Galgen an den Landstraßen ein Dorn im Auge waren und er diese per Dekret vom 27.04.1811 im ganzen Land abbauen ließ. Vgl.: Sauer, Im Namen des König, S. 23, 45.

[770] Die Abschaffung der Folter erfolgte in Württemberg unter König Friedrich II. per Dekret vom 23.04.1809 mit welchem zugleich bestimmt wurde, dass ein Geständnis des Beschuldigten für eine Verurteilung nicht mehr erforderlich ist, dieser vielmehr allein aufgrund von Beweisen zu überführen sei, vgl. Sauer, Im Namen des Königs, S. 22.

[771] Sauer, Im Namen des Königs, S. 15 ff.

nämlich mit der Republik Venedig ein Abkommen über die Auslieferung von Straftätern vereinbart, um die Galeerenstrafe dort vollziehen zu lassen. Die Galeerenstrafe wurde hierzulande vorwiegend gegen Wilderer verhängt.[772]

Die Zwangsarbeit wurde spätestens seit einem Erlass Herzog Johann Friedrichs vom 19.09.1620 angedroht. Dies weil man sah, dass die Tötung oder Verstümmelung dem Gemeinwohl keinen Nutzen brachte und auch einer Resozialisierung im Wege stehen konnte. Sie diente oft dem Bau öffentlicher Einrichtungen und Straßen oder Festungen wie Hohenasperg, Neuffen oder Hohentwiel.[773]

Insgesamt war das Strafjustizwesen aus Sicht der Regierung aber unbefriedigend, was auch an der Überholtheit der CCC gelegen haben mag, die immer noch eine Rolle spielte. 1755 erging deswegen von Herzog Carl Eugen ein Erlass zur Verbesserung des Justizwesens. Sein Nachfolger Herzog Friedrich Eugen schuf 1795 eine Instruktion für Richter, Sachwalter und Beamte, um mehr Einheitlichkeit in der Rechtsprechung zu erreichen. Herzog Friedrich II. ließ ein Gutachten zur Situation der Strafrechtspflege in Württemberg erstellen, nachdem er überrascht festgestellt haben soll, dass in der Justiz nicht einmal Einigkeit darüber bestand, ob die Todesstrafe oder das lebenslange „Schellenwerken“, also Zwangsarbeit mit einer Schandmaske oder an der Kleidung befindlichen Glöckchen, die schwerere Strafe sei.[774] Friedrich II.[775], der 1803 zum Kurfürsten und 1806 zum König erhoben wurde, beauftragte am 18.02.1809 eine Sachverständigenkommission mit der Ausarbeitung eines Entwurfs zu einem württembergischen Strafgesetzbuch.[776] Diese legte einen Entwurf eines allgemeinen Teils in verschiedenen Abschnitten von September 1809 bis Ende 1810 vor[777] und beauftragte später zwei „verdiente“ Lehrer der Universität Tübingen und der gleichen Anzahl praktisch gebildeter Rechtsgelehrter mit der Erstellung von weiteren Entwürfen.[778]

[772] Sauer, Im Namen des Königs, S. 17.
[773] Sauer, Im Namen des Königs, S. 18.
[774] Sauer, Im Namen des Königs, S. 19. Dieses Gutachten befindet sich unter E 31, Bü. 515 im Hauptstaatsarchiv.
[775] Ihm wird nachgesagt, dass er recht willkürlich auf die Strafjustiz Einfluss genommen haben soll. Bei bestimmten Urteilen behielt er sich stets seine Bestätigung vor, bei anderen diente er als Korrektiv zu den nicht mehr zeitgemäß harten Strafen der CCC, die er über sein Begnadigungsrecht abmilderte. Waren ihm Strafen jedoch zu milde, nahm er sich als oberster Gerichtsherr auch das Recht, die Strafen zu schärfen oder Kriminelle ohne zeitliche Begrenzung in den Kerker werfen zu lassen. Vgl. hierzu: Sauer, Im Namen des Königs, S. 21 ff.
[776] Schröder, Entwürfe eines Strafgesetzbuchs, S. 15.
[777] Siehe Bericht und Ergänzungen zum allgemeinen Teil vom 31.08.1811, HStAS, E 301, Bü- 161.
[778] Berner, Strafgesetzgebung, S. 109.

Am 08.05.1811 wurde der erste vollständige Entwurf von Karl Eberhard von Wächter vorgelegt, der diesen in seiner Funktion als geheimer Oberregierungsrat und Staatsrat erstellte.[779] 1813 folgten die Entwürfe des Kriminaltribunalrats Heinrich Benedikt von Weber[780] und der näher zu betrachtende Entwurf Tafingers.[781] Etwas später wurde noch der Entwurf der Gesetzgebungskommission um den besonderen Teil ergänzt, so dass ein vierter Entwurf vorlag. Dieser ist zusammen mit seinem allgemeinen Teil so umfangreich, dass alleine das Inhaltsverzeichnis 51 Doppelseiten umfasst.[782] Alle diese Entwürfe fanden bei den Sachverständigen nicht den erforderlichen Zuspruch, so dass letztlich keiner direkt für eine Gesetzgebung verwendet wurde. Die Betrachtung von Tafingers Entwurf, der ebenfalls nicht umgesetzt wurde, ist somit nicht wegen einer etwaigen Realisierung, sondern mehr von theoretisch- historischem Interesse.

Im Jahre 1815 wurde Obertribunalrat Benjamin Friedrich von Pfizer[783] damit betraut, das zwischenzeitlich erlassene und auf Feuerbach zurückgehende bayrische Strafgesetz von 1813 zu begutachten und mit anderen Kodifikationen zu vergleichen. Pfizer kam in einem 54 Doppelseiten umfassenden Gutachten vom 23.11.1815 zu dem Ergebnis, dass allein das bayrische ein vortreffliches Gesetz sei, das auch in ähnlicher Weise in Württemberg die Probleme zu lösen geeignet sei.[784] Betrachtet hatte er außer dem bayrischen noch das österreichische und das französische Gesetzbuch, die preußischen Criminal- und Polizeygesetze, das Gesetzbuch des Kanton Aargau von 1804 und die Entwürfe Tittmanns von 1813 für das Königreich Sachsen und einen Entwurf Eggers von 1808. Das bayrische Gesetz hielt er eindeutig für das beste und empfahl, dieses für Württemberg als Maßstab heranzuziehen. Am 20.03.1816 stellte Pfizer ein

---

[779] Karl Eberhard von Wächter, Rechtsstudium, 1779 Sekretär der herzögl. Regierung, 1794 Regierungsrat, 1806 Rat im II. Senat des Zivilgerichtshofs des Oberjustizkollegiums, als geheimer Oberregierungsrat befasst mit div. Verordnungen, z.B.: VO vom 11.09.1807 betr. die Polizeianstalten gegen Vaganten, der Einrichtung von Kreisarbeitshäusern und dem Entwurf eines Gesetzbuchs über Verbrechen und derselben Bestrafung von 1811 (HStAS E 301, Bü. 160), 1816 Mitglied des geheimen königl. Rats, vgl. Schröder, Entwürfe eines Strafgesetzbuchs, S. 44.

[780] Heinrich Eberhard v. Weber, (1777 – 1844) Studium der Philosophie, Psychologie und des Rechts in Erlangen, 1810 Assessor beim Oberjustizkollegium in Eßlingen, 1812 Kriminaltribunalrat, 1817 Obertribunalrat in Stuttgart, 1823 Vizedirektor des Kriminalsenats des Tübinger Gerichtshofs, 1826 Direktor und 1836 Präsident des Gerichtshofs. Weber verfasste viele psychologisch- anthropologische Schriften, Nachweise bei: Schröder, Entwürfe des Strafgesetzbuchs, S. 44 f.; Entwurf des Strafgesetzbuchs von 1813: HStAS E 301, Bü. 162.

[781] Entwurf einer Criminalordnung, vom 09.03.1813, HStAS E 301, Bü. 163.

[782] Entwurf der Gesetzgebungskommission, HStAS E 301, Bü. 161.

[783] Benjamin Friedrich v. Pfizer, († 1829), 1800 Obertribunalrat in Tübingen, 1812 Ritter des königl. Civilverdienstordens, 1818 Direktor des Appellationsgerichtshofs f. d. Donaukreis Ulm, 1820 königl. Staatsrat, vgl. Schröder, Entwürfe eines Strafgesetzbuchs, S. 44.

[784] HStAS E 301, Bü. 163.

Gutachten über die Entwürfe Webers, von Wächters und Tafingers fertig, mit dem er die erstellten Entwürfe allesamt ablehnt.[785]

Pfizers Empfehlung von 1815 war es vielleicht, die König Wilhelm I. ermutigte, per Dekret vom 18.06.1818 an den Justizminister und den Präsidenten des Obertribunals die Schaffung eines endgültigen 5. Entwurfs zu verfügen. Dieser sollte sich an eines der Gesetze Preußens, Bayerns, Sachsens oder Österreichs halten, das beste Gesetz auswählen und dieses an die besonderen Umstände des Landes anpassen.[786] Am 08.09.1818 stimmte Wilhelm I. einem Antrag zu, unter Zugrundelegung des bayrischen Gesetzes einen württembergischen Kodex zu schaffen. Mit der Abfassung wurde wiederum Heinrich Benedikt von Weber beauftragt, der 1823 seinen Entwurf fertig stellte[787] und hierfür 100 Louisd'or erhielt.[788] Auch dieser Entwurf wurde von Sachverständigen für derart ungeeignet gehalten, dass man wegen der Fülle der Mängel nicht einmal eine Überarbeitung für sinnvoll erachtete.[789] Weber hatte zu theoretisch geschrieben, beispielsweise in seinem allgemeinen Teil Ausführungen über den Zweck des Staates und die Strafzwecke gemacht. So kam es zum 17.07.1824 nur zu einem Edikt über die Strafgattungen und Strafanstalten, das zumindest Rechtssicherheit in die Strafrechtspflege in Württemberg brachte.[790] 1825 empfahl der Geheime Rat mit einem Schreiben vom 14. September dem König die Erstellung eines weiteren Entwurfs, mit welchem man erneut den Staatsrat Benjamin Friedrich Pfizer aus Ulm betraute, der sich durch die Begutachtung der ersten vier Entwürfe und der Gesetze anderer Länder ein hohes Maß an Sachkunde erworben hatte. Daneben wurde 1828 eine parlamentarische Kommission zur Beratung des Strafgesetzbuchs gebildet, die aber mangels eines Entwurfs nichts beraten konnte.[791] Pfizer starb über seinen Arbeiten im Jahre 1829. Seine Arbeit wurde von Obertribunalrat Steck fortgesetzt, der 1830 einen Entwurf vorlegte. Dieser Entwurf orientierte sich an den neuen Hannoverschen und bayrischen Gesetzen.[792] Nach Überarbeitung dieses Entwurfs durch eine Kommission, wurde er 1832 gedruckt[793] und anschließend an der juristischen Fakultät Tübingen und von der Gesetzgebungskommission langwierig beraten und in einer revidierten Version 1835 fachgebildeten Kreisen und 1836 der Öffentlichkeit zur Diskussion über-

[785] HStAS, E 301, Bü. 163
[786] Sauer, a.a.O., S. 43.
[787] Berner, Strafgesetzgebung, S. 111; Schröder, Entwürfe eines Strafgesetzbuchs, S. 44.
[788] HStAS, E 301, Bü. 164 f.
[789] Sauer, a.a.O., S. 121 f.
[790] Schröder, Entwürfe zu einem Strafgesetzbuch, S. 16.
[791] Schröder, a.a.O., S. 17.
[792] Berner, Strafgesetzgebung, S. 112.
[793] Dieser Druck wurde neu herausgegeben von: Schröder, Entwürfe eines Strafgesetzbuchs, Frankfurt 1989.

geben, was eine Reihe von Stellungnahmen hervorbrachte.[794] Erst 1838 wurde eine überarbeitete Version von der Gesetzgebungskommission den Kammern zur parlamentarischen Beratung übergeben.[795] Wie sich aus den Protokollen der Abgeordnetensitzungen ergibt, verliefen die Beratungen dabei oft derart, dass die Gesetzgebungskommission in der 2. Kammer einen Antrag zum Beschluss eines bestimmten Paragraphen stellte. Nach Diskussion beschloss diese und legte den Beschluss der ersten Kammer zur Entscheidung vor. Wenn diese den Beschluss ablehnte oder eine Änderung vorschlug, wurde in der zweiten Kammer erneut beraten und ein Beschluss darüber gefasst, ob an ersterem Beschluss festgehalten werde. Hierbei wurde stets erneut die Gesetzgebungskommission angehört. Auch die Regierung wurde angehört und gab eine Empfehlung ab. Entsprechend dieser Empfehlung wurde dann meist beschlossen.[796] Bei diesen Beratungen haben sich in der zweiten Kammer insbesondere Carl Georg von Wächter, Paul Pfizer und Karl Friedrich v. Hufnagel durch zahlreiche Wortmeldungen und Veränderungsvorschläge hervorgetan.[797]

Innerhalb der Kammer stritten die Abgeordneten insbesondere über die Berechtigung zur Todesstrafe, wobei zu den Gegnern der Todesstrafe, die etwa ein Drittel der Abgeordneten ausmachten, beispielsweise die Liberalen Prälat von Köstlin, Ludwig Uhland, Paul Pfizer, Albert Schott, Sixt Eberhard von Kapff, Dekan von Münch angehörten, während die Regierung und die Kammer der Standesherren über die Abschaffung der Todesstrafe gar nicht diskutierte. Unter den Abgeordneten der Landstände war insbesondere der Kanzler der Universität Carl Georg von Wächter ein Verfechter der Todesstrafe, die er um der Gerechtigkeit willen forderte. Mit ihm stimmten schließlich etwa 2/3 der Abgeordneten für die Beibehaltung der Todesstrafe.[798]

Ein anderer Streitpunkt war die Frage der Privilegierung bestimmter Stände bei der Strafzumessung, wie sie seit jeher üblich war. Insbesondere von Wächter empfand diese Privilegierung als eine groteske Ungerechtigkeit.[799] Er beklagte

---

[794] Z.B. von Julius Friedr. Heinr. Abegg, Gustav Hohbach, Mittermaier, Kapff; Hermann Knapp, Ferdin. Carl Theod. Hepp, Friedr. Freih. v. Preuschen, Wilhelm v. Leube, von Zirkler, u.a.; vgl. Schröder, Entwürfe des Strafgesetzbuchs, Einl. S. 17 u. Fn. 47; Berner, Strafgesetzgebung, S. 113 f.

[795] Sauer, a.a.O., S. 122. Dort wurde der Entwurf von der 5. bis zur 124. (17.01.-22.10.1838) Sitzung beraten, vgl. Berner, Strafgesetzgebung, S. 115; Verhandlungen der Abgeordneten des Königreich Württembergs auf dem Landtage von 1838, Bd. 1 – 10, Stuttgart 1838.

[796] Siehe beispielhaft: Beratungen der Abgeordneten 1838, 7. Bd., 82. Sitzung vom 25.05.1838.

[797] Berner, Strafgesetzgebung, S. 114; zu den Personen: Schröder, Entwürfe eines Strafgesetzbuchs, S. 46 f.

[798] Sauer, ebenda

[799] Siehe: Verhandlungen der Kammer der Abgeordneten, 68. Sitzung vom 3.Mai 1838, S. 33 ff.

die Tatsache, dass den gehobenen Bildungsschichten das Zuchthaus durch Ersatzstrafen meist erspart blieb. Hiermit konnte Wächter unter den Abgeordneten, die selbst einer privilegierten Schicht angehörten, keine Mehrheit überzeugen, da diese sich nicht vorstellen konnten, Angehörige des Bildungsbürgertums gemeinsam mit dem einfachen Volk ins Zuchthaus zu verbringen.

Ansonsten wurde meist über das Strafmaß oder auch nur einzelne Formulierungen gestritten. Am 19.10.1838 wurde der fertig beratene Entwurf schließlich der Landesregierung übergeben, die unter Mitwirkung des ständischen Ausschusses eine letzte Redaktion vornahm, die sich allerdings auf formelle Änderungen beschränkte.[800] Am 15.05.1839 wurde das württembergische Strafgesetz nach Billigung beider Kammern, der Landesregierung und des ständischen Ausschusses in Kraft gesetzt[801] und die Carolina endgültig verdrängt.

II. Tafingers Entwurf

Tafingers „Entwurf einer Criminalordnung"[802] wurde am 09.03.1813 fertiggestellt. Er besteht aus 752 gebundenen Seiten, die handschriftlich und doppelseitig beschrieben sind und 1046 Paragraphen umfassen. Der formelle Aufbau des Entwurfs,[803] der im Gegensatz zu Wächters Entwurf (mit einer 39 Seiten umfassenden Gliederung) keinerlei Inhaltsverzeichnis oder Register enthält, gestaltet sich derart, dass Tafinger zuerst die Privatverbrechen, dann die Staatsverbrechen behandelt und am Ende eine Mischung aus beiden.[804] Der Aufbau folgt der Einteilung in fünf Bücher, nämlich 1. einen allgemeinen Teil, 2. Privatverbrechen, 3. Staatsverbrechen, 4. Privat- und Staatsvergehen zugleich und 5. „außerordentliche Fälle". Diese Bücher teilt Tafinger wiederum in Abteilungen, die Abteilungen in Titel, wobei mancherorts statt „Titel" die Überschrift „Abschnitt" verwendet wird. Unterhalb der Titel oder Abschnitte befinden sich die einzelnen Paragraphen, die ihrerseits in Gruppen zusammengefasst und mit Randnummerierungen versehen sind. Das erste Buch teilt Tafinger in 3 Abteilungen ein, nämlich „Verbrechen und Strafen", „Anwendung der Strafgesetze" und „Ergänzung des bisherigen für außergewöhnliche Fälle". Diese Einteilung findet sich in ähnlicher Weise auch in den anderen Büchern wieder. An ihr fällt auf, dass Tafinger Obergruppen bildet, innerhalb derer er aber nicht den gesam-

[800] Berner, Strafgesetzgebung, S. 116.

[801] Berner, Strafgesetzgebung, S. 116; Sauer, a.a.O., S. 125; mit weiterführenden Informationen zum Inhalt des Gesetzes.

[802] HStAS E 301, Bü. 163.

[803] Eine detaillierte Übersicht über den Aufbau des Entwurfs befindet sich als Anhang weiter unten.

[804] Wächter hingegen hatte in seinem Entwurf zuerst die Staatsverbrechen, dann die Verbrechen der Staatsdiener und dann die Privatverbrechen behandelt, vgl. Wächters Entwurf, HStAS E 301, Bü. 160.

ten Stoff unterbringen kann, so dass er immer eine Mischgruppe oder eine Gruppe mit dem Titel „außerordentliche Fälle" anhängt.[805]
Der Stil Tafingers soll hier nicht bewertet werden, da es keinen Sinn macht, ihn aus heutiger Sicht zu beurteilen. Aus rein formaler Sicht fallen an seinem Gesetzbuch allerdings abgesehen von den bereits beschriebenen Phänomenen folgende Dinge besonders auf. Jeder Absatz stellt einen eigenen Paragraphen dar, es gibt von wenigen Ausnahmen abgesehen keine Untergliederungen innerhalb der Paragraphen. Diese sind meistenteils kurz gehalten und enthalten nie Verweisungen auf andere Paragraphen. Teilweise definiert Tafinger knapp und präzise: „*§ 270, Nothzucht begeht derjenige, welcher eine Weibsperson durch erzwungenen Beischlaf schändet.*" Allerdings haben diese kurzen Normen unendliche Folgenormen für alle möglichen Varianten und Opfereigenschaften, die einen Mangel an Abstraktion beweisen.

Manche Paragraphen enthalten keine eigenen Aussagen, sondern stellen bloße Einführungen oder Überschriften dar.[806] Daneben finden sich im Randbereich Überschriften und vor allem Randbemerkungen. Die Nummerierungen in den Randbemerkungen sind teilweise nicht von einheitlicher Systematik, wie der selbst erstellten Gliederung im Anhang entnommen werden kann. Einem sachlichen Regelungsbereich geht fast immer ein allgemeines Grunddelikt voraus, das erst in weiteren Paragraphen definiert wird. Tafinger bemüht sich sehr um Vollständigkeit hinsichtlich aller erdenklichen Fallvarianten, die er aber nur deshalb neben das Grunddelikt stellt, weil dem Richter die Strafzumessung vorgegeben werden soll. Teilweise definiert Tafinger zuerst den Grundtatbestand ohne einen Strafrahmen und bringt die ersten Strafrahmen erst innerhalb der schwereren Varianten,[807] teilweise stellt er erst den Grundstrafrahmen dar und beschreibt dann die möglichen Varianten.[808] Der Entwurf enthält nicht nur ein Sanktionensystem, sondern auch straftheoretische Ausführungen, die lehrbuchartigen Charakter aufweisen und teilweise in der 1. Person geschrieben sind.[809] Teilweise verfällt Tafinger auch in einen erzählenden Stil: „*Begreiflich aber ist die Regel von selbst, daß, wenn auch gleich keine Verurtheilung zur vollen Strafe eines Verbrechers den vorliegenden Umständen nach erkannt werden kann, weil*

---

[805] Dem Schema folgend: Etwas ist *a)* oder *b)* oder *ab)* oder nichts von alledem.

[806] So z.B. § 242: „*Naturwiedrige Befriedigung des Geschlechtstriebes oder Sodomie /: in der allgemeinen Bedeutung :/*".

[807] So bei der Notzucht, §§ 270 ff. Entwurf.

[808] So bei der Sodomie, §§ 242 ff. Entwurf.

[809] Z.B. § 8: „*Wir finden, um Mißverstand zu vermeiden, ein für allemal nothwendig, hier zu bemerken, daß wir, um von dem gewöhnlichen Sprachgebrauch ohne Noth nicht abzuweichen, den Ausdruck Verbrechen im weiteren Sinne, wo er alle criminellen Übertretungen bezeichnet, und in dem so eben genannten engeren Sinne, in welchem er sich von Vergehen unterscheidet, gebrauchen. Und wenn wir von Verbrechen reden, so wird es der Zusammenhang jedesmal deutlich ergeben, in welchem Sinne wir diesen Ausdruck im einzelnen Übertretungs-Falle gebrauchen.*"

die Thatsache, wie sie erhoben ist, sich nicht zur ordentlichen Strafe eignet, nichts desto weniger eine außerordentliche Strafe zu erkennen sey, jenachdem sie nach den für solchen Fall festgesetzten Rücksichten zu bestimmen ist."[810]

Dieser Stil Tafingers ist vom Gutachter Pfizer stark kritisiert und für eine Gesetzgebung für untauglich befunden worden.

1. Der allgemeine Teil

Tafingers allgemeine Ausführungen im I. Buch beginnen mit der Abgrenzung von peinlichen Verbrechen, Polizey-Übertretungen und Civilvergehen. Sodann bestimmt er die zulässigen Strafarten und behandelt die Deliktsfähigkeit. Deren Regelung fällt dabei einerseits abstrakt aus, da Tafinger Deliktsunfähigkeit dem Mangel im Wissen und Willen nach unterscheidet. Andererseits fällt sie sehr konkret aus, indem Taube, Stumme, Taubstumme, Betrunkene, einfältige Personen und sogar Schlafwandler eigene Regelungen erhalten.[811] Nicht zu der gewählten Überschrift passend, lässt Tafinger auch die Rechtfertigungs- und Entschuldigungsgründe (z.B. Notwehr oder Hunger) der „Deliktsfähigkeit" unterfallen, was nicht recht einsichtig ist. In einem weiteren Titel, „von der Art Verbrechen zu begehen", differenziert Tafinger den objektiven und den subjektiven Tatbestand und widmet sich der Frage von Versuch und Vollendung, den Schuldformen und der Täterschaft und Teilnahme. Überraschend ist an seinem Aufbau hier, dass innerhalb des Bereiches, der den subjektiven Tatbestand behandelt, auch die Frage des Einflusses von äußeren Ursachen behandelt wird, die für den tatbestandlichen Erfolg mitkausal sind.

In der zweiten Abteilung des ersten Buches[812] behandelt Tafinger sodann neben der Milderung und Schärfung von Strafen prozessuale Fragen, womit er seiner Forderung gerecht wird, materielles und prozessuales Strafrecht in einem Codex zu regeln.[813] Seine diesbezüglichen Normen sind jedoch in erster Linie auf das Ermittlungsverfahren und die Frage zulässiger Beweise beschränkt, wobei interessant scheint, dass er die Verurteilung des Täters auch ohne dessen Geständnis ausführlich regelt, was nach der CCC noch nicht zulässig war.[814] Die Regelung der Milderungen und Schärfungen bleibt in diesem allgemeinen Teil recht knapp, da Tafinger im besonderen Teil bei jedem einzelnen Delikt konkrete Tatbestände auflistet. Offensichtlich schien es ihm nicht möglich, allgemeine, für alle Delikte geltende Regelungen zu treffen, da dies zu viel Entscheidungsspielraum für die Richter geschaffen hätte. Explizit regelt Tafinger das Recht des

---

[810] Tafinger, Entwurf, a.a.O., § 175.
[811] Tafinger, Entwurf, a.a.O., §§ 48-64.
[812] Tafinger, Entwurf, a.a.O., §§ 156 – 204.
[813] Tafinger, Criminalgesetzgebung, S. 273.
[814] Vgl. den Text der CCC bei: Buschmann, Rechtshistorische Texte, S. 113, Ziff. 22.

Angeklagten auf rechtliches Gehör und eine angemessene Vorbereitung zu seiner Verteidigung.[815]

2. Besonderer Teil

Das zweite Buch behandelt die einzelnen Privatverbrechen und ist nach den jeweils verletzten Rechtsgütern strukturiert, wie es auch schon das allgemeine Landrecht für die Preußischen Staaten von 1794 war.[816] Tafinger unterscheidet hier 1. „fleischliche Verbrechen", 2. Verletzung der körperlichen Integrität, 3. Verletzung des Lebens, 4. Verletzung der Persönlichkeit und 5. Verletzung des Eigentumes. Betrug, Raub, Grenzvernichtung, Drohung und Brandlegung sind für ihn Delikte, die sich diesen 5 Gruppen nicht unterordnen lassen. Für sie schafft er einen gesonderten Teil der Delikte gegen Personen und Sachen.[817]

Im dritten Buch nennt Tafinger die Staatsvergehen, die er in Delikte gegen das Eigentum des Staates, gegen die öffentliche Sicherheit und Ordnung und Delikte gegen oder von Amtsträgern unterteilt. Hier finden sich recht sonderbare Delikte, wie z.B. die Hinderung der Bekanntmachung von Gesetzen[818] und es fällt wiederum auf, dass Tafinger oft sehr kasuistische Regelungen vorschlägt, was an das Preuß. ALR erinnert. Augenfällig ist dies insbesondere bei den verschiedenen Arten des Hofdiebstahls (einfacher, gefährlicher, verwerflicher, großer, kleiner, mittelbarer, mit anderen Delikten verbunden, zum wiederholten Male, mit Schießgewehr und ohne, usw.).

Wie bereits gesagt, schließt sich dieser groben Zweiteilung der Delikte im II. und III. Buch ein IV. Buch an, das Verbrechen regelt, die zugleich Privat- und Staatsverbrechen sein sollen. Im letzten V. Buch finden sich weitere Regelungen, die einerseits konkrete Delikte enthalten,[819] andererseits Verfahrens- und Verjährungsrecht. Es entsteht der Eindruck, dass Tafinger hier unter dem Titel „außerordentliche Fälle" mancherlei nachschiebt, was er weiter oben übersehen hat. Verwunderlich ist insbesondere die Kombination von konkreten Verfahrensregeln und andererseits sehr allgemeinen Aussagen, wie die der Notwendigkeit des Beweises zur Verurteilung. Tafinger regelt hier u.a. das Mehrheitsprinzip im Richterkollegium oder das Recht des Angeklagten auf dreistündige Vorbereitung zur Verteidigung. Auch finden sich in den §§ 1015 ff. wiederum Normen über den Umgang mit abwesenden Verbrechern, obwohl dies im I. Buch, 3. Abt., §§ 210 ff. ebenfalls bereits (wohl unvollständig) geregelt

---

[815] Tafinger, Entwurf, a.a.O., §§ 157, 158.

[816] Siehe § 509 ff. ALR. Die CCC und beispielsweise der Codex Juris Bavarici Criminalis von 1751 sind in dieser Hinsicht noch nicht derart strukturiert, vgl. Buschmann, Rechtshistorische Texte, Salzburg 1997.

[817] Tafinger, Entwurf, a.a.O., §§ 659 – 748.

[818] Tafinger, Entwurf, a.a.O., § 863 f.

[819] Z.B. § 1014, Flucht eines Sträflings; § 1032, Widersetzlichkeit eines Ausreißers.

wurde. Es ist nicht recht nachvollziehbar, weshalb Tafinger diese bestimmten Regelungen derartig zersplittert in das Strafgesetz integrieren will. Ferner überrascht es, dass er die benannten Regelungen über die Erforderlichkeit des Beweises, das Mehrheitsprinzip und das Recht zur Verteidigung unter dem Sonderabschnitt für Vagabunden und besonders gefährliche Verbrecher unterbringt.

Insgesamt wirkt sein Entwurf zum Ende hin immer weniger durchdacht und scheint an mancher Stelle eine Niederschrift einer Gedankenflut zu sein. Hierbei gilt es allerdings zu berücksichtigen, dass es sich um einen handschriftlichen Entwurf handelt, was nachträgliche Einfügungen an richtiger Stelle praktisch erschwerte.

3. Ergänzungen

An den beschriebenen Entwurf schließt sich eine zweiteilige Ergänzung mit dem Titel : "*Fortsetzung. Zufüge und Bemerkungen zu dem besonderen Theil*" an.[820] Der erste Teil umfasst 80, der zweite 56 Seiten. Beide Teile bestehen aus fortlaufendem kommentarartigen Text. Der erste Teil gliedert sich in 6 Abschnitte, der zweite in Bemerkungen zu verschiedenen Paragraphen ab § 406 des Entwurfs. Ein Erstellungsdatum geht aus diesen Ergänzungen nicht hervor. Die Tatsache, dass Tafinger allerdings nicht an einer einzigen Stelle auf eine Meinung oder Stellungnahme zu seinem Entwurf Bezug nimmt, legt nahe, dass er diese Ergänzungen gleichzeitig mit seinem Entwurf ablieferte und diese insofern einen erläuternden Bestandteil darstellen sollen.

Die Ergänzungen kommentieren und erläutern bestimmte Delikte oder allgemeine Fragen. In einem ersten Abschnitt räumt Tafinger ein, dass die Abgrenzung von Polizey- und Criminalverbrechen, deren Darstellung er vernachlässigt habe, eine Schwierigkeit sei. Die Teilung in zwei verschiedene Gesetze hält er nicht für zwingend, wenn auch für möglich[821] und definiert Polizeyverbrechen als: „*Ubertretung, welche ihrem Gegenstande nach nicht von großer Erheblichkeit ist, und mit einer correctiven Strafe von Gefängnis – Geld – oder Confiscation einzelner besonderer Objecte abgethan und schon in dem Polizeygesetz so bestimmt werden kann, daß man sich, sobald das Factum eines solchen Vergehens vorgefunden ist, an denselben halten und Strafe verfügen kann, ohne sich auf eine weitere Untersuchung der Absicht, des dolus oder der culpa nach ihren verschiedenen Abstufungen einzulassen.* Das Wesentliche an der Polizeistrafe sei also, dass sie ohne weitere Untersuchung und unabhängig vom subjektiven Tatbestand verhängt werden könne. Als Beispiel nennt er die bloße Unzucht, die

---

[820] Ebenfalls HStAS, E 301, Bü 163.
[821] Tafinger, HStAS, E 301, Bü 163, Ergänzungen, Doppelseite (DS.) 4.

nur gegen die allgemeine Ordnung verstoße.[822] Criminalverbrechen seien hingegen die schwereren Delikte, für die auch je nach Schwere der Tat verschiedene Strafen angedroht werden, weshalb zur Bestimmung der Strafe eine nähere Untersuchung erforderlich sei. „*Wo hingegen eine Übertretung so beschaffen ist, daß dieselbe an sich betrachtet (...) eine größere oder geringere Strafe nach sich ziehen kann, da scheint mir eine solche Übertretung in den Criminal-Codex zu gehören und für die Criminal- Behörden geeignet zu seyn, damit die Untersuchung im Wege rechtlicher Ordnung sorgfältig zugezogen werden möge, welchen Antheil dolus oder culpa an der That gehabt habe, in welcher Ausdehnung sie verübt worden sey.*" Tafinger weist darauf hin, dass er diesen Unterschied in seinem Entwurf bewusst vollzogen habe und eigentlich nur die Criminalverbrechen in ein Criminalgesetzbuch gehörten. Er verweist dann auf den französischen code pénal, der, und das hält er für besonders gelungen, crimes, délits und contraventions klar unterscheide.[823] In der Tat hält Tafinger eine strikte Beschränkung auf Criminalverbrechen aber nicht ein, denn in § 532 beschreibt er auch kleinere Injurien, die durch einen bloßen Verweis geahndet werden sollen.

In seinem zweiten Teil der Ergänzung erörtert Tafinger den Tatbestand der Blutschande und beantwortet eine für ihn „*merkwürdige*" Frage, nämlich die, was Blutschande criminell betrachtet eigentlich sei. Er kommt zu dem Ergebnis, dass sie einerseits ein Verstoß gegen die bürgerliche Ordnung und Sittlichkeit ist, andererseits ein Verstoß gegen mosaisches, also göttliches Recht.[824] Letzteres sei das moralische Fundament für die bürgerliche Sittlichkeit, gleichwohl könne die bürgerliche Strafe nicht dazu dienen, den Verstoß gegen göttliches Recht zu sühnen, da hierzu der Mensch keine Macht habe.

Im Anschluss hieran wendet sich Tafinger der Frage zu, aufgrund welchen Merkmales ein fleischliches Verbrechen als vollendet zu gelten habe.[825] Er will ausschließlich an äußere Umstände anknüpfen, die vom Verbrecher willensgesteuert herbeigeführt werden können. Sei es zum Beischlaf gekommen, sei alles Weitere zufällig, weshalb dieses dem Täter nicht zugerechnet werden könne. Die allzu große Strenge der Gesetze sei durch die Rechtsprechung durch weitere tatbestandliche Erfordernisse korrigiert worden, was aber nicht erforderlich sei, wenn man gleich eine gewisse Milde walten lasse. Ein schlechtes Beispiel für die Regelung der widernatürlichen Unzucht und der Blutschande ist für Tafinger das österreichische StGB, das ohne nähere Differenzierung auf beides zwischen 6 Monaten und 1 Jahr Zuchthaus setze. Tafinger verwendet nur für Blutschande und Sodomie alleine 28 Paragraphen und differenziert weiter die Notzucht, Ehe-

[822] Tafinger, a.a.O., DS. 5.
[823] Tafinger, a.a.O., DS. 7.
[824] Tafinger, a.a.O., DS. 10.
[825] Tafinger, a.a.O., DS. 14- 16.

bruch und Bigamie und kommt für diese fünf Delikte auf beachtliche 73 Paragraphen.[826]

In einem weiteren Teil widmet sich Tafinger in seinen Ergänzungen der Bigamie noch genauer. Im Wesentlichen kritisiert er, dass in der Vergangenheit nicht zwischen Bigamie und Polygamie unterschieden wurde. Er rechtfertigt damit seine weitschweifigen Ausführungen zur Bigamie in den §§ 298 ff. seines Entwurfs, die ein Beispiel für die Einzelfallbezogenheit der Tafingerschen Tatbestände sind. Mit der Regelung aller erdenklicher Fallgestaltungen bringt Tafinger hier aber keineswegs ein Unvermögen zur Abstrahierung zum Ausdruck, die er regelmäßig in den ersten Paragraphen leistet. Sie dient vielmehr nur dazu, dem Richter möglichst präzise und enge Strafrahmen an die Hand zu geben.

Im vorletzten Teil seiner Anmerkungen beantwortet Tafinger allgemeine Fragen zum Suizid, z.B. ob der Staat jemanden nach Suizid in der anderen Welt noch verfolgen könne? Tafinger legt dar, dass man auch nach dem Tode noch Rechte habe, z.B. das Recht der Einhaltung letzter Verfügungen gegen die Erben. Wenn man Rechte habe, dann lebe man als subjectum activum fort. Wenn man aber als subjectum activum fortlebe, so schlussfolgert Tafinger, dann lebe man auch als subjectum passivum fort, weil mit Rechten immer auch Pflichten korrespondieren. Tafinger stellt sich in diesem Zusammenhang die Frage, ob es gerecht sei, Vermögensstrafen zu verhängen, wenn diese nur die Erben treffen, hält dies aber wenigstens dann für erforderlich, wenn der Staat um seinen Strafanspruch betrogen wird, weil ein Verurteilter sich das Leben nimmt. Es gebe nämlich kein Recht, sich durch Suizid der gerechten Strafe zu entziehen.

Im letzten Teil spricht Tafinger zwei Themen an, die nach seinen Worten zu den schwierigsten Fragen einer Criminalgesetzgebung gehören.[827] Die erste betrifft die der Strafzumessung und Abgrenzung bei den Tötungsdelikten. Ob der leichtfertige oder der vorsätzliche Totschlag schwerer zu bestrafen ist, sei nicht klar zu beantworten, solange man den Strafzweck in der Verhinderung künftiger Verbrechen allein sieht, denn Tötungen aus Leichtfertigkeit geschehen häufiger, müssten also mit größerer Strafe beantwortet werden. Tafinger sieht als „Delikt der Mitte“ den vorsätzlichen Totschlag an, für den der Grundsatz gelten soll: „Wer Menschenblut vergießt, dessen Blut soll vergossen werden.“ Von hier ausgehend seien Schärfungen und Milderungen je nach den subjektiven und objektiven Gegebenheiten vorzunehmen. Nach der Abgrenzung der Tötung mit dolus oder culpa, wobei nur die erstere mit dem Tode bestraft werden soll, spricht Tafinger das Problem von Vorsatz- Fahrlässigkeitskombinationen an, die

[826] Siehe Tafingers Gliederung im Anhang, dort: II. Buch, §§ 242 - 315.
[827] Tafinger, Ergänzungen, DS. 29 ff.

z.B. in Irrtumsfällen auftreten.[828] Stellt man hier nur auf den bösen Willen ab, hätte jeder Täter den leichten Einwand eines fehlenden dolus. Die Behandlung dieser Fälle müsse zwischen den Regeln: a) „Ohne den Willen zu töten keine Todesstrafe." und b) „Wo in der That selbst der Wille liegt, da ist die Behauptung des Gegentheils gleich als ein protestatio facto contraria zu behandeln und soll keine Rücksicht verdienen." liegen. Der Richter müsse von beiden Grundsätzen als geltend ausgehen und deswegen besonders auf die Umstände des Einzelfalls schauen.

Der zweite Teil der Ergänzung beschäftigt sich mit im Entwurf fehlenden Definitionen von Tatbestandsmerkmalen, beispielsweise der Frage, was unter dem Begriff „Gift" zu verstehen ist.

III. Bewertung Tafingers Entwurf durch das Gutachten Pfizer

Der oben bereits erwähnte Obertribunalrath Benjamin Friedrich Pfizer schreibt am 20.03.1816 ein Gutachten mit dem Titel *„Prüfung derjenigen vier Entwürfe welche zum Behuf eines neuen Criminalgesetzbuches von einheimischen Rechtsgelehrten gefertigt wurden."* und geht auf Tafingers und die oben bereits erwähnten Entwürfe ein. Im Ergebnis hält er keinen der Entwürfe für brauchbar und rät sogar von einer Überarbeitung ab.[829]

Den Entwurf Webers,[830] der mehr als 1300 Paragraphen enthält und in einen allgemeinen und einen besonderen Teil gegliedert ist, lobt Pfizer zunächst. *„Nur schade jedoch"* beginnt er seine inhaltliche Kritik, *„daß diese nicht unbedeutenden Vorzüge durch mehrere nach der Meinung des Unterzeichneten sehr erhebliche Mängel wieder verdunkelt werden."*[831] Insbesondere der dem Entwurf zugrunde liegende Plan sei bereits mangelhaft, da er *„zu weitläufig und zu verwickelt"* sei. Des Weiteren würde man überall über das anzuwendende Strafmaß im Dunkeln bleiben[832] und Widersprüche finden.[833] Im Ergebnis hält Pfizer den Weberschen Entwurf ohne wesentliche und durchgreifende Abänderungen für eine Vorlage zu einem Gesetz für untauglich.

Wächters 370 Doppelseiten starken Entwurf von 1811[834] lobt Pfizer wegen der besonders guten Sprache und der Einfachheit der Anordnung, stellt dann aber

[828] Tafinger, a.a.O., ab DS. 36 f.
[829] Pfizer, Prüfung derjenigen vier Entwürfe, HStAS, E 301, Bü. 163.
[830] Heinrich Benedikt von Weber, Entwurf eines Strafgesetzbuchs, Stuttgart 1813, HStAS E 301, Bü. 162.
[831] Pfizer, a.a.O. HStAS E 301, Bü. 163, DS. 2.
[832] Pfizer, a.a.O., DS. 4.
[833] Pfizer, a.a.O., z.B. DS. 15 hinsichtlich der Verjährung.
[834] HStAS E 301, Bü. 160.

fest, dass dem Entwurf viel fehle[835] und er nicht auf dem Stand der Wissenschaft sei.[836] Inhaltlich kritisiert Pfizer u.a., dass zur Abgrenzung von vorsätzlicher und fahrlässiger Tat alleine auf subjektive Merkmale abgestellt werden soll, dies damit von der Mitteilung des Täters über seine Absicht abhänge. Wächters System bewirke, dass der besonders gefährliche Gewohnheitsverbrecher durch Leugnen weniger bestraft würde als der einsichtige, seine Absicht gestehende Täter.[837] Pfizer zeigt diverse Widersprüche und Ungereimtheiten auf, wobei er es insbesondere mit anerkannten Strafrechtstheorien für unvereinbar hält, dass bei manchen Delikten die Höhe der Strafbarkeit von Handlungen Dritter abhängig gemacht wird. Schon allein dies bewirke, dass der Entwurf mit anerkannten Strafbarkeitsgrundsätzen nicht in Einklang gebracht werden könne.[838]

Die Ausführungen Pfizers zu Tafingers Entwurf beginnen ab S. 24. Dieser sei noch mehr zu kritisieren als die Entwürfe Webers und Wächters:

„Es ist sichtbar, dass es bei diesem Entwurf nicht eigentlich darauf angelegt war, ihm eine echt wissenschaftliche Gestalt, ein Aussehen einer streng systematischen Ordnung zu geben. Aber neben diesem Streben nach einer künstlich gegliederten Form, wodurch der vorliegende Entwurf sich von allen übrigen unterscheidet, hat solcher von den Erfordernissen einer Gesetzgebung mehr entfernt, als derselbe genähert.(...)

Pfizer gibt dann eine Inhaltsangabe und beschreibt die äußere Struktur des Entwurf und seine Gliederung.

Dem Unterzeichneten liegt der detaillierte Plan, der diesem allgemeinen Theil zum Grunde liegt hier zur Einsicht vor. Es wird wohl keinem Zweifel unterliegen, dass dieser Plan zu künstlich und zu verwickelt sey. Aber überdies ist er – was man nach der ganzen Anlage der Entwürfe am wenigsten erwarten sollte - nicht einmal logisch richtig. Es kommt z.B. in dem Abschnitt A. – der im Allgemeinen von Verbrechen und Strafen handelt, - die Rubrik: „Von der Fähigkeit ein Verbrechen zu begehen, und in dieser Rubrik ist von denjenigen Personen, welche unfähig dazu sind, oder wie es eigentlich heißen sollte, bei welchen keine Zurechnung statt findet, die Rede. Und in der Rubrik: „Von der Art Verbrechen zu begehen“ wird vorzüglich von dem Maßstabe der Zurechnung und Bestrafung gehandelt.

Offenbar stehen hier die Unterabteilungen mit den Hauptabteilungen in keinem Zusammenhang, und niemand würde es einfallen, z.B. unter der Rubrik: Von der

---

[835] *„So sind z.B. in der sehr praktischen und entwickelten Lehre von dem rechtswidrigen Vorsatz die wichtigsten und schwierigen Fragen welche sich auf den sogenannten indirekten Vorsatz beziehen in dem allgemeinen Theile gar nicht berührt...“* Pfizer, a.a.O., DS.17.

[836] Pfizer, a.a.O., DS. 17.

[837] Pfizer, a.a.O., DS. 17.

[838] Pfizer, a.a.O., DS. 24.

Fähigkeit ein Verbrechen zu begehen, diejenige Übelthäter bei denen gar keine Zurechnung statt findet, zu sehen.

Ferner in dem Abschnitt 13. von der Anwendung der Strafgesetze kommen 1) Allgemeine Gesetze, 2) besondere Gesetze, 3) Ergänzung der bisherigen für außerordentliche Fälle. Aber es ist ja logisch undenkbar, dass es außer den allgemeinen und besonderen Gesetzen noch ein drittes, das weder zu den allgemeinen noch zu den besonderen gehört, geben könne. Und so könnten noch mehrere Belege für jene Behandlung aufgeführt werden. (...)

Aber noch erheblicher sind die Einwendungen, welche die Sprache und die Art wie die einzelnen Gesetze abgefasst sind, betreffen. Man findet hier den Gesetzgeber bald belehrend, bald ermahnend und bald sich rechtfertigend, und - was noch wichtiger ist - es wird fast überall die für ein Gesetzbuch so nothwendige Klarheit und Bestimmtheit vermisst. Der Unterzeichnete will von den vielen Stellen die diese Bemerkung bestätigen, nur einige aufführen: z.B.

§ 3 heißt es: „Für die peinliche Gesetzgebung sind nur die Criminalfälle geeignet d.h. solche Übertretungen, welche eine peinliche Behandlung und Beurtheilung durch die peinliche Behörde erfordern."

Es ist schwer zu errathen, was sich der Verfasser bei dieser Bestimmung gedacht haben mag! Für ein peinliche Gesetzgebung sollen nur Kriminalfälle geeignet seyn; und unter Kriminalfällen werden solche Übertretungen verstanden, welche eine peinliche Behandlung und Beurtheilung durch eine Behörde erfordern. Hier ist ja rein idem per idem, nämlich wage Ausdrücke sind mit ebenso wagen erklärt, und nach dieser Erklärung ist es unmöglich, einen deutlichen Begriff von der peinlichen Gesetzgebung zu erlangen."

Darüber hinaus würde Tafinger Begriffe verwenden, die er nicht erkläre, wie z.B. seine Differenzierung von Verbrechen und Vergehen, wenn erstere diejenigen §§ seien, die eine Strafe an Leib oder Leben oder eine ebenso schwere Strafe nach sich ziehen, während Vergehen „eine geringere wenngleich immer noch bedenkliche jedoch nicht degradierende Strafe" nach sich ziehen. *„Was eine schwere oder geringere oder ebenso bedeutende Strafe sey? wird gar nicht erklärt."*[839]

Pfizer fährt fort, dass er die Unterscheidung von Verbrechen im weiteren und engeren Sinne nach § 8 des Entwurfs[840] für zu unbestimmt hält, was symptomatisch für den ganzen Entwurf sei. Er fährt fort: *„In den §§ 123 und 124*[841] *scheint*

---

839 Pfizer, a.a.O., DS. 25 f.

840 Siehe oben.

841 Entwurf Tafinger: § 123: *„Ist aber der Erfolg selbst bey zur Last fallender Fahrlässigkeit nicht in der Vollständigkeit vorhanden, wie ihn das Strafgesetz als äußere Voraussetzung der gesetzlichen Strafe annimmt, so vermindert sich die Aussicht zur Strafe in dem Maaße, als der Erfolg der That von demjenigen, wie er in dem gesetzlichen Straf-*

von fahrlässigen Vergehen und ihrer Bestrafung oder von fahrlässigen Handlungen die nicht wirklich geschadet haben, die Rede zu seyen: (...) Der Inhalt dieser beyden §§ ist von der Art daß man gar nicht weiß, was sich der Verfasser dabei gedacht haben mag. Zur klaren Natur der Beschädigungen als Fahrlässigkeit und über den Grund und Maßstab ihrer Strafbarkeit kann es wenigsten unmöglich gekommen seyen. Denn was soll man sich z.B. von der Strafbarkeit eines Erfolges, welcher nicht in der gesezlich angenommenen Vollständigkeit vorhanden ist, denken? Versteht der Verf. unter diesen Ausdrücken eine wirklich eingetretene Beschädigung, etwa eine solche Beschädigung, die nach den Umständen, unter denen sie geschah, noch größer hätte werden können? oder nur einen solchen Zustand aus welcher nach der Wahrscheinlichkeit eine Beschädigung hätte entstehen können, etwa dasjenige, was man bei vorsätzlichen Handlungen Versuch nennt? Es ist nicht wohl zu erraten, welche von diesen beyden möglichen Voraussetzungen der Verfasser angenommen haben mag.[842] *(...)*

Eine weitere Einwendung gegen die formelle Beschaffenheit des vorliegenden Entwurfs liegt aber auch noch darinn: dass in demselben weder eine Grenze zwischen dem Gesezbuch und der Prozessordnung noch eine Grenze zwischen dem Criminal und Polizei Gesezbuch sichtbar ist, und das eine Menge Verordnungen, welche in die Prozeß Ordnung oder den Polizeicodex sich eignen, darinn aufgenommen sind, z.B. § 159- 161; 167- 170, 173, 174,(...). Aber auch die materielle Beschaffenheit des vorliegenden Entwurfs ist nicht weniger mangelhaft, man mag denselben nach den Vorschriften in dem allgemeinen Theil, oder nach dem Umfang und Inhalt der einzelnen Bestimmungen, die er enthält, beurtheilen. Eine detaillierte Aufzählung dieser Mängel würde jedoch zu weitläufig und im Grunde überflüssig seyen, da schon die formelle Beschaffenheit desselben über die Beantwortung der Frage: Ob er als Grundlage eines neuen Gesezbuches angenommen werden könne oder nicht? keinen Zweifel übrig lässt."[843]

Abschließend geht Pfizer noch auf den von einer Gesetzgebungskommission in den Jahren 1807 – 1810 gefertigten und von der juristischen Fakultät in Tübin-

verbot als vollständig vorausgesetzt wird, näher oder entfernter abweicht."; § 124: „*Es findet eine Ähnlichkeit für den Maaßstab der Beurtheilung mit dem Strafverhältnis der verschiedenen Grade des Versuchs statt. Und ob wir gleich eine durch bloße Fahrlässigkeit begangene gesezwidrige Handlung ohne ganzen Erfolg mit dem Namen eines Versuchs nicht bezeichnen wollen, weil dieser immer Zweck und Absicht des Unternehmens des Handelnden voraussezt, so seyen wir doch in Betracht dieser Ähnlichkeit des Verhältnis also fest, dass von jedem der drei Grade des absichtlichen Versuchs jeder der drei Grade des ohne vollständigen Erfolg gebliebenen fahrlässigen Beginnes die Hälfte der Strafe nach sich ziehen soll.*"

[842] Pfizer, a.a.O., DS. 27 f.

[843] Pfizer, a.a.O., DS. 29.

gen begutachteten Entwurf ein, der aber, und das nimmt er gleich vorweg, ebenso viele und zum Theil noch größere Mängel habe. „*Im Ganzen dürfte es aber nach allen bisherigen Bemerkungen nicht zweifelhaft seyen, daß wenigsten ohne wesentliche und durchgreifende Abänderungen auch der vorliegende Kommissionsentwurf, ebenso wenig als die früher angezeigten, von einzelnen Rechtsgelehrten gefertigten Entwürfe, einem neuen Gesetzbuche zum Grunde gelegt werden können.*"

Pfizer hält im Ergebnis Tafingers Entwurf für ungeeignet, was dazu führte, dass er im Rahmen der Entstehungsgeschichte des württembergischen StGB eine entscheidende Rolle weder einnahm noch dieses inhaltlich beeinflusste.

Anhang I

Tafinger, Entwurf einer Criminalordnung vom 09.03.1813[844]

Aufbau des Entwurfs eines StGB

I. Buch,

1. Abth.: Von Verbrechen und Strafen
   1. allgemeine Begriffe
      a) von Verbrechen, § 1
      b) von Strafen, § 2
         1. Titel: Unterschied der Verbrechen
            peinliche §§ 3- 8
            Polizey-Übertretungen, § 9
            Civil-Vergehen, §§ 10 - 11

         2. Titel Allgemeine Bestimmung der Strafen
            selbständige Strafen:
               I. Todesstrafe, §§ 12 – 14
               II. lebenswierige Kettenstrafe, § 15
               III. lebenswierige Zuchthaus- oder Festungsstrafe, §§ 16 – 17
               IV. Kettenstrafe auf bestimmte Zeit, § 18
               V. Zuchthaus- oder Kettenstrafe mit leichterer Arbeit, §§ 19, 20
               VI. Strafarbeitshaus, § 21
               VII. Festungs- oder längerer Gefängnisarrest, § 22
               VIII. bürgerliches Gefängnis, § 23
         mit anderen Strafen verbundene aber auch als für sich bestehend erkannt werden: §§ 24 ff.
               I. Ehrenstrafen
                  a) demütigende Strafen, § 24
                  b) herabsetzende Strafen, § 25 - 29
                  c) gänzliche Ehrlosigkeit, § 30 – 33
               II. Vermögensstrafen, §§ 34 - 41
                  Confiscation, Geldstrafe
               III. körperliche Züchtigung, § 42
               IV. Surrogierung der Strafen, § 43 – 45

         3. Titel: von der Fähigkeit Verbrechen zu begehen, §§ 46 – 91
            Wer kann Verbrechen begehen?
               a) allgemeine Bedingung der Zurechnung, § 46 – 47

[844] HStAS E 301, Bü. 163.

b) besondere Voraussetzungen
I. bei einzelnen Personen
A. in Absicht auf Fähigkeit des Bewusstseyens
1. Kinder, § 48 – 50
2. Schwachsinnige, § 51 – 52
3. Melancholische, § 53 – 54
4. Betrunkene, § 55
5. die des Lebens überdrüssig sind, § 56 – 59
6. Taube, Stumme, Taubstumme, § 60 – 61
7. einfältige Personen, § 62 – 63
8. Nachtwandler. § 64
B. in Rücksicht des Willens, der entweder aufgehoben oder durch Gewalt oder Sucht beschränkt ist
1. § 65 - 69
2. wo es an Willen und Einsicht fehlen dürfte, § 70

C. Selbstvertheidigung
1. als Retorsion[845], § 71
2. Unbegrenzte Selbstwache, § 72
3. Nothwehr, § 73 – 82
D. Hunger, §§ 83, 83
E. Unkunde der Geseze, § 85
F. Irrthum, § 86
II. bey moralischen Personen, §§ 87 - 91

4. Titel: von dem Ort, wo Verbrechen begangen werden, §§ 92 - 95
Rechtliche Beziehung des Orts, wo Verbrechen begangen werden
I. ein Unterthan verbricht
1. im Auslande gegen das vaterländische Gesez, § 92
2. gegen das einheimische und ausländische Gesez, § 93
II. ein Ausländer verbricht
1. im königlichen Württemberg, § 94
2. im Auslande aber gegen Württemberg, § 95

5. Titel: von der Art, Verbrechen zu begehen, §§ 96 – 115
a) die Handlung der einzelnen Verbrecher an sich betrachtet, § 96 – 97
I. in Rücksicht auf das äußere objective der That, (Materiale) § 98
a) bey verschiedene Arten, wie Verbrechen zu Stande kommen könnnen:
a) als Rede, § 99
b) Druck-Schrift, §§ 100, 101

---

[845] „Erwiderung einer körperlichen Mißhandlung auf der Stelle".

b) Defension, § 158
c) gesezwidriger Wille, § 159
1) Beweis der Thatsache überhaupt
1. mit dem Bekenntnis, § 160
2. ohne das Bekenntnis der Inquisition, § 161
2) Zurechnung in Absicht auf den Willen
a) Fälle wo die böse Absicht anzunehmen ist,
1. weil der Inqusit mit bösem Vorsatz gehandelt haben muß, § 162
2. Überführung durch zwei Zeugen, § 163
3. weil er ohne Grund den bestimmt bösen Vorsatz leugnet und nur der allgemeinen Absicht zu schaden geständig ist, § 164
b) wenn kein cörperlicher Beweis übrig ist,
a) weil das Verbrechen an sich keine sinnlichen Spuren hinterlässt, § 165
b) weil diese vertilgt sind
1) durch Zufall, § 166
2) durch die Schuld des Thäters, § 167
c) weitere Regeln zur Würdigung des Beweises
1. gerichtliches Bekenntnis des Inquisiten allein oder in Verbindung anderer Bekenntnisse, § 168
2. außergerichtliches Bekenntnis, § 169
3. Sigillum Confectionis,[846] § 170
d) Widerruf des Bekenntnis, §§ 171, 172
II. bloß künstlicher Beweis,[847] §§ 173, 174
III. Bedingung außerordentlicher Strafe, §§ 175, 176
IV. wo das Urtheil problematisch ist
1. Freilassung gegen Caution, §§ 177, 178
2. keine Entlassung ohne Beurtheilung, §§ 179, 180

2. Titel: besondere Geseze
a) über Milderung, § 181
1. Milderungsgründe
a) besondere, § 182
b) allgemeine Milderungsgründe, § 183
2. Wirkungen, § 184
b) Verschärfungen
1. Arten, § 185
2. Grenzen, § 186, 187
3. besondere Schärfungsmittel im engeren Sinn, § 188

---

[846] Unverwendbarkeit des in der Beichte gestandenen.
[847] Der Schluss aus Tatsachen auf andere Tatsachen.

4. aufsteigende Stufenreyhe derselben, § 189
c) besondere Vorsichtsmaßregeln gegen Sträflinge nach verhangener Strafe, § 190 - 194
d) Kosten, §§ 195 - 204

3. Abth.: Ergänzung des bisherigen für außergewöhnliche Fälle
a) Integration der in diesem Gesetzbuch enthaltenen Gesetze, §§ 205 - 209
b) Contumacial: Verfahren gegen abwesende ungehorsame Verbrecher, §§ 210 - 220
c) neue Verbrechen der Sträflinge, §§ 221 - 222
d) Sicherheitsmaßregel, § 223, 224
e) Aufhebung vorhandener Strafbarkeit
1. durch den Tod des Verbrechers, § 225
2. Privatgenugthuung, Verzicht, § 226 - 228
3. Alter, § 229
4. Verjährung, § 230 - 239

II. Buch. von Privatverbrechen, § 240 ff.
I) was sie sind, § 240
II) Arten
A) Fleischliche Verbrechen, § 241
I. Sodomie in der allgemeinsten Bedeutung, § 242 – 244
a) mit Menschen, § 245 - 247
b) mit Thieren, § 248
c) mit todten Cörpern, § 249 – 252
II. Blutschande, §§ 253 – 269
III. Nothzucht, § 270 – 277
IV. Ehebruch § 278 – 297
V. Bigamie, § 298 – 315
B) Verletzung cörperlicher Integrität, § 316
I. Selbstverstümmelung, § 317 – 321
II. Verstümmelung von einem anderen, § 322 – 324
III. Verstümmelung durch einen Dritten, § 325, 326
C) Beraubung des Lebens
I. als Selbstmord, § 327 – 341
II. als Todtschlag, § 342 – 382
alle Vorsatzformen, Versuch, Strafzumessungsregeln, Milderung, Schärfung
Sonderform des Mordes, § 383 – 402
bei mehreren Tätern
Sonderform Griftmord, § 403 – 407
Mord gegen Lohn, § 408 ff.

Tötung solcher Personen, welche dem Mörder besonders unverletzbar sein sollten, § 419 ff. (Verwandtenmord, Geschwistermord, Kindsmord, Erbenmord, Gattenmord usw.)

D) Verletzung der Persönlichkeit des anderen, § 479
- 1. Misshandlung eines Wahn- oder Blödsinnigen, § 480 – 481
- 2. Missbrauch der Erziehungsgewalt, § 482
- 3. Ermächtigung der Person eines anderen
  - a) als Menschenraub, § 483 – 491
  - b) Kindesraub und Austauschung, § 492 – 504
  - c) Entführung, § 505
    - 1. wie sie zustande kommt, § 506
    - 2. Entführung
      - a) einer Weibsperson, § 507 - 516
      - b) Entführung einer Mannesperson durch eine weibliche, §§ 517, 518
      - c) eines Geschlechts gegen das andere, § 519
- 4. Angriff auf die Ehre eines anderen
  - A) durch Injurien, § 520
    - a) Arten derselben
      - 1. Verbalinjurien, § 521
      - 2. körperliche Misshandlung, § 522
      - 3. symbolisch, § 523
      - 4. Parquill, § 524
    - b) Maßstabe der Beurtheilung, §§ 525 ff.
      - 1. in Absicht auf öffentliche Bestrafung

verschiedene Strafen und Begehungsformen, Schadensersatz und Genugtuungsmittel, Verzicht auf Bestrafung, Milderung, Schärfung, die Frage, wer alles anklagen kann, die Folgen falscher Anklage usw. Hier verliert sich Tafinger vollkommen und beschreibt die Beleidigung auf nahezu 80 §§, die völlig undurchschaubar wirken.

2 Abschnitt: Verbrechen gegen das Eigenthum
- A. sein selbst, § 599
- B. gegen das Eigentum anderer
  - I. Beschädigung, § 600
    - a) aus Fahrlässigkeit und bloßer Policeywidrigkeit, § 601
    - b) aus bösem Willen
      - 1. Mutwillen
      - 2. Feindschaft
  - II. Entwendung, § 603 – 603
    - a) Diebstahl, § 604 – 605
      - 1. geringerer Diebstahl, § 606 –612
      - 2. Diebstahl als Criminalsache, § 613

Bestrafung der Höhe nach, der Person nach, nächtlicher, zu zweit, Gehilfen, Milderung, Schärfung und Versuch usw.

b) Unterschlagung, § 645 - 648

3. Abschnitt: Verbrechen gegen Personen oder Sachen
a) Betrug, § 649 – 676
b) Gewalt
Raub, §§ 677 - 702
Grenzvernichtung, § 703
Drohung, §§ 705 - 723
c) Brandlegung, § 724 - 48

III. Buch: von Staatsvergehen
von Staatsverbrechen, § 749
I. gegen das Eigenthum des Staates, § 749 – 831
I. Beschädigung § 754 – 755
II. Entzug, § 756 - 757
III. Entwendung, § 759 ff.
A) Diebstahl
1) königlicher Gelder
a) einfacher, § 759 - 760
b) qualifizierter, § 761 – 763
2) anderer öffentlicher Gelder, §§ 764 – 766
3) Diebstahl gegen Kirchen, § 767 – 768
B) Veruntreuung, Unterschlagung, § 769-
Strafe, Gehilfen, Fahrlässigkeit, besondere Pflichtenstellung, Hofdiebstahl, einfacher, gefährlicher, verwerflicher, großer, kleiner, mittelbarer, Milderung, Schärfung, mit anderen Delikten verbunden, Wiederholung, Versuch, mit Schießgewehr und ohne usw.

II. Verbrechen gegen den Staat selbst unmittelbar als öffentliches Ganzes, § 832
A) von Einzelnen begangen
1. öffentliche Gewalt, §§ 833 – 835
2. Zweykampf
a) förmlicher, § 836 – 839
1) Strafe
a) wenn einer getödtet wird, § 840
b) für den Staatsdiener, § 841
c) für Militaire, § 842
d) Duelle außer Landes, §§ 843, 844
e) wiederholtes Duell, § 845
f) bey Verwundung, § 846

2) Schärfung, §§ 847 – 849
3) Milderung, § 850
4) Versuch, § 851 – 852
b) Ramontre (?), § 853 – 856
c) Strafe anderer beteiligter Personen, § 857 – 858
d) Ähnliche Verbrechen, § 859 – 862
2. Angriffe gegen die Ausübung anderer Hoheitrechte, § 863 - 866
- Hinderung der Bekanntmachung v. Gesetzen
- Beeinträchtigung der Autorität des richterlichen Amtes
- Ungehorsam gegen die Obrigkeit
B) Verletzungen der Amtspflicht von Seiten der Staatsdiener, § 867 – 868
a) allgemeine Verletzungen, § 869 – 871
b) zur besonderen
I. Strafe für Beamte, § 872 – 880
II. Einzelne Übertretungen
1. Überschreitung amtlicher Befugnisse, § 881 - 885
2. Partheylichkeit, § 886
3. Geschenknahme, § 887 – 901
4. Veruntreuung und Entwendung, § 902
5. Verletzung des Amtsgeehimnisses, § 903, 904
6. falsche Berichte, § 905
7. Verstoß gegen die Verschwiegenheitspflicht von Ärzten und Geistlichen, §§ 906 – 910
8. Erschleichung öffentlicher Ämter, § 911 – 915
C) Von Staatsverbrechen, die ... von bloßen Privat- oder öffentlichen Personen unternommen
a) Aufruhr, § 916
1. Ungehorsam gegen Vorgesetzte oder Obrigkeit mehrerer, § 917 – 918
2. Grad der Strafbarkeit, § 919 – 920
3. Beymischung anderer Verbrchen, § 921 – 929
- Beschädigung von Gebäuden
- Verwundung
- Mord
- Tödtung
- mit Bewaffnung
- Brandstiftung
4. Milderung, § 930 – 932
a) für Einzelne
b) im Ganzen und für den Einzelnen
5. Versuch, § 933
b) Landesverrätherey, § 934, 935
A) dem Feinde gegenüber

1. Mitwirkung zur eigentlichen Feindseligkeit, § 936, 937
2. Anderweitige unerlaubte Verbindung mit dem Feinde, § 938

B) Gefahr des Krieges durch Grenzmanipulation u.ä., § 939 – 942
C) Hochverrath, § 943 – 954
D) Majestätsverbrechen, § 955 – 962

IV. Buch: Staats- und Privatverbrechen zugleich
I. gegen die allgemeine Ordnung und Sittlichkeit, § 963 - 968
II. gegen die Religion, § 969 – 984
III. Verletzung öffentlicher Treue und Glauben
a) in öffentlichen Urkunden oder Sigille, § 985
b) Falschmünzer, § 986
A) Falschmünzerei im strengeren Sinne, § 987 - 998
B) falsches Inumlaufbringen und Münzbetrug, § 999 – 1002
c) Wucherei, § 1003
A) Zinswucher, (mehr als 5 %) § 1004
B) Preiswucherei, § 1005 – 1007

V. Buch: Außerordentliche Fälle,
andere strafwürdige aber nicht erfasste Fälle, § 1008
I. Verbrechen eines Sträflings, § 1009 - 1013
II. Flucht eines Sträflings, § 1014
III. Abwesende Verbrecher oder Inquisition
Abwesende sind durch Steckbrief zur Inquisition zu bringen, § 1015
a) öffentlicher Aushang, § 1016
öffentliche Vorladung, § 1017 - 1019
b) sicheres Geleit, § 1020
c) andere Vorsichtsmaßnahmen, § 1021
c) diverse weitere Einzelvorschriften zur Bekanntmachung und Sicherung des Verbrechers, § 1022 – 1030
IV. Verjährung, § 1031
V. Widersetzlichkeit eines Ausreißers, § 1032
VI. Gefährliche Ausreißer, Vagabunden, Mitglieder von Verbrecherbanden, § 1033
- (Bezugnahme auf bestimmte Polizeyverordnungen, Formulierungsvorschlag einer amtlichen Bekanntmachung in Unruhegebieten)
- Strafverfahren muss ununterbrochen laufen und ist zu protokollieren, § 1039
- Tat muss bewiesen werden, § 1040
- Mehrheitsprinzip unter den Richtern, § 1041
- Verbrecher darf sich 3 Stunden auf seine Verteidigung vorbereiten, § 1042
- weitere Verfahrensvorschriften §§ 1043 - 1046

Quellen-, Literaturverzeichnis

A) Quellen

I. ungedruckte Quellen

1. Hauptstaatsarchiv Stuttgart, Akten des Justizministeriums:

Pfizer, Benjamin Friedr. von, Prüfung derjenigen Vier Entwürfe welche zum Behuf eines neuen Criminal – Gesetzbuchs von einheimischen Rechtsgelehrten gefertigt wurden, Tübingen 1816, E 301, Büschel 163

Tafinger, Wilhelm Gottlieb, Entwurf eines Criminalgesetzbuches, mit Ergänzungsband, Tübingen 1813, E 301, Büschel 160

Wächter, Karl Eberhard von, Entwurf eines Gesetzbuches über Verbrechen und derselben Bestrafung, Stuttgart 1811, E 301, Büschel 160

Weber, Heinrich Benedikt von, Entwurf eines Straf- Gesetzbuchs über Verbrechen und Vergehen für das Königreich Württemberg, Stuttgart 1813, E 301, Büschel 162

2. Archiv der Universität Tübingen, Akten der Universitätsverwaltung:

S 161/67, Archiv Schmidgall, Nr. 30, 8 Bildnisse Tübinger Professoren

UAT 26/6, Nr. 31, Akten der Juristischen Fakultät der Universität Tübingen über die Befreiung Tafingers von einer Antrittsvorlesung

UAT 44/152, Nr. 785 - 796, Akten über den Tod Tafingers, die Neubesetzung seiner Stelle und die Besoldung des Professors Gmelin an der juristischen Fakultät der Universität Tübingen

UAT 117/942, Akten des Akademischen Rektoramts, Zentrale Verwaltung, Vorrücken der Universitätslehrer

UAT 129/1, Nr. 541a, Rektor, Jahresrechnungen I, 1536 - 1827, Semesterabrechnung Tafingers 1807

UAT 145/111, Universitätskassenamt, Bericht an die königliche Verwaltung in Stuttgart über die Besoldung der Professoren der juristischen Fakultät für das Jahr 1812

UAT 243/127, Akten des Justitiariat betr. W. G. Tafinger, Hinterlassenschaften

II. gedruckte Quellen

1. Wilhelm Gottlieb Tafingers Werk

Ueber die Lehre von der Einkindschaft, Tübingen 1785

De methodo juris privati Germanici, Tübingen 1786

Ueber den Zwek des teutschen Polizey- und Cameralrechts, Tübingen 1787

Ueber die Bestimmung des Begriffs der Analogie des Teutschen Privatrechts und der Grundsätze, dasselbe zu bearbeiten, Band 1, Tübingen 1787

De fundamento separandi iuris naturae et philosophiae moralis ex divisione officiorum in perfecta et imperfecta petendo quaestio retractata, Erlangen 1788

Enzyklopädie und Geschichte der Rechte in Teutschland zum Gebrauch bey Vorlesungen, Erlangen 1789, 2. Aufl., Tübingen 1800

Lehrsätze des Naturrechts, Tübingen 1794

Versuch einer juristischen Methodologie, Tübingen 1796

Über die wichtigsten Angelegenheiten der Catholischen Kirche, und besonders der teutschen, in Hinsicht auf die gegenwärtige Zeit und den bevorstehenden Frieden, Tübingen 1801

Versuch einer wissenschaftlichen Begründung der Strafrechtslehre zugleich als ein kleiner Beytrag zur großen Revision der neuesten Criminalrechtslitteratur, 2 Bde., Tübingen 1805

Ueber die subsidiarische Succession weiblicher Abkömmlinge in Kunkelleben in Verbindung mit der Lehre von der Renovation der Investitur,Tübingen 1808

Die Rechtswissenschaft nach den Verhältnissen und Bedürfnissen der neuesten Zeit, Tübingen 1808

Miscellen aus dem teutschen Privat- und Lehenrecht, Tübingen 1809

Ueber die Idee einer Criminalgesetzgebung in Beziehung auf die Wissenschaft sowohl als das practische Leben, Tübingen 1811

2. sonstige Quellen

Achenwall, Gottfried/ Pütter, Johann Stephan: Elementa Juris naturae, Göttingen 1750, deutsche Übersetzung und Neuherausgabe: Jan Schröder, Anfangsgründe des Naturrechts, Frankfurt/M 1995

Abel, Jakob Friedrich: Über Hofackers Leben und Charakter, Ein Denkmal für seine Freunde und ein Beytrag zur Gelehrtengeschichte, Tübingen 1793

Almendingen, Harscher von: Darstellung der rechtlichen Imputation, Gießen 1803

Beccaria, Cesare: Dei delitti e delle pene, Livorno 1764, herausgegeben und übersetzt: Karl Esselborn, Über Verbrechen und Strafen, Leipzig 1905, Neudruck: Aalen 1990

Bök, August Friedrich: Geschichte der herzöglich Würtenbergischen Eberhard Carls Universität zu Tübingen, Tübingen 1774

Conring, Hermann: De Origine iuris Germanici, Commentarius Historicus, Helmstadt, 1643; Hrsg.: Michael Stolleis, Der Ursprung des deutschen Rechts, Frankfurt 1994

Cotta, Christoph Friedrich: Einleitung in das natürliche Statsrecht, mit Anwendung auf das Teutsche Reich und Staten, Heidelberg 1786

Cotta, Johann Georg: Einleitung in das allgemeine Statsrecht der teutschen Lande, Tübingen 1786

Cotta, Johann Georg Einleitung in das allgemeine Staatsrecht, 1786 Karlsruhe

Danz, Wilhelm August Friedrich: Handbuch des heutigen deutschen Privatrechts nach dem System des Herrn Hofraths Runde, Band 1, Stuttgart 1800

Danz, Wilhelm August Friedrich: Grundsäze des gemeinen, ordentlichen, bürgerlichen Prozesses, Stuttgart 1792

Danz, Wilhelm August Friedrich: Grundsäze der summarischen Prozesse, Stuttgart, 1792

Eichhorn, Karl Friedrich: Über das geschichtliche Studium des deutschen Rechts, in: Zeitschrift für geschichtliche Rechtswissenschaft I, 1815, S. 124 ff.

Eichhorn, Karl Friedrich: Einleitung in das deutsche Privatrecht mit Einschluß des Lehenrechts, Göttingen 1823

Estor, Johann Georg: Grundsätze des Teutschen Rechts, Marburg 1757

Estor, Johann Georg: Der Teutschen Rechtsgelahrtheit dritter Teil, herausgegeben von Johann Andreas Hofmann, Frankfurt/M 1767

Faber, Ferdinand Friedrich: Die Württembergischen Familienstiftungen nebst genealogischen Nachrichten über die zu denselben berechtigten Familien, Heft 7, Die Bocer'sche Stiftung in Tübingen, Stuttgart 1853

Feuerbach, Paul Joh. Anselm: Anti - Hobbes, Gießen 1797; Neudruck: Darmstadt 1967

Feuerbach, Paul Joh. Anselm: Civilistische Versuche, 1. Theil, Gießen 1803

Feuerbach, Paul Joh. Anselm Kritik des natürlichen Rechts als Propädeutik zu einer Wissenschaft der natürlichen Rechte, Altona 1796

Feuerbach, Paul Joh. Anselm: Ueber die Strafe als Sicherungsmittel vor künftigen Beleidigungen des Verbrechers. Nebst einer näheren Prüfung der Kleinschen Strafrechtstheorie, Chemnitz 1800

Feuerbach, Paul Joh. Anselm: Lehrbuch des gemeinen in Teutschland gültigen peinlichen Rechts, 14. Ausg., Gießen, 1847

Feuerbach, Paul Joh. Anselm: Entwurf des Gesetzbuchs über Verbrechen und Vergehen für das Königreich Baiern, München 1810

Feuerbach, Paul Joh. Anselm: Revision der Grundsätze und Grundbegriffe des positiven peinlichen Rechts, Bd. I: Chemnitz 1799, zit. nach der 2. Aufl., Gießen 1808; Bd. II, Chemnitz 1800

Feuerbach, Paul Joh. Anselm: Ist Sicherung vor dem Verbrecher Zweck der Strafe und ist Strafrecht Präventionsrecht? in: Bibliothek für die peinliche Rechtswissenschaft und Gesetzkunde, Hrsg.: Karl Grolman, 1798, 1. Theil, 2. Stück, S. 3 ff.

Fichte, Johann Gottlieb: Grundlage des Naturrechts, 2 Theile, Jena 1796/97

Fischer, Friedr. Christ.: Entwurf einer Geschichte des Teutschen Rechts, Leipzig 1781

Fischer, Chph. Jonath.: Litteratur des germanischen Rechts, Leipzig 1782

Fries, Jakob Friedrich: Grundriß der Logik, Heidelberg 1811

Gerber, Carl Friedr. Wilh. von: Das wissenschaftliche Princip des gemeinen deutschen Privatrechts, Jena 1848; mit einer Einl. neu hrsg. von: Wolfgang Pöggeler, Hildesheim 1998

Gerstlacher, Carl Friedrich: Handbuch der teutschen Reichsgesetze, 10. Theil, Teutsches Privatrecht, Stuttgart 1791

Gildemeister, Joh. Friedrich: Juristische Encyclopädie und Methodologie, Duisburg 1783

Globig, Hans Ernst von: Versuch einer Theorie der Wahrscheinlichkeit zur Gründung des historischen und gerichtlichen Beweises, 1.Theil, Regensburg 1806

Glück, Christian Friedrich: Ausführliche Erläuterung zu den Pandecten nach Hellfeld, ein Commentar; 1. Th., 2. Auflage, Erlangen 1797

Gmelin, Christian Gottlieb: Grundsätze der Gesetzgebung über Verbrechen und die Strafen, Tübingen 1785

Gönner, Nicolaus Taddäus: Teutsches Staatsrecht, Landshut 1804

Gradmann, Johann Jacob: Das gelehrte Schwaben oder Lexicon der jetzt lebenden Schwäbischen Schriftsteller, Ravensburg 1802

Grolman, Karl: Grundsätze der Criminalrechtswissenschaft nebst einer systematischen Darstellung des Geistes der deutschen Criminalgesetze, Gießen 1798, 4. Aufl. 1825

Grolman, Karl: Ueber doctrinelle Gesetzesauslegung, in: Bibliothek für die peinliche Rechtswissenschaft und Gesetzkunde, Hrsg.: Karl Grolman, 1798, 1. Teil

Grolman, Karl: Ueber die Begründung des Strafrechts und der Strafgesetzgebung, nebst einer Entwickelung der Lehre von dem Maasstabe der Strafen und der juridischen Imputation, Gießen 1799

Gros, Karl Heinrich: Lehrbuch der philosophischen Rechtswissenschaft oder des Naturrechts, Tübingen 1802, 6. Aufl., Tübingen 1841

Häberlin, Karl Friedrich: Materialien und Beyträge zur Geschichte, den Rechten und deren Litteratur, Erlangen 1784

Häberlin, Karl Friedrich: Handbuch des Teutschen Staatsrechts nach dem System des geheimen und Justizrath Pütter, Band I, 2. Ausgabe, Berlin 1797

Harpprecht, Christoph Friedr.:Abhandlung von den Quellen des heutigen Würtembergischen bürgerlichen Rechts, welches in dem Gesezbuch Herzogs Johann Friderichs enthalten ist, 2. Theil, in: Gründliche Auszüge aus den von berühmtesten Rechtsgelehrten geschriebenen lateinischen Abhandlungen über das herzöglich würtembergische Land- Recht; hrsg. von: Pistorius, Emmanuel Heinrich, Tübingen 1780, 3. St.

Hegel, Georg Wilh. Friedr.: Abhandlung über die wissenschaftliche Behandlung des Naturrechts (= Kritisches Journal der Philosophie, II. Band, 2.Stück), Tübingen 1802

Hegel, Georg Wilh. Friedr.: Grundlinien der Philosophie des Rechts, Berlin 1821, zit. nach der Ausgabe von Johannes Hoffmeister, Philosophische Bibliothek, Band 483, Hamburg 1995

Hepp, J. C. Th.: Commentar über das neue Straf-Gesetzbuch nach seinen authentischen Quellen, Tübingen 1839

Höpfner, Ludw. Julius Friedrich: Naturrecht des einzelnen Menschen, der Gesellschaften und der Völker, Gießen 1780; 5. Aufl., Gießen 1790

Hofacker, Carl Christoph: Entwurf einer systematischen Methode im Vortrage des ungemischten römischen Rechts nebst einer Anzeige seiner nach demselben einzurichtenden Vorlesungen, Göttingen 1771

Hoffmann, Chr. Gottfried: Einleitung in das Jus Publicum des Heiligen Römischen Reichs, Frankfurt/O 1734

Hübner, Rudolf: Grundzüge des deutschen Privatrechts, Leipzig 1908, 5. Aufl. 1908

Hufeland, Gottlieb: Einleitung in die Wissenschaft des deutschen Privatrechts nebst einem Entwurfe einer vollständigen Darstellung derselben, Jena 1796

Hufeland, Gottlieb: Beyträge zur Berichtigung und Erweiterung der positiven Rechtswissenschaften, 1. Stück, Jena 1792

Hufeland, Gottlieb: Abriss der Wissenschaftskunde und Methodologie der Rechtsgelehrsamkeit, Jena 1797

Hufeland, Gottlieb: Institutionen des gesamten positiven Rechts oder systematische Encyklopädie der sämtlichen Begriffe und unstreitigen Grundsätze aller in Deutschland geltenden Rechte, 2. Aufl., Jena 1803

Hufeland, Gottlieb: Lehrbuch des in den deutschen Ländern geltenden gemeinen oder subsidiarischen Civilrechts, Bd. I, Giesen 1808

Hufeland, Gottlieb: Ueber den eigenthümlichen Geist des Römischen Rechts, 1. Th., Giesen 1815; 2. Th., Giesen 1816

Hugo, Gustav: Lehrbuch eines civilistischen Cursus, Bd. I, Lehrbuch der juristischen Encyclopädie zum ersten mündlichen Unterrichte über die Quellen, Anfangsgründe und Lehrarten aller in Deutschland geltenden Rechte, Göttingen, Berlin 1792

Hugo, Gustav: Lehrbuch eines civilistischen Cursus, Bd. II, Lehrbuch des Naturrechts als einer Philosophie des positiven Rechts, Berlin 1798

Jordan, Silvester: Über die Auslegung der Strafgeseze mit besonderer Rücksicht auf das gemeine Recht, Landshut 1818

Justi, Joh. Heinr. Gottlob von: Natur und Wesen der Staaten als die Quelle aller Regierungswissenschaften und Gesezze, Hrsg.: Heinrich Gottfried Scheidemantel, mit Anmerkungen desselben, Mitau 1771

Justi, Karl Wilhelm u. Mursinna, Friedrich Samuel (Hrsg.): Annalen der deutschen Universitäten, Marburg 1778

Kant, Immanuel: Metaphysische Anfangsgründe der Rechtslehre, Metaphysik der Sitten erster Teil, 1797, Hrsg.: Bernd Ludwig, 2. Aufl., Hamburg 1998

Kant, Immanuel: Kritik der praktischen Vernunft, 1787, Hrsg.: Karl Vorländer, Berlin 1993

Kant, Immanuel Kants Gesammelte Schriften, Bd. XI, Abt. 2, Briefwechsel, Bd. 2, Hrsg.: Königlich Preußische Akademie der Wissenschaften, Berlin 1993

Kierulff, Joh. Friedr. Martin: Theorie des gemeinen Civilrechts, 1. Band, Altona 1839

Klein, Ernst Friedrich: Grundsätze des gemeinen teutschen und preußischen peinlichen Rechts, Halle 1796

Klüber, Johann Ludwig: Öffentliches Recht des Teutschen Bundes und der Bundesstaaten, Frankfurt / Main, 1817; 2. Aufl. 1822; 4. Aufl. 1840

Köstlin, Christian Reinhold: Trauerrede am Grabe des Herrn Wilhelm Gottlieb Tafinger, gehalten von Prof. Köstlin, Stuttgart 1813

Krug, Wilhelm Traugott: Allgemeines Handwörterbuch der philosophischen Wissenschaften nebst ihrer Literatur und Geschichte, 5. Band, 1. Abtheilung, Leipzig 1838

Krüll, Franz Xaver: Teutsches Privatrecht, Landshut 1805, 2. Aufl. 1821

Kümmerle, Gottfried Friedrich: Anzeige derjenigen Grabschriften und Denkmäler, welche in und neben der Stifts- oder St. Georgen- Kirche wie auch in der Schloß- und Hospital- oder St. Jakobs- Kirche zu Tübingen befindlich sind, so wie auch, Auszüge aus der hiesigen Todten- Registern von 1603- 1827, Tübingen 1827

Lochner, Johann Georg: Der Geist der Gesetze der Teutschen, Nürnberg 1761

Maaß, Johann Gebhard: Rechte und Verbindlichkeiten überhaupt und die bürgerlichen insbesondere, Halle 1794

Meier, Georg Friedrich: Versuch einer allgemeinen Auslegungskunst, Halle 1747

Majer, Johann Christian von: Teutsches weltliches Staatsrecht abgetheilt in Reichs- und Landrecht, Leipzig 1775

Majer, Johann Christian von: Allgemeine Einleitung in Privat-Fürstenrecht überhaupt, Tübingen 1783

Mayer, Helmut: Kant, Hegel und das Strafrecht, in: FS für Karl Engisch zum 70. Geb., Hrsg.: Paul Bockelmann, Arthur Kaufmann, Ulrich Klug, Frankruft /M 1969, S. 54 ff.

Mittermaier, Carl Joseph Anton: Versuch einer wissenschaftlichen Behandlung des deutschen Privatrechts: mit einem Grundriße zu Vorlesungen, Landshut 1815

Mittermaier, Carl Joseph Anton: Lehrbuch des deutschen Privatrechts, Landshut 1821

Mittermaier, Carl Joseph Anton: Ueber die Grundfehler der Behandlung des Criminalrechts in Lehr- und Strafgesetzbüchern, Bonn 1829

Mittermaier, Carl Joseph Anton: Grundsätze des gemeinen deutschen Privatrechts, Landshut 1824

Moser, Johann Jacob: Würtembergisches Gelehrtenlexikon, so vil die jetzt lebende Würtembergische Schriftsteller betrifft, 1. Theil, Stuttgart 1772

Moser, Johann Jacob: Neues Teutsches Staatsrecht, Band 1, Stuttgart 1766, Neudruck Osnabrück 1967

Moser, Johann Jacob: Auszug seines neuen Teutschen Staatsrechtes; zum bequemeren Gebrauch dieses größern Werkes als ein Handbuch oder systematisches reales Register, Stuttgart 1776

Münch, Johann Gottlieb: Rede bei der Beerdigung des Herrn Johann Christian von Majer, königl. Ober- Tribunalraths, ordentl. Professor der Staats- und des Lehen- Rechts und Ritter des königl. Civil- Verdienstordens, Tübingen 1821

Mursinna, Friedrich Samuel: Akademisches Taschenbuch zum Nutzen und Vergnügen für Studierende auf das Jahr 1791, 1792

Nettelbladt, Daniel: Vorschläge zur Verbesserung jur. Vorlesungen, in: Daniel Nettelbladts Sammlung kleiner juristischer Abhandlungen. Nebst desselben Leben und vollständigem Verzeichnis seiner Schriften, Halle 1792

Nettelbladt, Daniel: Abhandlung von der practischen Rechtsgelahrtheit überhaupt deren Theilen, Quellen und Hülfsmitteln wie auch der Art und Weise dieselbe zu lehren und zu lernen, Halle 1764

Nettelbladt, Daniel: Erörterungen einiger einzelner Lehren des teutschen Staatsrechtes, Halle 1773

Nettelbladt, Daniel: Abhandlung von dem ganzen Umfange der natürlichen und der in Teutschland üblichen positiven gemeinen Rechtsgelahrtheit wie auch seinen darauf gerichteten Vorlesungen, Halle 1772, Nachdruck Hrsg.: Bernhard Martin Scherl, Hildesheim 1998

Nettelbladt, Daniel: Abhandlung über die rechte Einrichtung eines Lehrbuches der Staatsrechtsgelahrtheit der Teutschen, Wöchentliche Hallische Anzeigen des Jahres 1784, Num. XXXIV, S. 1

Posse, Adolf Felix Heinrich: Giebt es gemeines deutsches Privatrecht, und was ist der Gegenstand desselben? in: Abhandlungen einiger vorzüglichen Gegenstände des deutschen Staats- und Privatrechts, Rostock, Leipzig 1802, 1. Heft, 1. Abhandlung

Pütter, Johann Stephan: Neuer Versuch einer jur. Encyclopädie und Methodologie, Göttingen 1767

Pütter, Johann Stephan: Institutiones Iuris Publici, Göttingen 1770; übersetzt von: Carl Anton Friedrich Graf von Hohenthal, Anleitung zum teutschen Staatsrechte, Bayreuth 1791

Pütter, Johann Stephan: Kurzer Begriff des Teutschen Staatsrechts, Göttingen 1768

Pütter, Johann Stephan: Litteratur des Teutschen Staatsrecht, Band 2, Göttingen 1781

Pütter, Johann Stephan: Elementa iuris publici germanici privati hodierni, Göttingen 1748

Pütter, Johann Stephan: Anleitung zur juristischen Praxi wie in Teutschland sowohl gerichtliche als aussergerichtliche Rechtshändel oder andere Canzley- Reichs und Staatssachen schriftlich oder mündlich verhandelt, und in Archiven beygelegt werden., 1. Theil, 4. Aufl., Göttingen 1780

Pütter, Johann Stephan: Beyträge zum teutschen Staats- und Fürstenrechte, Th. 2, Göttingen 1779

Reitemeier, Johann Friedrich: Encyclopädie und Geschichte der Rechte in Deutschland, Göttingen 1785

Reyscher, August Ludwig: Über das Daseyn und die Natur des deutschen Rechts, in: Zeitschrift für deutsches Recht und deutsche Rechtswissenschaft, 1. Band, Leipzig 1839, S. 11

Rössig, Karl Gottlob: Erste Grundsätze des dt. Privatrechts zu Vorlesungen und als Einleitung zur Erlernung des reinen deutschen Privatrechts, Leipzig 1797

Rössig, Karl Gottlob: Die Altertümer der Deutschen in einem ausführlichen Handbuche dargestellt, Leipzig 1797

Runde, Justus Friedrich: Beyträge zur Erläuterung rechtlicher Gegenstände, 2. Band, Göttingen 1802

Runde, Justus Friedrich: Grundsätze des gemeinen Deutschen Privatrechts, Göttingen 1791 (5. Aufl. 1817, von Christian Ludwig Runde fortgeführt)

Runde, Christian Ludwig: Abhandlung der Rechtslehre von der Interims-Wirthschaft auf deutschen Bauerngütern, Göttingen 1796, 2. Aufl., Göttingen 1832

Savigny, Friedrich Carl von: Vorlesungen über juristische Methodologie 1802 bis 1842, Hrsg.: Aldo Mazzacane, Frankfurt/M 1993

Savigny, Friedrich Carl von: Juristische Methodenlehre, nach der Ausarbeitung des Jakob Grimm, hrsg. von: Gerhard Wesenberg, Stuttgart 1951

Savigny, Friedrich Carl von: Vom Beruf unserer Zeit für Gesetzgebung und Rechtswissenschaft, Heidelberg 1814

Savigny, Friedrich Carl von: System des heutigen Römischen Rechts, 1. Band, Berlin 1840

Schaumann, Joh. Christ. Gottl.: Wissenschaftliches Naturrecht, Halle 1792

Scheidemantel, Heinr. Gottfried: Das allgemeine Staatsrecht überhaupt und nach der Regierungsform, Jena 1775

Schlosser, Johann Georg: Briefe über die Gesezgebung überhaupt, und den Entwurf des preußischen Gesezbuches insbesondere, Frankfurt 1789

Schlosser, Johann Georg: Vorschlag und Versuch einer Verbesserung des teutschen bürgerlichen Rechts ohne Abschaffung des Römischen Gesetzbuchs, Leipzig 1777

Schlözer, August Ludwig von: Allgemeines Stats-Recht und Stats-Verfassungs-Lere, Göttingen 1793

Schmalz, Theodor: Handbuch des teutschen Land- und Lehnrechts, Königsberg 1796

Schmid, Joseph Karl: Über den Urgrund des Strafrechts, Augsburg 1801

Schnaubert, Andreas Joseph: Summarische Einleitung in das Staatsrecht der gesammten Reichs- Lande nebst einem kurzen Entwurf desselben, Jena 1787

Schott, August Friedrich: Entwurf einer juristischen Encyclopädie und Methodologie, zum Gebrauch akademischer Vorlesungen, Leipzig 1772; fortgeführt von Jacob Samuel Kees, 6. Aufl., Leipzig 1794

Selchow, Joh. Christ. Heinr. v.: Juristische Bibliothek von neuen juristischen Büchern und Abhandlungen, Bände 1-5, 1764 - 1782

Selchow, Joh. Christ. Heinr. v.: Geschichte der in Teutschland geltenden fremden Rechte und einheimischen Rechte, zum Behuf academischer Vorlesungen, Göttingen 1767

Selchow, Joh. Christ. Heinr. v.: Grundriss der Teutschen Reichsgeschichte, Göttingen 1775

Selchow, Joh. Christ. Heinr. v.: Anfangsgründe des Braunschweig Lüneburgischen Privatrechts, Göttingen 1760

Spengel, Franz von Paula: Grundsätze von dem deutschen Privatrecht überhaupt, Nebst einer Anzeige seiner auf der hohen Schule zu Heydelberg währenden Sommer des 1774. Jahres zu halten gesonnener Vorlesung, Mannheim 1774

Steiert, Franz Xaver: Abriß der Geschichte der teutschen Privatrechts-Gelehrsamkeit, Würzburg 1786

Storr, Johann Christian: Worte Gottes bei der Leichbegräbnis des Wilhelm Gottlieb Tafinger, Stuttgart 1757

Stürzer, Joseph: Über den Zustand des Criminalwesens in Teutschland am Anfange des 19. Jh., Landshut 1803

Thibaut, Anton Friedr. Justus: Ueber die sogenannte historische und nicht-historische Rechtsschule, Heidelberg 1838

Thibaut, Anton Friedr. Justus: Beyträge zur Critick der Feuerbachischen Thorie über die Grundbegriffe des peinlichen Rechts, Hamburg 1802

Thibaut, Anton Friedr. Justus: Versuche über einzelne Theile der Theorie des Rechts, 1. Band, 2. Ausgabe, Jena 1817

Thibaut, Anton Friedr. Justus: Juristische Encyclopädie und Methodologie zum eignen Studio für Anfänger und zum Gebrauch academischer Vorlesungen, Altona 1797

Thibaut, Anton Friedr. Justus: Theorie der logischen Auslegung des römischen Rechts, Altona 1799, 2. Aufl.: 1806

Thibaut, Anton Friedr. Justus: Ueber die Nothwendigkeit eines allgemeinen bürgerlichen Rechts für Deutschland, in: Civilistische Abhandlungen, Heidelberg 1814

Tittmann, Karl August: Grundlinien der Strafrechtswissenschaft und der deutschen Strafgesetzkunde, Leipzig 1800

Ulrich, Ludw. Jac.: Versuch einer Kritik der von Hufeland und Feuerbach behaupteten Deduction der Prinzipien des deutschen Privatrechts, Marburg 1804

Wächter, Carl Georg von: Gemeines Recht Deutschlands, insbesondere gemeines deutsches Strafrecht, Leipzig 1844

Wächter, Carl Georg von: Handbuch des im Königreiche Württemberg geltenden Privatrechts; Geschichte, Quellen und Literatur des Württembergischen Privatrechts I, Stuttgart 1839; Band II, Stuttgart 1842

Wächter, Carl Georg von: Lehrbuch des römisch - teutschen Strafrechts I, Stuttgart 1825

Wagner, Johann Jakob: System der Ideal-Philosophie, Leipzig 1804

Wagner, Johann Jakob: Grundriss der Staatswissenschaft und Politik, Leipzig 1805

Weiße, Christian Ernst: Einleitung in das gemeine deutsche Privatrecht, Leipzig 1817

Westphal, Ernst Christian: Das Teutsche Staatsrecht, Leipzig 1784

Wiesand, Georg Stephan: Juristisches Hand-Buch, worinnen die teuschen Rechte sowohl der alten als der neueren Zeiten aus ihren Quellen hergeleitet, der Verstand dunkler Wörter und Redensarten erkläret, die merkwürdigsten Sachen aber in alphabetischer Ordnung kürzl. erörtert, Hildburghausen 1762

Wigand, Paul: Ueber deutsches Provinzial- Rechte und ihre Sammlung in den Ländern des Königreichs Preussen, in: Archiv für Geschichte und Alterthumskunde Westphalens, Bd. 3, Heft 4, 1828

Wolff, Christian: Vernünftige Gedanken von Gott, der Welt und der Seele des Menschen, Auch allen Dingen überhaupt, Band 1, 5. Aufl., Frankfurt, Leipzig 1733

Zachariä, Karl Salomo: Grundlinien einer wissenschaftlichen juristischen Encyclopädie, Zur Ankündigung seiner von Ostern bis Michael 1795 auf der Universität Wittenberge zu haltenden Vorlesungen, Leipzig 1795

Zachariä, Karl Salomo: Versuch einer allgemeinen Hermeneutik, Meissen 1805

Zachariä, Heinrich Albert: Die Lehre vom Versuche des Verbrechen, Göttingen 1836

B) Literatur

Badura, Peter: Generalprävention und Würde des Menschen, in: JZ 1964, S. 337 ff.

Baum, Hanns: Ein berühmter Sohn von Vaihingen, in: „Der Enz Bote" vom 08.12.1937

Bauer, Paul: Naturrecht und Protestantismus als historische Quelle allgemeiner Menschenrechte, Linz 1981

Bergk, Johann Adam: Briefe über Immanuel Kants metaphysische Anfangsgründe der Rechtslehre, enthaltend Erläuterungen, Prüfungen und Einwürfe, Leipzig 1797, Nachdruck v. 1968

Berner, Albert Friedrich: Die Strafgesetzgebung in Deutschland vom Jahre 1751 bis zur Gegenwart, Leipzig 1867

Björne, Lars: Deutsche Rechtssysteme im 18. und 19. Jahrhundert, (= Abhandlungen zur Rechtswissenschaftlichen Grundlagenforschung, Bd. 59) Ebelsbach 1984

Bullinger, Martin: Öffentliches Recht und Privatrecht, (= res publica, Beiträge zum öffentlichen Recht, Band 17, Hrsg.: Ernst Forsthoff) Stuttgart 1968

Buschmann, Arno: Textbuch zur Strafrechtsgeschichte der Neuzeit, Die klassischen Gesetze, München 1998

Bund, Elmar: Juristische Logik und Argumentation, Freiburg 1983

Breuer, Dieter: Topik, München 1981

Coing, Helmut: Europäisches Privatrecht, Band I, 1500- 1800, München 1985

Coing, Helmut: Europäisches Privatrecht, Bd. II, München 1989

Dilcher, Gerhard: Der rechtswissenschaftliche Positivismus, Wissenschaftliche Methode, Sozialphilosophie, Gesellschaftspolitik, in: Archiv f. Rechts- und Sozialphilosophie, Bd. LXI/4, 1975, S. 517 ff.

Dreier, Ralf: Zum Begriff der Natur der Sache, (= Münsterische Beiträge zur Rechts- und Staatswissenschaft, Heft 9) Berlin 1965

Ehrlich, Eugen: Beiträge zur Theorie der Rechtsquellen, 1. Theil, Das ius civile, ius publicum, ius privatum, Berlin 1902

Eisenhardt, Ulrich: Deutsche Rechtsgeschichte, 3. Aufl., München 1999

Eisenhart „Hofacker, Karl Christoph" in: ADB, Bd. 12, S. 551 – 553, Berlin 1880, 2. Aufl. Berlin 1969

Elsener, Ferdinand: Fünfhundert Jahre Tübinger Juristenfakultät, in: JZ 1977, S. 617

Elwert, W. Theodor: „Gmelin“ in NDB, 6. Bd., S. 476 – 478, Berlin 1964

Erler, Adalbert: „Germanisten“ in: HRG, Band III, 1984, Sp. 1582- 1584

Faber, Ferdinand Friedrich: Die Württembergischen Familien – Stiftungen nebst genealogischen Nachrichten über die zu denselben berechtigten Familien, Stuttgart 1853, Band XXV

Falk, Johann: Die Analogie im Recht, Mainz 1906

Fikentscher, Wolfgang: Methoden des Rechts in vergleichender Darstellung, Bd. IV, Tübingen 1977

Georgii-Georgenau, Eberh. Emil v.: „Zweihundert hochbegabte Württemberger und unter ihnen weltberühmte“ Auszug aus dem im Jahre 1801 v. Prof. Seybold verfassten Historienbüchlein; der Jugend zur Stärkung der Vaterlandsliebe in Erinnerung gebracht, Stuttgart 1892

Georgii-Georgenau, Eberh. Emil v.: Biographisch-Genealogische Blätter aus und über Schwaben, Stuttgart 1879

Gethmann, Carl F.: “Topik” in: Enzyklopädie Philosophie und Wissenschaftstheorie, Band 1, Sp. 320 ff., Hrsg.: Jürgen Mittenstraß, Stuttgart

Gmür, Rudolf: Grundriß der deutschen Rechtsgeschichte, 9. Aufl., Mainz 2000

Gmür, Rudolf: Rechtswirkungsdenken in der Privatrechtsgeschichte, Bern 1981

Grimm, Dieter: Zur politischen Funktion der Trennung von öffentlichem und privatem Recht in Deutschland, in: Studien zur europäischen Rechtsgeschichte, S. 224 ff., Frankfurt 1972, Hrsg.: Walter Wilhelm

Hartung, Gerald: Die Naturrechtsdebatte, Geschichte der Obligatio vom 17. bis 20 Jahrhundert, 2. Aufl., Freiburg, München 1999

Hoffmann, Peter: Vergeltung und Generalprävention im heutigen Strafrecht, Aachen 1995

Horn, Norbert: Zur Bedeutung der Topiklehre Theodor Viehwegs für eine einheitliche Theorie des juristischen Denkens, NJW 1967, S. 601 ff.

Hübner, Rudolf: Grundzüge des deutschen Privatrechts, 3. Aufl., Leipzig 1919

Jakobs, Horst Heinrich: Die Begründung der geschichtlichen Rechtswissenschaft, Paderborn etc. 1992

Kaufmann, Arthur: Das Verfahren der Rechtsgewinnung, Eine rationale Analyse, München 1999

Kaufmann, Arthur: Analogie und „Natur der Sache", Zugleich ein Beitrag zur Lehre vom Typus, 2. Aufl., Heidelberg 1982

Kaufmann, Arthur: Rechtsphilosophie, 2. Aufl., München 1997

Kleinheyer, Gerd/ Schröder, Jan: Deutsche Juristen aus fünf Jahrhunderten, 3. Aufl., Heidelberg 1989

Klüpfel, Karl / Eifert, Max: Geschichte und Beschreibung der Universität Tübingen, In 2 Abteilungen, Neudruck der Ausgabe von 1849, Aalen 1977

Klüpfel, Karl: Geschichte und Beschreibung der Universität Tübingen, Tübingen 1849

Kluxen, W.: „Analogie" I, in: Historisches Wörterbuch der Philosophie, Band 1, Sp. 214 – 227, Hrsg. Joachim Ritter, Darmstadt

Knemeyer, Franz-Ludwig: Polizeibegriffe in den Gesetzen des 15. bis 18. Jahrhunderts, in: AöR 92 (1967) S. 153 ff.

Kroeschell, Karl: Das Kreuzberg- Urteil, VBlBW 1993, S. 268 ff.

Kroeschell, Karl: Deutsche Rechtsgeschichte 3, seit 1650, Opladen 1989

Kroeschell, Karl: Zielsetzung und Arbeitsweise der Wissenschaft vom gemeinen deutschen Privatrecht, in: Wissenschaft und Kodifikation des Pivatrechts im 19. Jh., S. 249 ff., Hrsg.: Helmut Coing, Frankfurt 1974

Langhein, A. W. Heinrich: Das Prinzip der Analogie als juristische Methode, Ein Beitrag zur Geschichte der methodologischen Grundlagenforschung vom ausgehenden 18. bis zum 20. Jahrhundert, Berlin 1992

Larenz, Karl / Canaris, Claus-Wilh.: Methodenlehre der Rechtswissenschaft, 3. Aufl., Berlin, Heidelberg 1995

Larenz, Karl: Methodenlehre der Rechtswissenschaft, 6. Aufl., Berlin etc. 1991

Leist, Burkard Wilhelm: Naturalis ratio und Natur der Sache, Ein Nachtrag zu der Schrift „Ueber die Natur des Eigenthums", Jena 1860

Lewinski, Klaus von: Deutschrechtliche Systembildung im 19. Jahrhundert, Frankfurt 2001

Luig, Klaus: Die Theorie der Gestaltung eines nationalen Privatrechtssystems aus römisch-deutschem Rechtsstoff, in: Wissenschaft und Kodifikation des Privatrechts im 19. Jh., Hrsg.: Helmut Coing, Frankfurt 1974, S. 217 ff.

Luig, Klaus: Die Anfänge der Wissenschaft vom deutschen Privatrecht, in: Ius Commune, Bd. I, Frankfurt 1967, Hrsg.: Helmut Coing, S. 195 ff.

Luig, Klaus: Richterkönigtum und Kadijurisprudenz im Zeitalter von Naturrecht und Usus Modernus: Augustin Leyser, in: Das Profil des Juristen in der europäischen Tradition, Ebelsbach 1980, S. 295 ff.

Luig, Klaus: „Mos gallicus, mos italicus" in: HRG, Bd. III, Berlin 1984, Sp. 691 - 698

Marx, Heinrich: Die juristische Methode der Rechtsfindung aus der Natur der Sache bei den Göttinger Germanisten Johann Stephan Pütter und Justus Friedrich Runde, Göttingen 1967

Mathiesen, Thomas: Gefängnislogik, Über alte und neue Rechtfertigungsversuche, Studienreihe Skandinavische Sozialwissenschaften Band 3, Hrsg.: Knut Papendorf, Hamburg 1989

Mayer-Maly, Th.: Natur der Sache, in: HRG III, Sp. 917 - 922

Mayer, Helmut: Kant, Hegel und das Strafrecht, in: FS für Karl Engisch, Hrsg.: Paul Bockelmann, Arthur Kaufmann, Ulrich Klug, Frankfurt /M 1969, S. 54 ff.

Müller, Helga: Der Begriff der Generalprävention im 19. Jahrhundert, Frankfurt/M 1984

Neusüß, Wolfgang: Gesunde Vernunft und Natur der Sache, Berlin 1970

Planitz, Hans/ Eckhardt, Karl August: Deutsche Rechtsgeschichte, 3. Aufl., Graz, Köln 1971

Pöggeler, Wolfgang: Vorwort in: Carl Friedrich Wilhelm von Gerber, Das wissenschaftliche Princip des gemeinen deutschen Privatrechts, Jena 1846, neu herausgegeben von Wolfgang Pöggeler, Hildesheim etc. 1998

Pöggeler, Wolfgang: Vorwort in: Carl Friedrich Wilhelm von Gerber, Grundzüge des deutschen Staatsrechts, Leipzig 1880, neu herausgegeben von Wolfgang Pöggeler, Hildesheim etc. 1998

Primavesi, O.: „Topik I." in: Historisches Wörterbuch der Philosophie, Band 10, Hrsg.: Joachim Ritter, Karlfried Gründer, Sp. 1263- 1269, Darmstadt

Raisch, Peter: Juristische Methoden, Vom antiken Rom bis zur Gegenwart, Heidelberg 1995

Rehbock, Klaus: Topik und Recht, eine Standortanalyse unter besonderer Berücksichtigung der aristotelischen Topik, München 1988

Reichert, Bernd: Polizeirecht, 4. Aufl., Baden-Baden 1993

Romeo, Francesco: Analogie, zu einem relationalem Wahrheitsbegriff im Recht, Ebelsbach 1991

Rüping, Hinrich: Grundriß der Strafrechtsgeschichte, 2. Aufl., München 1991

Sauer, Paul: Im Namen des Königs, Strafgesetzgebung und Strafvollzug im Königreich Württemberg von 1806 bis 1871, Stuttgart 1984

Schlosser, Hans: Das wissenschaftliche Prinzip der germanisti schen Privatrechtssysteme. Bedeutungswandel und aktuelle Folgewirkungen, in: Beiträge zur Rechtsgeschichte. Gedächtnisschrift für Hermann Conrad, herausgegeben von Gerd Kleinheyer und Paul Mikat, Paderborn etc. 1979

Schlosser, Hans: Neuere Privatrechtsgeschichte, 7. Aufl., Heidelberg 1992

Schmidhäuser, Eberhard: Vom Sinn der Strafe, 2. Auflage, Göttingen 1971

Scholl, Reinhold: Die Bildersammlung der Universität Tübingen, 1477- 1927

Schott, Theodor: „Kapff" in: ADB, Bd. 15, Berlin 1882, 2. Aufl. Berlin 1969, S. 99

Schröder, Jan: „Naturrecht bricht positives Recht" in der Rechtstheorie des 18. Jahrhundert, in: Staat, Kirche, Wissenschaft in einer pluralistischen Gesellschaft, FS zum 65. Geburtstag von Paul Mikat, Berlin 1984, S. 419 ff.

Schröder, Jan: Zur Analogie in der juristischen Methodenlehre der frühen Neuzeit, in: ZRG (Germ. Abt.) 114 (1997), S. 1 ff.

Schröder, Jan: Privatrecht und öffentliches Recht. Zur Entwicklung der modernen Rechtssystematik in der Naturrechtslehre des 18. Jahrhunderts, in: FS für Joachim Gernhuber zum 70. Geburtstag, 1993, S. 961 ff.

Schröder, Jan: Recht als Wissenschaft, Geschichte der juristischen Methode vom Humanismus bis zur historischen Schule (1500 – 1850), München 2001

Schröder, Jan: Die Einteilung des Rechts in öffentliches Recht und Privatrecht, Eine naturrechtliche Theorienbildung? in: Rättshistoriska Studier, 1993, Band XIX, Juristische Theorienbildung und Rechtliche Einheit, Beiträge zu einem rechtshistorischen Seminar in Stockholm 1992, S. 179 ff.

Schröder, Jan: Entwicklung der Methodenlehre in Rechtswissenschaft und Philosophie vom 16. bis zum 18. Jh.: Beiträge zu einem interdisziplinären Symposium in Tübingen, Stuttgart 1998

Schröder, Jan: Wissenschaftstheorie und Lehre der „praktischen Jurisprudenz“ auf deutschen Universitäten an der Wende zum 19. Jh.; Frankfurt /M 1979

Schröder, Jan: Wissenschaftliche Ordnungsvorstellungen im Privatrecht der frühen Neuzeit, in: Ius Commune 24 (1997), S. 25 ff.

Schröder, Rainer: Die Strafgesetzgebung in Deutschland in der ersten Hälfte des 19. Jahrhunderts, in: Die Bedeutung der Wörter, FS für Sten Gagner, München 1991, S. 403 ff.

Schröder, Rainer: Entwürfe eines Strafgesetzbuchs für das Königreich Württemberg, Stuttgart 1823 und 1832, Hrsg.: Rainer Schröder, Frankfurt /M 1989

Seiffert, Helmut: Einführung in die Wissenschaftstheorie I, 12. Aufl., München 1996

Seelmann, Kurt: Hegels Straftheorie in seinen „Grundlinien der Philosophie des Rechts, JuS 1979, S. 687 ff.

Sigloch, Gerhard: Die Analogie als rechtstheoretischer Grundbegriff, Frankfurt /M 1982

Solomon, Robert/ Higgins, Kathleen: Eine kurze Geschichte der Philosophie, München 1997

Sprenger, Gerhard: Naturrecht und Natur der Sache, Berlin 1976

Stark, Werner: Nachforschungen zu Briefen und Schriften Immanuel Kants, Berlin 1993

Steinwenter, Artur: Prolegomena zur Geschichte der Analogie, FS Schulz II, Weimar 1951, S. 345 ff.

Stintzing Roderich/ Landsberg, Ernst: Geschichte der Deutschen Rechtswissenschaft, Bd. I, München u. Leipzig 1880; Bd. II, München u. Leipzig 1884; Bd. III 1, München u. Leipzig 1898; Bd. III 2, München u. Berlin 1910

Stolleis, Michael: Geschichte des öffentlichen Rechts in Deutschland, 2. Band, München 1992

Stratenwerth, Günter: Was leistet die Lehre von den Strafzwecken?, Berlin, New York 1995

Struck, Gerhard: Topische Jurisprudenz, Argument und Gemeinplatz in der juristischen Arbeit, Frankfurt 1971

Stühler, Hans-Ulrich: Die Diskussion um die Erneuerung der Rechtswissenschaft von 1780 – 1815, Berlin 1978

Thieme, Hans: „Deutsches Privatrecht" in: HRG, Bd. I, 1971, Sp. 702 - 709

Viehweg, Theodor: Topik und Jurisprudenz, Ein Beitrag zur rechtswissenschaftlichen Grundlagenforschung, 4. Aufl., 1969 München

Viehweg, Theodor: Rechtsphilosophie und rhetorische Rechtstheorie, Hrsg.: Heino Garrn, Koblenz 1994

Vogenauer, Stefan: Die Auslegung von Gesetzen in England und auf dem Kontinent, Tübingen 2001

Walcher, Wolfgang: Die Polizeiwissenschaft, in: Das Polizeiblatt für das Land Baden- Württemberg, Stuttgart 1970, S. 149 ff.

Weber, Joachim: Zum Genugtuungsinteresse des Verletzten als Strafzweck, Trier 1997

Wesenberg, Gerhard / Wesener, Gunter: Neuere deutsche Privatrechtsgeschichte im Rahmen der Europäischen Rechtsentwicklung, 4. Aufl., Wien 1985

Wieacker, Franz: Privatrechtsgeschichte der Neuzeit, unter besonderer Berücksichtigung der deutschen Entwicklung, Göttingen 1967

Wilburg, Walter: Entwicklung eines beweglichen Systems im bürgerlichen Recht, Graz 1950

Würtenberger, Thomas/ Heckmann, Dirk/ Riggert, Rainer: Polizeirecht Baden Württemberg, 4. Aufl., Freiburg 1999

Zernik, Bruno: Begriff und Voraussetzungen der extensiven Auslegung und der Analogie, Greifswald 1895

Zippelius, Reinhold: Rechtsphilosophie, 3. Aufl., München 1994

Zippelius, Reinhold: „Naturrecht" in HRG, Bd. III. 1984, Sp. 933- 940

RECHTSHISTORISCHE REIHE

Band 23 Meent W. Francksen: Staatsrat und Gesetzgebung im Großherzogtum Berg (1806-1813). 1982.

Band 24 Gerd von Sonnleithner: Bearbeitung des Handelsrechts durch Ignaz von Sonnleithner in seinem "Leitfaden über das österreichische Handels- und Wechselrecht". 1982.

Band 25 Rudolf Palme: Rechts-, Wirtschafts- und Sozialgeschichte der inneralpinen Salzwerke bis zu deren Monopolisierung. 1983.

Band 26 Helen Bosshard: Pestalozzis Staats- und Rechtsverständnis und seine Stellung in der Aufklärung. 1983.

Band 27 Jens Jessen: Die Selbstzeugnisse der deutschen Juristen. Erinnerungen, Tagebücher und Briefe. Eine Bibliographie. 1983.

Band 28 Günter Martin Jensen: Das Domanium Waldeck. Die rechtliche Zuordnung eines Fürstenvermögens. 1984.

Band 29 Johann Heinrich Kumpf: Petitionsrecht und öffentliche Meinung im Entstehungsprozeß der Paulskirchenverfassung 1848/49. 1983.

Band 30 Sabine Frey: Rechtsschutz der Juden gegen Ausweisungen im 16. Jahrhundert. 1983.

Band 31 Dietrich Joswig: Die germanische Grundstücksübertragung. 1984.

Band 32 Andreas Baryli: Konzessionssystem contra Gewerbefreiheit. Zur Diskussion der österreichischen Gewerberechtsreform 1835 bis 1860. 1984.

Band 33 Gerhard Oberkofler: Studien zur Geschichte der österreichischen Rechtswissenschaft. 1984.

Band 34 Rudolf Lauda: Kaufmännische Gewohnheit und Burgrecht bei Notker dem Deutschen. Zum Verhältnis von literarischer Tradition und zeitgenössischer Realität in der frühmittelalterlichen Rhetorik. 1984.

Band 35 Jens Jensen: Die Ehescheidung des Bischofs Hans von Lübeck von Prinzessin Julia Felicitas von Württemberg-Weiltingen AD 1648-1653. Ein Beitrag zum protestantischen Ehescheidungsrecht im Zeitalter des beginnenden Absolutismus. 1984.

Band 36 Horst Schröder: Friedrich Karl von Savigny. Geschichte und Rechtsdenken beim Übergang vom Feudalismus zum Kapitalismus in Deutschland. 1984.

Band 37 Andreas Hatzung: Dogmengeschichtliche Grundlagen und Entstehung des zivilrechtlichen Notstands. 1984.

Band 38 Matthias Klasen: Das Billwerder Landrecht. Landrecht und Landgericht in den Hamburger Elbmarschen. 1985.

Band 39 Rainer Jamin: Aufbau, Tätigkeit und Verfahren der Auseinandersetzungsbehörden bei der Durchführung der preußischen Agrarreformen. 1985.

Band 40 Henry Winter: Teilschuld, Gesamtschuld und unechte Gesamtschuld. Zur Konzeption der §§ 420 ff. BGB - Ein Beitrag zur Entstehungsgeschichte des BGB. 1985.

Band 41 Hermann Eichler: Verfassungsbewegung in Amerika und Europa. 1985.

Band 42 Dagmar Bandemer: Heinrich Albert Zachariae. Rechtsdenken zwischen Restauration und Reformation. 1985.

Band 43 Eva-Christine Frentz: Das Hamburgische Admiralitätsgericht (1623-1811). Prozeß und Rechtsprechung. 1985.

Band 44 Karl Lillig: Rechtsetzung im Herzogtum Pfalz-Zweibrücken während des 18. Jahrhunderts. Ein Beitrag zur Geschichte der territorialen Rechtsbildung. 1985.

Band 45 Walter Weber: Die Entwicklung der Sparkassen zu selbständigen Anstalten des öffentlichen Rechts. Ein Beitrag zur Entwicklung des Anstaltsbegriffs im 19. Jahrhundert. 1985.

Band 46 Bärbel Baum: Der Stabreim im Recht. Vorkommen und Bedeutung des Stabreims in Antike und Mittelalter. 1986.

Band 47 Hans Popp: Die nationalsozialistische Sicht einiger Institute des Zivilprozeß- und Gerichtsverfassungsrechts. 1986.

Band 48 John Karl-Heinz Montag: Die Lehrdarstellung des Handelsrechts von Georg Friedrich von Martens bis Meno Pöhls. Die Wissenschaft des Handelsrechts im ersten Drittel des 19. Jahrhunderts. 1986.

Band 49 Volker D. Anhäusser: Das internationale Obligationenrecht in der höchstrichterlichen Rechtsprechung des 19. Jahrhunderts. 1986.

Band 50 Udo Beer: Die Juden, das Recht und die Republik. Verbandswesen und Rechtsschutz 1919-1933. 1986.

Band 51 Herbert Grziwotz: Der moderne Verfassungsbegriff und die "Römische Verfassung" in der deutschen Forschung des 19. und 20. Jahrhunderts. 1986.

Band 52 Ralf Conradi: Karl Friedrich Eichhorn als Staatsrechtslehrer. Seine Göttinger Vorlesung über "Das Staatsrecht der deutschen Bundesstaaten" nach einer Kollegmitschrift aus dem Wintersemester 1821/22. 1987.

Band 53 Dieter Dannreuther: Der Zivilprozeß als Gegenstand der Rechtspolitik im Deutschen Reich 1871 - 1945. Ein Beitrag zur Geschichte des Zivilprozeßrechts in Deutschland. 1987.

Band 54 Stephan Felix Pauly: Organisation, Geschichte und Praxis der Gesetzesauslegung des (Königlich) Preußischen Oberverwaltungsgerichtes 1875 - 1933. 1987.

Band 55 Rüdiger Schulz: Die Entstehung des Seerechts des Allgemeinen Deutschen Handelsgesetzbuches unter besonderer Berücksichtigung der Bestimmungen über die Reederei, den Schiffer und die Schiffsmannschaft. 1987.

Band 56 Reinhold Reis: Deutsches Privatrecht in den Weistümern der Zenten Schriesheim und Kirchheim. 1987.

Band 57 Jürgen Christoph: Die politischen Reichsamnestien 1918 - 1933. 1987.

Band 58 Gerhard Oberkofler/Eduard Rabofsky: Hans Kelsen im Kriegseinsatz der k.u.k.-Wehrmacht. Eine kritische Würdigung seiner militärtheoretischen Angebote. 1988.

Band 59 Arne Wulff: Staatssekretär Prof. Dr. Dr. h.c. Franz Schlegelberger. 1876-1970. 1991.

Band 60 Gerhard Köbler (Hrsg.): Wege europäischer Rechtsgeschichte. Karl Kroeschell zum 60. Geburtstag. 1987.

Band 61 Rüdiger Hütte: Der Gemeinschaftsgedanke in den Erbrechtsreformen des Dritten Reichs. 1988.

Band 62 Markus Göldner: Politische Symbole der europäischen Integration. Fahne, Hymne, Hauptstadt, Paß, Briefmarke, Auszeichnungen. 1988.

Band 63 Wolfgang Kröner: Freiheitsstrafe und Strafvollzug in den Herzogtümern Schleswig, Holstein und Lauenburg von 1700 bis 1864. 1988.

Band 64 Werner Gaile: Die Norder Theelacht. 1988.

Band 65 Karl v. Kempis: Andreas Gaill (1526 - 1587). Zum Leben und Werk eines Juristen der frühen Neuzeit. 1988.

Band 66 Wolf-Rüdiger Osburg: Die Verwaltung Hamburgs in der Franzosenzeit. 1811-1814. 1988.

Band 67 Christian Schudnagies: Hans Frank. Aufstieg und Fall des NS-Juristen und Generalgouverneurs. 1988.

Band 68 Otmar Jung: Senatspräsident Freymuth. Richter, Sozialdemokrat und Pazifist in der Weimarer Republik. Eine politische Biographie. 1989.

Band 69 Joachim Lohner: Das landeshauptmannschaftliche Gericht in Oberösterreich zu Beginn der Neuzeit. Eine Darstellung des oberösterreichischen Prozeßrechts am obersten Territorialgericht des Landes anhand der oberösterreichischen Landtafel.1989.

Band 70 Bernd Klemann: Rudolf von Jhering und die Historische Rechtsschule. 1989.

Band 71 Adalbert Langer: Männer um die österreichische Zivilprozeßordnung 1895. Zusammenspiel / Soziales Ziel. 1990.

Band 72 Robert-Dieter Klee: Die Landessuperintendentur Lauenburg. Ursprung und Entwicklung sowie Ende der Sonderstellung des Kirchenkreises Herzogtum Lauenburg durch die nordelbische Kirchenvereinigung. 1989.

Band 73 Heinrich Herrmann: Die Gehöferschaften im Bezirk Trier. 1989.

Band 74 Wilhelm Brauneder, Franz Baltzarek (Hrsg.): Modell einer neuen Wirtschaftsordnung. Wirtschaftsverwaltung in Österreich 1914 - 1918. 1991.

Band 75 Thomas Dreyer: Die "Assecuranz- und Haverey-Ordnung" der Freien und Hansestadt Hamburg von 1731. 1990.

Band 76 Bernhard Sendler: Die Rechtssprache in den süddeutschen Stadtrechtsreformationen. 1990.

Band 77 Brigitte Lehmann: Ehevereinbarungen im 19. und 20. Jahrhundert. 1990.

Band 78 Michael Sunnus: Der NS-Rechtswahrerbund (1928-1945). Zur Geschichte der nationalsozialistischen Juristenorganisation. 1990.

Band 79 Stefan Schulz: Die historische Entwicklung des Rechts an Bienen. (§§ 961 - 964 BGB). 1990.

Band 80 Gerhard Lingelbach, Heiner Lück (Hrsg.): Deutsches Recht zwischen Sachsenspiegel und Aufklärung. Rolf Lieberwirth zum 70. Geburtstag dargebracht von Schülern, Freunden und Kollegen, herausgegeben von Gerhard Lingelbach und Heiner Lück. 1991.

Band 81 Manfred Krohn: Die deutsche Justiz im Urteil der Nationalsozialisten 1920 - 1933. 1991.

Band 82 Angelika Kühn: Privilegierung nationaler Minderheiten im Wahlrecht der Bundesrepublik Deutschland und Schleswig-Holsteins. 1991.

Band 83 Georg Brun: Leben und Werk des Rechtshistorikers Heinrich Mitteis unter besonderer Berücksichtigung seines Verhältnisses zum Nationalsozialismus. 1991.

Band 84 Wolfgang Simon: Claudius Freiherr von Schwerin. Rechtshistoriker während dreier Epochen deutscher Geschichte. 1991.

Band 85 Friedrich-Carl Wachs: Das Verordnungswerk des Reichsdemobilmachungsamtes. Stabilisierender Faktor zu Beginn der Weimarer Republik. 1991.

Band 86 Jens-Uwe Petersen: Die Vorgeschichte und die Entstehung des Mieterschutzgesetzes von 1923 nebst der Anordnung für das Verfahren vor dem Mieteinigungsamt und der Beschwerdestelle. 1991.

Band 87 Ulrike Halbach: Familienrecht in der Rechtssprache. Die historische Entwicklung zentraler Ausdrücke des geltenden Familienrechts. 1991.

Band 88 Joern Christian Nissen: Die Beratungen des Seeversicherungsausschusses der Akademie für Deutsches Recht zu einem neuen Seeversicherungsgesetz (1934-1939). Ein Beitrag zur Entwicklung der allgemeinen Lehren des Seeversicherungsrechts unter besonderer Berücksichtigung des Handelsgesetzbuchs und der Allgemeinen Deutschen Seeversicherungs-Bedingungen 1919. 1991.

Band 89 Diethard Bühler: Die Entstehung der allgemeinen Vertragsschluß-Vorschriften im Allgemeinen Deutschen Handelsgesetzbuch (ADHGB) von 1861. Ein Beitrag zur Kodifikationsgeschichte des Privatrechts im 19. Jahrhundert. 1991.

Band 90 Gerhard Oberkofler: Die Vertreter des Römischen Rechts mit deutscher Unterrichtssprache an der Karls-Universität in Prag. Vom Vormärz bis 1945. 1991.

Band 91 Ulrich Andermann: Ritterliche Gewalt und bürgerliche Selbstbehauptung. Untersuchungen zur Kriminalisierung und Bekämpfung des spätmittelalterlichen Raubrittertums am Beispiel norddeutscher Hansestädte. 1991.

Band 92 Heinz Marcus Hanke: Luftkrieg und Zivilbevölkerung. Der kriegsvölkerrechtliche Schutz der Zivilbevölkerung gegen Luftbombardements von den Anfängen bis zum Ausbruch des Zweiten Weltkrieges. 1991.

Band 93 Kirsten Kraglund: Familien- und Erbrecht. Materielles Recht und Methoden der Rechtsanwendung in der Rechtsprechung des Oberappellationsgerichts der vier Freien Städte Deutschlands zu Lübeck. 1991.

Band 94 Reinhard Lorenz: Die politische und rechtliche Stellung des Proletariats in Preußen in der Zeit zwischen den Reformen und der Revolution 1848/49. 1991.

Band 95 Eric Hilgendorf: Die Entwicklungsgeschichte der parlamentarischen Redefreiheit in Deutschland. 1991.

Band 96 Hans J. Reiter: Die Handelsgesellschaft Villeroy & Boch von der Gründung 1836 bis zum Jahr 1878. 1992.

Band 97 Martin Johannes Heller: Reform der deutschen Rechtssprache im 18. Jahrhundert. 1992.

Band 98 Michael Kotulla: Die Tragweite der Grundrechte der revidierten preußischen Verfassung vom 31.01.1850. 1992.

Band 99 Michael Siefener: Hexerei im Spiegel der Rechtstheorie. Das crimen magiae in der Literatur von 1574 bis 1608. 1992.

Band 100 Andreas Ebert-Weidenfeller: Hamburgisches Kaufmannsrecht im 17. und 18. Jahrhundert. Die Rechtsprechung des Rates und des Reichskammergerichtes. 1992.

Band 101 Enno Bommel: Die Entstehung der Verwirkungslehre in der Krise des Positivismus. 1992.

Band 102 Ralph Steppacher: Die Berücksichtigung der bäuerlichen Postulate bei der Entstehung des ZGB und der Revision des OR. Ein Beitrag zur schweizerischen Kodifikationsgeschichte (1893 - 1912). 1992.

Band 103 Martin Fleckenstein: Die Todesstrafe im Werk Carl Joseph Anton Mittermaiers (1787 - 1867). Zur Entwicklungsgeschichte eines Werkbereichs und seiner Bedeutung für Theorie- und Methodenbildung. 1992.

Band 104 Jörn Eckert: Der Kampf um die Familienfideikommisse in Deutschland. Studien zum Absterben eines Rechtsinstitutes. 1992.

Band 105 Jörg Grotkopp: Beamtentum und Staatsformwechsel. Die Auswirkungen der Staatsformwechsel von 1918, 1933 und 1945 auf das Beamtenrecht und die personelle Zusammensetzung der deutschen Beamtenschaft. 1992.

Band 106 Andreas Rohde: Die Garantiehaftung des Vermieters und ihr Verhältnis zum Unmöglichkeitsrecht in dogmengeschichtlicher und modernrechtlicher Sicht. 1992.

Band 107 Tjark Siefke Kunstreich: Gesamtvertretung. Eine historisch-systematische Darstellung. 1992.

Band 108 Jürgen Krüger: Blindheit und Königtum. Die Blindheit des Königs Georg V. von Hannover als verfassungsrechtliches Problem. 1992.

Band 109 Wolfgang Putschek: Ständische Verfassung und autoritäre Verfassungspraxis in Österreich 1933-1938 mit Dokumentenanhang. Verfassung und Verfassungswirklichkeit. Mit einem Anhang: Denkschriften von Rechtsanwalt Dr. Erich Führer 1936/37. 1993.

Band 110 Klaus Hofmann: Die Verdrängung der Juden aus öffentlichem Dienst und selbständigen Berufen in Regensburg 1933-1939. 1993.

Band 111 Franz Kilger: Die Entwicklung des Telegraphenrechts im 19. Jahrhundert mit besonderer Berücksichtigung der technischen Entwicklung. Telegraphenrecht im 19. Jahrhundert. 1993.

Band 112 Wilhelm Brauneder (Hrsg.): Heiliges Römisches Reich und moderne Staatlichkeit. 1993.

Band 113 Thomas Heinrich: Das preußische Nichtehelichenrecht: Von der Aufklärung zur Reaktion. 1993.

Band 114 Gerald Kohl: Jagd und Revolution. Das Jagdrecht in den Jahren 1848 und 1849. 1993.

Band 115 Christian Schudnagies: Der Kriegs- oder Belagerungszustand im Deutschen Reich während des Ersten Weltkrieges. Eine Studie zur Entwicklung und Handhabung des deutschen Ausnahmezustandsrechts bis 1918. 1994.

Band 116 Elisabeth Bellmann: Die Internationale Kriminalistische Vereinigung (1889-1933). 1994.

Band 117 Julia Pfannkuch: Volksrichterausbildung in Sachsen 1945-1950. 1993.

Band 118 Jörg Offen: Von der Verwaltungsgemeinschaft des BGB von 1896 zur Zugewinngemeinschaft des Gleichberechtigungsgesetzes von 1957. 1994.

Band 119 Dorothee Kohlhas-Müller: Untersuchungen zur Rechtsstellung Theoderichs des Großen. 1995.

Band 120 Monika Rose: Das Gerichtswesen des Herzogtums Pfalz-Zweibrücken im 18. Jahrhundert. Ein Beitrag zur territorialen Gerichtsbarkeit im Alten Reich. 1994.

Band 121 Jörn Eckert / Hans Hattenhauer (Hrsg.): Bibel und Recht. Rechtshistorisches Kolloquium 9. - 13. Juni 1992 an der Christian-Albrechts-Universität zu Kiel. 1994.

Band 122 Robert Martin Mizia: Der Rechtsbegriff der Autonomie und die Begründung des Privatfürstenrechts in der deutschen Rechtswissenschaft des 19. Jahrhunderts. 1995.

Band 123 Walther Graf von Plettenberg: Das Fortleben des Liber Iudiciorum in Asturien/León (8. - 13. Jh.). 1994.

Band 124 Wolfgang Schulz: Das deutsche Börsengesetz. Die Entstehungsgeschichte und wirtschaftlichen Auswirkungen des Börsengesetzes von 1896. 1994.

Band 125 Frank Hagemann: Der Untersuchungsausschuß Freiheitlicher Juristen. 1949 – 1969. 1994.

Band 126 Andreas Rethmeier: "Nürnberger Rassegesetze" und Entrechtung der Juden im Zivilrecht. 1995.

Band 127 Edith Grether: Die Poesie der Throne. Die Juristen in der Fruchtbringenden Gesellschaft. 1995.

Band 128 Anna Bartels-Ishikawa: Der Lippische Thronfolgestreit. Eine Studie zu verfassungsrechtlichen Problemen des Deutschen Kaiserreiches im Spiegel der zeitgenössischen Staats. 1995.

Band 129 Jörg Schmidt: Otto Koellreutter 1883-1972. Sein Leben, sein Werk, seine Zeit. 1995.

Band 130 Christian Hattenhauer: Wahl und Krönung Franz II. AD 1792. Das Heilige Reich krönt seinen letzten Kaiser - Das Tagebuch des Reichsquartiermeisters Hieronymus Gottfried von Müller und Anlagen. 1995.

Band 131 Jutta v. der Decken: Das Seearbeitsrecht im Hamburger Stadtrecht von 1301 bis 1603. 1995.

Band 132 Detlev Schmidt: Die Reform des Rechts der Handelsvertreter von 1953. 1995.

Band 133 Gabi Roßdeutscher: Privatautonomie im Scheidungsrecht. Scheidungsbezogene Vereinbarungen in den letzten 200 Jahren. 1995.

Band 134 Harald Kahlenberg: Leben und Werk des Rechtshistorikers Walther Merk. Ein Beispiel für das Verhältnis von Rechtsgeschichte und Nationalsozialismus. 1995.

Band 135 Michael Steitz: Adelbert Düringer am Reichsgericht (1902-1915). Seine aktienrechtlichen Entscheidungen und sein Einfluß auf das Aktienrecht in Deutschland. 1995.

Band 136 Christian Becker: Beata Justorum Translatio. Juristen in schleswig-holsteinischen Leichenpredigten. 1996.

Band 137 Christoph Seiler: Vom Allgemeinen Landrecht zum Bürgerlichen Gesetzbuch. Dargestellt am Beispiel der höchstrichterlichen Judikatur zum kaufrechtlichen Sachmängelgewährleistungsrecht. 1996.

Band 138 Bernd Mayer: Die Vertrauensmännerausschüsse auf den preußischen Steinkohlegruben an der Saar. Entstehung und Wirken. Eine rechtshistorische Untersuchung. 1996.

Band 139 Rochus Scholl: Juden und Judenrecht im Herzogtum Pfalz-Zweibrücken. Ein Beitrag zur Rechtsgeschichte eines deutschen Kleinstaates am Ende des alten Reiches. 1996.

Band 140 Meike Bursch: Judentaufe und frühneuzeitliches Strafrecht. Die Verfahren gegen Christian Treu aus Weener/Ostfriesland 1720-1728. 1996.

Band 141 Markus Hillenbrand: Fürstliche Eheverträge. Gottorfer Hausrecht 1544 - 1773. 1996.

Band 142 Ulf Häder: Das gemeinschaftliche Oberappellationsgericht thüringischer Staaten in Jena. Ein Beitrag zur Geschichte des Gerichtswesens im 19. Jahrhundert. 1996.

Band 143 Andreas Bauer: Das Gnadenbitten in der Strafrechtspflege des 15. und 16. Jahrhunderts. Dargestellt unter besonderer Berücksichtigung von Quellen der Vorarlberger Gerichtsbezirke Feldkirch und des Hinteren Bregenzerwaldes. 1996.

Band 144 Christian Wirth: Der Jurist Johann Andreas Georg Friedrich Rebmann zwischen Revolution und Restauration. 1996.

Band 145 Stefanie Müller: Die Rechtsprechung des Hanseatischen Oberlandesgerichts zum persönlichen Eherecht in Hamburgischen Gerichtsfällen von 1879 -1900. 1996.

Band 146 Jean-Nicolas Morisset: Der Frachtvertrag in der *Ordonnance de la marine* von 1681. 1996.

Band 147 Dirk Lentfer: Die Glogauer Landesprivilegien des Andreas Gryphius von 1653. 1996.

Band 148 Wencke Mull: Die Haftung für Einsturzschäden nach den §§ 836-838 BGB in der Rechtsprechung des Reichsgerichts. 1996.

Band 149 Renate Zelger: Teufelsverträge. Märchen, Sage, Schwank, Legende im Spiegel der Rechtsgeschichte. 1996.

Band 150 Guido Kraß: Das Arrestverfahren in Frankfurt am Main im Spätmittelalter. 1996.

Band 151 F. Benedict Heyn: Die Entwicklung des Eisenbahnfrachtrechts von den Anfängen bis zur Einführung des Allgemeinen Deutschen Handelsgesetzbuches (ADHGB). 1996.

Band 152 Thomas Lang: Die Staats- und Verfassungslehre Carl Salomo Zachariaes. 1996.

Band 153 Michael Hebeis: Karl Anton von Martini (1726-1800). Leben und Werk. 1996.

Band 154 Gerald Hubert: Die Diskussion um die rechtliche Natur der Bizone in den Jahren 1947-1949. 1996.

Band 155 Christof Horn: Die Rechtsprechung des Reichsgerichts in Ehescheidungssachen der Jahre 1900 bis 1905. 1996.

Band 156 Hermann Nehlsen / Georg Brun (Hrsg.): Münchener rechtshistorische Studien zum Nationalsozialismus. 1996.

Band 157 Jan Otto Clemens Kehrberg: Die Entwicklung des Elektrizitätsrechts in Deutschland. Der Weg zum Energiewirtschaftsgesetz von 1935. 1997.

Band 158 Johannes Tradt: Der Religionsprozeß gegen den Zopfschulzen (1791-1799). Ein Beitrag zur protestantischen Lehrpflicht und Lehrzucht in Brandenburg-Preußen gegen Ende des 18. Jahrhunderts. 1997.

Band 159 Dietmar Olsen: Das kaufrechtliche Sachmängelgewährleistungsrecht des Code civil in der Rechtsprechung deutscher Gerichte im 19. Jahrhundert. Ein Beitrag zur Ablösung der Partikularrechte durch das BGB. 1997.

Band 160 Ulrich Bernhardt: Die Deutsche Akademie für Staats- und Rechtswissenschaft „Walter Ulbricht" 1948-1971. 1997.

Band 161 Claudia Susan Hoppe: Die Bürgschaft im Rechtsleben Hamburgs von 1600 bis 1900. 1997.

Band 162 Franz-Rudolf Ecker: Die Entwicklung des Bergrechts im Saarbrücker Steinkohlenrevier bis zum Ende des 18. Jahrhunderts. Ein Vergleich mit dem älteren deutschen Bergrecht. 1997.

Band 163 Anne Katrin Rückert: Politik und Privatrecht in der „konservativen Revolution". 1997.

Band 164 Gisbert Laube: Der Reichskunstwart. Geschichte einer Kulturbehörde 1919-1933. 1997.

Band 165 Nicolas Lührig: Die Diskussion über die Reform der Juristenausbildung von 1945 bis 1995. 1997.

Band 166 Regula Gerber Jenni: Die Emanzipation der mehrjährigen Frauenzimmer. Frauen im bernischen Privatrecht des 19. Jahrhunderts. 1997.

Band 167 Mischa A. Färber: Das gemeinschaftliche Testament in der höchstrichterlichen Rechtsprechung zum Allgemeinen Preußischen Landrecht und zum BGB. Ein Beitrag zur Ablösung der Partikularrechte durch das BGB. 1997.

Band 168 Catherine Antoinette Gasser: Philipp Lotmar 1850-1922. Professor der Universität Bern. Sein Engagement für das Schweizerische Arbeitsrecht. 1997.

Band 169 Lars Immisch: Der sozialistische Richter in der DDR und seine Unabhängigkeit. Der Versuch eines Rechtsvergleiches zum Unabhängigkeitsbegriff in der bundesdeutschen Rechtsordnung. 1997.

Band 170 Jessica Jacobi: Besitzschutz vor dem Reichskammergericht. Die friedenssichernde Funktion der Besitzschutzklagen am Reichskammergericht im 16. Jahrhundert, dargestellt anhand von Kameralisten. 1998.

Band 171 Ewald Hügemann: Die Geschichte des öffentlichen und privaten Mietpreisrechts vom Ersten Weltkrieg bis zum Gesetz zur Regelung der Miethöhe von 1974. 1998.

Band 172 Lutz Rentzow: Die Entstehungs- und Wirkungsgeschichte der Verneuerten Landesordnung für das Königreich Böhmen von 1627. 1998.

Band 173 Sabine Stürmer: Mühlenrecht im Herzogtum Pfalz-Zweibrücken während des 18. Jahrhunderts. Ein Beitrag zum Wirtschaftsrecht eines deutschen Kleinstaates im Alten Reich. 1998.

Band 174 Mario Bogisch: *Nemo testis in re sua.* Das Problem der Zeugnisfähigkeit bei der Anwendung der deutschen Zivilprozeßordnung von 1877. 1998.

Band 175 Rainer Oßwald: Pactane sunt servanda? Freiwilligkeit, Zwang und Unverbindlichkeitserklärungen im islamischen Vertragsrecht malikitischer Schule. 1998.

Band 176 Bettina Kern: Der preußische BGB-Entwurf von 1842. 1998.

Band 177 Inken Fuhrmann: Die Diskussion über die Einführung der fakultativen Zivilehe in Deutschland und Österreich seit Mitte des 19. Jahrhunderts. 1998.

Band 178 Annette Rieck: Der Heilige Ivo von Hélory (1247-1303). Advocatus pauperum und Patron der Juristen. 1998.

Band 179 Frank Bottenberg: Die Hamburgische Strafprozeßordnung von 1869. 1998.

Band 180 Matthias Krauß: Das kursächsische Postrecht von seinen Anfängen bis zum Ende des Alten Reichs. 1998.

Band 181 Torsten Schmidt: Die Entmündigung von den Anfängen des BGB bis zu ihrer Ablösung durch das Institut der Betreuung. 1998.

Band 182 Christian Nunn: Rudolf Müller-Erzbach. 1874-1959. Von der realen Methode über die Interessenjurisprudenz zum kausalen Rechtsdenken (Leben und Werk). 1998.

Band 183 Christian Ortloff: Das staatskirchenrechtliche System Wilhelm Traugott Krugs. Glaubens- und Gewissensfreiheit – eine Forderung der Vernunft. 1998.

Band 184 Christian Hattenhauer: Schuldenregulierung nach dem Westfälischen Frieden. Der sog. § *de indaganda* und seine Umsetzung im Jüngsten Reichsabschied (AD 1648 und 1654). 1998.

Band 185 Werner Schubert: Preußen im Vormärz. Die Verhandlungen der Provinziallandtage von Brandenburg, Pommern, Posen, Sachsen und Schlesien sowie – im Anhang – von Ostpreußen, Westfalen und der Rheinprovinz (1841-1845). 1998.

Band 186 Silvia Schumacher: Das Rechtsverhältnis zwischen Eltern und Kindern in der Privatrechtsgeschichte. 1999.

Band 187 Kai Sommer: Die Strafbarkeit der Homosexualität von der Kaiserzeit bis zum Nationalsozialismus. Eine Analyse der Straftatbestände im Strafgesetzbuch und in den Reformentwürfen (1871-1945). 1998.

Band 188 Jan Erik Backhaus: Volksrichterkarrieren in der DDR. 1999.

Band 189 Ralf Ruhnau: Die Fürstlich Thurn und Taxissche Privatgerichtsbarkeit in Regensburg. Ein Kuriosum der deutschen Rechtsgeschichte. 1999.

Band 190 Antonio Grilli: Die französische Justizorganisation am linken Rheinufer 1797-1803. 1999.

Band 191 Stephanie Kammerloher-Lis: Die Entstehung des Gesetzes über die religiöse Kindererziehung vom 15. Juli 1921. 1999.

Band 192 Jan Telp: Ausmerzung und Verrat. Zur Diskussion um Strafzwecke und Verbrechensbegriffe im Dritten Reich. 1999.

Band 193 Kurt von Pannwitz: Die Entstehung der Allgemeinen Deutschen Wechselordnung. Ein Beitrag zur Geschichte der Vereinheitlichung des deutschen Zivilrechts im 19. Jahrhundert. 1999.

Band 194 Sylvia Busch: Die Entstehung der Allgemeinen Gerichtsordnung für die Preussischen Staaten von 1793/95. Ein Beitrag zur Geschichte der Kodifikationsbewegung und der Reform des Zivilprozesses in Preußen im 18. Jahrhundert. 1999.

Band 195 Dirk Bieresborn: Klage und Klageerwiderung im deutschen und englischen Zivilprozeß. Eine rechtshistorische und rechtsvergleichende Untersuchung unter besonderer Berücksichtigung der Beeinflussung durch das römisch-kanonische Verfahren. 1999.

Band 196 Andreas Thier / Guido Pfeifer / Philipp Grzimek (Hrsg.): Kontinuitäten und Zäsuren in der Europäischen Rechtsgeschichte. Europäisches Forum Junger Rechtshistorikerinnen und Rechtshistoriker München 22.-24. Juli 1998. 1999.

Band 197 Franz Smola: Die Fürstlich Liechtenstein'sche Kunstsammlung. Rechtsfragen zur Verbringung der Sammlung von Wien nach Vaduz in den Jahren 1944/45. 1999.

Band 198 Frank Martin Krauss: Das geteilte Eigentum im 19. und 20. Jahrhundert. Eine Untersuchung zum Fortbestand des Teilungsgedankens. 1999.

Band 199 Matthias Frey: Die spanische Aktiengesellschaft im 18. Jahrhundert und unter dem Código de Comercio von 1829. 1999.

Band 200 Alexandra Gilde: Die Stellung der Frau im Reichsstrafgesetzbuch von 1870/71 und in den Reformentwürfen bis 1919 im Urteil der bürgerlichen Frauenbewegung. Eine Analyse ausgewählter Straftatbestände. 1999.

Band 201 Malte Dießelhorst / Arne Duncker: Hans Kohlhase. Die Geschichte einer Fehde in Sachsen und Brandenburg zur Zeit der Reformation. 1999.

Band 202 Jörg Hillmann: Territorialrechtliche Auseinandersetzungen der Herzöge von Sachsen-Lauenburg vor dem Reichskammergericht im 16. Jahrhundert. 1999.

Band 203 Carsten Engler: Die Kommanditgesellschaft (KG) und die stille Gesellschaft im Allgemeinen Deutschen Handelsgesetzbuch (ADHGB) von 1861. 1999.

Band 204 Vesta Hoffmann-Steudner: Die Rechtsprechung des Reichsgerichts zu dem Scheidungsgrund des § 49 EheG (EheG 1938) in den Jahren 1938-1945. 1999.

Band 205 Michaela Thiele: Die Auflösung von Arbeitsverhältnissen aufgrund Anfechtung und außerordentlicher Kündigung nach der Rechtsprechung des Reichsarbeitsgerichts (1927-1945). 2000.

Band 206 Peter Landau / Hermann Nehlsen / Mathias Schmoeckel (Hrsg.): Karl von Amira zum Gedächtnis. 1999.

Band 207 Marcus Flinder: Die Entstehungsgeschichte des Zivilgesetzbuches der DDR. 1999.

Band 208 Boris Franz Leo Bromm: Die Entstehungsgeschichte des Berufs des Handelsvertreters. Unter besonderer Berücksichtigung der Sozialgesetzgebung in den Jahren von 1871-1933. 2000.

Band 209 Winfried C. J. Eberstein: Das Tierschutzrecht in Deutschland bis zum Erlaß des Reichs-Tierschutzgesetzes vom 24. November 1933. Unter Berücksichtigung der Entwicklung in England. 1999.

Band 210 Patrick Deller: Der „nach dem Vertrage" vorausgesetzte Gebrauch (§ 459 Absatz 1 Satz 1 BGB). Eine kaufrechtliche Untersuchung unter Berücksichtigung rechtshistorischer wie rechtsvergleichender Grundlagen. 2000.

Band 211 Eckard Freiherr von Bodenhausen: Haftung des Geschäftsherrn für Verrichtungsgehilfen im Straßen- und Schienenverkehr. Eine Analyse der Entscheidungen des Reichsgerichts zu § 831 BGB (1900-1945). 2000.

Band 212 Birte Gast: Der Allgemeine Teil und das Schuldrecht des Bürgerlichen Gesetzbuchs im Urteil von Raymond Saleilles (1855-1912). 2000.

Band 213 Hansjörg Michael Huber: Koloniale Selbstverwaltung in Deutsch-Südwestafrika. Entstehung, Kodifizierung und Umsetzung. 2000.

Band 214 Ulf Björner: Die Verfassungsgerichtsbarkeit im Norddeutschen Bund und Deutschen Reich (1867-1918). Eine rechtshistorische Untersuchung über Gerichtsbarkeit im Spannungsfeld von Politik und Recht innerhalb der von Bismarck geschaffenen deutschen Bundesstaaten. 2000.

Band 215 Mathias Freiherr von Rosenberg: Friedrich Carl von Savigny (1779-1861) im Urteil seiner Zeit. 2000.

Band 216 Reinhard Binder-Krieglstein: Österreichisches Adelsrecht 1868-1918/19. Von der Ausgestaltung des Adelsrechts der cisleithanischen Reichshälfte bis zum Adelsaufhebungsgesetz der Republik unter besonderer Berücksichtigung des adeligen Namensrechts. 2000.

Band 217 Claudia-Regine Nerius: Johannes Lehmann-Hohenberg (1851-1925). Eine Studie zur völkischen Rechts- und Justizkritik im Deutschen Kaiserreich. 2000.

Band 218 Ludger Meuten: Die Erbfolgeordnung des Sachsenspiegels und des Magdeburger Rechts. Ein Beitrag zur Geschichte des sächsisch-magdeburgischen Rechts. 2000.

Band 219 Christoph Alexander von Wilcken: Die Reformbestrebungen zum Genossenschaftsgesetz in der Frühzeit der Bundesrepublik. Die Beratungen der Sachverständigenkommission zur Überprüfung des Genossenschaftsrechts 1954 bis 1958 und der Referentenentwurf von 1962. 2000.

Band 220 Verein Junger Rechtshistorikerlnnen Zürich (Hrsg.): ¿Rechtsgeschichte(n)? ¿Histoire(s) du droit? ¿Storia/storie del diritto? ¿Legal Histori(es)? Europäisches Forum Junger Rechtshistorikerinnen und Rechtshistoriker Zürich 28.-30. Mai 1999. 2000.

Band 221 Hans Christian Schüler: Die Entstehungsgeschichte der Bundesnotarordnung vom 24. Februar 1961. 2000.

Band 222 Nils-Eberhard Schramm: Die Vereinigung demokratischer Juristen (1949-1999). 2000.

Band 223 Silke Anke Torp: Das Rechtsverhältnis zwischen den Eltern und ihren Kindern. Dienstleistungspflicht, Aussteuer und Ausstattung. Eine Analyse der Rechtsprechung des Reichsgerichts und des Reichsarbeitsgerichts zu den Vorschriften der §§ 1616 bis 1625 des Bürgerlichen Gesetzbuches in der Zeit von 1900 bis 1945. 2000.

Band 224 Martin Jürgen Maaß: Die Geschichte des Eigentumsvorbehalts, insbesondere im 18. und 19. Jahrhundert. 2000.

Band 225 Stefanie Langer: Rechtswissenschaftliche Itinerarien. Lebenswege namhafter europäischer Juristen vom 11. bis zum 18. Jahrhundert. 2000.

Band 226 Ulrich Schmitz: Der Unterhaltsanspruch des nichtehelichen Kindes gegen seinen Erzeuger. Die rechtsgeschichtliche und dogmatische Entwicklung im deutschen Recht. 2000.

Band 227 Sebastian Günther: Friedrich Carl von Savigny als Grundherr. 2000.

Band 228 Henning Ibs: Hermann J. Held (1890-1963). Ein Kieler Gelehrtenleben in den Fängen der Zeitläufe. 2000.

Band 229 Matthias Rücker: Wirtschaftswerbung unter dem Nationalsozialismus. Rechtliche Ausgestaltung der Werbung und Tätigkeit des Werberats der deutschen Wirtschaft. 2000.

Band 230 Hendrik Sandmann: Die Entwicklung von Begriff und Inhalt des Wirtschaftsrechts durch die Rechtswissenschaft in der Weimarer Republik. 2000.

Band 231 Sibylle Müller: Gibt es Menschenrechte bei Samuel Pufendorf? 2000.

Band 232 Karin Olechowski-Hrdlicka: Die gemeinsamen Angelegenheiten der Österreichisch-Ungarischen Monarchie. Vorgeschichte – Ausgleich 1867 – Staatsrechtliche Kontroversen. 2001.

Band 233 Johannes Mierau: Die juristischen Abschluß- und Diplomprüfungen in der SBZ/DDR. Ein Einblick in die Juristenausbildung im Sozialismus. 2001.

Band 234 Jörg Wolff (Hrsg.): Stillstand, Erneuerung und Kontinuität. Einsprüche zur Preußenforschung. 2001.

Band 235 Friedo Schröder: Die anwaltliche Tätigkeit während der nationalsozialistischen Herrschaft. Eine Analyse der anwaltlichen Argumentation in Zivilprozessen anhand der vorhandenen Prozeßakten der Landgerichte Frankenthal, Wiesbaden, Limburg und Frankfurt und der Handakten der *jüdischen Konsulenten* des OLG-Bezirks Frankfurt. 2001.

Band 236 Der Code pénal des Königreichs Westphalen von 1813 mit dem Code pénal von 1810 im Original und in deutscher Übersetzung. Herausgegeben und mit einer Einleitung versehen von Werner Schubert. 2001.

Band 237 Klaus Richter: Deutsches Kolonialrecht in Ostafrika 1885-1891. 2001.

Band 238 Kai von Lewinski: Deutschrechtliche Systembildung im 19. Jahrhundert. 2001.

Band 239 Alexander Herzog: Sittenwidrige Rechtsgeschäfte in der höchstrichterlichen Rechtsprechung aus den Jahren 1948-1965. 2001.

Band 240 Claudia Rönnau: Die Beratungen des Wasserrechtsausschusses der Akademie für Deutsches Recht zu einem Reichswassergesetz (1934-1941). Ein Beitrag zur Dogmatik der Begriffe *Gemeingebrauch* und *Sondergebrauch* in der Zeit des Nationalsozialismus. 2001.

Band 241 Momme Rohlack: Kriegsgesellschaften (1914-1918). Arten, Rechtsformen und Funktionen in der Kriegswirtschaft des Ersten Weltkrieges. 2001.

Band 242 Rolf Geyer: Der Gedanke des Verbraucherschutzes im Reichsrecht des Kaiserreichs und der Weimarer Republik (1871-1933). Eine Studie zur Geschichte des Verbraucherrechts in Deutschland. 2001.

Band 243 Felix Lorenz Benjamin Lehmann: Der Rote Adlerorden. Entstehung und rechtliche Grundlagen (1705-1918). 2002.

Band 244 Marc Ludwig: Der Pfändungsschutz für Lohneinkommen. Die Entstehungs- und Entwicklungsgeschichte der Vorschriften zum Schutz vor Lohnpfändung in Deutschland. 2001.

Band 245 Alexander Wachter: Dorfschule zwischen Pastor und Schulmeister. Zur Säkularisierung des niederhessischen Schulwesens im 19. Jahrhundert. 2001.

Band 246 Richard Scholz: Analyse der Entstehungsbedingungen der reichsgerichtlichen Aufwertungsrechtsprechung. Untersuchung unter besonderer Berücksichtigung der konservativen Geldpolitik der Reichsbank und der Inflationspolitik der Reichsregierung. 2001.

Band 247 Judith Laeverenz: Märchen und Recht. Eine Darstellung verschiedener Ansätze zur Erfassung des rechtlichen Gehalts der Märchen. 2001.

Band 248 Christina Schenk: Bestrebungen zur einheitlichen Regelung des Strafvollzugs in Deutschland von 1870 bis 1923. 2001.

Band 249 Nils Werner: Die Prozesse gegen die Landvolkbewegung in Schleswig-Holstein 1929/32. Ein Beitrag zur Justizkritik in der späten Weimarer Republik. 2001.

Band 250 Wolfgang Walter: Das Duell in Bayern. Ein Beitrag zur bayerischen Strafrechtsgeschichte. 2002.

Band 251 Jörn Eckert / Kjell Å. Modéer (Hrsg.): Geschichte und Perspektiven des Rechts im Ostseeraum. Erster Rechtshistorikertag im Ostseeraum 8.–12. März 2000. 2001.

Band 252 Jan Könighaus: Die Inauguration der Christian-Albrechts-Universität zu Kiel 1665. Symbolgehalt und rechtliche Bedeutung des Universitätszeremoniells. 2002.

Band 253 Andreas Görgen: Rechtssprache in der Frühen Neuzeit. Eine vergleichende Untersuchung der Fremdwortverwendung in Gesetzen des 16. und 17. Jahrhunderts. 2002.

Band 254 Ralf Schäfer: Die Rechtsstellung der Haigerlocher Juden im Fürstentum Hohenzollern-Sigmaringen von 1634-1850. Eine rechtsgeschichtliche Untersuchung. 2002.

Band 255 Regine Schmalhorst: Die Tierhalterhaftung im BGB von 1896. Die Entstehung und Änderung des § 833 BGB sowie eine Analyse der Rechtsprechung des Reichsgerichts bis 1908. 2002.

Band 256 Thomas Hense: Konrad Beyerle. Sein Wirken für Wissenschaft und Politik in Kaiserreich und Weimarer Republik. 2002.

Band 257 Christian Mahlmann: Die Strafrechtswissenschaft der DDR. Klassenkampftheorie und Verbrechenslehre. 2002.

Band 258 Henning Kahmann: Die Bankiers von Jacquier & Securius 1933–1945. Eine rechtshistorische Fallstudie zur "Arisierung" eines Berliner Bankhauses. Mit einem Geleitwort von John Kornblum. 2002.

Band 259 Volker Friedrich Drecktrah: Die Gerichtsbarkeit in den Herzogtümern Bremen und Verden und in der preußischen Landdrostei Stade von 1715 bis 1879. 2002.

Band 260 Andreas Klass: Standes- oder Leistungselite? Eine Untersuchung der Karrieren der Wetzlarer Anwälte des Reichskammergerichts (1693-1806). 2002.

Band 261 Wolfgang Eder: Das italienische Tribunale Speciale per la Difesa dello Stato und der deutsche Volksgerichtshof. Ein Vergleich zwischen zwei politischen Gerichtshöfen. 2002.

Band 262 Albrecht Cordes / Bernd Kannowski (Hrsg.): Rechtsbegriffe im Mittelalter. 2002.

Band 263 Thomas Hildebrandt: Die Brandenburgischen Provinziallandtage von 1841, 1843, und 1845 anhand ausgewählter Verhandlungsgegenstände. 2002.

Band 264 Jan Finzel: Georg Adam Struve (1619–1692) als Zivilrechtler. 2003.

Band 265 Björn Carsten Frenzel: Das Selbstverständis der Justiz nach 1945. Analyse der Rolle der Justiz unter Berücksichtigung der Reden zur *Wiedereröffnung* der Bundes- und Oberlandesgerichte. 2003.

Band 266 Nils Reichhelm: Die marxistisch-leninistische Staats- und Rechtstheorie Karl Polaks. 2003.

Band 267 Raik Schneider: Altrechtliche Personenzusammenschlüsse. Ihre Entwicklung unter besonderer Berücksichtigung des Rechts des Großherzogtums Sachsen-Weimar-Eisenach sowie der Herzogtümer Sachsen-Meiningen und Sachsen-Gotha. 2003.

Band 268 Anke Meier: Die Geschichte des deutschen Konkursrechts, insbesondere die Entstehung der Reichskonkursordnung von 1877. 2003.

Band 269 Stefan Jens Jordan: Leben und Werk des Tübinger Rechtsprofessors Wilhelm Gottlieb Tafinger 1760–1813. 2003.

Raik Schneider

Altrechtliche Personenzusammenschlüsse

Ihre Entwicklung unter besonderer Berücksichtigung des Rechts des Großherzogtums Sachsen-Weimar-Eisenach sowie der Herzogtümer Sachsen-Meiningen und Sachsen-Gotha

Frankfurt/M., Berlin, Bern, Bruxelles, New York, Oxford, Wien, 2003. 234 S., 2 Graf.
Rechtshistorische Reihe. Verantwortlicher Herausgeber: Gerhard Lingelbach.
Bd. 267
ISBN 3-631-50618-X · br. € 37.80*

Noch heute sind gerade in Grundbüchern der neuen Bundesländer Rechtsgebilde als Eigentümer von Grundstücken eingetragen, welche die bestehende Rechtsordnung nicht mehr kennt. Es handelt sich hierbei um die so genannten altrechtlichen Personenzusammenschlüsse wie Hofgemeinden, Separationsgemeinden und dergleichen. Sie sind überwiegend vor 1900 entstanden. Das BGB hat deren Recht unberührt gelassen. Nach den Art. 83, 113 und 164 EGBGB gilt für diese Gemeinschaften altes Landesrecht fort. Nicht zuletzt dies bereitet in der heutigen Rechtspraxis erhebliche Schwierigkeiten. Die Arbeit schildert die wirtschaftliche Funktion und rechtliche Entwicklung dieser Personenzusammenschlüsse von der germanischen bis in die gegenwärtige Zeit. Sie zeigt auf, wie mit diesen heute umzugehen ist und nimmt dabei ab dem 19. Jahrhundert speziell auf thüringisches Landesrecht Rücksicht.

Aus dem Inhalt: Die Agrarverbände bis zum Spätmittelalter und deren Veränderungen in der frühen Neuzeit · Die Entwicklung und rechtliche Einordnung der Agrarverbände sowie die Gemeindegesetzgebung im 19. Jahrhundert · Die Behandlung der altrechtlichen Personenverbände im EGBGB und den Ausführungsgesetzen der behandelten thüringischen Staaten · Die Rechtsentwicklung bezüglich dieser Verbände bis 1945 · Die Veränderung der rechtlichen und wirtschaftlichen Situation im Untersuchungsgebiet bis 1990 sowie die heutige Rechtslage

FSC
www.fsc.org
MIX
Papier | Fördert gute Waldnutzung
FSC® C083411

Kolibri 360 GmbH
Ferdinand-Jühlke-Straße 7
99095 Erfurt, Deutschland
produktsicherheit@kolibri360.de

Druck:
CPI Druckdienstleistungen GmbH
im Auftrag der
Kolibri 360 GmbH
Ferdinand-Jühlke-Str. 7
99095 Erfurt